D1730462

Über dieses Buch

Den Hintergrund dieser abenteuerlichen Geschichte bildet der Bau eines Staudammes in den einsamen Hochwäldern Kanadas. Ein junger Geologe, der in dem benachbarten Ort ankommt, fühlt sich in der kleinen Stadt mit seltsamen Erinnerungen konfrontiert. Da er vor zehn Jahren bei einem Autounfall sein Gedächtnis verloren hatte, hat er es jetzt schwer, sich mit den Vermutungen, Drohungen und Ansinnen auseinanderzusetzen, denen er sich nun ausgesetzt sieht. Wird er mit seinen machthungrigen Kontrahenten fertig werden und zugleich eine Katastrophe am Staudamm verhindern können?

Desmond Bagley

Erdrutsch

Roman

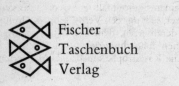

Fischer
Taschenbuch
Verlag

Fischer Taschenbuch Verlag
Juni 1972
Ungekürzte Ausgabe

Umschlagentwurf: Klaus Dempel

Titel der englischen Originalausgabe: ›Landslide‹
Ins Deutsche übertragen von Wilm W. Elwenspoek

Fischer Taschenbuch Verlag GmbH, Frankfurt am Main
Lizenzausgabe mit freundlicher Genehmigung
des Goverts Krüger Stahlberg Verlages GmbH, Stuttgart
© Goverts Krüger Stahlberg Verlag GmbH, Stuttgart, 1970
›Landslide‹ © Desmond Bagley, 1967
Gesamtherstellung: Hanseatische Druckanstalt GmbH, Hamburg
Printed in Germany
ISBN 3 436 01547 4

für Philip Joseph
und alle guten Buchhändler

Ich war müde, als ich den Bus in Fort Farrell verließ. Gleichgültig, wie weich die Federung eines Busses oder wie bequem die Sitze, nach ein paar Stunden hat man das Gefühl, als hätte man auf einem Sack Steine gesessen, deshalb war ich müde und wurde vom ersten Anblick von Fort Farrell – die größte kleine Stadt im North-Eastern Interior – oder wie es auf dem Schild an der Stadtgrenze hieß – nicht sonderlich beeindruckt. Außerdem hatte irgend jemand Dawson Creek vergessen.

Die Buslinie endete hier, und der Bus selbst wartete nicht lange. Ich stieg aus. Niemand stieg ein, folglich wendete er und rollte zurück zum Peace River und nach Fort St. John, zurück in die Zivilisation. Die Bevölkerung von Fort Farrell war um eine Person vergrößert worden – zeitweise.

Es war mitten am Nachmittag, und deshalb hatte ich Zeit, eine Kleinigkeit zu erledigen, die darüber entschied, ob ich in dieser hinterwäldlerischen Metropole bleiben würde oder nicht. Ich gab also mein Gepäck auf der Busstation ab, statt nach einem Hotel zu suchen, und fragte, wo ich das Matterson Building fände. Der kleine fette Kerl, der anscheinend das Faktotum der Busstation war, blinzelte mich verschmitzt an und kicherte. »Sie müssen hier fremd sein.«

»Das wäre schon möglich, da Sie mich gerade mit dem Bus ankommen sahen«, räumte ich ein. Ich wollte Informationen haben, nicht welche geben.

Er grunzte, und das Zwinkern verschwand. »In der High Street. Wenn Sie nicht blind sind, können Sie's nicht verfehlen«, sagte er kurz angebunden. Er war einer dieser Scherzbolde, die glauben, nur sie hätten einen Freibrief, witzig zu sein. In Kleinstädten gibt es diese Typen offenbar im Überfluß. Zum Teufel mit ihm! Ich war nicht in der Laune, Freundschaften zu schließen, obwohl ich bald versuchen mußte, die Leute für mich einzunehmen.

Die High Street war die Hauptverkehrsader und verlief wie mit dem Lineal gezogen durch den Ort. Sie war nicht nur die Hauptstraße, sondern praktisch die einzige in Fort Farrell – Bevölkerung 1.806 plus 1. Sie bot die übliche Reihe von Scheinfassaden von Häusern, die größer wirken sollten als sie waren. Hinter ihnen verbargen sich die Geschäftsunternehmungen, in denen die Einwohner versuchten, ehrlich ihr Geld zu verdienen – Tankstellen und Autohändler, ein Lebensmittelladen, der sich Supermarkt nannte, ein Friseur, »Pariser Moden«, die Damenkleidung verkauften, und ein Geschäft für Anglerbedarf und Jagdausrüstungen. Mir fiel auf, daß der Name Matterson regelmäßig wiederkehrte, und daraus schloß ich, daß Matterson in Fort Farrell ein dicker Kürbis war.

Vor mir lag zweifellos das einzige richtige, wirkliche Gebäude der Stadt: ein acht Stockwerke hoher Riese, von dem ich überzeugt war, daß er das Matterson Building sein mußte. Zum ersten Mal hoffnungsvoll, beschleunigte ich meine Schritte, verlangsamte sie aber wieder, als sich die High Street zu einem kleinen Platz mit geschorenem Rasen und schattenspendenden Bäumen weitete. Mitten auf dem Platz stand die Bronzestatue eines Mannes in Uniform, die ich zuerst für ein Kriegerdenkmal hielt. Sie erwies sich aber als die des Gründervaters der Stadt, eines gewissen William J. Farrell, Lieutenant im Royal Corps of Engineers. *Ihr Pioniere, o ihr Pioniere!* Der Bursche war seit langem tot, und die blicklosen Augen seines Bildnisses starrten blind auf die falschen Fassaden der High Street, während respektlose Vögel seine Uniformmütze bekleckerten.

Dann starrte ich ungläubig auf den Namen des Platzes, während mir ein eisiger Schauder über den Rücken lief. An der Kreuzung der High Street und der Farrell Street stand Trinavant Square, und dieser einer vergessenen Vergangenheit entrissene Name traf mich wie ein Schlag in den Unterleib. Ich war noch benommen, als ich das Matterson Building erreichte.

Howard Matterson zu sprechen, war nicht leicht. Ich rauchte drei Zigaretten, während ich die aufgepumpten Reize seiner Sekretärin studierte und über den Namen Trinavant nachdachte. Dieser Name war nicht so alltäglich, daß er mir regelmäßig in meinem Leben begegnet wäre. Tatsächlich war ich bisher nur einmal auf ihn gestoßen, und das unter Umständen, an die ich mich lieber nicht erinnerte. Man könnte sagen, daß ein Trinavant meinem Leben eine neue Richtung gegeben hatte, aber ob das eine Änderung zum Besseren oder Schlechteren gewesen war, wußte niemand. Wieder einmal fragte ich mich, ob es ratsam sei, in Fort Farrell zu bleiben, doch eine dünne Brieftasche und ein leerer Magen sind überzeugende Argumente, darum entschloß ich mich, abzuwarten und zu sehen, was Matterson zu bieten hatte.

Plötzlich sagte die Sekretärin ohne Vorankündigung: »Mr. Matterson will Sie jetzt sprechen.« Niemand hatte angerufen, und niemand hatte geklingelt, darum lächelte ich mürrisch. Er gehörte also zu diesen Typen. Einer von der Sorte, die ihre Macht ausnutzen und sagen: »Wenn dieser Boyd kommt, lassen Sie ihn ungefähr eine halbe Stunde warten, Miss So-und-so. Schicken Sie ihn dann erst herein.« Und hatte dabei wohl den Hintergedanken: »Das wird dem Kerl zeigen, wer hier der Chef ist.« Aber vielleicht beurteilte ich ihn falsch. Vielleicht war er wirklich sehr beschäftigt.

Matterson war ein großer, feister Bursche mit einem geröteten Gesicht und zu meiner Überraschung kaum älter als ich, sagen wir, etwa dreiunddreißig. Nachdem ich in Fort Farrell so überraschend oft auf seinen Namen gestoßen war, hatte ich einen älteren Mann erwartet. Ein junger Mensch hat im allgemeinen noch nicht genug Zeit gehabt, ein Imperium aufzubauen, nicht einmal ein kleines. Er war breit und kräftig, neigte aber den speckigen Wangen und den Falten an seinem Nacken nach dazu, Fett anzusetzen. Doch so groß wie er war, ich überragte ihn um etwa zwei Zoll, denn ich bin nicht gerade ein Zwerg.

Er stand hinter seinem Schreibtisch auf und streckte mir die Hand entgegen. »Freut mich, Sie kennenzulernen, Mr. Boyd. Don Halsbach hat sich lobend über Sie ausgesprochen.«

Dazu hat er auch Grund, dachte ich; schließlich habe ich für ihn ein Vermögen entdeckt. Dann hatte ich damit zu tun, Mattersons knöchelzermalmendem Händedruck standzuhalten. Ich preßte ihm die Finger fest zusammen, um zu beweisen, daß ich ein ebenso starker Mann war wie er, und er grinste mich an. »Na schön, setzen Sie sich«, sagte er und gab meine Hand frei. »Ich will Ihnen die Aufgabe erklären. Es ist weitgehend Routinearbeit.«

Ich setzte mich und nahm eine Zigarette aus dem Kasten, den er mir über den Schreibtisch zuschob. »Einen Punkt muß ich gleich klären«, sagte ich. »Ich will Ihnen nichts vormachen, Mr. Matterson. Der Auftrag darf nicht zu viel Zeit in Anspruch nehmen. Im Frühling, wenn Tauwetter eintritt, will ich wieder frei sein.«

Er nickte. »Ich weiß. Das hat Don mir schon gesagt. Er sagte, Sie wollten im Sommer ins Nordwest-Territorium zurück. Glauben Sie wirklich, daß Sie mit dieser Art Geologie Geld verdienen können?«

»Andere haben es geschafft«, antwortete ich. »Dort wurden viel gute Vorkommen gefunden. Ich glaube, da oben liegt mehr Metall in der Erde, als wir ahnen. Man braucht es nur zu finden.«

Er grinste mich an. »Mit man meinen Sie wohl sich.« Dann schüttelte er den Kopf. »Sie sind Ihrer Zeit voraus, Boyd. Der Nordwesten ist zur Erschließung noch nicht reif. Was hat es für einen Sinn, mitten in der Wildnis einen großen Fund zu machen, wenn es Millionen kostet, ihn zu erschließen?«

Ich hob die Schultern. »Wenn das Vorkommen groß genug ist, ist auch das Geld da.«

»Vielleicht«, antwortete Matterson unverbindlich. »Jedenfalls suchen Sie nach dem, was Don mir sagte, einen kurzfristigen Auftrag, um die Mittel zu bekommen, wieder in den Norden zu gehen. Stimmt das?«

»Ungefähr.«

»Also gut, dann sind wir die richtigen Leute für Sie. Die Situation ist folgende: Die Matterson Corporation hat großes Zutrauen in die Möglichkeiten, die dieser Teil von Britisch Columbia bietet, und wir stecken bis zum Hals im Aufbau. Wir haben eine Menge voneinander abhängiger Unternehmungen – vorwiegend auf Holzgewinnung konzentriert – wie Holz für Papier, Sperrholz, Bauholz usw. Wir wollen eine neue Fabrik für Zeitungspapier bauen und erweitern unsere Sperrholzwerke. Aber eines fehlt uns noch, und das ist Energie – insbesondere Elektrizität.«

Er lehnte sich in seinem Sessel zurück. »Wir könnten natürlich eine Pipeline zu den Naturgasvorkommen bei Dawson Creek legen, das Gas herpumpen und es als Brennstoff für ein Kraftwerk verwenden. Das würde aber eine Menge Geld kosten, und wir würden ewig für Gas bezahlen müssen. Außerdem hätten die Gaslieferanten uns in der Gewalt und würden mit ihrem überschüssigen Kapital einen Anteil von dem kaufen wollen, was wir haben – und das könnten sie schaffen, weil sie unsere Energiequelle kontrollieren.« Er starrte mich an. »Wir wollen aber keinen Anteil abgeben – wir wollen den ganzen Kuchen –, und das wollen wir folgendermaßen machen.« Er deutete auf eine Karte an der Wand. »Britisch Columbia ist reich an Wasserkraft; zum größten Teil ist sie aber ungenutzt – wir gewinnen 1,5 Millionen Kilowatt von 22 Millionen, die möglich wären. Hier oben im Nord-Osten stecken möglicherweise 5 Millionen Kilowatt, aber nicht ein einziger Generator wurde bisher aufgestellt, um Strom zu gewinnen. Hier bleibt also verdammt viel Energie ungenutzt.«

»Am Peace River wird der Portage Mountain Damm gebaut«, sagte ich.

Matterson grunzte. »Das dauert noch Jahre, und wir können nicht warten, bis die Regierung für Milliarden Dollar einen Damm baut. Wir brauchen den Strom jetzt. Darum machen wir folgendes: Wir bauen unseren eigenen Damm. Keinen großen, aber einen, der für uns und für jede wahrscheinliche Erweiterung in absehbarer Zukunft groß genug ist. Wir haben das Gelände abgesteckt und haben den Segen der Regierung. Von Ihnen wollen wir folgendes. Sie sollen überprüfen, daß wir keinen Fehler machen, für den wir uns später selbst ohrfeigen. Wir wollen nicht ein Tal von zwanzig Quadratmeilen überfluten, um später vielleicht festzustellen, daß wir das reichste Kupfervorkommen in Kanada unter dreißig Meter Wasser gesetzt haben. Dieses Gebiet ist noch nie von einem Geologen richtig erforscht worden, und wir wollen, daß Sie sich hier gründlich umsehen, ehe wir den Damm bauen. Können Sie das?«

»Von dem Platz aus, an dem ich gerade sitze, scheint mir das ziemlich leicht«, antwortete ich. »Kann ich eine Karte von dem Gelände sehen.«

Matterson nickte befriedigt und griff nach dem Telefon. »Bringen Sie die Karte des Kinoxi-Gebiets, Fred.« Er wendete sich mir wieder zu. »Wir betreiben zwar keine Minen, aber wir wollen keine Chance verpassen.« Er rieb sich nachdenklich das Kinn. »Schon seit einiger Zeit denke ich daran, daß wir unseren Grundbesitz einmal geologisch untersuchen lassen sollten – es könnte sich bezahlt machen. Wenn Sie hier gute Arbeit leisten, könnten wir zu einem festen Vertrag kommen.«

»Ich will mir's überlegen«, antwortete ich kühl. Ich hatte mich noch nie fest binden wollen.

Ein Mann mit einer Kartenrolle kam herein. Er wirkte noch mehr wie ein Bankier als John Pierpont Morgan – war korrekt und streng in einen konventionellen Büroanzug gekleidet. Sein Gesicht war schmal und ausdruckslos, und seine Augen hatten ein kaltes, blasses Blau.

»Danke, Fred«, sagte Matterson, während er die Karten entgegennahm. »Dies ist Mr. Boyd, der Geologe, den wir beauftragen wollen. Das ist Fred Donner, einer unserer Direktoren.«

»Angenehm«, sagte ich. Donner nickte knapp und wandte sich an Matterson, der die Karten auseinanderrollte. »Die Nationale Zement Gesellschaft will endlich Klarheit über den Vertrag«, sagte Donner.

»Halten Sie sie hin«, antwortete Matterson. »Wir unterschreiben nichts, solange Boyd nicht seine Arbeit getan hat.« Er blickte zu mir auf. »Hier haben wir es. Der Kinoxi ist ein Nebengewässer des Kwadacha, der in den Finlay fließt und damit in den Peace River. Hier ist ein steiles Gefälle, über das der Kinoxi in einer Reihe von Wasserfällen und Stromschnellen fließt, und unmittelbar über dem Steilhang liegt ein Tal.« Er schlug mit der flachen Hand auf die Karte. »Wir errichten den Damm hier oben und überfluten das Tal, um einen ausreichenden und ständigen Wasserstand zu erhalten, und wir bauen das Kraftwerk am unteren Ende des Abhangs auf. Damit bekommen wir eine gute Fallhöhe. Von den Vermessern wissen wir, daß sich das Wasser im Tal etwa zehn Meilen weit mit einer durchschnittlichen Breite von zwei Meilen stauen wird. Das gibt einen neuen See – den Lake Matterson.«

»Das ist eine Menge Wasser«, bemerkte ich.

»Der See wird nicht sehr tief werden«, sagte Matterson. Deshalb rechnen wir, daß wir mit niedrigen Kosten für den Damm davonkommen.« Er stieß mit dem Zeigefinger zu. »Ihre Aufgabe ist, uns zu sagen, ob wir auf diesen zwanzig Quadratmeilen irgend etwas verlieren.«

Eine Zeitlang studierte ich die Karte und sagte dann: »Das kann ich schaffen. Wo liegt dieses Tal genau?«

»Etwa vierzig Meilen von hier. Wir führen eine Straße hinauf, wenn wir mit dem Dammbau beginnen, aber das wird Ihnen nichts nützen. Das Tal ist noch ziemlich abgelegen.«

»Lange nicht so wie das Nord-West-Territorium«, entgegnete ich. »Ich werde schon durchkommen.«

»Das möchte ich annehmen«, sagte Matterson mit einem Grinsen. »Aber so schlimm ist es auch nicht. Wir bringen Sie mit dem Hubschrauber unserer Gesellschaft hin.«

Das zu hören, war mir angenehm. Es würde mir einige Schuhsohlen sparen. »Es könnte sein, daß ich ein paar Probebohrungen machen will – je nachdem, was ich finde. Sie sollten sich ein Bohrgerät leihen, und vielleicht brauche ich zwei Ihrer Leute zur Hilfe.«

Donner sagte: »Geht das nicht etwas weit? Ich bezweifle, daß das gerechtfertigt ist, und ich meine, Ihr Vertrag sollte festlegen, daß Sie alle erforderliche Arbeit selbst leisten.«

Gelassen entgegnete ich: »Mr. Donner, ich werde im allgemeinen nicht dafür bezahlt, Löcher in den Boden zu bohren. Ich werde dafür bezahlt, daß ich meinen Verstand gebrauche, um die Kerne auszuwerten, die aus diesen Bohrlöchern kommen. Aber wenn Sie wollen, daß ich die ganze Arbeit allein mache, soll es mir recht sein. Nur wird die Arbeit dann sechsmal solange dauern, und Sie haben meine Sätze dafür zu bezahlen – und billig bin ich gerade nicht. Ich versuche nur, Ihnen Geld zu sparen.«

Matterson winkte ab. »Lassen Sie das, Fred. Vielleicht kommt es nicht dazu. Sie wollen doch nur bohren, falls Sie auf etwas Bestimmtes stoßen. Stimmt das, Boyd?«

»Ganz richtig.«

Donner blickte mit seinen kalten Augen auf Matterson hinunter. »Noch etwas«, sagte er. »Es ist besser, wenn Boyd den nördlichen Teil nicht überprüft. Er liegt nicht . . .«

»Ich weiß, was nicht ist, Fred«, unterbrach Matterson ihn gereizt. »Das werde ich mit Clare schon in Ordnung bringen.«

»Das ist zu empfehlen«, meinte Donner, »sonst könnte der ganze Plan scheitern.«

Der Wortwechsel sagte mir nichts, zeigte mir aber deutlich, daß zwischen diesen beiden private Konflikte bestanden, in die ich mich besser nicht einmischte. Um aber meine Position zu klären, warf ich ein: »Ich wüßte gern, wer bei diesem Auftrag mein Auf-

traggeber ist. Von wem bekomme ich meine Anweisungen? Von
Ihnen, Mr. Matterson, oder von Mr. Donner?«
Matterson starrte mich an. »Sie bekommen sie von mir«, sagte er
schroff. »Mein Name ist Matterson, und Sie sind hier bei der
Matterson Corporation.« Er warf Donner einen Blick zu, als ob
er ihn herausfordern wollte, wegen dieser Frage Streit vom Zaun
zu brechen, aber Donner gab nach einem langen Augenblick
nach, indem er knapp nickte.
»Ich wollte es nur wissen«, sagte ich gelassen.
Danach begannen wir, über meine Vertragsbedingungen zu
feilschen. Donner war ein Pfennigfuchser, und da er versucht
hatte, mich bei den möglichen Bohrarbeiten auszunutzen, forderte
ich einen höheren Preis, als ich es normalerweise getan hätte. Der
Auftrag schien mir klar und eindeutig zu sein, und ich brauchte
das Geld, aber hier herrschten Unterströmungen, die mir nicht
gefielen. Ferner war der Name Trinavant aufgetaucht, wenn das
auch keine besondere Bedeutung zu haben schien. Doch die Bedingungen, die ich schließlich aus Donner herauspreßte, waren so
gut, daß ich den Auftrag einfach annehmen mußte. Das Geld
würde mir ermöglichen, ein Jahr lang im Nord-Westen zu arbeiten.
Matterson war für Donner keine Hilfe. Er begnügte sich damit,
die Rolle des Zuschauers zu spielen, und sah grinsend zu, wie ich
Donner ausnahm. Das war zweifellos auch eine Methode, ein
großes Unternehmen zu führen! Nachdem die geschäftlichen Einzelheiten geklärt waren, sagte Matterson: »Ich lasse Ihnen ein
Zimmer im Matterson House reservieren. Mit dem Hilton ist es
zwar nicht zu vergleichen, aber ich glaube, Sie sind dort ganz gut
untergebracht. Wann können Sie mit Ihrer Arbeit anfangen?«
»Sobald ich meine Ausrüstung aus Edmonton hier habe.«
»Lassen Sie sie herfliegen«, sagte Matterson. »Wir bezahlen die
Fracht.«
Donner grunzte und verließ das Zimmer wie ein Mann, der weiß,
wann er unerwünscht ist.

Das Matterson House Hotel erwies sich als ein Teil des Matterson
Building. Ich brauchte also nicht weit zu gehen, als ich Mattersons
Büro verließ. Ich bemerkte auch eine Reihe von Firmen, die alle
den Namen Matterson trugen, und an der Ecke des Blocks befand
sich eine Matterson Bank. Anscheinend war Fort Farrell eine dieser
echt altmodischen Städte, die sich im Besitz eines Unternehmens
befinden, und sobald der Matterson Damm gebaut war, würde
auch eine Matterson Elektrizitätsgesellschaft auf die Liste kommen. Dieser Mann war dabei, diesen Teil des Waldlands fest in
seine Klauen zu bekommen.

Ich vereinbarte mit dem Hotelsekretär, daß er meine Koffer von der Busstation abholen ließ. Dann fragte ich: »Gibt's hier eine Zeitung?«

»Sie erscheint freitags.«

»Wo ist die Redaktion?«

»Am Trinavant Square, an der Nordseite.«

Ich trat in das schwindende Nachmittagslicht hinaus und ging über die High Street zurück, bis ich zu dem Platz kam. Lieutenant Farrell starrte blicklos in die tiefstehende Sonne, die sein grünspanbedecktes und, wo die Vögel sich Freiheiten herausgenommen hatten, weißgeflecktes Gesicht beleuchtete. Ich fragte mich, was er wohl denken würde, wenn er wüßte, was aus seiner Siedlung geworden war. Nach seinem Gesichtsausdruck zu schließen, wußte er es – und hielt anscheinend nicht viel davon.

Die Leitung des *Fort Farrell Recorder* schien sich mehr für Druckaufträge als für die Herausgabe einer Zeitung zu interessieren. Aber meine erste Frage wurde von einem jungen Mädchen, die das einzige Redaktionsmitglied war – jedenfalls das einzige, das ich zu sehen bekam – zufriedenstellend beantwortet. »Selbstverständlich haben wir Belegstücke unserer Zeitung. Wie weit zurück wollen Sie denn gehen?«

»Ungefähr zehn Jahre.«

Sie verzog das Gesicht. »Dann brauchen wir die gebundenen Bände. Sie müssen mit nach hinten kommen.«

Ich folgte ihr in einen verstaubten Raum. »Wie ist das genaue Datum?«

Mich daran zu erinnern, fiel mir nicht schwer. Jeder Mensch kennt sein Geburtsdatum. »Dienstag, der 4. September 1956.«

Sie sah an einem Regal hinauf und sagte hilflos: »Das ist da oben. Da komme ich, glaube ich, nicht ran.«

»Erlauben Sie«, sagte ich und griff danach. Es war ein Band, der den Umfang und das Gewicht von einem Dutzend Bibeln hatte und mir sehr viel weniger Mühe machte, als er ihr gemacht hätte. Ich schätzte, daß der Band fast ebensoviel wie sie wog.

Sie sagte: »Sie müssen ihn hier lesen, und Sie dürfen nichts herausschneiden. Das ist unser Archivexemplar.«

»Tue ich nicht«, versprach ich und legte den Band auf einen Tisch. »Kann ich bitte Licht haben?«

»Gewiß.« Sie schaltete das Licht ein, bevor sie hinausging.

Ich zog mir einen Stuhl heran und schlug den schweren Deckel des Bandes auf. Er enthielt zwei Jahrgänge des *Fort Farrell Recorder* – einhundertundvier Wochenberichte über die Gesundheit und die Krankheiten einer Gemeinde; eine Chronik der Geburten und der Todesfälle, der Freuden und Leiden, vieler Verbrechen – und doch nicht so vieler, wenn man alles berücksichtigte – und einiger guter

Taten. Davon hätte es mehr geben sollen, aber gute Taten finden sich selten in Schlagzeilen wieder. Es war eine typische Kleinstadtzeitung.

Ich schlug die Ausgabe vom 7. September auf, dem Wochenende nach dem Unfall. Halb fürchtete ich mich vor dem, was ich finden würde, und halb fürchtete ich, daß ich nichts finden würde. Aber es war da, füllte sogar die Schlagzeile auf der ersten Seite. In dicken schwarzen Buchstaben sprang es mir von dem vergilbten Papier entgegen: JOHN TRINAVANT BEI AUTOUNFALL UMS LEBEN GEKOMMEN.

Ich kannte die Geschichte zwar auswendig, trotzdem las ich den Bericht aufmerksam, und er verriet mir einiges, was ich bisher nicht gewußt hatte. Es war eine einfache Geschichte, beklagenswert, aber nicht ungewöhnlich, und eine, die unter normalen Umständen nicht in die Schlagzeilen kam wie hier. Soweit ich mich erinnere, war sie in Vancouver *Sun* eine viertel Spalte am Fuß der zweiten Seite und in Toronto eine Füllmeldung wert gewesen.

Der Unterschied bestand darin, daß John Trinavant in Fort Farrell als Hauptteilhaber der Firma Trinavant und Matterson eine Macht gewesen war. Gott Vater war plötzlich gestorben, und Fort Farrell hatte getrauert, öffentlich und in großen, schwarzen Buchstaben auf weißem Papier getrauert.

John Trinavant, 56, war mit seiner Frau Anne (kein Alter angegeben) und seinem Sohn Frank, 22, von Dawson Creek nach Edmonton gefahren. Sie benutzten Mr. Trinavants neuen Wagen, einen Cadillac, aber das funkelnde neue Spielzeug hatte Edmonton nicht erreicht. Der Wagen war am Fuß einer sechzig Meter hohen Klippe, nicht weit von der Straße entfernt, aufgefunden worden. Schleifspuren und abgeschürfte Baumrinde hatten gezeigt, wie sich der Unfall abgespielt hatte. »Vielleicht ereignete sich der Unfall dadurch«, hatte der Coroner erklärt, »daß der Wagen zu schnell fuhr und der Fahrer die Herrschaft über ihn verloren hat. Das ist jedoch eine Frage, die nie jemand eindeutig beantworten können wird.«

Der Cadillac war ein ausgebranntes Wrack, völlig zerschmettert. Völlig zerschmettert waren auch die drei Trinavants, die alle tot aufgefunden wurden. Ein merkwürdiger Umstand bei dem Unfall war jedoch die Anwesenheit eines vierten Insassen, eines jungen Mannes, der als Robert Grant identifiziert wurde. Er lebte noch, als er aufgefunden wurde, aber nur gerade noch, und befand sich anschließend im Städtischen Krankenhaus mit Verbrennungen dritten Grades, einem schweren Schädelbruch und verschiedenen anderen Knochenbrüchen. Grant, so wurde allgemein vermutet, mußte ein Anhalter gewesen sein, den John Trinavant hilfsbereit irgendwo auf der Fahrt zwischen Dawson Creek und der Unfallstelle aufgenommen haben mußte. Es war nicht anzunehmen gewesen, daß Grant seine Verletzungen überleben würde. Zu bedauerlich für Robert Grant.

Ganz Fort Farrell, ja sogar ganz Kanada, schrieb der Verfasser des Leitartikels, solle die Ära betrauern, die mit dem Hinscheiden von John Trinavant geendet hatte. Die Trinavants gehörten seit den heroischen Tagen von Lieutenant Farrell zur Stadt, und es war ein Jammer – für den Verfasser des Leitartikels persönlich –, daß der Name Trinavant in der männlichen Linie jetzt erloschen war. Es gab allerdings noch eine Nichte, Miss C. T. Trinavant, die gegenwärtig in Lausanne in der Schweiz ein Internat besuchte. Es sei zu hoffen, daß diese Tragödie, der Tod ihres geliebten Onkels, ihre Ausbildung nicht unterbreche, die er ihr zu geben so ernsthaft gewünscht hatte.

Ich lehnte mich zurück und blickte auf die Zeitung vor mir. Trinavant war also der Partner von Matterson gewesen, aber nicht des Matterson, dem ich an diesem Tag begegnet war, denn der war zu jung. Zur Zeit des Unfalls mußte er Anfang zwanzig gewesen sein, etwa im Alter des jungen Frank Trinavant, der bei dem Unfall auch ums Leben gekommen war, oder in etwa meinem Alter zu dieser Zeit. Es mußte also noch einen Matterson geben – Howard Mattersons Vater vermutlich –, der Howard zum Kronprinzen des Matterson-Imperiums machte. Falls er nicht inzwischen gestorben war, selbstverständlich.

Ich seufzte, während ich mich ratlos fragte, welcher teuflische Zufall mich nach Fort Farrell gebracht hatte. Dann blätterte ich zur nächsten Ausgabe weiter und fand – nichts! Die Geschichte wurde nicht weiterverfolgt, weder in dieser Ausgabe noch in der nächsten. Ich suchte weiter und stellte fest, daß im nächsten Jahrgang der Zeitung der Name Trinavant nicht einmal genannt wurde. Keine weiteren Berichte, kein Nachruf, keine Reminiszenzen von Lesern – überhaupt nichts. Es hatte den Anschein, als ob für den *Fort Farrell Recorder* John Trinavant nie existiert hätte. Er war ausgelöscht worden.

Ich prüfte noch einmal nach. Es war sehr auffallend, daß die Lokalzeitung von Trinavants Heimatort – die Stadt, in der er praktisch König gewesen war – aus seinem Tod nicht zusätzlich Kapital geschlagen haben sollte. Was für eine merkwürdige Art, eine Zeitung zu machen!

Ich stutzte. Das war das zweitemal an diesem Tag, daß ich die gleiche Beobachtung machte – das erstemal war es Howard Matterson gewesen und die Art und Weise, wie er die Matterson Corporation leitete. Ich dachte darüber nach, und das brachte mich auf die Frage: Wem gehörte der *Fort Farrell Recorder*?

16

Das junge Mädchen steckte den Kopf durch die Tür. »Sie müssen jetzt gehen. Wir schließen.«

Ich lächelte sie an. »Ich dachte, Zeitungsredaktionen schließen nie.«

»Sie sind hier nicht bei der *Sun* in Vancouver oder dem *Star* in Montreal«, antwortete sie.

Das kann man wohl behaupten, dachte ich.

»Haben Sie gefunden, wonach Sie suchten?« fragte sie.

Ich folgte ihr in das vordere Büro. »Einige Antworten habe ich gefunden, aber auch eine Menge Fragen.« Sie sah mich verständnislos an. »Kann man hier irgendwo eine Tasse Kaffee bekommen?« fragte ich.

»Gerade gegenüber auf dem Platz ist das Lokal des Griechen.«

»Wollen Sie mir nicht Gesellschaft leisten?« Ich dachte, daß ich von ihr vielleicht ein paar Auskünfte bekommen könne.

Sie lächelte. »Meine Mutter hat gesagt, ich soll nie mit einem fremden Mann ausgehen. Außerdem bin ich mit meinem Freund verabredet.«

Ich betrachtete ihre lebensfrohen achtzehn Jahre und wünschte, ich wäre wieder jung – so jung wie vor dem Unfall. »Vielleicht ein andermal«, meinte ich.

»Vielleicht.«

Ich ließ sie zurück, wie sie sich ungeschickt die Nase puderte, und überquerte den Platz, mit dem Gedanken, daß man mich vielleicht wegen Kindsraub festsetzen würde, wenn ich nicht vorsichtig wäre.

Ich weiß nicht wie es kommt, aber in jedem Ort, der ein billiges Restaurant tragen kann – und eine Menge können das nicht –, findet man einen Griechen, der das Kaffee- und Kuchen-Lokal betreibt. Er baut sein Geschäft mit der Gemeinde auf und holt seine Vettern aus der alten Heimat heran, und ziemlich bald sind in einer mittelgroßen Stadt die Lokale in den Händen von Griechen. Sie teilen sie allenfalls mit den Italienern, die allerdings dazu neigen, etwas anspruchsvollere Lokale zu führen. Das hier war nicht das erste griechische Lokal, in dem ich aß, und es würde bestimmt nicht das letzte sein, jedenfalls nicht, solange ich als armer Geologe auf der Jagd nach dem Glück war.

Ich bestellte an der Theke Kaffee und Kuchen und brachte beides an einen leeren Tisch, in der Absicht, gründlich nachzudenken, aber dazu fand ich keine Gelegenheit, denn jemand kam an meinen Tisch und fragte: »Haben Sie was dagegen, daß ich mich zu Ihnen setze?«

Der Mann war alt, vielleicht schon siebzig, mit einem walnußbraunen Gesicht und einem mageren, vom Alter ausgemergelten Hals. Sein Haar war zwar weiß, aber voll, und forschende blaue Augen spähten unter buschigen Brauen hervor. Ich sah ihn lange nachdenklich an, und schließlich sagte er: »Ich bin McDougall, Chefreporter der hiesigen Sensationspresse.«

Ich deutete auf einen Stuhl. »Seien Sie mein Gast.«

Er stellte die Tasse Kaffee hin, die er in der Hand hielt, und grunzte leise, während er sich setzte. »Ich bin auch der Chef-Metteur«, erklärte er, »und der einzige Redaktionsbote. Ich bin auch der Redakteur; ich mache alles.«

»Sind Sie auch der Herausgeber?«

Er schnaubte verächtlich. »Sehe ich wie der Herausgeber einer Zeitung aus?«

»Eigentlich nicht.«

Er schlürfte an seinem Kaffee und sah mich unter dem Gestrüpp seiner Augenbrauen an. »Haben Sie gefunden, wonach Sie suchten, Mr. Boyd?«

»Sie sind gut unterrichtet«, entgegnete ich. »Ich bin noch keine zwei Stunden in der Stadt und kann schon sehen, daß über meine Ankunft im *Recorder* berichtet wird. Wie machen Sie das?«

Er lächelte. »Unsere Stadt ist klein, und ich kenne hier jeden Mann, jede Frau und jedes Kind. Ich komme gerade aus dem Matterson Building und weiß alles über Sie, Mr. Boyd.«

Dieser McDougall schien ein gerissener alter Teufel zu sein. Ich sagte: »Wetten, daß Sie auch die Bedingungen meines Vertrags kennen.«

»Das könnte sein.« Er grinste mich an, und sein Gesicht zeigte den Ausdruck eines verschmitzten kleinen Jungen. »Donner war nicht gerade sehr zufrieden.« Er stellte seine Tasse hin. »Haben Sie herausgefunden, was Sie über John Trinavant wissen wollten?«

Ich drückte meine Zigarette aus. »Sie haben eine merkwürdige Art, Ihre Zeitung zu machen, Mr. McDougall. Nie in meinem Leben habe ich so viel Verschwiegenheit im Druck gesehen.«

Das Lächeln verschwand von seinem Gesicht, und er sah genauso aus wie das, was er war – ein müder alter Mann. Für einen Augenblick schwieg er, dann fragte er überraschend: »Schätzen Sie guten Whisky, Mr. Boyd?«

»Man hat noch nie von mir gehört, daß ich einen abgelehnt hätte.«

Er deutete mit dem Kopf in die Richtung der Redaktion. »Ich habe eine Wohnung über den Geschäftsräumen und in der Wohnung eine Flasche. Wollen Sie mir Gesellschaft leisten? Ich habe plötzlich das Bedürfnis, mir einen anzutrinken.«

Statt einer Antwort stand ich auf und bezahlte für uns beide. Während wir den Platz überquerten, sagte McDougall: »Die Wohnung habe ich frei. Als Gegenleistung bin ich vierundzwanzig Stunden täglich im Dienst. Ich weiß nicht, wer dabei das bessere Geschäft macht.«

»Vielleicht sollten Sie mit Ihrem Herausgeber einen neuen Vertrag aushandeln.«

»Mit Jimson? Daß ich nicht lache. Der ist doch nur ein Stempel in der Hand des Besitzers.«

»Und der Besitzer ist Matterson«, sagte ich und riskierte einen Schuß ins Blaue.

McDougall sah mich aus den Augenwinkeln an. »So weit sind Sie also schon gekommen? Sie interessieren mich, Mr. Boyd, Sie interessieren mich wirklich.«

»Und Sie fangen an, mich zu interessieren«, antwortete ich.

Wir stiegen die Treppe zu seiner Wohnung hinauf, die spärlich, aber behaglich möbliert war. McDougall öffnete einen Schrank und nahm eine Flasche heraus. »Es gibt zwei Sorten Scotch«, sagte er, »die eine Sorte wird in Millionen Litern produziert: ein simpler, neutraler Getreidesprit, der mit gutem Malzwhisky verschnitten wird, um ihm Geschmack zu geben, gebranntem Karamell, damit er Farbe bekommt, und der sieben Jahre gelagert wird, um den heiligen Namen des Scotch Whisky zu schützen.« Er hob die Flasche hoch. »Und dann gibt es das Wahre – fünfzehn Jahre alter, unverschnittener Malzwhisky, liebevoll gebrannt und liebevoll getrunken. Der hier ist von Islay – das Beste, was es gibt.«

Er schenkte die helle strohfarbene Flüssigkeit in zwei massive Gläser ein und reichte mir eins. Ich sagte: »Auf Ihr Wohl, Mr. McDougall. Welche Sorte McDougall sind Sie übrigens?«

Ich hätte schwören können, daß er errötete. »Ich habe einen guten schottischen Namen, und man sollte meinen, das wäre jedem Menschen gut genug, aber mein Vater mußte es übertreiben und nannte mich Hamish. Nennen Sie mich lieber Mac wie jeder andere, und auf diese Weise vermeiden wir jeden Streit.« Er lachte verhalten. »Mein Gott, die Prügeleien, die ich als Kind hatte.«

Ich sagte: »Ich heiße Bob Boyd.«

Er nickte. »Und was interessiert Sie an den Trinavants?«

»Interessiere ich mich für sie?«

Er seufzte. »Bob, ich bin ein alter Zeitungshase, glauben Sie mir also, daß ich mein Geschäft verstehe. Ich unterrichte mich über jeden, der unsere alten Jahrgänge sehen will. Es würde Sie überraschen, wie oft sich das mit einer Geschichte bezahlt macht. Ich habe seit zehn Jahren darauf gewartet, daß jemand kommt, um diese besondere Ausgabe zu studieren.«

»Warum sollte sich der *Recorder* jetzt für die Trinavants interessieren?« fragte ich. »Die Trinavants sind tot, und der *Recorder* hat sie noch toter gemacht. Man sollte es nicht für möglich halten, daß man die Erinnerung ermorden kann. Was meinen Sie?«

»Darin sind die Russen groß. Sie können einen Mann umbringen und doch am Leben lassen – ein umherwandelnder Toter«, sagte

McDougall. »Sehen Sie doch nur, was sie mit Chruschtschow gemacht haben. Nur ist auch Matterson auf diese Idee gekommen.«

»Sie haben meine Frage nicht beantwortet«, gab ich schroff zurück. »Hören Sie auf, mir auszuweichen, Mac.«

»Der *Recorder* interessiert sich nicht für die Trinavants«, sagte er. »Wenn ich über irgendeinen von ihnen eine Geschichte brächte, wenn ich auch nur den Namen erwähnte, würde ich fliegen. Das ist mein persönliches Interesse, und wenn Bull Matterson erführe, daß ich auch nur von den Trinavants gesprochen hätte, bekäme ich große Schwierigkeiten.« Er deutete mit dem Finger auf mich. »Halten Sie also den Mund, verstehen Sie.« Er schenkte uns neu ein, und ich konnte sehen, daß seine Hand zitterte. »Jetzt erzählen Sie mir Ihre Geschichte.«

»Mac, solange Sie mir nicht mehr über die Trinavants sagen, bekommen Sie von mir kein Wort zu hören. Und fragen Sie mich nicht nach dem Grund, denn ich werde Ihnen keine Antwort geben.«

Für eine lange Zeit sah er mich nachdenklich an und meinte dann: »Aber am Ende werden Sie es mir erzählen?«

»Vielleicht.«

Das blieb ihm in der Kehle stecken, aber er schluckte es. »Also gut. Es sieht so aus, als ob mir keine Wahl bliebe. Ich werde Ihnen über die Trinavants berichten.« Er schob mir die Flasche hin. »Gießen Sie noch mal ein, mein Sohn.«

Die Trinavants waren eine alte kanadische Familie, die ein Jacques Trinavant gründete, der im 18. Jahrhundert aus der Bretagne nach Quebec kam, um dort zu siedeln. Aber die Trinavants waren weder geborene Siedler, noch waren sie Kaufleute, jedenfalls damals nicht. Ihnen juckten die Füße, und sie wandten sich nach Westen. John Trinavants Ururgroßvater war ein namhafter Forscher, der an der Erschließung der Großen Seen beteiligt war. Andere Trinavants waren Trapper, und nach einem unbestätigten Bericht überquerte ein Trinavant den Kontinent und sah vor der Expedition von Lewis und Clark den Pazifik.

John Trinavants Großvater war Scout für Lieutenant Farrell, und als Farrell das Fort baute, beschloß er zu bleiben und in Britisch Columbia Wurzeln zu schlagen. Es war gutes Land, das ihm gefiel, und er erkannte die großen Möglichkeiten. Aber nur, weil die Trinavants sich ansässig machten, bedeutete das nicht, daß sie ihren Elan verloren hätten. Drei Generationen Trinavants bauten in Fort Farrell ein Holzfällerimperium auf, klein aber gesund.

»Es war John Trinavant, der wirklich etwas daraus machte«, sagte McDougall. »Er war ein Mann des zwanzigsten Jahrhunderts, im Jahre 1900 geboren, und er übernahm das Geschäft in jungen Jahren. Als sein Vater starb, war er erst dreiundzwanzig. Britisch Columbia war in jener Zeit noch recht unentwickelt, und es waren Männer wie John Trinavant, die es zu dem gemacht haben, was es heute ist.«

Er sah nachdenklich in sein Glas. »Vom rein geschäftlichen Standpunkt aus gesehen, war es vermutlich das Klügste, was Trinavant je getan hat, daß er sich mit Bull Matterson zusammentat.«

»Sie erwähnen ihn zum zweitenmal«, sagte ich. »Er kann nicht der Mann sein, dem ich im Matterson Building begegnet bin.«

»Teufel nein, das ist Howard. Der ist nur ein Rotzjunge«, sagte McDougall verächtlich. »Ich spreche von dem Alten, von Howards Vater. Er war ein paar Jahre älter als Trinavant, und sie taten sich 1925 zusammen. John Trinavant hatte den Verstand und bestimmte die Geschäftspolitik, während Matterson die Energie und die Schwungkraft stellte, und dann kamen die Dinge hier wirklich ins Rollen. Der eine oder andere von ihnen hatte in jedem verdammten Kuchen einen Finger drin. Sie machten eine Bank auf, sie konsolidierten die Holzfällerei, und sie waren die ersten, die erkannten, daß rohe Stämme nichts wert sind, wenn man nicht etwas damit anfängt, vorzugsweise an Ort und Stelle. Sie bauten Papier- und Sperrholzfabriken und verdienten eine Menge Geld, besonders im Krieg. Bei Kriegsende machte es den Leuten hier großen Spaß, abendelang zusammenzuhocken und nachzurechnen, wieviel Trinavant und Matterson wert waren.«

Er beugte sich vor und griff nach der Flasche. »Selbstverständlich war nicht alles nur Holzfällen. Sie erweiterten ihre Basis frühzeitig. Sie besaßen Tankstellen, betrieben eine Autobuslinie, bis sie sie an Greyhound verkauften, ihnen gehörten Lebensmittel- und Eisenwarengeschäfte – jeder Mensch in diesem Gebiet zahlte ihnen auf die eine oder andere Weise Tribut.« Er machte eine Pause und sagte dann düster: »Ich weiß nicht, ob das für eine Gemeinde gut ist. Ich habe für Patriarchismus nichts übrig, selbst nicht, wenn er die besten Absichten verfolgt. Aber so entwickelte es sich.«

»Sie besaßen auch eine Zeitung«, sagte ich.

McDougall verzog das Gesicht. »Sie ist das einzige Unternehmen Mattersons, das ihm kein Geld einbringt. Sie macht sich nicht bezahlt. Unsere Stadt ist eigentlich nicht groß genug, um eine Zeitung tragen zu können. Aber John Trinavant gründete sie im Interesse der Allgemeinheit als Nebenbetrieb der Druckerei. Er sagte, die Bevölkerung habe ein Recht darauf zu erfahren, was in der Welt vorging, und er mischte sich nie in die Führung der Redaktion ein. Matterson hält sie aus einem anderen Grund.«

»Und welcher ist das?«

»Um die öffentliche Meinung zu beherrschen. Er wagt nicht, ihr Erscheinen einzustellen, weil Fort Farrell wächst und jemand anderes eine ehrliche Zeitung gründen könnte, die er nicht kon-

trolliert. Solange er den *Recorder* aushält, ist er sicher, denn ganz
bestimmt ist hier kein Platz für zwei Zeitungen.«
Ich nickte. »Trinavant und Matterson machten also jeder ein Ver-
mögen. Was kam dann?«
»Dann kam nichts«, antwortete McDougall. »Trinavant kam ums
Leben, und Matterson übernahm die ganze Geschichte – alles,
mit Haut und Haaren. Verstehen Sie, es war kein Trinavant
übriggeblieben.«
Darüber dachte ich nach. »War nicht doch noch jemand da? Der
Leitartikel im *Recorder* erwähnte eine Miss Trinavant, eine Nichte
von John.«
»Sie meinen Clare«, antwortete McDougall. »Sie war nicht wirk-
lich seine Nichte, sondern eine sehr entfernte Verwandte aus dem
Osten. Vor zweihundert Jahren waren die Trinavants eine starke
Sippe, aber der östliche Zweig starb bald aus. Soviel ich weiß, ist
Clare Trinavant die letzte Trinavant in Kanada. John stieß zufällig
auf sie, als er auf einer Geschäftsreise in Montreal war. Sie war eine
Waise. Er vermutete, sie müsse irgendwie mit der Familie ver-
wandt sein, darum nahm er sie auf und behandelte sie wie seine
eigene Tochter.«
»Dann war sie also nicht seine Erbin?«
McDougall schüttelte den Kopf. »Nicht seine natürliche Erbin.
Er hat sie nicht gesetzlich adoptiert, und wahrscheinlich ist es auch
nie möglich gewesen, ihr Verwandtschaftsverhältnis eindeutig
nachzuweisen. Deshalb kam sie um die Erbschaft.«
»Wer hat denn dann Trinavants Geld bekommen? Und wie
brachte Matterson Trinavants Geschäftsanteile an sich?«
McDougall zeigte mir ein schiefes Grinsen. »Die Antworten auf
diese beiden Fragen sind miteinander verquickt. Johns Testament
legte für seine Frau und seinen Sohn eine Treuhandschaft fest. Das
gesamte Kapital sollte auf den jungen Frank übergehen, wenn er
dreißig Jahre alt wurde. Alle erforderlichen Sicherungen waren
eingebaut, und es war ein gutes Testament. Selbstverständlich war
Vorkehrung getroffen für den Fall, daß John alle Erbberechtigten
überlebte. In diesem Fall sollten nach seinem Tod die Gewinne
aus dem Vermögen zur Gründung eines Instituts für Holztechnologie an einer kanadischen Universität verwendet werden.«
»Ist das geschehen?«
»Ja. Die Treuhänder leisten gute Arbeit, wenn auch nicht so gut,
wie es sein könnte. Doch um die Erklärung dafür zu finden, muß
man auf das Jahr 1929 zurückgreifen. Damals erkannten Trinavant
und Matterson, daß sie dabei waren, ein Wirtschaftsimperium aufzubauen. Keiner von beiden wollte, daß der Tod des anderen dem
ein Ende machen sollte. Deshalb trafen sie eine Vereinbarung,
durch die beim Tod des einen der Überlebende eine Option erhielt,

den Anteil des anderen zum Buchwert aufzukaufen. Und das hat Matterson getan.«

»Die Treuhänder kamen also in den Besitz von Trinavants Geschäftsanteilen, waren aber gesetzlich verpflichtet, an Matterson zu verkaufen, falls er von seiner Option Gebrauch machen wollte. Ich sehe nicht recht ein, was dagegen einzuwenden ist.«

McDougall schnalzte ärgerlich mit der Zunge. »Seien Sie nicht naiv, Boyd.« Er zählte die Punkte an seinen Fingern ab. »Die Option sah die Übernahme zum Buchwert vor, und als Donner damit fertig war, die Bücher zu frisieren, dürfte der Buchwert in gespenstiger Weise zusammengeschrumpft gewesen sein. Das ist ein Punkt. Zweitens, den Vorsitz in der Treuhandverwaltung führt William Justus Sloane, und W. J. lebt heute praktisch aus der Tasche von Bull Matterson. Der Treuhandausschuß investierte das Wenige, was sie von Matterson bekommen hatten, sofort wieder in der neu aufgebauten Matterson Corporation, und wenn irgend jemand dieses Geld kontrolliert, ist es der alte Bull. Drittens brauchten die Herren des Treuhandausschusses entsetzlich lange, bis sie sich von ihren schwerfälligen Hintern erhoben, um endlich dafür zu sorgen, daß die Bedingungen der Treuhandschaft befolgt wurden. Es dauerte nicht weniger als vier Jahre, bis das Institut für Holztechnologie zustandekam, und dann war es nur eine sehr halbherzige Angelegenheit. Nach allem, was ich höre, leidet das Institut sehr unter Mangel an Mitteln. Viertens wurden die Verkaufsbedingungen für Trinavants Anteil an Bull nie öffentlich bekanntgegeben. Meiner Meinung nach müßte er zwischen sieben und zehn Millionen Dollar betragen haben, aber der Treuhandausschuß investierte nur zwei Millionen in der Matterson Corporation, und das in nicht stimmberechtigten Anteilen. Mein Gott, Bull Matterson hätte sich nichts besseres wünschen können. Fünftens ... ach ... warum vergeude ich damit meine Zeit?«

»Sie nehmen also an, daß Bull Matterson das Trinavant-Geld praktisch gestohlen hat?«

»Das ›praktisch‹ kann man sich dabei sparen«, sagte McDougall schroff.

»Pech für Miss Clare.«

»Oh, sie ist nicht schlecht gefahren. Das Testament enthielt einen speziellen Zusatz, der für sie sorgte. John hinterließ ihr eine halbe Million Dollar und ein großes Stück Land. Das konnte Bull nicht in seine Klauen bekommen, womit nicht gesagt ist, daß er es nicht versucht hätte.«

Ich dachte an den Tenor des Leitartikels, in dem empfohlen worden war, daß Miss Trinavants Ausbildung nicht unterbrochen werden sollte. »Wie alt war sie, als Trinavant getötet wurde?«

»Sie war ein siebzehnjähriges Kind. Der alte John hatte sie in die Schweiz geschickt, damit sie dort ihre Schulzeit beendete.«

»Und wer schrieb den Leitartikel am 7. September 1956?«

McDougall lächelte verbissen. »Das ist Ihnen also aufgefallen. Sie sind doch ein kluger Junge. Der Leitartikel wurde von Jimson geschrieben. Ich wette aber, daß Matterson ihn diktiert hat. Es ist eine Streitfrage, ob diese Optionsvereinbarung hätte gebrochen werden können oder nicht. Besonders, da Clare legal nicht zu Johns Familie gehörte. Aber Matterson riskierte nichts. Er flog selbst in die Schweiz und überredete sie zu bleiben, und er hielt ihr diesen Leitartikel unter die Nase, als Hinweis, daß die Leute in Fort Farrell genauso dachten. Sie wußte, daß der *Recorder* eine ehrliche Zeitung war. Was sie nicht wußte, war, daß Matterson ihn in der gleichen Woche korrumpiert hatte, als Trinavant starb. Sie war ein siebzehnjähriges Mädchen, das nichts von Geschäften verstand.«

»Und wer kümmerte sich um ihre halbe Million Dollar, bis sie großjährig war?«

»Das Vormundschaftsgericht«, antwortete McDougall. »In solchen Fällen geht das so gut wie automatisch. Bull versuchte selbstverständlich, dabei mitzureden, aber er kam damit nicht weit.«

In Gedanken ging ich die ganze unerfreuliche Geschichte noch einmal durch, dann schüttelte ich den Kopf. »Was ich nicht verstehe, ist, warum Matterson es so auf den Namen Trinavant abgesehen hat. Was hatte er zu verbergen?«

»Ich weiß es nicht«, gestand McDougall. »Ich hatte gehofft, daß der Mann, der nach zehn Jahren diese Ausgabe des *Recorder* heraussucht, es mir sagen könne, aber von jenem Tag an wurde der Name Trinavant hier in der Stadt ausgelöscht. Die Trinavant-Bank wurde in Matterson-Bank umbenannt, und jedes Unternehmen, das den Namen trug, wurde umgetauft. Er versuchte sogar, den Namen des Trinavant Square zu ändern, aber damit setzte er sich gegenüber Mrs. Davenant nicht durch. Sie ist das alte Schlachtroß, das die Historische Gesellschaft von Fort Farrell leitet.«

»Ja«, sagte ich, »wenn sie nicht wäre, hätte ich nie erfahren, daß das hier Trinavants Stadt ist.«

»Und wäre dann etwas anderes gewesen?« Als ich keine Antwort gab, fuhr McDougall fort: »Er konnte auch Clare Trinavant nicht umtaufen. Ich nehme an, daß er zu Gott gebetet hat, sie möge heiraten. Sie wohnt hier im Bezirk, wissen Sie, und sie haßt ihn aufs Blut.«

»Der Alte lebt also noch.«

»Das kann man wohl sagen. Er muß jetzt fünfundsiebzig sein und hat sich für sein Alter gut gehalten. Er ist noch voll von Gift und

Galle, aber er war immer ein zäher alter Hengst. John Trinavant war eine Bremse für ihn. Erst als John nicht mehr da war, ging der alte Bull richtig los. Er organisierte die Matterson Corporation als Holding-Gesellschaft, und dann fing er an wirklich Geld zu machen, und er nahm es nicht besonders genau damit, wie – das tut er übrigens jetzt noch nicht. Und die Menge Waldland, die er besitzt . . .«

Ich unterbrach. »Ich denke, das ganze Waldland ist Land der Krone«.

»In Britisch Columbia gehören fünfundneunzig Prozent des Landes der Krone, aber fünf Prozent – sagen wir sieben Millionen Hektar – sind in Privatbesitz. Bull besitzt nicht weniger als eine Million Hektar, und er hat eine Lizenz, auf weiteren zwei Millionen Hektar Land der Krone Holz zu fällen. Er steht immer kurz davor, Schwierigkeiten zu bekommen, weil er zu stark ausholzt – die Regierung mag das nicht –, aber er hat sich immer irgendwie herausgewunden. Jetzt will er sein eigenes Wasserkraftwerk bauen, und wenn er das schafft, dann hat er diesen Teil des Landes wirklich bei der Kehle.«

»Der junge Matterson sagte mir, das Wasserkraftwerk soll die eigenen Betriebe der Matterson Corporation mit Strom versorgen.«

McDougall verzog spöttisch den Mund. »Und glauben Sie, Fort Farrell ist etwas anderes als ein Matterson-Unternehmen? Wir haben hier ein kleines Kraftwerk, aber es ist nie in der Lage, die erforderliche Spannung zu halten, und hat dauernd Störungen. Und jetzt wird also die Matterson Elektrizitäts-Gesellschaft einspringen. Und Matterson-Unternehmen haben so eine Art an sich, um sich zu greifen. Ich glaube, der alte Bull hat eine Vision, daß die Matterson Corporation einen Abschnitt von Britisch Columbia kontrolliert, der von Fort St. John bis Kispiox und von Prince George bis zum Yukon hinaufreicht – ein privates Königreich, in dem er schaltet und waltet, wie es ihm gefällt.«

»Und was spielt Donner bei all dem für eine Rolle?« fragte ich neugierig.

»Er ist der Finanzmann, ein Buchhalter. Er denkt in nichts anderem als in Dollar und Cent und quetscht einen Dollar aus, bis er Hilfe schreit. Er ist wirklich ein rücksichtsloser, hinterhältiger Schurke. Er brütet die Pläne aus, und Bull Matterson setzt sie in die Tat um. Aber Bull hat sich selbst als Aufsichtsratsvorsitzenden eingesetzt – die tägliche Routinearbeit überläßt er dem jungen Howard –, und Donner hat jetzt die Aufgabe, Howard zu zügeln, um zu verhindern, daß er durchdreht.«

»Das macht er nicht besonders gut« sagte ich und erzählte ihm die Episode in Howards Büro.

McDougall knurrte. »Donner wird mit dem kleinen Halunken fertig, auch wenn ihm eine Hand auf den Rücken gebunden ist. In Dingen, auf die es nicht besonders ankommt, gibt er nach, aber in allen wichtigen Angelegenheiten kommt Howard ganz entschieden an letzter Stelle. Der junge Howard zeigt eine gute Fassade und sieht vielleicht wie ein Mann aus, aber innerlich ist er weich. Er ist nicht ein Zehntel dessen, was sein Vater ist.«

Ich saß eine Weile schweigend da und verdaute das alles. Schließlich sagte ich: »Na schön, Mac. Sie sagten, Sie hätten an all dem ein persönliches Interesse. Welches Interesse ist das?«

Er sah mir scharf in die Augen und antwortete: »Es wird Sie vielleicht überraschen, festzustellen, daß sogar ein Zeitungsmensch Ehrgefühl hat. John Trinavant war mein Freund. Er ist ziemlich oft hier heraufgekommen, hat meinen Whisky getrunken und sich mit mir unterhalten. Mir war ganz übel bei dem, was der *Recorder* ihm und seiner Familie antat, als sie starben, aber ich stand beiseite und ließ es geschehen. Jimson ist ein unfähiger Narr, und ich hätte auf die erste Seite dieser Zeitung eine Geschichte gesetzt, daß John Trinavant in Fort Farrell niemals vergessen worden wäre. Aber ich tat es nicht, und wissen Sie warum? Weil ich ein Feigling war, weil ich Angst vor Bull Matterson hatte, weil ich fürchtete, meine Stellung zu verlieren.«

Seine Stimme brach etwas. »Mein Sohn, als John Trinavant ums Leben kam, ging ich auf die Sechzig, war bereits ein älterer Mann. Ich habe mein Geld immer großzügig ausgegeben und hatte nichts gespart. Und ich war mir immer bewußt, daß ich aus einer langlebigen Familie stamme. Ich rechnete damit, noch viele Jahre vor mir zu haben. Aber was kann ein alter Mann von sechzig Jahren tun, wenn er seine Stellung verliert?« Seine Stimme wurde fester. »Jetzt bin ich einundsiebzig und arbeite immer noch für Matterson. Ich leiste gute Arbeit für ihn, deshalb behält er mich weiter. Es ist keine Barmherzigkeit – Matterson weiß nicht einmal, was dieses Wort bedeutet. In den letzten zehn Jahren habe ich aber etwas gespart. Und da ich jetzt nicht mehr so viele Jahre vor mir habe, würde ich gern etwas für meinen Freund John Trinavant tun. Mich kann man nicht mehr einschüchtern.«

»Und was beabsichtigen Sie zu tun?« fragte ich.

Er atmete tief ein. »Das können Sie mir sagen. Kein Mensch kommt von der Straße herein und liest grundlos eine zehn Jahre alte Zeitung. Den Grund möchte ich wissen.«

»Nein, Mac«, antwortete ich, »noch nicht. Ich weiß nicht, ob ich einen Grund hatte oder nicht. Ich weiß nicht, ob ich das Recht habe, mich einzumischen. Ich kam rein aus Zufall nach Fort Farrell und weiß nicht, ob mich das überhaupt etwas angeht.«

Er blähte seine Wangen auf und blies die Luft explosiv aus.

»Das verstehe ich nicht«, sagte er. »Das verstehe ich einfach nicht.«

Sein Gesicht war ratlos. »Wollen Sie mir weismachen, Sie hätten diese zehn Jahre alte Zeitung nur zum Spaß gelesen oder nur, weil Sie gern in kümmerlichen Kleinstadtzeitungen blättern? Vielleicht wollten Sie feststellen, welche gute Hausfrau in dieser Woche den Wettbewerb im Kürbiskuchenbacken gewonnen hat. War es das?«

»Nichts zu machen«, antwortete ich. »Sie bekommen es nicht aus mir heraus, solange ich nicht soweit bin. Und ich bin noch lange nicht soweit.«

»Also gut«, sagte er ruhig. »Ich habe Ihnen eine Menge erzählt – genug, daß es mich Kopf und Kragen kostet, wenn Matterson etwas davon hört. Ich habe meinen Hals richtig auf den Block gelegt.«

»Bei mir sind Sie sicher, Mac.«

Er grunzte. »Das kann ich nur hoffen. Gerade jetzt ließe ich mich nicht gern rauswerfen, ohne daß etwas dabei herauskommt.« Er stand auf und nahm ein Aktenstück aus einem Regal. »Jetzt kann ich Ihnen ja auch noch mehr sagen. Mir kam der Verdacht, wenn Matterson den Namen Trinavant auslöschen wollte, könnte der Grund dafür damit zusammenhängen, wie Trinavant ums Leben kam.« Er nahm ein Foto aus dem Aktenstück und reichte es mir. »Wissen Sie, wer das ist?«

Ich blickte auf das frische, junge Gesicht und nickte. Ich hatte einen Abzug der gleichen Aufnahme schon einmal gesehen, sagte es Mac aber nicht. »Ja, das ist Robert Grant.« Ich legte das Foto auf den Tisch.

»Die vierte Person in dem Wagen«, sagte Mac und klopfte mit dem Fingernagel auf das Foto. »Dieser junge Mann überlebte. Niemand rechnete damit, aber so war es. Sechs Monate nach Trinavants Tod stand mir ein Urlaub zu, und den benutzte ich für einige heimliche Recherchen außerhalb der Reichweite des alten Bull. Ich fuhr nach Edmonton hinüber und besuchte das Krankenhaus. Robert Grant war nach Quebec verlegt worden. Er war in einer Privatklinik, und niemand konnte an ihn heran-kommen. Von da an verlor ich seine Spur – und es ist ein schwieri-ges Unterfangen, sich vor einem alten Journalisten zu verstecken, der Ameisen unterm Hintern hat. Ich schickte Abzüge dieses Fotos an einige meiner Freunde – Journalisten, die über ganz Kanada verstreut sind –, und in zehn Jahren ist nichts dabei herausgekom-men. Robert Grant ist vom Erdboden verschwunden.«

»Und weiter?«

»Mein Sohn, haben Sie diesen Mann einmal gesehen?«

Ich blickte noch einmal auf das Foto. Grant sah fast wie ein Junge aus. Gerade erst zwanzig und mit einem schönen, reichen Leben vor sich. Langsam antwortete ich: »Nach bestem Wissen und Gewissen, dieses Gesicht habe ich nie gesehen.«

»Nun, es war nur ein Versuch«, sagte Mac. »Ich hatte gedacht, Sie könnten ein Freund von ihm sein und seien hergekommen, um zu sehen, wie das Land aussieht.«

»Tut mir leid, Mac. Ich bin diesem Mann nie begegnet. Aber warum sollte er überhaupt hierherkommen? Ist Grant nicht völlig nebensächlich?«

»Möglicherweise«, sagte Mac. »Aber vielleicht auch nicht. Ich wollte mich nur einmal mit ihm unterhalten. Das ist alles.« Er hob die Schultern. »Trinken wir in Gottes Namen noch einen.«

In dieser Nacht hatte ich den Traum. Es war mindestens fünf Jahre her, seit ich ihn zuletzt gehabt hatte, und wie üblich jagte er mir höllische Angst ein. Da war ein schneebedeckter Berg mit zackigen schwarzen Felsen, die wie Reißzähne aus dem Schnee herausragten. Ich stieg den Berg weder hinauf noch hinunter. Ich stand nur da, als ob ich angewachsen wäre. Wenn ich versuchte, meine Füße zu heben, war es, als ob der Schnee klebrig wie ein Pflaster wäre, und ich fühlte mich gefangen wie eine Fliege auf einem Fliegenfänger.

Die ganze Zeit über fiel Schnee. Schneewehen sammelten sich an, und schließlich lag der Schnee kniehoch und dann über den halben Oberschenkel. Ich wußte, daß ich begraben werden würde, wenn ich mich nicht bewegte. Darum kämpfte ich wieder dagegen an und bückte mich, um den Schnee mit den bloßen Händen fortzuschieben.

Dabei stellte ich fest, daß der Schnee nicht kalt war, sondern – der Temperatur nach glühend heiß, selbst wenn er in meinem Traum vollkommen weiß erschien. Ich schrie in qualvollem Schmerz auf und riß meine Hände zurück und wartete hilflos ab, während sich der Schnee unwahrnehmbar um meinen Körper anhäufte. Er berührte meine Hände und dann mein Gesicht, und ich schrie, als der heiße, heiße Schnee mich brennend, brennend, brennend umschloß . . .

Schweißbedeckt wachte ich in dem anonymen Hotelzimmer auf und wünschte, ich könnte einen Schluck von Macs gutem Islay-Whisky haben.

2

Das erste, woran ich mich in meinem Leben erinnern kann, ist Schmerz. Es ist nicht vielen Menschen gegeben, ihre Geburtswehen zu erleben, und ich kann es nicht empfehlen. Nicht, daß irgendeine Empfehlung von mir, sei sie dafür oder dagegen, irgendeine Wirkung haben kann – keiner von uns wählt es sich, geboren zu werden, und die Art unserer Geburt liegt jenseits unserer Kontrolle.

Ich spürte den Schmerz wie eine tiefverwurzelte Qual in meinem ganzen Körper. Er wurde schlimmer, während die Zeit verging, zu einem glühendroten Feuer, das mich verzehrte. Ich kämpfte von ganzem Herzen dagegen an und schien mich durchzusetzen, obwohl man mir sagte, das Schwinden des Schmerzes sei auf die Anwendung von Drogen zurückzuführen. Der Schmerz ging, und ich wurde bewußtlos.

Zur Zeit meiner Geburt war ich dreiundzwanzig Jahre alt, jedenfalls wurde mir das glaubwürdig mitgeteilt. Man sagte mir auch, daß ich die nächsten wenigen Wochen im Koma verbrachte, auf der dünnen Grenzlinie zwischen Leben und Tod schwankte. Ich bin geneigt, darin eine Gnade zu sehen, denn wenn ich ausreichend bei Bewußtsein gewesen wäre, den Schmerz zu empfinden, glaube ich nicht, daß ich überlebt hätte, und dann wäre mein Leben wirklich kurz gewesen.

Als ich das Bewußtsein wiedergewann, saß der Schmerz zwar immer noch in meinem ganzen Körper, hatte aber erheblich nachgelassen, und ich fand ihn erträglich. Weniger erträglich fand ich die peinliche Lage, in der ich mich befand. Ich lag mit gespreizten Gliedern, an Fußknöcheln und Handgelenken festgebunden, auf dem Rücken und anscheinend in eine Flüssigkeit getaucht. Es gab sehr wenig, wonach ich mich richten konnte, denn als ich versuchte, die Augen zu öffnen, stellte ich fest, daß ich es nicht konnte. Über meinem ganzen Gesicht lag eine Spannung, und ich fing an, mich sehr zu fürchten und begann zu kämpfen.

Eine Stimme sagte eindringlich: »Sie müssen ruhig sein. Sie dürfen sich nicht bewegen. Sie dürfen sich nicht bewegen.«

Es war eine gute Stimme, sanft und freundlich, deshalb fügte ich mich und versank wieder in die barmherzige Bewußtlosigkeit.

Eine Anzahl von Wochen verging, während denen ich häufiger zu Bewußtsein kam. Ich erinnere mich nicht an vieles aus dieser Periode, außer, daß der Schmerz immer weniger dominierte und ich kräftiger wurde. Man begann, mich durch einen Schlauch zu ernähren, den man mir zwischen die Lippen schob, und ich saugte die Suppen und Obstsäfte ein, und meine Kräfte nahmen zu.

Dreimal war mir bewußt, daß ich in einen Operationssaal gebracht wurde. Ich erkannte das nicht aus eigenem Wissen, sondern daran, daß ich den Gesprächen der Schwestern zuhörte. Die meiste Zeit aber befand ich mich in einem Zustand glückseliger Gedankenlosigkeit. Nie überkam mich die Frage, was ich hier tue oder wie ich hierhergekommen sei, ebensowenig wie ein neugeborenes Baby in einer Wiege an diese Dinge denkt. Wie ein Baby gab ich mich damit zufrieden, alles seinen Lauf nehmen zu lassen, solange es mir behaglich war und ich getröstet wurde.

Die Zeit kam, als sie mir den Verband vom Gesicht und den Augen schnitten. Eine Stimme, die Stimme eines Mannes, die ich schon früher gehört hatte, sagte: »Jetzt ganz vorsichtig. Halten Sie die Augen geschlossen, bis ich Ihnen sage, Sie sollen sie öffnen.«

Gehorsam preßte ich die Augen fest zu, hörte das Schnippen der Schere, als sie die Gaze durchschnitten. Finger berührten meine Augenlider, und es folgte ein geflüstertes: »Scheint in Ordnung zu sein.« Jemand atmete mir ins Gesicht. Die Stimme sagte: »Also gut, Sie können sie jetzt öffnen.«

Ich schlug die Augen in einem dunklen Raum auf. Vor mir befanden sich die verschwommenen Umrisse eines Mannes. Er fragte: »Wieviele Finger hebe ich hoch?«

Ein weißer Gegenstand schwamm in mein Blickfeld. »Zwei«, sagte ich.

»Und wie viele jetzt?«

»Vier.«

Er seufzte tief und erleichtert auf. »Sieht aus, als ob Ihre Sehfähigkeit trotz allem nicht gelitten hätte. Sie haben sehr viel Glück gehabt, Mr. Grant.«

»Grant?«

Der Mann machte eine Pause. »Sie heißen doch Grant, oder nicht?«

Darüber dachte ich lange nach, und dann vermutete der Mann, ich wolle ihm nicht antworten. »Kommen Sie. Wenn Sie nicht Grant sind, wer sind Sie dann?« fragte er.

Darauf hätte ich angefangen zu schreien, erzählten sie mir später, und sie mußten mir wieder Beruhigungsmittel geben. An das Schreien erinnere ich mich nicht. Ich erinnere mich nur an das grauenhafte leere Gefühl, als ich erkannte, daß ich nicht wußte, wer ich bin.

Die Geschichte meiner Wiedergeburt habe ich ziemlich ausführlich erzählt. Es ist wirklich erstaunlich, daß ich diese vielen Wochen zu einem großen Teil bei Bewußtsein durchlebte, ohne mir über meine Identität je Gedanken gemacht zu haben. Doch das alles wurde mir nachher von Susskind erklärt.

Dr. Matthews, der Hautspezialist, war einer der Ärzte des Teams, das mich zusammengeflickt hatte, und er war der erste, der erkannte, daß mir mehr fehlte als lediglich eine körperliche Schädigung. Deshalb wurde Susskind in das Team aufgenommen. Ich habe ihn nie anders genannt als Susskind – so hatte er sich mir bekanntgemacht –, und er war niemals etwas anderes als ein guter Freund. Vermutlich gehört das bei einem guten Psychiater dazu. Als ich wieder auf den Beinen war und mich außerhalb des Krankenhauses bewegen konnte, gingen wir häufig zusammen aus und tranken Bier. Ich weiß nicht, ob das eine normale Form der psychiatrischen Behandlung ist. Ich dachte, die Seelenbohrer klebten ziemlich fest an dem kleinen Polsterstuhl am Kopfende ihrer Couch –, aber Susskind hatte seine eigenen Methoden und erwies sich als guter Freund.

Er kam in das verdunkelte Zimmer und sah mich an. »Ich bin Susskind«, sagte er unvermittelt. Er sah sich in dem Zimmer um. »Dr. Matthews meint, Sie könnten hier mehr Licht haben. Ich halte das für eine gute Idee.« Er ging zum Fenster und zog die Vorhänge auseinander. »Dunkelheit ist schlecht für die Seele.«

Er kam zum Bett zurück, blieb stehen und blickte auf mich herab. Er hatte ein derbes Gesicht mit einem festen Unterkiefer und einer Hakennase. Seine Augen waren aber von einem dazu ganz und gar nicht passenden Braun und sehr sanft wie die eines intelligenten Menschenaffen. Er machte eine merkwürdig entwaffnende Geste und fragte: »Haben Sie etwas dagegen, daß ich mich setze?«

Ich schüttelte den Kopf, und er holte sich mit dem Fuß einen Stuhl heran und zog ihn näher. Er setzte sich ungezwungen, stützte seinen linken Fuß auf sein rechtes Knie, zeigte eine große Fläche einer wildgemusterten Socke und zwei Zoll behaartes Bein. »Wie fühlen Sie sich?«

Ich schüttelte den Kopf.

»Was ist los. Hat die Katze Ihre Zunge gefressen?« Als ich nicht antwortete, sagte er: »Passen Sie auf, mein Junge. Sie scheinen in Schwierigkeiten zu sein. Ich kann Ihnen aber nicht helfen, wenn Sie nicht mit mir sprechen.«

Ich hatte eine schlechte Nacht hinter mir, die schlechteste meines Lebens. Stundenlang hatte ich mit dem Problem gekämpft – wer bin ich? – und ich war der Lösung nicht nähergekommen als am Anfang. Ich war ausgemergelt und verängstigt und nicht in der Laune, mit irgend jemand zu sprechen.

Susskind begann mit leiser Stimme zu reden. Ich erinnere mich nicht an alles, was er beim ersten Mal sagte, aber er kam später oft auf das Thema zurück. Es ging ungefähr so:

»Jeder stößt in seinem Leben gelegentlich auf dieses Problem. Er stellt sich die im Grunde peinliche Frage: ›Wer bin ich?‹. Es gibt viele ähnliche Fragen wie: ›Warum bin ich?‹ und ›Warum bin ich hier?‹. Für den Sorglosen kommen diese Fragen spät, vielleicht erst auf dem Sterbebett. Der denkende Mensch steht früher vor dieser Selbstbefragung, und er muß unter den Qualen persönlicher geistiger Folter damit fertig werden.

Aus solcher Selbsterforschung sind eine Menge guter Dinge entstanden – und manche nicht so gute. Manche Menschen, die sich diese Fragen gestellt haben, sind wahnsinnig, andere sind Heilige geworden, aber für die meisten von uns enden sie mit einem Kompromiß. Aus diesen Fragen sind große Religionen entstanden. Philosophen haben zu viele Bücher darüber geschrieben, Bücher, die eine Menge unverfälschten Quatsch und ein paar Körnchen Vernunft enthalten. Wissenschaftler haben in der Bewegung der Atome und der Wirkung von Drogen nach der Antwort gesucht. Das ist ein Problem, das uns alle belastet, jedes Mitglied der menschlichen Rasse, und wenn es einem einmal nicht widerfährt, kann man diese Person nicht als menschlich ansehen.

Sie sind nun kopfüber und in akuter Form vor dieses Problem der persönlichen Identität gestellt worden. Sie glauben, daß Sie, nur weil Sie sich an Ihren Namen nicht erinnern können, ein Nichts sind. Sie irren sich. Das Selbst existiert nicht in einem Namen. Ein Name ist nur ein Wort, eine Form der Bezeichnung, die wir uns selbst geben, eine reine Frage der Bequemlichkeit. Das Selbst, jenes Bewußtsein im Zentrum Ihres Wesens, das Sie Ich nennen, ist noch vorhanden. Wenn das nicht der Fall wäre, wären Sie tot.

Sie glauben, nur weil Sie sich an Vorfälle in Ihrem vergangenen Leben nicht erinnern können, wäre Ihre persönliche Welt zu einem Ende gekommen. Warum sollte sie das? Sie atmen doch. Sie sind am Leben. Bald werden Sie aus diesem Krankenhaus entlassen, ein denkender, fragender Mensch, begierig, mit dem weiterzukommen, was er zu tun hat. Vielleicht können wir einiges rekonstruieren. Es bestehen gute Chancen, daß Sie innerhalb von Tagen oder Wochen alle Ihre Erinnerungen zurückgewinnen. Vielleicht dauert es auch etwas länger, aber ich bin hier, um Ihnen zu helfen. Wollen Sie sich helfen lassen?«

Ich blickte in das strenge Gesicht mit den absurden sanften Augen und flüsterte: »Danke.« Dann verfiel ich in Schlaf, weil ich sehr müde war, und als ich wieder erwachte, war Susskind gegangen.

Aber am nächsten Tag kam er zurück. »Fühlen Sie sich besser?«
»Etwas.«

Er setzte sich. »Haben Sie etwas dagegen, daß ich rauche?« Er
zündete sich eine Zigarette an und betrachtete sie dann voller
Abscheu. »Ich rauche zu viele von den verdammten Dingern.«
Er hielt mir die Packung hin. »Wollen Sie eine?«

»Ich rauche nicht.«

»Woher wissen Sie das?«

Ich dachte volle fünf Minuten darüber nach, während Susskind
geduldig wartete, ohne ein Wort zu sagen. »Nein«, sagte ich.
»Nein, ich rauche nicht. Ich weiß es.«

»Nun, das ist ein guter Anfang«, sagte er zutiefst befriedigt.
»Etwas wissen Sie von sich. Und jetzt, was ist das erste, woran Sie
sich erinnern?«

Ich antwortete sofort. »Schmerzen. Schmerzen und Schweben.
Ich war auch gefesselt.«

Susskind ging darauf mit allen Einzelheiten ein, und als er fertig
war, glaubte ich, einen Hauch von Zweifel in seinem Ausdruck
zu entdecken, aber ich konnte mich irren. Er fragte:

»Haben Sie eine Ahnung, wie Sie in dieses Krankenhaus gekommen sind?«

»Nein«, antwortete ich. »Ich wurde hier geboren.«

Er lächelte. »In Ihrem Alter?«

»Ich weiß nicht, wie alt ich bin.«

»Soviel ich weiß, sind Sie dreiundzwanzig. Sie haben einen Autounfall durchgemacht. Haben Sie davon eine Ahnung?«

»Nein.«

»Sie wissen aber, was ein Automobil ist?«

»Selbstverständlich.« Ich machte eine Pause. »Wo war der Unfall?«

»Auf der Straße zwischen Dawson Creek und Edmonton. Wissen
Sie, wo diese Orte sind?«

»Das weiß ich.«

Susskind drückte seine Zigarette aus. »Diese Aschbecher sind
zu verdammt klein«, murrte er. Er steckte sich eine neue Zigarette
an. »Wissen Sie vielleicht etwas mehr über sich selbst? Es mag vom
Hörensagen sein, nicht aus eigener persönlicher Erfahrung, aber
es könnte helfen. Ihren Namen, zum Beispiel.«

»Dr. Matthews nannte mich mit dem Namen Grant.«

Behutsam sagte Susskind: »Nach unserem besten Wissen ist
das Ihr Name. Vollständig lautet er Robert Boyd Grant. Wollen
Sie sonst noch etwas wissen?«

»Ja«, antwortete ich, »was habe ich getan? Was war mein Beruf?«

»Sie waren Geologiestudent an der Universität von Britisch

Columbia in Vancouver. Erinnern Sie sich an irgend etwas davon?«

Ich schüttelte den Kopf.

Plötzlich fragte er: »Was ist eine Mofette?«

»Das ist eine Öffnung im Boden, aus der Kohlensäure ausgestoßen wird – vulkanischen Ursprungs.« Ich starrte ihn an. »Woher weiß ich das?«

»Ihr Hauptfach war Geologie«, antwortete er trocken. »Wie war der Taufname Ihres Vaters?«

»Ich weiß es nicht«, gestand ich offen. »Sie fragten ›war‹. Ist er tot?«

»Ja«, antwortete Susskind schnell. »Angenommen, Sie kämen ins Irving-Haus in New Westminster, was würden Sie dort wohl finden?«

»Ein Museum.«

»Haben Sie Brüder oder Schwestern?«

»Ich weiß es nicht.«

»Welche Partei würden Sie bevorzugen, wenn überhaupt eine?«

Darüber dachte ich nach, zuckte aber dann mit den Schultern. »Ich weiß es nicht. Aber ich weiß auch nicht, ob ich mich für Politik überhaupt interessierte.«

Es folgten Dutzende von Fragen, und Susskind stellte sie mir schnell und erwartete schnelle Antworten. Schließlich hielt er inne und zündete sich wieder eine Zigarette an. »Ich will Ihnen reinen Wein einschenken, Bob, weil ich nichts davon halte, unerfreuliche Fakten vor meinen Patienten zu verbergen, und weil ich glaube, daß Sie es vertragen. Ihr Verlust der Erinnerungen ist völlig persönlich, bezieht sich ausschließlich auf Sie selbst. Jedes Wissen, das sich nicht unmittelbar auf das Ich bezieht, Dinge, wie geologische Fakten, geographische Orte, Wissen, wie man einen Wagen steuert, all diese Kenntnisse sind vollständig und unbeeinträchtigt erhalten geblieben.«

Achtlos schnippte er Asche in die Richtung des Aschbechers. »Die persönlichen Dinge, die sich auf Sie selbst und Ihr Verhältnis zu anderen Menschen beziehen, sind fort. Nicht nur Ihre Familie wurde ausgelöscht, Sie können sich auch nicht an irgendeine andere Person erinnern – nicht einmal an Ihren Geologielehrer oder Ihren besten Freund auf dem College. Es ist, als ob etwas in Ihnen beschlossen hätte, alles völlig auszuwischen.«

Ich fühlte mich hoffnungslos verloren. Was war einem Mann in meinem Alter ohne persönliche Kontakte – ohne Familie, ohne Freunde – geblieben? Mein Gott, ich hatte nicht einmal Feinde, und der Mensch ist arm, der das von sich sagen kann.

Susskind stieß mich mit seinem Zeigefinger an. »Geben Sie jetzt nicht auf, Junge, wir haben gerade erst angefangen. Sehen Sie es einmal so an. Es gibt manchen Mann, der seine Seele dafür hergäbe, wenn er wieder völlig unbelastet von vorn anfangen könnte. Ich will Ihnen ein paar Dinge erklären. Das Unterbewußtsein ist ein komisches Tier und folgt seiner eigenen Logik. Diese Logik mag dem Bewußtsein sehr seltsam erscheinen, aber es ist trotzdem eine gültige Logik, die in strenger Übereinstimmung mit bestimmten Regeln arbeitet, und was wir tun müssen, ist, hinter diese Regeln zu kommen. Ich mache mit Ihnen einige psychologische Tests, und vielleicht wissen wir dann besser, wie Sie funktionieren. Ich werde auch versuchen, in Ihrer Vergangenheit zu kramen, und möglicherweise finden wir da etwas.«

»Susskind, wie sind die Chancen?« fragte ich.

»Ich werde Ihnen nichts vormachen«, antwortete er. »Infolge verschiedener Umstände, auf die ich jetzt noch nicht eingehen will, ist Ihr Fall kein völlig klarliegender Erinnerungsverlust. Ihr Fall ist einer für die Bücher, und wahrscheinlich werde ich das Buch schreiben. Passen Sie mal auf, Bob: Einer bekommt einen Schlag über den Kopf und verliert sein Gedächtnis – aber nicht für lange. Innerhalb von ein paar Tagen, höchstens ein paar Wochen, ist er wieder normal. Das ist der übliche Verlauf. Manchmal ist es schlimmer. Ich habe gerade den Fall eines alten Mannes von achtzig Jahren gehabt, der auf der Straße niedergeschlagen wurde. Am nächsten Tag kam er im Krankenhaus zu sich und stellte fest, daß er ein Jahr seines Lebens verloren hatte – er konnte sich nicht an das Geringste erinnern, was sich in dem Jahr vor dem Unfall ereignet hatte, und wird es meiner Meinung nach auch nie mehr.«

Er wedelte mit seiner Zigarette vor meiner Nase. »Das ist der allgemeine Verlust der Erinnerung. Ein selektiver Verlust der Erinnerung wie Ihrer ist durchaus nicht alltäglich. Gewiß, es ist vorgekommen und wird wieder vorkommen, aber nicht oft. Und wie bei dem allgemeinen Verlust ist die Wiedergewinnung unterschiedlich. Die Schwierigkeit ist, daß ein selektiver Verlust so selten auftritt, daß wir nicht viel darüber wissen. Ich könnte Ihnen weismachen, daß Sie in der nächsten Woche Ihre Erinnerung zurückhaben, das tue ich aber nicht, weil ich es nicht weiß. Das einzige, was wir tun können, ist, daran arbeiten. Und mein Rat an Sie ist, hören Sie auf, sich darüber Gedanken zu machen, und konzentrieren Sie sich auf anderes. Sobald Sie Ihre Augen zum Lesen benutzen können, bringe ich Ihnen ein paar Fachbücher, und Sie können wieder an die Arbeit gehen. Inzwischen sind auch die Verbände von Ihren Händen herunter, und Sie können auch wieder schreiben. In zwölf Monaten haben Sie eine Prüfung zu bestehen, mein Freund.

Susskind trieb mich zur Arbeit und spornte mich an, wenn ich nachlässig wurde. Seine Zunge konnte eine verletzende Schärfe annehmen, wenn er glaubte, daß mir das gut tue, und sobald die Verbände von meinen Händen herunter waren, drückte er mir die Nase in Lehrbücher. Er unterwarf mich einer Menge Tests – auf Intelligenz, Persönlichkeit und Beruf – und schien mit den Ergebnissen zufrieden zu sein. »Sie sind kein Dummkopf«, verkündete er und wedelte mit einem Stoß Papieren. »Beim Wechsler-Bellevue haben Sie hundertdreiunddreißig erreicht – Sie haben Verstand, benutzen Sie ihn also.«

Mein Körper war schrecklich zernarbt, besonders auf der Brust. Meine Hände waren durch die neue Haut von einem unnatürlichen Rosa, und wenn ich mein Gesicht berührte, konnte ich ein Gewirr von Narbengewebe spüren, und das führte zu etwas anderem. Eines Tages kam Dr. Matthews zusammen mit Susskind zu mir. »Wir müssen über etwas mit Ihnen reden, Bob«, sagte er.

Susskind lachte verhalten und sah Matthews spöttisch an. »Ein ernsthafter Mensch, der da – und sehr auf Würde bedacht.«

»Es ist ernst«, sagte Matthews. »Bob, Sie müssen eine Entscheidung treffen. Ich habe in unserem Krankenhaus für Sie alles getan, was ich tun konnte. Ihre Augen sind so gut wie neu, aber im übrigen sind Sie etwas verunstaltet, und dagegen kann ich nichts tun. Ich bin kein Genie, ich bin nur ein gewöhnlicher Krankenhauschirurg, der sich auf Hautbehandlung spezialisiert hat.« Er machte eine Pause, und ich konnte ihm ansehen, daß er nach Worten suchte. »Ist Ihnen je aufgefallen, daß Sie nie einen Spiegel zu sehen bekamen?«

Ich schüttelte den Kopf, und Susskind mischte sich ein. »Unser Robert Boyd Grant ist ein sehr genügsamer Mensch. Möchten Sie sich gern selbst sehen, Bob?«

Ich legte meine Finger an die Wangen und spürte ihre Rauheit. »Ich weiß nicht recht«, antwortete ich und stellte fest, daß ich zitterte.

»Ich würde es empfehlen«, riet Susskind. »Die Wirkung wird brutal sein, wird Ihnen aber helfen, sich zur nächsten großen Entscheidung zu entschließen.«

»Also gut«, sagte ich.

Susskind schnippte mit den Fingern, und die Schwester verließ das Zimmer, um fast sofort darauf mit einem großen Spiegel zurückzukommen, den sie mit der Vorderseite nach unten auf den Tisch legte. Dann ging sie wieder hinaus und schloß die Tür hinter sich. Ich sah auf den Spiegel, traf aber keine Anstalten, ihn aufzunehmen. »Nur zu«, drängte Susskind, darum griff ich zögernd nach dem Spiegel und drehte ihn um.

»Mein Gott!« sagte ich und schloß schnell die Augen. Ich spürte den sauren Geschmack der Übelkeit in der Kehle. Nach einer Weile blickte ich wieder hinein. Es war ein ungeheuer häßliches Gesicht, rosa und regellos von weißen Linien durchzogen. Es sah aus wie der erste plumpe Versuch eines Kindes, das Gesicht eines Menschen in Wachs nachzubilden. Es lag kein Charakter darin, kein Anschein geistiger Reife, der bei einem Menschen meines Alters da sein mußte. Da war nichts als Leere.

Matthews sagte ruhig: »Deshalb haben Sie hier ein Einzelzimmer.«

Ich fing an zu lachen. »Es ist komisch. Es ist wirklich verdammt komisch. Ich habe nicht nur mich selbst, ich habe auch mein Gesicht verloren.«

Susskind legte seine Hand auf meinen Arm. »Ein Gesicht ist nichts als ein Gesicht. Kein Mensch kann sich sein Gesicht aussuchen. Das ist etwas, das ihm gegeben wird. Jetzt hören Sie Dr. Matthews einmal zu.«

Matthews sagte: »Ich bin kein Schönheitsoperateur.« Er deutete auf den Spiegel, den ich noch in der Hand hielt. »Das können Sie selbst sehen. Sie waren nicht in der Verfassung für die umfangreichen Operationen, die Sie brauchten, als Sie hierhergebracht wurden. Sie wären gestorben, wenn ich irgendwelche Kunststücke dieser Art gewagt hätte. Aber jetzt sind Sie kräftig genug für den nächsten Schritt – wenn Sie ihn tun wollen.«

»Und was wäre das?«

»Weitere Operationen – von einem guten Mann in Quebec. Der beste Mann auf diesem Gebiet in Kanada und vielleicht in der westlichen Hemisphäre. Sie können wieder ein Gesicht haben, auch neue Hände.«

»Neue Operationen?« Das gefiel mir nicht. Davon hatte ich genug.

»Sie haben ein paar Tage Zeit, es sich zu überlegen«, sagte Matthews.

»Haben Sie etwas dagegen, wenn ich mich hier einschalte, Matthews?« fragte Susskind.

»Selbstverständlich nicht«, antwortete Matthews. »Ich überlasse es Ihnen. Wir sehen uns noch, Bob.«

Er verließ das Zimmer und schloß behutsam die Tür hinter sich. Susskind zündete sich eine Zigarette an und warf die Packung auf den Tisch. Ruhig sagte er: »Sie sollten das machen, mein Junge. Mit so einem Gesicht können Sie nicht herumlaufen, wenn Sie nicht gerade Darsteller bei Horror-Filmen werden wollen.«

»Richtig«, bestätigte ich beklommen. Ich wußte, daß etwas geschehen mußte. Heftig wandte ich mich Susskind zu. »Aber jetzt sagen Sie mir, wer bezahlt für all das? Wer bezahlt für dieses

Privatzimmer. Wer bezahlt den besten Schönheitschirurgen von Kanada?«

Susskind schnalzte mit der Zunge. »Das ist ein Geheimnis. Zweifellos gibt es jemand, der Sie liebt. Jeden Monat kommt ein an Dr. Matthews adressierter Briefumschlag. Er enthält tausend Dollar in Hundertdollar-Noten und so etwas.« Er griff in seine Tasche und warf ein Stück Papier auf den Tisch.

Ich strich es glatt. Es stand nur eine Zeile in Maschinenschrift darauf: Für die Pflege von Robert Boyd Grant. Ich sah ihn mißtrauisch an. »Das tun Sie etwa doch nicht?«

»Lieber Himmel«, sagte er, »zeigen Sie mir einen Seelenpopler in einem Krankenhaus, der es sich leisten könnte, jährlich zwölftausend Dollar zu verschenken. Ich könnte es mir nicht leisten, Ihnen zwölftausend Cents zu schenken.« Er grinste. »Aber vielen Dank für das schmeichelhafte Kompliment.«

Ich schob den Zettel von mir fort. »Vielleicht bietet es einen Hinweis darauf, wer ich bin.«

»Nein, das tut es nicht«, erklärte Susskind knapp. Er machte ein unglückliches Gesicht. »Vielleicht ist Ihnen aufgefallen, daß ich Ihnen nicht viel über Sie selbst erzählt habe. Ich versprach Ihnen, Ihrer Herkunft nachzuforschen.«

»Danach wollte ich Sie schon fragen.«

»Ich habe einiges ausgegraben«, sagte er. »Und worüber ich mir nicht klar werden konnte, ist nicht, was ich Ihnen erzählen, sondern ob ich Ihnen überhaupt etwas erzählen sollte. Wissen Sie, Bob, die Leute mißverstehen meinen Beruf gründlich. In einem Fall wie Ihrem meinen sie, ich sollte Ihnen helfen, Ihr Gedächtnis zurückzugewinnen, komme, was da wolle. Ich bin anderer Ansicht. Ich bin wie der Psychiater, der von sich sagte, seine Aufgabe sei, genialen Menschen zu helfen, ihre Neurosen zu behalten. Ich bin nicht daran interessiert, daß ein Mensch normal ist. Ich will ihm helfen, daß er glücklich ist. Es ist ein Symptom für die kranke Welt, in der wir leben, daß diese beiden Ausdrücke nicht Synonyme sind.«

»Und was hat das mit mir zu tun?«

Feierlich antwortete er: »Mein Rat an Sie ist, es auf sich beruhen zu lassen. Wühlen Sie nicht in Ihrer Vergangenheit. Schaffen Sie sich ein neues Leben, und vergessen Sie alles, was geschehen ist, ehe Sie hierherkamen. Ich werde Ihnen nicht helfen, Ihre Erinnerungen zurückzugewinnen.«

Ich starrte ihn an. »Susskind, das können Sie mir nicht sagen und erwarten, daß ich mich damit zufriedengebe.«

»Wollen Sie nicht meinem Rat folgen?« fragte er sanft.

»Nein«, erwiderte ich. »Täten Sie es an meiner Stelle?«

»Wahrscheinlich nicht«, räumte er ein und seufzte. »Wahrscheinlich werde ich hier und da gegen die Berufsmoral verstoßen, aber das soll wohl so sein. Ich werde es kurz und bündig machen. Reißen Sie sich also zusammen. Hören Sie mir zu, und halten Sie den Mund, bis ich fertig bin.«

Er holte tief Luft. »Ihr Vater verließ Ihre Mutter, bald nachdem Sie geboren wurden. Niemand weiß, ob er noch lebt. Ihre Mutter starb, als Sie zehn Jahre alt waren, und nach dem, was ich erfahren konnte, war an ihr nicht viel verloren. Um es offen zu sagen, sie war nichts anderes als ein billiges Flittchen und übrigens mit Ihrem Vater nicht verheiratet. Damit blieben Sie als Waise zurück und kamen in ein Waisenhaus. Anscheinend waren Sie ein kleines Ungeheuer und völlig unlenkbar, folglich erreichten Sie schon bald den Status eines Straffälligen. Genügt Ihnen das?«

»Weiter«, flüsterte ich.

»Ihr Strafregister beginnt mit einem Autodiebstahl, und für diese Episode landeten Sie in einer Erziehungsanstalt. Anscheinend war es keine gute Anstalt, denn alles, was Sie dort lernten, war, wie sich Verbrechen bezahlt macht. Sie liefen davon, und sechs Monate lang existierten Sie von kleinen Verbrechen, bis Sie erwischt wurden. Zum Glück wurden Sie nicht in die gleiche Anstalt zurückgebracht, sondern fanden einen Anstaltsleiter, der Sie zu behandeln wußte, und Sie fingen an, sich anzupassen. Nach der Entlassung aus der Erziehungsanstalt wurden Sie unter der Aufsicht eines Fürsorgebeamten in einem Heim untergebracht, und auf der höheren Schule hielten Sie sich recht gut. Ihre hohe Intelligenz brachte Ihnen gute Noten ein, und Sie gingen aufs College. Zu dieser Zeit sah es so aus, als ob alles gutgehen würde.«

Susskinds Stimme nahm einen verbissenen Ton an. »Aber Sie stolperten. Anscheinend konnten Sie keine Vernunft annehmen. Die Polizei nahm Sie fest, weil Sie Marihuana rauchten. Ein weiterer dunkler Punkt für Sie im Strafregister. Dann folgte eine Episode, in der ein Mädchen bei einer Abtreibung unter den Händen eines Pfuschers starb. Es wurde ein Name genannt, es konnte aber nichts nachgewiesen werden, und deshalb sollten wir das vielleicht von der Liste streichen. Wollen Sie noch mehr?«

»Ist da noch mehr?«

Susskind nickte bedrückt. »Ja, es ist noch mehr.«

»Lassen Sie hören«, sagte ich tonlos.

»Also gut. Sie wurden wieder wegen Rauschgiftsucht festgenommen. Diesmal wären Sie fast ganz unten angelangt. Es bestanden Hinweise, daß Sie mit Drogen handelten, um das Geld zur Befriedigung Ihrer eigenen Sucht zu bekommen, aber die Beweise genügten nicht, um Sie festzunageln. Doch von jetzt an lag die Polizei auf der Lauer. Dann kam der Höhepunkt. Sie wußten, daß der Leiter des Colleges erwog, Sie vom College zu verweisen, und dazu hatte er weiß Gott Grund genug. Ihre einzige Hoffnung war das Versprechen, sich zu bessern, aber Sie mußten dieses Versprechen durch etwas untermauern, nämlich durch gute Leistungen. Rauschgift und gute Leistungen gehen aber nicht Hand in Hand, und Sie waren so dumm, in ein Büro einzudringen, um zu versuchen, Ihre Prüfungsergebnisse zu frisieren.«

»Und dabei wurde ich erwischt«, sagte ich dumpf.

»Das wäre für Sie besser gewesen«, sagte Susskind. »Nein, Sie wurden nicht auf frischer Tat erwischt, aber Ihre Fälschung war so plump, daß der Schulleiter einen älteren Studenten nach Ihnen schickte. Er fand Sie auch. Er fand Sie in völlig berauschtem Zustand vor. Sie schlugen diesen Studenten halb tot und machten sich davon. Niemand wußte, wohin. Gott allein weiß, wo Sie glaubten, Zuflucht finden zu können – vielleicht am Nordpol. Jedenfalls, ein netter Mann namens Trinavant nahm Sie in seinem Wagen mit, und was geschah als nächstes? Trinavant war tot, seine Frau war tot, sein Sohn war tot und Sie waren zu sieben Achtel tot.« Er rieb sich die Augen. »Das ist im großen ganzen die Geschichte«, sagte er erschöpft.

Mir war am ganzen Körper kalt. »Glauben Sie, ich hätte diesen Trinavant und seine Familie umgebracht?«

»Ich glaube, daß es ein Unfall war, sonst nichts«, sagte Susskind. »Und jetzt hören Sie mir genau zu, Bob. Ich habe Ihnen gesagt, daß das Unterbewußtsein seiner eigenen besonderen Logik folgt. Ich bin auf etwas sehr Seltsames gestoßen. Als Sie unter dem Verdacht des Rauschgifthandels festgenommen wurden, wurden Sie auch von einem Psychiater untersucht, und ich habe die Befunde gesehen. Einer der Tests war ein Bernreuter Personality Inventory zur Bestimmung der Persönlichkeit, und Sie erinnern sich vielleicht, daß auch ich Sie diesem Test unterwarf.«

»Ich erinnere mich daran.«

Susskind lehnte sich auf seinem Stuhl zurück. »Ich verglich die beiden Ergebnisse, und sie stimmten überhaupt nicht überein. Sie hätten von zwei verschiedenen Menschen stammen können. Und jetzt will ich Ihnen etwas sagen, Bob: Dem Burschen, der von dem Polizeipsychiater untersucht wurde, hätte ich keinen roten Heller anvertraut. Ihnen aber, Bob, würde ich mein Leben anvertrauen.«

»Dann hat irgend jemand einen Fehler gemacht«, sagte ich.

Er schüttelte nachdrücklich den Kopf. »Kein Fehler. Erinnern Sie sich an den Mann, den ich zu einigen Ihrer Tests mitbrachte? Er ist eine Kapazität für eine unmögliche Erscheinung der menschlichen Psyche – multiple Persönlichkeit. Haben Sie jemals das Buch *Die drei Gesichter Evas* gelesen?«

»Ich habe den Film gesehen. Joanne Woodward hat darin die Hauptrolle gespielt.«

»Das ist es. Vielleicht verstehen Sie dann, worauf ich hinaus will. Nicht, daß Sie irgend etwas Ähnliches hätten wie dieses Mädchen. Sagen Sie mir, was halten Sie von der Vergangenheit dieses Burschen Robert Boyd Grant.«

»Mir wird übel, wenn ich daran denke. Ich kann nicht glauben, daß ich das gewesen bin.«

»Sie waren es nicht«, erwiderte Susskind scharf. »Auf Grund meiner Fachkenntnisse bin ich fest überzeugt, daß folgendes geschah. Dieser Robert Boyd Grant war ein ziemlich übler Charakter, und das wußte er selbst auch. Ich vermute, daß er es satt hatte, mit sich selbst zu leben, und deshalb sich selbst entfliehen wollte – daher das Rauschgift. Aber Marihuana und Heroin bieten nur vorübergehend eine Zuflucht. Und wie jeder andere Mensch war er in dem Gefängnis seines eigenen Körpers eingesperrt. Vielleicht war ihm vor sich selbst übel, aber das war etwas, wogegen er nichts tun konnte. Eine bewußte und freiwillige Veränderung der grundlegenden Persönlichkeit ist praktisch unmöglich.

Das Unterbewußtsein hat jedoch, wie ich schon sagte, seine eigene Logik, und wir in diesem Krankenhaus hier gaben ihm zufällig die Unterlagen, die es brauchte. Sie hatten an sechzig Prozent Ihrer Körperoberfläche Verbrennungen dritten Grades, als Sie hergebracht wurden. In diesem Zustand konnten wir Sie in kein Bett legen, darum kamen Sie in ein Bad mit einer Salzlösung, was, ohne daß Sie es wußten, ein recht guter Ersatz für Fruchtwasser ist. Verstehen Sie, was das bedeutet?«

»Eine Rückkehr in den Mutterleib?«

Susskind schnippte mit dem Finger. »Sie können mir folgen. Ich spreche jetzt in unmöglichen, unfachgemäßen Ausdrücken, zitieren Sie mich also nicht, besonders nicht vor anderen Psychiatern. Ich glaube, daß dieser Zustand für Ihr Unterbewußtsein wie speziell auf Sie zugeschnitten war. Hier bot sich die Möglichkeit einer Wiedergeburt, und Sie griffen danach. Ob die zweite Persönlichkeit bereitlag, um übernommen zu werden, oder ob sie in der Zeit entstand, während Sie in dem Bad waren, werden wir nie wissen, und es spielt auch keine Rolle. Daß eine zweite Persönlichkeit – eine bessere Persönlichkeit – vorhanden ist, ist eine Tatsache und etwas, was ich vor Gericht beschwören würde, wozu es vielleicht noch kommt. Sie sind einer der wenigen Leute, die von sich sagen können, sie seien ein neuer Mensch.«

Das war eine Menge auf einmal – zuviel. »Mein Gott«, sagte ich, »da haben Sie mir aber eine Menge Stoff zum Nachdenken gegeben.«

»Das mußte sein«, antwortete Susskind. »Ich mußte Ihnen erklären, warum Sie nicht Ihrer Vergangenheit nachforschen sollten. Als ich Ihnen erzählte, was ein Mann namens Robert Grant getan hat, war es so, als ob Sie einem Bericht von den Handlungen eines anderen zuhörten, oder nicht? Lassen Sie mich einen Vergleich ziehen. Wenn Sie ins Kino gehen und sehen, daß ein Löwe Sie anspringt, nun ja, das ist nur im Film, und es passiert nichts. Wenn Sie aber nach Afrika gehen und ein Löwe springt Sie dort an, ist das harte Wirklichkeit, und Sie sind tot. Wenn Sie darauf bestehen, in der Vergangenheit nachzuforschen, und es Ihnen gelingt, sich an die Taten dieses anderen als an Ihre persönlichen Erlebnisse zu erinnern, dann werden Sie sich mitten durch sich selbst spalten. Lassen Sie also die Hände davon. Sie sind ein Mensch ohne Vergangenheit und mit einer großen Zukunft.«

»Welche Möglichkeiten bestehen, daß diese andere – schlechte – Persönlichkeit sich einmal spontan wieder durchsetzt?«

»Ich würde sagen, daß die Chancen sehr gering sind«, antwortete Susskind bedächtig. »Sie gelten als ein Individuum mit starkem Willen. Der andere hatte einen schwachen Willen. Menschen mit starkem Willen verfallen gewöhnlich nicht Rauschgiften, verstehen Sie. In uns allen lauert irgendwo ein Teufel. Wir alle müssen den alten Adam unterdrücken. Darin unterscheiden Sie sich von keinem anderen.«

Ich griff nach dem Spiegel und studierte die Karrikatur, die er zurückwarf. »Wie habe ich . . . wie hat er ausgesehen?«

Susskind zog seine Brieftasche und nahm ein Foto heraus. »Ich halte es zwar für sinnlos, Ihnen das zu zeigen, aber wenn Sie es unbedingt sehen wollen, hier ist es.«

Robert Boyd Grant war ein junger Bursche mit einem glatten, frischen, faltenlosen Gesicht. Von der Zügellosigkeit, die man hätte erwarten sollen, war keine Spur vorhanden. Er hätte ein beliebiger Collegestudent an irgendeinem College in Nordamerika sein können. Er sah auch nicht schlecht aus, wenn auch etwas unreif, und ich bezweifelte, daß es ihm schwergefallen wäre, ein Mädchen zu finden und es in andere Umstände zu bringen.

»Dieses Gesicht würde ich vergessen«, riet Susskind. »Gehen Sie nicht in die Vergangenheit zurück. Roberts, der plastische Chirurg, ist ein Bildhauer in Fleisch. Er wird Ihnen ein Gesicht machen, das ausreicht, um neben Elisabeth Taylor die Rolle des Liebhabers zu spielen.«

»Sie werden mir fehlen, Susskind«, sagte ich.

Er lachte behäbig. »Ich? Ich werde Ihnen nicht fehlen, mein Junge. Ich lasse Sie nicht aus den Händen. Ich will ein Buch über Sie schreiben, vergessen Sie das nicht.« Er blies eine Rauchwolke aus. »Ich gebe die Arbeit im Krankenhaus auf und mache mich selbständig. Mir ist eine Partnerschaft angeboten worden. Wissen Sie wo? Ganz richtig, in Quebec!«

Plötzlich fühlte ich mich viel wohler, als ich wußte, daß ich Susskind weiter in der Nähe haben würde. Wieder sah ich das Foto an und sagte: »Vielleicht wäre es besser, nicht auf halbem Weg halt zu machen. Ein neuer Mensch ... ein neues Gesicht ... warum nicht auch einen neuen Namen?«

»Das ist ein vernünftiger Gedanke«, stimmte Susskind zu. »Haben Sie schon eine Vorstellung, welchen?«

Ich gab ihm das Foto zurück. »Das ist Robert Grant«, sagte ich. »Ich bin Bob Boyd, das ist kein so schlechter Name.«

Im Verlauf eines Jahres wurde ich in Quebec dreimal operiert. Viele Wochen verbrachte ich mit dem linken Arm an die rechte Wange geschnallt zu einer Hautübertragung, und sobald das geschehen war, wurde mein rechter Arm an meine linke Wange gebunden.

Roberts war ein Genie. Er maß sorgfältig meinen Kopf und machte dann ein Gipsmodell, das er in mein Zimmer brachte. »Was für ein Gesicht möchten Sie haben?« fragte er.

Das verlangte eine Menge Überlegungen, denn die Entscheidung war endgültig. Für den Rest meines Lebens würde ich mit diesem Gesicht behaftet sein. Wir verbrachten viel Zeit damit, daß Roberts Modellierton auf die Gipsgrundlage auftrug. Selbstverständlich gab es Grenzen, und einige meiner Vorschläge waren unausführbar. »Wir haben nur eine begrenzte Menge Fleisch, womit wir arbeiten können«, sagte Roberts. »Der größte Teil der plastischen Chirurgie befaßt sich hauptsächlich mit der Entfernung von Fleisch, Nasenkorrekturen zum Beispiel. Unsere Aufgabe ist etwas schwieriger, und wir können nur in einem beschränkten Umfang neu verteilen.«

Wahrscheinlich war das auf eine makabre Weise komisch. Nicht jeder bekommt die Chance, sich sein eigenes Gesicht auszusuchen, selbst wenn die Auswahl nur gering ist. Die Operationen waren nicht so komisch, aber ich stand sie durch, und was nach und nach entstand, war ein irgendwie hartes und mitgenommenes Gesicht, ein Gesicht, das viel älter als vierundzwanzig Jahre war. Es war faltig und gefurcht wie durch viele Erlebnisse, und es war ein Gesicht, das viel klüger aussah, als ich wirklich war.

»Keine Sorge«, meinte Roberts. »Es ist ein Gesicht, in das Sie hineinwachsen werden. Ungeachtet, wie sorgfältig man arbeitet, es gibt unvermeidlich Narben, die ich unter Hautfalten versteckt habe, Hautfalten, die im allgemeinen mit dem Alter kommen.« Er lächelte. »Ich glaube nicht, daß Sie mit einem solchen Gesicht große Konkurrenz von Leuten Ihres Alters haben werden. Die werden steif um Sie herumstelzen, ohne auch nur zu wissen, warum. Ich empfehle Ihnen, sich von Susskind raten zu lassen, wie Sie sich in solchen Situationen verhalten sollen.«

Matthews hatte die Verwaltung der tausend Dollar im Monat von meinem unbekannten Wohltäter an Susskind übertragen. Susskind legte das FÜR DIE PFLEGE VON ROBERT BOYD GRANT sehr großzügig aus. Er trieb mich hart an meine Studien, und da ich nicht ins College gehen konnte, besorgte er mir Privatlehrer. »Sie haben nicht viel Zeit«, warnte er. »Es ist noch kein Jahr her, daß Sie geboren wurden, und wenn Sie jetzt Ihr Studium verpatzen, werden Sie für den Rest Ihres Lebens als Tellerwäscher enden.«

Ich arbeitete angestrengt. Es lenkte meine Gedanken von meinen Schwierigkeiten ab. Ich fand, daß mir Geologie Freude machte, und da ich anscheinend einen mit geologischen Fakten vollgestopften Schädel hatte, fiel es mir nicht allzuschwer, weiterzumachen. Susskind traf Vereinbarungen mit einem College, und ich schrieb meine Prüfungsarbeiten zwischen der zweiten und dritten Operation, Kopf und Arm noch bandagiert. Ich weiß nicht, was ich ohne ihn angefangen hätte.

Nach der Prüfung benutzte ich die Gelegenheit, eine öffentliche Bibliothek zu besuchen, und grub trotz Susskinds Warnungen die Zeitungsberichte über den Autounfall aus. Viel war nicht darin enthalten, abgesehen von der Tatsache, daß Trinavant in irgendeiner abgelegenen Stadt von Britisch Columbia ein großer Mann war. Es war nur einer von vielen Autounfällen gewesen, der kein besonderes Aufsehen erregte. Unmittelbar danach begann ich schlecht zu träumen, und das ängstigte mich derart, daß ich nicht weiter nachforschte.

Dann war es plötzlich vorüber. Die letzte Operation war geglückt, und die Verbände waren abgenommen. In der gleichen Woche kamen die Prüfungsergebnisse heraus. Ich hatte bestanden und fand mich als frischgebackenen Geologen ohne Stellung wieder. Susskind lud mich in seine Wohnung ein, um zu feiern. Wir machten es uns bei Bier bequem, und er fragte: »Was wollen Sie jetzt tun? Den Doktor machen?«

Ich schüttelte den Kopf. »Ich glaube nicht – jetzt noch nicht. Ich möchte praktische Erfahrungen sammeln.«

Er nickte zustimmend. »Haben Sie schon Vorstellungen davon, wie?«

»Ich glaube nicht, daß ich der richtige Mann für eine feste Anstellung bin. Ich würde lieber für mich selbst arbeiten. Ich nehme an, das Nord-West-Territorium bietet jedem freien Geologen eine Fülle von Möglichkeiten.«

Susskind hatte Zweifel. »Ich weiß nicht, ob das das Richtige ist.« Er sah mich an und lächelte. »Ein bißchen unsicher wegen Ihres

Gesichts sind Sie wohl doch, wie? Und Sie wollen den Menschen ausweichen – in die Wüste gehen – ist es so?«

»Da ist etwas dran«, gab ich widerwillig zu. »Aber ich meine es ernst. Ich glaube, ich werde nach dem Norden gehen.«

»Sie sind anderthalb Jahre in Krankenhäusern gewesen«, sagte Susskind, »und Sie kennen nicht viele Menschen. Was Sie tun sollten, ist ausgehen, sich betrinken, Freundschaften schließen – sich vielleicht eine Frau suchen.«

»Lieber Himmel«, sagte ich, »ich könnte nicht heiraten.«

Er hob sein Bierglas. »Warum nicht? Suchen Sie sich ein wirklich anständiges Mädchen und erzählen Sie ihr die ganze Geschichte. Es wird keine Rolle spielen, wenn sie Sie wirklich liebt.«

»Sie werfen sich also zum Heiratsvermittler auf«, sagte ich. »Warum haben Sie selbst nie geheiratet?«

»Wer sollte einen zänkischen alten Kerl wie mich heiraten?« Er erhob sich ruhelos und streute einiges Asche vorn auf sein Hemd. »Ich habe Ihnen einiges vorenthalten, mein Junge. Sie waren eine ziemlich kostspielige Angelegenheit, wissen Sie das? Sie glauben doch nicht, daß mit tausend Dollar im Monat alles bezahlt war, was Sie bekommen haben? Roberts ist nicht billig, und da waren auch die Lehrer, gar nicht zu reden von meinen eigenen lächerlich teuren Diensten.«

»Worauf wollen Sie hinaus, Susskind?« fragte ich.

»Als der erste Umschlag mit seiner Ladung von tausend Dollar kam, befand sich das darin.«

Er reichte mir einen Zettel. Darauf stand die getippte Zeile: FÜR DIE PFLEGE VON ROBERT BOYD GRANT. Darunter folgte ein weiterer Satz: FALLS DIESE MITTEL UNGENÜGEND SIND, SETZEN SIE BITTE FOLGENDE ANZEIGE UNTER DEN PERSONALNACHRICHTEN IN DIE VANCOUVER SUN – R. B. G. BRAUCHT MEHR.

Susskind sagte: »Als Sie nach Quebec kamen, war ich der Ansicht, es sei Zeit für mehr Geld, und darum setzte ich diese Anzeige in die Zeitung. Und wer dieses Geld auch spendiert, er verdoppelte den Betrag. In den letzten anderthalb Jahren haben Sie sechsunddreißigtausend Dollar bekommen. Es sind fast viertausend Dollar in der Kasse geblieben. Was wollen Sie damit anfangen?«

»Sie für einen wohltätigen Zweck spenden«, sagte ich.

»Seien Sie kein Narr«, entgegnete Susskind. »Sie brauchen einen Einsatz, wenn Sie in die weite blaue Ferne hinaus wollen. Vergessen Sie Ihren Stolz und nehmen Sie es.«

»Ich werde es mir überlegen«, sagte ich.

»Ich weiß nicht, was Sie sonst tun könnten, als es zu nehmen«, bemerkte er. »Sie haben sonst nicht einen Cent.«

Ich drehte den Zettel zwischen den Fingern. »Wer, glauben Sie, steckt dahinter? Und warum tut der Betreffende das?«

»Es war niemand aus Ihrer Vergangenheit. Das steht fest«, sagte Susskind. »Die Bande, die Grant führte, hätte kaum zehn Dollar zusammenkratzen können. Alle Krankenhäuser erhalten solche anonymen Spenden. Sie sind im allgemeinen nicht so groß und nicht so zweckgebunden, aber das Geld geht ein. Wahrscheinlich kommt es von einem exzentrischen Millionär, der von Ihnen in der Zeitung gelesen und sich entschlossen hat, etwas für Sie zu tun«. Er hob die Schultern. »Es gehen immer noch monatlich zweitausend Dollar ein. Was machen wir damit?«

Ich kritzelte auf das Stück Papier und gab es ihm zurück. Er las und lachte. »›R. B. G. SAGT STOP.‹ Ich werde das unter den Personalnachrichten einrücken und abwarten, was geschieht.« Er goß frisches Bier ein. »Wann wollen Sie in die Eiswüste hinauswandern?«

Ich sagte: »Das überschüssige Geld werde ich wohl doch für mich verwenden. Ich ziehe los, sobald ich eine Ausrüstung beieinander habe.«

Susskind sagte: »Es war nett, mit Ihnen zusammen zu sein, Bob. Sie sind ein wirklich netter Bursche. Versuchen Sie, so zu bleiben, verstehen Sie? Kein Wühlen und Bohren. Wenden Sie sich der Zukunft zu, und vergessen Sie die Vergangenheit, dann kann es nicht schiefgehen. Wenn Sie das nicht tun, besteht die Gefahr, daß Sie wie eine Bombe explodieren. Und ich würde von Zeit zu Zeit gern hören, wie es Ihnen geht.«

Zwei Wochen später verließ ich Quebec und wandte mich nach Nord-Westen. Ich nehme an, wenn irgend jemand mein Vater gewesen ist, dann war es Susskind, der Mann mit dem zähen, rücksichtslosen, freundlichen Gemüt. Er brachte mir den Geschmack an Tabak in Form von Zigaretten bei, obwohl ich nie so viel rauchte wie er. Er gab mir auch mein Leben und meine Gesundheit.

Sein voller Name lautete: Abraham Isaac Susskind.

Ich habe ihn immer Susskind genannt.

3

Der Hubschrauber schwebte in Baumwipfelhöhe, und ich schrie dem Piloten zu: »Das genügt. Da drüben die Lichtung am See.«

Er nickte, und die Maschine bewegte sich langsam seitwärts und ging am Ufer tiefer; durch ihren Luftwirbel wurde die ruhige Wasserfläche aufgewühlt. Dann folgte das übliche schwammige

Gefühl beim Aufsetzen, als sich das Gewicht der Maschine auf die hydraulischen Stoßdämpfer senkte, und dann war alles still bis auf das Vibrieren der Maschine und das klatschende Geräusch des sich drehenden Rotors.

Der Pilot stellte den Motor nicht ab. Ich stieß die Tür auf und fing an, meine Ausrüstung hinauszuwerfen – alles Nichtzerbrechliche, das einen kurzen Fall vertragen konnte. Dann kletterte ich hinaus und griff nach den Instrumentenbehältern. Der Pilot half mir mit keiner Handbewegung. Er blieb auf seinem Platz sitzen und sah mir bei der Arbeit zu. Wahrscheinlich würde es gegen die Vorschriften seines Berufsverbandes verstoßen, wenn er Gepäck auslud.

Als ich alles herausgenommen hatte, schrie ich ihm zu: »Morgen in einer Woche sind Sie also wieder hier?«

»Gemacht«, antwortete er. »Gegen elf Uhr vormittags.«

Ich trat zurück und beobachtete, wie der Hubschrauber vom Boden abhob und wie ein großer, plumper Grashüpfer hinter Baumwipfeln verschwand. An diesem Tag wollte ich nichts weiter tun, als mein Lager einrichten und vielleicht ein wenig fischen. Das mag so klingen, als ob ich die Matterson Corporation um den besten Teil eines Arbeitstags betrügen wollte, aber ich habe immer wieder festgestellt, daß es sich nicht bezahlt macht, wenn man sich kopfüber in eine Arbeit hineinstürzt.

Viele Männer, besonders Städter, leben wie die Schweine, wenn sie kampieren. Sie rasieren sich nicht, sie graben sich nicht einmal eine richtige Latrine und leben ausschließlich von Bohnen. Ich mache es mir gern behaglich, und das nimmt Zeit in Anspruch. Außerdem kann ich schon eine ganze Menge Arbeit leisten, solange ich in aller Ruhe mein Lager aufbaue. Während man darauf wartet, daß ein Fisch anbeißt, nimmt der Blick die Lage des Landes auf, und das allein kann einem erfahrenen Geologen schon eine ganze Menge verraten. Man muß nicht die ganze Ei essen, um festzustellen, daß es faul ist, und man muß nicht Schritt für Schritt ein Gelände abwandern, um zu wissen, was man finden wird und was nicht.

Ich legte also mein Lager an, grub die Latrine und weihte sie auch gleich ein, weil es soweit war. Ich sammelte am Ufer trockenes Treibholz und machte Feuer, packte den Kaffeekessel aus und setzte Wasser auf. Bis ich genügend Tannenzweige für meinen Schlafplatz gesammelt hatte, war es an der Zeit, den Kaffee aufzubrühen, und ich setzte mich mit dem Rücken gegen einen Felsblock gelehnt und blickte prüfend über den See.

Nach allem, was zu sehen war, lag der See genau über einem Einbruch. Diese Seite war so zweifellos mesozoisch, eine Mischung aus Schichtgestein und vulkanischem Fels – gutes Land zum Schürfen. Die andere Seite war nach der Lage des Landes und dem, was ich vom Flugzeug aus gesehen hatte, vermutlich paläozoisch, vorwiegend Schichtgestein. Ich bezweifelte, daß ich dort drüben viel finden würde, aber ich mußte trotzdem hin und nachsehen.

Ich trank einen Schluck von dem siedendheißen Kaffee und sammelte eine Handvoll Kiesel, um sie zu prüfen. Lässig ließ ich einen nach dem anderen wieder fallen, den letzten warf ich in den See, wo er mit einem leisen »Plopp« ins Wasser schlug und sich weitende Kreise hervorrief. Der See selbst war ein Ergebnis der letzten Eiszeit. Das Eis hatte sich über das ganze Land geschoben, mit Gletscherzungen Täler in den massiven Fels geschnitten. Lange Zeit hatte es über dem Land gelegen und war dann so schnell, wie es gekommen war, wieder verschwunden.

Geschwindigkeit ist ein relativer Begriff. Für den beobachtenden Menschen bewegt sich ein Gletscher langsam, aber sein Tempo entspricht dem eines Hundert-Meter-Läufers im Vergleich mit anderen geologischen Prozessen. Jedenfalls, die Gletscher zogen sich zurück und hinterließen die Felsbrocken, die sie vom Muttergestein losgebrochen und zermalmt hatten. Dabei bildete sich eine Steinmauer, die man Moräne nennt, ein natürlicher Damm, hinter dem ein See oder Teich entstehen kann. Kanada ist voll von solchen Seen und Teichen, und ein großer Teil der kanadischen Geologie besteht darin, herauszufinden, welchen Weg das Eis vor vielen tausend Jahren nahm, um zu erklären, wieso an manchen Orten Gesteine vorhanden sind, die sonst dort einfach unerklärlich wären.

Der See vor mir war eher ein großer Teich. Er war nicht mehr als eine Meile lang und wurde durch einen kräftigen Bach gespeist, der von Norden her in ihn einmündete. Die Moräne hatte ich von der Luft aus gesehen und den Verlauf des Bachs vom See nach Süden verfolgt, wo er in Kaskaden über den Steilhang hinabstürzte, wo die Matterson Corporation ihren Damm bauen wollte.

Ich leerte den Kaffeesatz aus, spülte den Kaffeetopf und den Emailbecher und machte mich daran, einen Windschutz zu bauen. Ich mag Zelte nicht. In Zelten ist es auch nicht wärmer als im Freien, und wenn man sein Zelt nicht sorgsam pflegt, leckt es bald. Bei gutem Wetter braucht man nur einen Windschutz, der sich aus dem vorhandenen Material leicht aufstellen läßt, und bei Regenwetter kann man sich ein wasserdichtes Dach bauen, wenn man weiß, wie man das macht. Allerdings brauchte ich im Nord-West-Territorium eine ganze Weile, bis ich das gelernt hatte.

Gegen die Mitte des Nachmittags war mein Lager tipptopp in Form. Alles war da, wo ich es haben wollte und wo ich schnell

danach greifen konnte, wenn ich es brauchte. Es war die Standard-
anlage, die ich im Laufe der Jahre ausgearbeitet hatte. Die Polares-
kimos haben dieses Prinzip zu einer hohen Kunst entwickelt.
Ein Fremder kann in ein beliebiges unbekanntes Iglu kommen,
er braucht im Dunkeln nur die Hand auszustrecken, um die
Tranlampe oder die Angelhaken aus Knochen zu finden. Auch
beim Militär wendet man dieses Prinzip an. Ein Mann, der an
einen fremden Standort versetzt wird, weiß, wo er ohne große
Mühe den Zahlmeister findet. Man könnte das vielleicht die Kunst
des guten Haushaltens nennen.

Das Plätschern eines Fischs im See brachte mir zum Bewußtsein,
daß ich hungrig war, darum beschloß ich, festzustellen, wie gut
die Forellen hier waren. Als Hauptnahrungsmittel taugt Fisch
in einem kalten Klima nicht viel – dort braucht man gutes fettes
Fleisch –, aber in Fort Farrell hatte ich so viel Fleisch gegessen,
wie ich brauchte, und der Gedanke an eine Forelle aus dem See,
die in der Pfanne brutzelte, war verlockend. Am nächsten Tag
aber wollte ich versuchen, ein Stück Wild zu erlegen, wenn ich
dazu keine zu weiten Umwege einschlagen müßte.

Am Abend, als ich auf den federnden Tannenzweigen lag und zu
einem Himmel voller Brillanten hinaufsah, dachte ich an die
Trinavants. Ich hatte die Geschichte absichtlich aus meinen Gedanken verdrängt, weil ich mich in Anbetracht der warnenden
Worte von Susskind etwas davor fürchtete, mich damit abzu-
geben, stellte aber fest, daß ich meine Finger nicht davon lassen
konnte. Es war geradeso, wie wenn man sich versehentlich selbst
innen in die Backe gebissen hat und es dann nicht unterlassen
kann, mit der Zunge die wunde Stelle zu berühren.

Eine merkwürdige Geschichte war das schon. Warum, zum
Teufel, sollte Matterson wünschen, die Erinnerung an den Namen
und die Person von John Trinavant auszuradieren? Nachdenklich
zog ich an meiner Zigarette und beobachtete das stumpfe rote
Auge der verglühenden Asche auf der Feuerstelle. Immer fester
war ich davon überzeugt, daß alles, was sich abspielte, um den
Autounfall kreiste. Aber drei der daran Beteiligten waren tot,
und der Vierte konnte sich an nichts mehr erinnern, und was
wichtiger war, er wollte es auch gar nicht. Hier schien also eine
Sackgasse zu sein.

Wer hatte vom Tod der Trinavants profitiert? Zweifellos Bull
Matterson. Diese Optionsvereinbarung gab ihm das ganze
wirtschaftliche Imperium in die Hand, ihm ganz allein. War das
ein Mordmotiv? Zweifellos betrieb Bull Matterson seine Geschäfte hart und rücksichtslos, wenn man McDougall glauben
durfte. Doch nicht jeder profitgierige Geschäftsmann ist schon
ein Mörder.

Trotzdem: Wo befand sich Bull Matterson zur Zeit des Unfalls?

Wer hatte sonst profitiert? Offensichtlich Clare Trinavant. Und wo war sie zur Zeit des Unfalls? In der Schweiz, verdammter Narr, und außerdem war sie ein kleines Schulmädchen. Streiche Clare Trinavant.

Wer sonst?

Anscheinend profitierte sonst niemand – jedenfalls nicht finanziell. Konnte jemand noch auf andere Weise als durch Geld profitiert haben? Um darüber auch nur zu spekulieren, wußte ich nicht genug über die in diese Angelegenheit verwickelten Personen, folglich stand ich hier vor einem toten Gleis – vorläufig jedenfalls.

Ich riß mich aus meinen halb schläfrigen Gedanken heraus. Woran, zum Teufel, dachte ich? Ich würde mich nicht in die Sache hineinziehen lassen. Das war für mich persönlich zu gefährlich.

Davon war ich sogar noch fester überzeugt, als ich um zwei Uhr morgens schweißgetränkt und mit bebenden Nerven aufwachte. Ich hatte wieder den Traum gehabt.

Im Licht der Morgendämmerung erschien alles wieder freundlicher, aber das ist immer so. Ich machte mir Frühstück – Bohnen, Speck und gebratene Eier – und schlang es hungrig hinunter, griff dann nach meiner Traglast, die ich am Abend vorher vorbereitet hatte. Ein schürfender Geologe, der in den Hinterwäldern unterwegs ist, löst unwillkürlich den Vergleich mit einem wandernden Weihnachtsbaum aus, aber ich bin größer als die meisten, darum sieht man es mir nicht so sehr an. Trotzdem ist es eine beachtliche Last, die man mit sich schleppen muß, und darum versteht man vielleicht, warum ich keine Zelte mag.

Ich vergewisserte mich, daß der große gelbe Kreis auf der Rückseite meiner Traglast deutlich sichtbar war. Das halte ich wirklich für wichtig. Überall in den Wäldern Nordamerikas muß man damit rechnen, dilettantischen Jägern zu begegnen, die mit der Flinte auf alles losballern, was sich bewegt. Der große gelbe Kreis sollte sie veranlassen, kurz innezuhalten, ehe sie abdrückten, gerade lang genug, um sich überlegen zu können, daß diese Wälder kaum von Tieren mit großen gelben Kreisen heimgesucht wurden. Aus dem gleichen Grund trug ich einen gelb und rot karierten Mackinaw, in dem sich kein betrunkener Indianer auch nur tot hätte sehen lassen, und eine Wollmütze mit einer dicken roten Quaste oben drauf. Ich war wirklich eine farbenfreudige Erscheinung.

Ich überprüfte das Schloß meines Gewehrs, um mich zu vergewissern, daß keine Patrone in der Kammer steckte, legte den Sicherungsflügel um und machte mich auf den Weg, am Seeufer entlang nach Süden. Ich hatte mein Standlager eingerichtet und war bereit, die südliche Hälfte des Tals zu durchforschen. In einer Woche würde der Hubschrauber kommen, um mich abzuholen und weiter nach Norden zu bringen, damit ich mir die zweite Hälfte vornehmen konnte. Dieses Tal sollte sehr gründlich erforscht werden.

Am Ende des ersten Tages verglich ich meine Ergebnisse mit den Eintragungen auf einer amtlichen geologischen Karte, die, um das Beste von ihr zu sagen, fragmentarisch war; stellenweise wies sie schlicht und einfach weiße Flecken auf. Ich wurde schon manchmal gefragt: »Warum läßt die Regierung nicht endlich eine wirklich gute geologische Karte aufnehmen und hat es damit ein für allemal hinter sich gebracht?« Dazu kann ich nur sagen, daß diese Leute nicht wissen, wovon sie reden. Eine Armee von Geologen würde hundert Jahre brauchen, um jede Quadratmeile Kanadas zu erforschen, und dann müßten sie von neuem anfangen, weil irgendein kluges Kerlchen ein Gerät erfunden hätte, mit dem man Metall fünfhundert Fuß unter der Erde aufspüren kann. Oder vielleicht entdeckt ein anderer einen Bedarf für ein ausgefallenes, bisher nutzloses Metall. Um 1900 waren Aluminiumerze recht nutzlos, und noch 1930 fand man niemand, der Uranerz geschenkt haben wollte. Für Leute wie mich gibt es noch für viele Jahre Arbeit.

Das Wenige, was ich auf der Regierungskarte fand, stimmte mit meinen Ergebnissen überein, ich hatte es aber detaillierter. Ein paar Spuren von Molybdän und etwas Zink und Blei, aber nichts, worüber die Matterson Corporation in Aufregung geraten könnte. Und wenn ein Geologe von Spuren spricht, meint er genau das.

Am nächsten Tag machte ich weiter und am übernächsten auch, und am Ende der Woche hatte ich weitgehend klargestellt, daß die Matterson Corporation nicht reich werden würde, wenn sie die Mineralvorkommen am südlichen Ende des Kinoxi Valley erschließen würde. In meinem Lager hatte ich alles zusammengepackt und saß daumendrehend da, als der Hubschrauber ankam, und ich muß sagen, er kam auf die Minute pünktlich.

Dieser Flug brachte mich in das nördliche Gebiet an einen Bach, und wieder verbrachte ich einen Tag damit, mein Lager einzurichten. Am nächsten Tag war ich wieder bei der Arbeit, setzte einfach einen Fuß vor den anderen und hielt meine Augen auf.

Am dritten Tag bemerkte ich, daß ich beobachtet wurde. Viele Anzeichen gab es dafür nicht, aber sie genügten; eine Wollfaser, die sich an einem Zweig in der Nähe meines Lagers verfangen hatte und die zwölf Stunden vorher noch nicht da gewesen war; eine frische Schramme auf der Rückseite eines Baums, die nicht von mir stammte; und nur einmal ein aufblitzender Lichtschein auf einem entfernten Abhang, der verriet, daß jemand ein Fernglas in unvorsichtiger Weise dem direkten Sonnenlicht ausgesetzt hatte.

In den Wäldern des Nordens ist es aber schlicht und einfach unhöflich, in Spuckweite des Lagers eines Mannes zu kommen, ohne sich vorzustellen, und keiner, der nicht Wert darauf legte, unbemerkt zu bleiben, würde es unterlassen. Ich habe nichts dagegen einzuwenden, daß jemand seine Geheimnisse hat – ich habe selbst ein paar –, aber wenn die Geheimnisse eines anderen mich betreffen, dann gefällt mir das nicht und dann kann mir der Kragen platzen. Jedoch konnte ich nicht viel dagegen tun, außer weiterzumachen und zu hoffen, diesen Schnüffler irgendwie zu überraschen.

Am fünften Tag hatte ich nur noch den äußersten nördlichen Teil des Tals zu erforschen und entschloß mich deshalb, so weit hinaufzuwandern, wie ich mußte, und am nördlichen Ende des Tals zu übernachten. Ich wanderte gerade in aller Ruhe an dem Bach entlang, als eine Stimme hinter mir sagte: »Was haben Sie hier eigentlich zu suchen?«

Ich erstarrte, dann drehte ich mich vorsichtig um. Ein großer Mann in einem roten Mackinaw stand unmittelbar neben meiner Spur und hielt wie beiläufig ein Jagdgewehr in der Hand. Das Gewehr war nicht direkt auf mich gerichtet, andererseits wies es nicht sehr weit von mir fort. Es war also eine Streitfrage, ob ich mit der Waffe bedroht wurde oder nicht. Da dieser Bursche aber gerade erst hinter einem Baum hervorgetreten war und er mir vorsätzlich aufgelauert hatte, erschien es mir im Augenblick unzweckmäßig, diese Frage aufzuwerfen. Es wäre nicht der geeignete Augenblick gewesen. Ich antwortete nur: »Hallo, wo kommen Sie denn auf einmal her?«

Er biß die Zähne zusammen, und ich erkannte, daß er noch nicht sehr alt war, vielleicht erst Anfang Zwanzig. »Sie haben meine Frage nicht beantwortet«, sagte er.

Daß er die Zähne zusammenbiß, gefiel mir nicht recht, und ich hoffte, daß er nicht auch mit dem Finger auf den Abzug seines Gewehrs drücken würde. Junge Burschen seines Alters handeln manchmal schrecklich voreilig. Ich verschob die Traglast auf meinem Rücken. »Ich gehe nur in das obere Ende des Tals hinauf.«

»Wozu?«

Gelassen antwortete ich: »Ich weiß nicht, ob Sie das was angeht, mein Bester, aber ich nehme im Auftrag der Matterson Corporation eine geologische Untersuchung vor.«

»Das werden Sie nicht«, sagte er. »Nicht auf diesem Land.« Er deutete mit dem Kopf nach unten ins Tal. »Sehen Sie diesen Grenzstein da?«

Ich blickte in die angedeutete Richtung und erkannte eine kleine Steinpyramide, die stark überwachsen war, deshalb hatte ich sie nicht vorher entdeckt. Von der anderen Seite mußte sie so gut wie unsichtbar gewesen sein. Ich sah meinen jungen Freund an. »Na und?«

»Da hört das Matterson-Land auf.« Er grinste, aber in dem Grinsen lag kein Humor. »Ich habe gehofft, daß Sie diesen Weg kommen würden – der Grenzstein erleichtert die Erklärung.«

Ich ging zurück und sah mir die Steinpyramide an, sah dann ihn an und stellte fest, daß er mir mit dem Gewehr in den Händen gefolgt war. Wir hatten den Grenzstein zwischen uns, darum fragte ich: »Ist etwas dagegen einzuwenden, daß ich hier stehenbleibe?«

»Gewiß nicht«, antwortete er herablassend. »Da können Sie stehen, dagegen besteht kein Gesetz.«

»Und haben Sie auch nichts dagegen, daß ich meinen Rucksack ablege?«

»Nicht, solange Sie ihn nicht auf diese Seite der Grenze legen.« Er grinste, und ich erkannte, daß ihm seine Rolle jetzt Spaß machte. Ich war bereit, ihm das zu erlauben – im Augenblick jedenfalls –, darum antwortete ich nicht, sondern ließ meine Last zu Boden gleiten und reckte meine Schultern. Das gefiel ihm nicht – er konnte sehen, wie groß ich war, und das Gewehr richtete sich auf mich, so daß es jetzt außer Frage stand, daß ich in Schach gehalten wurde.

Ich zog die Karten aus der Seitentasche des Rucksacks und überprüfte sie. »Hier ist von einer Grenze nichts eingezeichnet«, sagte ich mild.

»Woher auch?« antwortete er. »Auf einer Matterson-Karte doch nicht. Aber das hier ist Trinavant-Land.«

»Oh! Ist damit Clare Trinavant gemeint?«

»Ja, genau das.« Er hob ungeduldig das Gewehr.

»Ist sie anwesend? Ich möchte sie gern sehen«, sagte ich.

»Sie ist in der Gegend, aber Sie werden sie nicht zu sehen bekommen – falls sie selbst Sie nicht sehen will.« Er lachte unvermittelt.

»Ich würde hier aber nicht auf sie warten. Sie könnten Wurzeln schlagen.«

Ich deutete mit dem Kopf das Tal abwärts. »Ich schlage mein Lager in der Richtung da auf. Und hauen Sie jetzt ab, Jungchen, und sagen Sie Miss Trinavant, ich wüßte, wo die Leichen begraben sind.« Ich weiß nicht, warum ich das sagte, aber in diesem Augenblick erschien es mir durchaus passend.

Er riß den Kopf hoch. »Was?«

»Laufen Sie, und sagen Sie Miss Trinavant genau das«, antwortete ich. »Sie sind nur Botenjunge, verstehen Sie.« Ich bückte mich, hob meine Traglast hoch, wandte mich ab und ließ ihn mit offenem Mund stehen. Als ich die Lichtung erreichte und mich umblickte, war er verschwunden.

Das Feuer brannte, und der Kaffee brodelte, als ich oben im Tal Stimmen hörte. Mein Freund, der Jüngling mit dem Gewehr, kam in Sicht, aber diesmal hatte er seine Artillerie zu Hause gelassen. Hinter ihm kam eine Frau in anliegenden Blue Jeans, einem Hemd mit offenem Kragen und einem Mackinaw. Es gibt Frauen, die Blue Jeans tragen können, aber nicht viele. Ogden Nash bemerkte einmal, daß eine Frau sich beim Gehen selbst von hinten ansehen sollte, ehe sie Hosen anzieht. Miss Trinavant hatte eindeutig die Figur, die in allem gut aussieht, selbst in einem alten Jutesack. Und sie war schön, selbst wenn sie so wütend wie eine Hornisse war. Sie kam mit entschlossenen Schritten auf mich zu und herrschte mich an: »Was soll das alles heißen. Wer sind Sie?«

»Mein Name ist Boyd, ich bin Geologe und arbeite im Auftrag der Matterson Corporation. Ich bin . . .«

Sie hob die Hand und sah mich mit frostigen Augen an. Niemals zuvor hatte ich so viel grünen Frost gesehen. »Das genügt. Weiter dürfen Sie nicht in das Tal hinauf, Mr. Boyd. Sorgen Sie dafür, Jimmy.«

»Das habe ich ihm schon gesagt, Miss Trinavant, aber er wollte mir nicht glauben.«

Ich drehte den Kopf und sah ihn an. »Halten Sie sich hier draußen, Jimmy, mein Junge. Miss Trinavant befindet sich auf Einladung auf Matterson-Land, Sie nicht. Verschwinden Sie also. Und richten Sie nie wieder ein Gewehr auf mich, sonst wickle ich es Ihnen um den Hals.«

»Miss Trinavant, das ist eine Lüge«, schrie er. »Ich habe nie . . .«

Ich fuhr zu ihm herum und schlug zu. Das ist ein feiner Trick, wenn man aus der richtigen Position ansetzen kann. Man streckt den Arm steif aus und dreht sich aus der Hüfte. Die Faust hat dann eine hohe Schlagkraft, wenn sie trifft. Mit dem Handrücken erwischte ich ihn unter dem Kinn und riß ihn fast einen Fuß hoch vom Boden. Er landete flach auf dem Rücken, schlug ein paarmal um sich wie eine gerade an Land gezogene Forelle und lag dann still da.

Miss Trinavant starrte mich mit offenem Mund an – ich konnte deutlich ihre hübschen Mandeln erkennen. Ich rieb mir meinen Handrücken und sagte sanft: »Ich kann Lügner nicht leiden.«

»Er hat nicht gelogen«, erwiderte sie leidenschaftlich. »Er hatte keine Waffe.«

»Ich weiß, wenn ich in die Mündung eines Gewehrs blicke«,

antwortete ich und deutete mit dem Finger auf die ausgestreckte Gestalt auf den Fichtennadeln. »Der Kerl da schnüffelt seit drei Tagen hinter mir her. Das habe ich auch nicht so gern. Er hat nur bekommen, was er verdient hat.«

So wie sie ihre Zähne bleckte, würde sie mich gleich beißen. »Sie haben ihm keine Chance gelassen, Sie brutaler Barbar.«

Diese Bemerkung sah ich ihr nach. Ich hatte zu viele Schlägereien hinter mir, um dem anderen eine Chance zu lassen. Das sollen die Berufsboxer tun, die ihr Geld damit verdienen, daß sie sich das Gehirn zusammenschlagen lassen.

Sie kniete nieder und sagte: »Jimmy, Jimmy fehlt Ihnen etwas?« Dann sah sie zu mir auf. »Sie müssen ihm den Kiefer gebrochen haben.«

»Nein«, antwortete ich. »Dazu habe ich nicht fest genug zuge-schlagen. In den nächsten Tagen wird er nur etwas an Körper und Seele leiden.« Ich griff nach meiner Pfanne, füllte sie in dem Bach mit Wasser und schüttete es Jimmy ins Gesicht. Er regte sich und stöhnte. »In ein paar Minuten kann er wieder gehen. Schaffen Sie ihn am besten dahin zurück, wo Sie Ihr Lager haben, und Sie können ihm sagen, wenn er das nächstemal wieder mit einem Gewehr auf mich losgeht, bringe ich ihn um.«

Sie atmete mühsam, sagte aber nichts, sondern konzentrierte sich darauf, Jimmy wieder zu sich zu bringen. Schließlich war er so-weit, daß er sich benommen auf die Beine erheben und mich mit unverhülltem Haß ansehen konnte. Ich sagte: »Wenn Sie ihn zu Bett gebracht haben, würde ich Sie gern wiedersehen, Miss Trinavant. Mein Lager ist dann immer noch hier.«

Sie wandte mir ihr überraschtes Gesicht zu. »Wie kommen Sie auf den Gedanken, daß ich Sie je wiedersehen will«, fuhr sie mich an.

»Weil ich weiß, wo die Leichen begraben sind«, antwortete ich freundlich. »Und haben Sie keine Angst, man hat noch nie ge-hört, daß ich eine Frau geschlagen hätte.«

Ich hätte schwören können, daß sie ein paar Worte gebrauchte, die ich bisher nur in Holzfällerlagern gehört hatte, konnte mir dessen aber nicht sicher sein, weil sie sie lautlos vor sich hin sprach. Dann wandte sie sich Jimmy zu, um ihm zu helfen, und ich be-obachtete sie, wie sie an der Grenzmarkierung vorbeischwankten und verschwanden. Der Kaffee war inzwischen verdorben, darum goß ich ihn weg und setzte frischen auf und entschloß mich, nach einem Blick nach der Sonne, meine Lagerstatt für die Nacht vor-zubereiten.

Als ich sie zurückkommen sah, dämmerte es schon. Sie war eine verschwommene Gestalt zwischen den Bäumen. Ich hatte es mir behaglich gemacht, saß mit dem Rücken gegen einen Baumstamm gelehnt und sorgte mich um die fette Ente, die auf dem Feuer vor mir an einem Spieß briet. Sie kam heran und blieb vor mir stehen. »Was wollen Sie eigentlich?« fragte sie schroff.

Ich blickte zu ihr auf. »Haben Sie Hunger?« Ungeduldig trat sie von einem Fuß auf den anderen, darum erklärte ich: »Gebratene Ente, frisches Brot, wilde Sellerie, heißer Kaffee – was halten Sie davon?«

Sie ließ sich auf meine Höhe sinken. »Ich habe Jimmy befohlen, auf Sie aufzupassen«, sagte sie. »Ich wußte, daß Sie kamen. Ich sagte ihm aber nicht, daß er Matterson-Land betreten sollte – und von einem Gewehr habe ich auch nichts gesagt.«

»Das hätten Sie vielleicht tun sollen«, bemerkte ich. »Vielleicht hätten Sie sagen sollen: ›kein Gewehr‹.«

»Ich weiß, daß Jimmy etwas wild ist«, sagte sie. »Das ist aber keine Entschuldigung für das, was Sie taten.«

Ich nahm einen Fladen Brot aus dem Lehmofen und klatschte ihn auf einen Teller. »Haben Sie schon einmal in die Mündung eines Gewehrs gesehen?« fragte ich. »Das ist eine verdammt ungemütliche Situation, und ich habe nun einmal die Neigung, gewalttätig zu werden, wenn ich nervös bin.« Ich reichte ihr den Teller. »Wie wär's mit einem Stück Ente?«

Ihre Nasenflügel bebten, als ihr der Duft von dem gebratenen Vogel entgegenstieg, und sie lachte. »Sie haben mich überzeugt. Es riecht so gut.«

Ich begann die Ente zu zerlegen. »Jimmy ist nicht ernstlich verletzt, außer in dem, was er für seinen Stolz hält. Wenn er herumläuft und Leute mit dem Gewehr bedroht, wird es eines Tages knallen, und dann wird er aufgehängt. Vielleicht habe ich ihm das Leben gerettet. Wer ist er eigentlich?«

»Einer meiner Leute.«

»Sie wußten also, daß ich kommen würde«, sagte ich nachdenklich.

»Neuigkeiten kommen in dieser Gegend schnell herum in Anbetracht der spärlichen Bevölkerung.«

Sie wählte sich eine Scheibe Brust von ihrem Teller und schob sie in den Mund. »Alles, was mich betrifft, erfahre ich schnell. Hm, das ist wirklich gut.«

»Ich bin kein besonders guter Koch«, sagte ich. »Das macht die frische Luft. Aber was geht Sie das Ganze an?«

»Sie arbeiten für Matterson, Sie waren auf meinem Land. Damit bin ich betroffen.«

»Als ich den Auftrag annahm«, antwortete ich, »hatte Howard Matterson eine gewisse Auseinandersetzung mit einem Mann namens Donner. Matterson sagte, er würde die Angelegenheit mit jemand in Ordnung bringen, den er Clare nannte – vermutlich sind Sie das. Hat er es getan?«

»Ich habe Howard Matterson seit einem Monat nicht gesehen – und ich lege auch keinen Wert darauf, ihn je wiederzusehen.«

»Sie können mir keine Schuld daran geben, daß ich nicht weiß, was hier gespielt wird. Ich nahm an, der Auftrag sei einwandfrei. Matterson hat allerdings eine seltsame Art, sein Geschäft zu führen.«

Sie griff nach einer Entenkeule und knabberte daran. »Nicht seltsam; schlicht und einfach betrügerisch. Selbstverständlich hängt alles davon ab, mit welchem Matterson Sie gesprochen haben. Bull Matterson ist der betrügerische, Howard ist einfach dämlich.«

»Wollen Sie damit sagen, daß er vergessen hat, mit Ihnen zu sprechen?« fragte ich ungläubig.

»Ungefähr das.« Sie deutete mit der Entenkeule auf mich. »Und was ist mit diesen Leichen?«

Ich grinste. »Oh, ich wollte nur mit Ihnen sprechen. Ich wußte, das würde Sie schnell hierherbringen.«

Sie starrte mich an. »Wieso denn?«

»Das tat es doch – oder etwa nicht?« hielt ich ihr entgegen. »Es ist eine Abwandlung der alten Geschichte des Witzbolds, der an ein Dutzend seiner Freunde ein Telegramm schickte: Flieht – alles ist entdeckt. Neun von ihnen flohen Hals über Kopf. Jeder hat irgendwann in seinem Leben irgendwo ein Skelett im Schrank.«

»Sie wollten nur Gesellschaft haben«, sagte sie sarkastisch.

»Sollte ich mir die Gelegenheit entgehen lassen, in den Hinterwäldern mit einer schönen Frau zu Abend zu essen?«

»Ich glaube Ihnen nicht«, antwortete sie schroff. »Und die Schmeicheleien können Sie sich sparen. Nach allem, was Sie von mir wissen, hätte ich eine alte Vogelscheuche von neunzig sein können, falls Sie sich nicht vorher überall erkundigt haben, selbstverständlich. Offensichtlich haben Sie das getan. Was haben Sie vor, Boyd?«

»Na schön. Wie wäre es, wenn wir einmal so anfangen: Haben Sie sich je die Mühe gemacht, das Abkommen über die Partnerschaft zwischen Trinavant und Matterson zu überprüfen sowie auch das Geschäft, das Matterson mit den Treuhändern für das Vermögen abgeschlossen hat? Mir scheint, daß gerade dieses Geschäft verdient, unter die Lupe genommen zu werden. Warum hat das niemals jemand unternommen?«

Sie starrte mich mit aufgerissenen Augen an. »Donnerwetter! Wenn Sie Fragen wie die in Fort Farrell stellen, bekommen Sie Schwierigkeiten, sobald der alte Bull etwas davon erfährt.«

»Ja«, gab ich zu, »das habe ich begriffen. Ihm wäre es lieb, wenn vergessen würde, daß die Trinavants je existierten. Aber keine Sorge, er wird es nicht erfahren. Meine Informationsquelle ist strikt privat.«

»Ich mache mir keine Sorgen«, erwiderte sie kalt. »Aber anscheinend bilden Sie sich ein, Sie könnten die Mattersons ebenso behandeln wie Jimmy. Darauf würde ich mich nicht verlassen.«

»Ich habe nicht angenommen, daß es Ihnen Sorgen macht, und damit habe ich recht«, antwortete ich mit einem Grinsen. »Aber warum kümmert sich niemand um diese stinkende Angelegenheit? Sie zum Beispiel?«

»Warum sollte ich«, erwiderte sie hochmütig. »Mich geht es doch nichts an, ob Bull Matterson die Treuhänder besticht. Mir brächte es kein Geld ein, wenn ich mich mit den Mattersons anlegte.«

»Wollen Sie damit sagen, es sei Ihnen gleichgültig, daß John Trinavants Absichten vereitelt und ins Gegenteil verkehrt wurden, nur damit Geld in Mattersons Tasche kommt?« fragte ich leise.

Ich dachte, sie würde mir den Teller ins Gesicht werfen. Sie wurde weiß, und auf ihren Wangen erschienen rosa Flecke. »Sie verfluchter Kerl«, sagte sie hitzig. Langsam faßte sie sich. »Einmal habe ich's versucht«, gab sie zu. »Ich erreichte nichts. Donner hat die Bücher der Matterson Corporation so gründlich frisiert, daß ein Team hochbezahlter Anwälte zehn Jahre brauchen würde, alles zu klären. Ich selbst kann mir das nicht leisten, und mein Rechtsanwalt riet mir, nichts zu unternehmen. Aber, warum interessiert Sie das überhaupt?«

Ich sah ihr zu, wie sie mit einem Stück Brot die Soße auftunkte. Mädchen mit gesundem Appetit gefallen mir. »Ich will nicht behaupten, daß es mich interessiert, aber es gibt da noch einen Punkt, der mich verwundert. Nämlich, warum will Matterson die Trinavants begraben haben – für ewig?«

»Riskieren Sie nur Ihren Hals, Sie werden ihn sich schon brechen«, warnte sie. »Matterson hat für Fragen dieser Art nichts übrig.« Sie setzte ihren Teller ab, stand auf und ging zum Bach hinunter, um sich die Hände zu waschen.

Als sie zurückkam, trocknete sie sich mit einem Männertaschentuch ab.

Ich schenkte ihr einen Becher Kaffee ein. »Ich frage Matterson ja nicht, ich frage eine Trinavant. Stellt sich eine Trinavant gelegentlich nicht selbst diese Frage?«

»Gewiß, und wie jeder andere bekommt sie keine Antwort.« Sie sah mich scharf an. »Worauf sind Sie aus, Boyd? Und wer, zum Teufel, sind Sie eigentlich?«

»Nur ein zufällig aufgekreuzter, freiberuflicher Geologe. Macht Ihnen Matterson nie Ungelegenheiten?«

Sie schlürfte von dem heißen Kaffee. »Nicht sonderlich viel. Ich bin sehr selten hier. Ich komme jedes Jahr für einige Monate hierher, um ihn zu ärgern, das ist alles.«

»Und Sie wissen immer noch nicht, was er gegen die Trinavants hat?«

»Nein.«

Ich blickte in das Feuer und sagte nachdenklich: »Jemand hat behauptet, Matterson wünschte, daß Sie heiraten würden. Damit war gemeint, es würde dann niemand mehr mit dem Namen Trinavant existieren.«

Erregt fuhr sie auf. »Hat Howard etwa ...?« Dann brach sie ab und biß sich auf die Unterlippe.

»Hat Howard etwa ... was?«

Sie stand auf und klopfte sich den Staub ab. »Sie scheinen mir nicht besonders sympathisch zu sein, Mr. Boyd. Sie stellen zu viele Fragen, und ich bekomme keine Antworten von Ihnen. Ich weiß nicht, wer Sie sind und was Sie wollen. Wenn Sie sich mit Matterson anlegen wollen, ist das Ihre Sache. Mein desinteressierter Rat an Sie würde lauten: ›Lassen Sie's!‹ Denn er wird Sie in kleine Stücke zerhacken. Aber was geht das mich an? Doch eines will ich Ihnen sagen, kommen Sie nicht mir in die Quere.«

»Meinen Sie, Sie könnten mir gefährlicher werden als Matterson?«

»Der Name Trinavant ist noch nicht völlig vergessen«, antwortete sie. »Ich habe ein paar gute Freunde.«

»Das müssen dann schon bessere Leute sein als Jimmy«, antwortete ich bissig. Plötzlich fragte ich mich verwundert, weshalb ich mich mit ihr stritt. Das war sinnlos. Ich stand auch auf. »Hören Sie zu. Ich habe keine Auseinandersetzungen mit Ihnen, und ich habe auch keinen Anlaß, mich in Ihre Angelegenheiten einzumischen. Ich bin ein verhältnismäßig harmloser Mensch, außer wenn jemand mit einem Gewehr in meine Richtung zielt. Ich werde also nach Fort Farrell zurückgehen und Howard Matterson berichten, daß Sie mich nicht auf Ihr Land lassen wollten. Mir macht das nichts aus.«

»Tun Sie das«, sagte sie. Ihre Stimme klang ratlos, als sie hinzufügte: »Sie sind ein merkwürdiger Bursche, Boyd. Sie kommen als Fremder hierher und wühlen in zehn Jahre alten Geheimnissen herum, die jeder vergessen hat. Woher haben Sie das alles erfahren?«

»Ich glaube nicht, daß mein Gewährsmann gern genannt werden möchte.«

»Darauf würde ich wetten«, antwortete sie verächtlich. »Ich glaube, daß in Fort Farrell jeder ein bequemes schlechtes Gedächtnis, aber auch eine gelbe Strähne entwickelt hat.«

»Vielleicht haben Sie auch in Fort Farrell Freunde«, meinte ich leise.

Gegen die nächtliche Kühle schloß sie den Reißverschluß ihres Mackinaw. »Ich habe nicht die Absicht, mit Ihnen über Geheimnisse zu plaudern, Boyd«, sagte sie. »Doch vergessen Sie eines nicht, betreten Sie mein Land nicht – niemals.«

Sie wandte sich ab, um zu gehen, und ich sagte: »Warten Sie, es gibt Gespenster und Unholde und Bestien und Leute, die in der Nacht umgehen. Ich möchte auch nicht, daß Sie einem Bären in die Quere laufen. Ich bringe Sie zu Ihrem Lager zurück.«

»Mein Gott, ein Kavalier in den Hinterwäldern«, sagte sie angewidert, wartete aber ab und sah mir zu, wie ich mit dem Fuß Erde über die Glut des Feuers schob. Während ich mein Gewehr überprüfte, sah sie sich meine Ausrüstung an, die vom Mond schwach beleuchtet wurde. »Sie legen Ihr Lager ordentlich an.«

»Rein aus Erfahrung«, sagte ich. »Wollen wir gehen?« Sie fiel neben mir in Gleichschritt, und als wir an dem Grenzstein vorbeikamen, sagte ich: »Vielen Dank dafür, daß Sie mich auf Ihr Land lassen, Miss Trinavant.«

»Sie ahnen nicht, wie ich auf Süßholzraspeln fliege«, antwortete sie und wies uns die Richtung. »Wir nehmen diesen Weg.«

Ihr Lager erwies sich als eine große Überraschung. Nachdem wir über eine halbe Stunde bergauf gegangen waren, was die Wadenmuskeln beanspruchte, erreichten wir unerwartet ein dunkel aufragendes Gebäude. Der schwankende Schein der Taschenlampe, die sie anknipste, enthüllte Wände aus Feldsteinen und Baumstämmen und den Widerschein eines großen Fensters. Sie stieß eine unverschlossene Tür auf und fragte etwas gereizt: »Also was ist, kommen Sie herein oder nicht?«

Das Innere des Hauses war sogar noch überraschender. Es war von einer Zentralheizung durchwärmt, und es war geräumig. Sie knipste an einem Schalter, und ein kleiner Lichtkreis erschien. Der Raum war so groß, daß die Wände im Schatten verschwanden. Eine ganze Wand bestand aus einem Fenster, durch das sich ein herrlicher Ausblick in das Tal hinunter bot. In der Ferne konnte ich das Mondlicht auf dem See schimmern sehen, um den herum ich das Land erforscht hatte. Das war die Millionärsversion einer Jagdhütte. Ich sah mich um, vermutlich mit aufgerissenem Mund, und sagte dann: »Wenn wir hier in den Vereinigten Staaten wären, könnte man Präsident werden, nur weil man hier geboren ist.«

»Sparen Sie sich Ihre Geistreicheleien«, antwortete sie. »Wenn Sie etwas trinken wollen, bedienen Sie sich, da drüben steht alles. Und

Sie könnten sich um das Feuer kümmern. Es ist eigentlich nicht notwendig, aber ich sehe gern lodernde Flammen.«

Sie verschwand, schloß die Tür hinter sich, und ich legte mein Gewehr ab. In dem Raum war ein massiver Kamin aus Feldsteinen mit einer Feuerstelle, die ausgereicht hätte, einen Elch darüber zu braten, auf der schwach ein Rest Glut rot leuchtete. Deshalb legte ich von dem Holz nach, das in Reichweite aufgestapelt war, wartete, bis die Flammen wieder loderten und ich sicher sein konnte, daß das Feuer wieder in Gang war. Dann machte ich einen Rundgang durch den Raum und hoffte, sie würde nicht bald zurückkommen. Man kann eine Menge über einen Menschen lernen, wenn man sich in einem Zimmer umsieht, in dem er lebt. Die Auswahl der Bücher war bemerkenswert. Viele zeitgenössische Romane, aber sehr wenig Avantgardistisches oder Ausgefallenes, ein solider Bestand englischer und französischer Klassiker, ein Fach mit Biographien und dazwischengestreut einiges Historisches, das meiste über Kanada, und als Überraschung eine stattliche Reihe Bücher über Archäologie, vorwiegend über den mittleren Osten. Es sah ganz so aus, als ob Clare Trinavant ihren eigenen Geschmack hätte.

Ich wandte mich von den Büchern ab und schlenderte durch den Raum, bemerkte einige ausgefallene Keramiken und Statuetten, von denen die meisten aussahen, als ob sie älter wären als Methusalem; die Tieraufnahmen an den Wänden, vorwiegend kanadische Tiere, und die Reihe Jagdgewehre und Flinten in einem Glasschrank. Ich betrachtete sie neugierig durch die Scheibe und stellte fest, daß die Waffen zwar gut gepflegt, aber von einer Staubschicht bedeckt waren. Dann sah ich das Foto einer Riesenbestie von braunen Bären und kam zu der Überzeugung, daß der Fotograf, selbst wenn er das Bild mit dem Teleobjektiv aufgenommen haben sollte, dem Tier verdammt nahe gekommen sein mußte.

Dicht hinter mir sagte sie: »Ähnelt Ihnen etwas, finden Sie nicht auch?«

Ich drehte mich um. »So groß bin ich nicht. Aus dem könnte man sechs von meiner Sorte machen.«

Sie hatte ihr Hemd gewechselt und trug gutgeschnittene Slaks, die sie bestimmt nicht von der Stange gekauft hatte. Sie sagte: »Ich habe nach Jimmy gesehen. Ich glaube nicht, daß ihm etwas fehlt.«

»Ich habe nicht fester zugeschlagen als notwendig«, antwortete ich. »Gerade fest genug, um ihm Manieren beizubringen.« Mit einer Armbewegung deutete ich auf den Raum. »Feine Bude, das hier!«

»Boyd, Sie machen mich krank«, erwiderte sie kalt. »Verschwinden Sie von hier. Sie haben eine schmutzige Phantasie, wenn Sie glauben, daß ich mit Jimmy Waystrand zusammenhause.«

»Moment mal«, widersprach ich, »Sie sind verdammt schnell mit Ihren Schlußfolgerungen, Trinavant. Ich wollte nur sagen, daß Sie hier draußen eine verdammt feine Bude haben. Ich hatte nicht damit gerechnet, so etwas hier draußen in den Wäldern zu finden. Das war alles.«

Langsam verblaßten die rosa Flecken auf ihren Backenknochen, und sie sagte: »Es tut mir leid, wenn ich Sie mißverstanden habe, vielleicht bin ich im Augenblick etwas nervös, doch dafür sind Sie dann verantwortlich, Boyd.«

»Sie brauchen sich nicht zu entschuldigen, Trinavant.«

Sie begann zu kichern, und daraus entstand ein herzhaftes Gelächter. Ich fiel ein, und wir verbrachten dreißig hysterische Sekunden. Schließlich beherrschte sie sich.

»Nein«, sagte sie und schüttelte den Kopf. »So geht es nicht. Sie können mich nicht Trinavant nennen, sagen Sie lieber Clare.«

»Ich heiße Bob«, antwortete ich. »Hallo, Clare.«

»Hallo, Bob.«

»Wissen Sie, ich hatte gar nicht die Absicht, zu unterstellen, daß Jimmy Ihnen etwas bedeutet«, sagte ich. »Für Sie ist er nicht Mann genug.«

Ihr Lächeln verschwand, sie kreuzte die Arme und sah mich eine lange Zeit an. »Bob Boyd, ich habe noch nie einen Mann gekannt, der mich in der gleichen Weise herausforderte wie Sie. Wenn Sie glauben, ich beurteile einen Mann danach, wie er sich bei einer Schlägerei verhält, sind Sie auf dem Holzweg. Das Ärgerliche mit Ihnen ist, daß Sie an Großmäuligkeit leiden. Wenn Sie auch nur ein Wort sagen, reißen Sie den Mund ganz weit auf. Aber jetzt halten Sie ihn bitte um Gottes willen und bringen Sie mir etwas zu trinken.«

Ich ging auf das zu, was ich für eine Hausbar hielt. »Sie sollten Ihre witzigen Bemerkungen nicht von dem Herzog von Edinburgh stehlen, das grenzt an Majestätsbeleidigung. Was wollen Sie haben?«

»Scotch und Wasser – halb und halb. Sie werden dort einen guten Scotch finden.«

Es war wirklich guter Scotch. Ehrfürchtig griff ich nach der Flasche *Islay Mist* und fragte mich, wie lange es wohl her sei, daß Hamish McDougall Clare Trinavant besucht hatte. Ich sagte aber nichts dazu, sondern hielt meinen großen Mund, wie sie mir geraten hatte, und schenkte ein.

Als ich ihr das Glas reichte, fragte sie: »Wie lange waren Sie diesmal in den Wäldern?«

»Annähernd zwei Wochen.«

»Was würden Sie von einem heißen Bad halten?«

»Clare, dafür verkaufe ich Ihnen meine Seele«, antwortete ich begeistert. »Seewasser ist verdammt kalt, und man badet nicht so oft wie man sollte, wenn man unterwegs ist.«

Sie deutete mit der Hand. »Durch diese Tür, dann die zweite links. Ich habe Ihnen Handtücher zurechtgelegt.«

Ich griff nach meinem Glas. »Darf ich meinen Drink mitnehmen?«

»Gewiß.«

Das Badezimmer war ein Wunderwerk. Es war weiß und dunkelblau gekachelt. Hier hätte man eine Tagung abhalten können, wenn man eine solche Tagung im Sinn hatte. Die Badewanne war im Boden versenkt und kam mir so groß wie ein Schwimmbecken vor. Das Wasser strömte dampfend aus dem Hahn, und es war eine Fülle von Badetüchern vorhanden, jedes von den Ausmaßen eines mittleren Schrebergartens.

Als ich im warmen Wasser lag, dachte ich über verschiedenes nach. Ich überlegte, aus welchem möglichen Grund Clare Trinavant den Namen von Howard Matterson genannt hatte, als ich auf die Frage ihrer Heirat gekommen war. Ich dachte an die Etiketten auf den Scotch-Flaschen, insbesondere an jene von der Insel Islay. Ich dachte an die Biegung von Clare Trinavants Hals, wie er aus dem Kragen ihrer Bluse aufragte. Ich dachte an einen Mann, den ich nie gesehen hatte – Bull Matterson – und fragte mich, wie er wohl aussähe. Ich dachte an die Haarsträhnen hinter Clare Trinavants Ohr.

Bei keinem dieser Gedanken kam etwas Besonderes heraus, darum stieg ich aus der Badewanne und trank meinen Scotch aus, während ich mich abtrocknete. Als ich mich anzog, nahm ich Musik wahr, die durch das Jagdhaus klang – ein bemerkenswertes Jagdhaus – und die von dem fernen Dröhnen eines Dieselgenerators übertönt wurde. Und als ich zu Clare zurückkam, fand ich sie auf dem Boden sitzend den letzten Satz von Sibelius' Erster Sinfonie anhören.

Sie wies mich zu der Hausbar und hielt ein leeres Glas hoch. Darum schenkte ich uns beiden noch einmal ein und setzte mich still hin, bis die Musik zu Ende war.

Sie schauderte etwas und deutete auf die mondhelle Landschaft unten im Tal. »Ich finde immer, daß diese Musik das darstellt.«

»Finnland hat weitgehend die gleiche Landschaft wie Kanada«, antwortete ich. »Wälder und Seen.«

Sie hob eine Augenbraue. »Nicht nur ein Kavalier der Hinterwälder, auch noch ein gebildeter.«

»Ich grinste sie an. »Ich habe auch ein Collegestudium hinter mir.«

Sie errötete etwas und sagte leise: »Es tut mir leid. Das hätte ich nicht sagen sollen. Das war gehässig, nicht wahr?«

»Macht nichts.« Ich winkte mit der Hand. »Was hat Sie veranlaßt, hier zu bauen?«

»Wie Ihr mysteriöser Informant Ihnen wahrscheinlich gesagt hat, bin ich hier in dieser Gegend aufgewachsen. Onkel John hat mir das Land hinterlassen. Ich liebe es, deshalb habe ich hier gebaut.« Sie machte eine Pause. »Und da Sie ja so gut unterrichtet sind, wissen Sie wahrscheinlich auch, daß er nicht mein wirklicher Onkel war.«

»Ja«, antwortete ich. »Nur eines habe ich auszusetzen. Ihre Büchsen und Flinten müßten öfters gereinigt werden.«

»Ich benutze sie nicht mehr«, erklärte sie. »Ich habe den Geschmack daran verloren, Tiere nur zum Vergnügen zu töten. Jetzt gehe ich mit einer Kamera auf die Jagd.«

Ich deutete auf die Großaufnahme der gefletschten Zähne des braunen Bären. »Wie das da?«

Sie nickte, und ich fügte hinzu: »Hoffentlich hatten Sie Ihr Gewehr griffbereit, als Sie diese Aufnahme machten.«

»Ich war nicht in Gefahr«, erwiderte sie. Wir verfielen in ein geselliges Schweigen und blickten in die Flammen. Nach einigen Minuten fragte sie: »Wie lange werden Sie für Matterson arbeiten, Bob?«

»Nicht lange. Mit meinem Auftrag bin ich jetzt so gut wie fertig – ausgenommen das Trinavant-Land.« Ich lächelte. »Ich glaube, ich werde darauf verzichten. Der Besitzer ist da etwas empfindlich.«

»Und dann?« fragte Clare.

»Dann zurück in das Nord-West-Territorium.«

»Für wen arbeiten Sie dort oben?«

»Auf eigene Rechnung.« Ich erzählte ihr ein wenig von dem, was ich tat. »Ich war nicht länger als achtzehn Monate dort gewesen, als ich einen Fund machte. Er brachte mir genug ein, um mich für die nächsten fünf Jahre mit dem zu versorgen, was ich brauchte, doch in dieser Zeit fand ich nichts, was der Mühe wert gewesen wäre. Deshalb arbeite ich jetzt hier für Matterson. Ich beschaffe mir wieder Betriebsmittel.«

Sie war nachdenklich. »Sie suchen also nach einem Topf voll Gold am Ende des Regenbogens.«

»So ist es ungefähr«, gab ich zu. »Und Sie, was tun Sie?«

»Ich bin Archäologin«, erklärte sie überraschend.

»Oh«, sagte ich begriffsstutzig.

Sie stützte sich auf und wandte sich mir zu. »Ich bin kein Dilettant, Bob. Ich bin kein reiches Playgirl, das sich mit einem Hobby abgibt, bis es einen Mann findet. Ich arbeite wirklich daran. Sie sollten die Aufsätze lesen, die ich geschrieben habe.«

»Warum verteidigen Sie sich eigentlich immer gleich. Ich glaube Ihnen doch. Und wo veranstalten Sie Ihre Schürfungen?«

Darüber lachte sie. »Hauptsächlich im mittleren Osten, obwohl ich auch eine Grabung in Kreta gemacht habe.« Sie deutete auf die kleine Statuette einer bis zur Taille nackten Frau in einem weitfallenden Rock. »Das stammt aus Kreta. Die griechische Regierung hat mir erlaubt, es zu behalten.«

Ich griff danach. »Ob das wohl Ariadne ist?«

»Das habe ich auch schon gedacht.« Sie blickte zum Fenster hinüber. »Jedes Jahr versuche ich, hierher zurückzukommen. Die Mittelmeerländer sind so kahl und baumlos. Ich muß hin und wieder in meine Heimat zurückkehren.«

»Ja, das kann ich verstehen.«

Wir unterhielten uns noch lange, während das Feuer verglühte. Ich kann mich nicht genau daran erinnern, worüber wir sprachen – es waren wohl die Alltäglichkeiten, die unser jeweiliges Leben ausmachten. Schließlich sagte sie: »Mein Gott, ich werde plötzlich müde. Wie spät ist es?«

»Zwei Uhr morgens.«

Sie lachte. »Dann ist es ja kein Wunder.« Nach einer Pause fügte sie hinzu: »Ich habe ein Gästebett, falls Sie bleiben wollen. Es ist schon recht spät für Sie, zu Ihrem Lager zurückzugehen.« Sie sah mich streng an. »Vergessen Sie aber nicht – keine Annäherungsversuche. Nur eine Andeutung, und Sie fliegen hinaus.«

»Also gut, Clare, keine Annäherungsversuche«, versprach ich.

Zwei Tage später war ich wieder in Fort Farrell, und sobald ich in meinem Zimmer im Matterson House Hotel war, gab ich mich meinem Lieblingsvergnügen hin, im warmen Wasser zu liegen, zu trinken und tiefen Gedanken nachzuhängen.

Ich hatte Clare am frühen Morgen nach unserer Begegnung verlassen, und es überraschte mich, sie zurückhaltend und etwas abweisend vorzufinden. Richtig ist, daß sie ein gut bemessenes Männerfrühstück machte, aber das war etwas, das eine gute Hausfrau rein als Reflex für ihren schlimmsten Feind tun würde. Vielleicht bedauerte sie, mit dem Feind fraternisiert zu haben, denn schließlich arbeitete ich für Matterson. Oder vielleicht war sie auch gekränkt, weil ich keine Annäherungsversuche gemacht hatte. Bei Frauen weiß man das nie genau.

Jedenfalls war sie beim Abschied recht kurz angebunden. Als ich bemerkte, daß ihre Hütte am Ufer eines neuen Sees liegen werde, sobald Matterson den Damm gebaut hatte, sagte sie heftig: »Matterson wird mein Land nicht unter Wasser setzen. Sie können ihm von mir sagen, daß ich mich dagegen wehren werde.«

»Gewiß, das werde ich ihm sagen.«

»Es ist besser, wenn Sie jetzt gehen, Boyd, Sie haben sicher noch eine Menge zu tun.«

»Ja, das stimmt«, bestätigte ich. »Aber ich werde es nicht auf Ihrem Land tun.«

Ich griff nach meinem Gewehr. »Bleiben Sie guter Laune, Trinavant.«

Damit ging ich, und als ich den Weg über den halben Abhang zurückgelegt hatte, drehte ich mich um und blickte zu dem Haus zurück, doch alles was ich sah, war die Gestalt von Jimmy Waystrand, der breitbeinig wie ein Hollywood-Cowboy oben auf der Höhe stand, um sich zu vergewissern, daß ich ging.

Ich brauchte nicht lange, um das restliche Matterson-Land zu überprüfen, und ich war früh in meinem Hauptlager zurück und saß etwa einen Tag lang müßig herum, ehe der Hubschrauber kam, um mich abzuholen. Eine Stunde später war ich wieder in Fort Farrell und aalte mich in der Badewanne.

Träge plätscherte ich im warmen Wasser und überlegte, was ich unternehmen sollte. Das Telefon im Zimmer klingelte, aber ich ignorierte es, und nach einer Weile bekam es das Klingeln satt und verstummte. Ich mußte Howard Matterson aufsuchen, und dann wollte ich mir von McDougall einen Verdacht bestätigen lassen. Danach brauchte ich nur noch meinen Bericht aufzusetzen, mein Honorar zu kassieren und konnte mit dem nächsten Bus die Stadt verlassen. Außer einer Menge persönlichem Kummer hatte mir Fort Farrell nichts zu bieten.

Das Telefon begann wieder zu klingeln, darum stieg ich aus der Badewanne und ging ins Zimmer. Es war Howard Matterson. Er schien ungehalten zu sein, weil er warten mußte. »Ich habe gehört, Sie sind zurück«, sagte er. »Ich warte hier oben auf Sie.«

»Ich bügele die Falten in der Badewanne glatt«, antwortete ich. »Ich komme zu Ihnen hinauf, sobald ich fertig bin.« Es folgte ein kurzes Schweigen, während er das verdaute. Vermutlich war er nicht daran gewöhnt, auf andere zu warten. Schließlich sagte er: »Also gut, aber beeilen Sie sich. Hatten Sie eine gute Tour?«

»Es ging«, antwortete ich. »Ich berichte Ihnen, wenn ich bei Ihnen bin. Um knapp zusammenzufassen, was Sie wissen wollen: Aus geologischen Gründen gibt es keinen vernünftigen Anlaß für Schürfunternehmungen im Kinoxi Valley. Die Einzelheiten gebe ich Ihnen später.«

»Ah! Nur das wollte ich wissen.« Er hängte ein.

In aller Gemütsruhe zog ich mich an und ging zu seinem Büro hinauf. Diesmal mußte ich sogar noch länger warten – vierzig Minuten. Vielleicht meinte Howard, ich hätte das Warten verdient, weil ich nicht sofort seinen Anruf beantwortet hatte. Als ich schließlich an seiner Sekretärin vorbeigekommen war, zeigte er sich jedoch recht freundlich. »Freue mich, Sie zu sehen«, sagte er. »Hatten Sie irgendwelche Schwierigkeiten?«

Ich zog eine Augenbraue hoch. »War damit zu rechnen, daß ich Schwierigkeiten haben würde?«

Das Lächeln hing auf seinem Gesicht, als ob es unsicher wäre, ob es verschwinden sollte oder nicht. Aber schließlich machte es sich wieder breit. »Durchaus nicht«, antwortete er großspurig. »Ich wußte, daß ich mir einen fähigen Mann ausgesucht hatte.«

»Danke«, erwiderte ich trocken. »Allerdings mußte ich einen Angeber zur Ordnung rufen. Es ist besser, wenn Sie darüber Bescheid wissen, denn es könnte sein, daß sich jemand beschwert. Kennen Sie einen Mann namens Jimmy Waystrand?«

Matterson machte sich damit zu schaffen, sich eine Zigarre anzuzünden. »Am nördlichen Ende?« fragte er, ohne mich anzusehen.

»Ganz richtig. Es kam zu einem Zusammenstoß, aber ich bin mit ihm fertig geworden«, sagte ich bescheiden.

Matterson machte ein zufriedenes Gesicht. »Sie haben also das gesamte Gebiet erforscht.«

»Nein, das konnte ich nicht.«

Er versuchte streng auszusehen. »So? Warum nicht?«

»Weil ich Frauen nicht niederschlage«, antwortete ich freundlich. »Miss Trinavant beharrte ausdrücklich darauf, daß ich ihr Land im Auftrag der Matterson Corporation nicht erforschte.« Ich beugte mich vor. »Ich glaube, Sie sagten zu Mr. Donner, daß Sie dieses kleine Problem mit Miss Trinavant klären wollten. Anscheinend haben Sie es nicht getan.«

»Ich habe versucht, sie zu erreichen, aber sie muß fort gewesen sein«, sagte er. Er trommelte mit den Fingern auf dem Schreibtisch. »Das ist bedauerlich, läßt sich aber wohl nicht ändern.«

Ich glaubte, daß er log. Aber das zu sagen, hätte nichts genützt. Darum erklärte ich: »Was das übrige Gebiet angeht, so gibt es dort nichts, wonach zu schürfen sich lohnt, soweit ich es überblicken kann.«

»Kein Anzeichen für Öl oder Gas?«

»Nichts dergleichen. Sie bekommen einen ausführlichen Bericht. Vielleicht können Sie mir eine Schreibkraft aus einem Ihrer Büros leihen, dann bekommen Sie ihn schneller. Und ich komme dann auch schneller von hier wieder weg.«

»Gewiß«, antwortete er. »Ich werde es veranlassen. Liefern Sie mir Ihren Bericht, sobald Sie können.«

»Wird geschehen«, antwortete ich und stand auf, um zu gehen. An der Tür hielt ich inne. »Oh, da ist nur noch eines. Beim See im Tal fand ich Spuren von Trieblehm. Das ist bei sedimentären

Formationen in dieser Gegend nichts Ungewöhnliches. Es wäre aber der Mühe wert, das gründlicher zu untersuchen, denn Sie könnten dadurch Schwierigkeiten bekommen.«

»Gewiß, gewiß«, antwortete er. »Nehmen Sie es in Ihren Bericht auf.«

Als ich zur Straße hinunterging, fragte ich mich, ob Matterson begriffen hätte, wovon ich gesprochen hatte. Jedenfalls würde er eine ausführliche Erklärung in dem Bericht finden.

Ich ging zum Trinavant Square hinunter und traf Lieutenant Farrell immer noch dabei an, über die Tauben zu wachen; ging dann in das Lokal des Griechen, bestellte mir eine Tasse Ersatzkaffee und setzte mich an einen Tisch. Wenn McDougall auch nur ein halb so guter Journalist war, wie er von sich behauptete, konnte ich ihn jeden Augenblick erwarten. Und tatsächlich kam er innerhalb von fünfzehn Minuten auf steifen Beinen herein und setzte sich wortlos neben mich.

Ich sah ihm zu, wie er in seinem Kaffee rührte. »Was ist los, Mac? Haben Sie Ihre Zunge verloren?«

Er lächelte. »Ich warte darauf, daß Sie mir etwas erzählen. Ich bin ein guter Zuhörer.«

Langsam und nachdrücklich sagte ich: »Es gibt nichts, was Matterson davon abhalten könnte, seinen Damm zu bauen – außer Clare Trinavant. Warum haben Sie mir nicht gesagt, daß sie dort oben lebt?«

»Ich hielt es für besser, wenn Sie das selbst herausfänden. Sind Sie auf Schwierigkeiten gestoßen, mein Sohn?«

»Keine besonderen. Wer ist dieser Kerl Jimmy Waystrand?«

McDougall lachte. »Der Sohn des Hausmeisters bei Clare – ein aufgeblasener junger Hund.«

»Er hat zu viele Wildwestfilme gesehen«, sagte ich und schilderte, was vorgefallen war.

McDougall machte ein ernstes Gesicht. »Mit dem Jungen muß man mal reden. Er hat kein Recht, hinter Leuten auf Mattersons Land herzuschnüffeln – und was das Gewehr angeht . . .« Er schüttelte den Kopf. »Sein Vater sollte ihm das Fell gerben.«

»Ich glaube, ich habe ihm eine gründliche Lektion erteilt.« Ich blickte zu ihm auf. »Wann haben Sie Clare Trinavant zum letzten Mal gesehen?«

»Ungefähr vor einem Monat, als sie durch die Stadt kam.«

»Und seitdem ist sie oben in ihrem Blockhaus gewesen?«

»Soviel ich weiß, ja. Sie begibt sich nie weit davon fort.«

Ich überlegte, daß es für Howard Matterson keine große Mühe sein könne, zu einem Fünfzig-Meilen-Flug von Fort Farrell in seinen Hubschrauber zu steigen. Aber warum hatte er es nicht getan? Vielleicht aus dem Grund, den Clare genannt hatte: weil er ein liederlicher Geschäftsmann war. Ich fragte: »Was gab es denn zwischen Clare und Howard Matterson?«

McDougall lächelte grimmig. »Er möchte sie heiraten.«

Ich hielt die Luft an. Dann brach ich in ein Gelächter aus. »Da hat er nicht die geringste Chance. Sie hätten hören sollen, was sie von den Mattersons sagte – von Vater und Sohn.«

»Howard hat ein ziemlich dickes Fell«, sagte McDougall. »Er hofft, sie herumzukriegen.«

»Das wird ihm nicht gelingen, wenn er ihr aus dem Weg geht. Auch nicht, indem er ihr Land unter Wasser setzt. Wie ist übrigens ihre rechtliche Lage in diesem Fall?«

»Schwierig. Sie wissen, daß der größte Teil der hydro-elektrischen Kraftquellen in Britisch Columbia durch die B. C. Hydro von der Regierung kontrolliert wird. Es gibt allerdings Ausnahmen – die Aluminium-Company of Canada hat in Kitimat ein eigenes Kraftwerk gebaut, und das ist der Präzedenzfall, auf den sich das Projekt Mattersons stützt. Er antichambriert bei der Regierung und hat seinen Fall schon weitgehend durchgesetzt. Wenn die Behörde für wirtschaftliche Entschließung entscheidet, daß sein Projekt im öffentlichen Interesse liegt, hat Clare verloren.«

Er lächelte bekümmert. »Jimson und der *Fort Farrell Recorder* treten diesen Punkt gerade jetzt breit. Er ist allerdings zu klug, um von mir zu verlangen, daß ich diesen Quatsch schreibe, deshalb läßt er mich nur an hübsche saubere Dinge wie Hochzeiten und Begräbnisse heran. Dem Leitartikel zufolge, den er gerade schrieb, als ich die Redaktion verließ, ist die Matterson Corporation der Gralsritter, der über die Interessen der Öffentlichkeit wacht.«

»Er muß von Howard eine Anweisung bekommen haben«, sagte ich. »Ich habe Howard gerade erst meine Ergebnisse mitgeteilt. Tut mir leid, daß sie so ausgefallen sind, Mac.«

»Das ist nicht Ihre Schuld. Sie haben nur Ihren Auftrag ausgeführt.« Er sah mich aus den Augenwinkeln an. »Haben Sie sich entschlossen, was Sie tun wollen?«

»In welcher Sache?«

»In dieser ganzen stinkenden Angelegenheit. Ich dachte, Sie hätten sich draußen in den Wäldern die Zeit genommen, zu einem Entschluß zu kommen.«

»Mac, ich bin kein Gralsritter. Ich kann nichts tun, was irgend etwas nützen würde, und ich weiß auch nichts, was helfen könnte.«

»Das glaube ich Ihnen nicht«, platzte McDougall heraus.

»Von mir aus können Sie glauben, was Ihnen paßt«, erwiderte ich. Ich hatte sein Bohren und Drängen satt. Und vielleicht fühlte ich mich auch etwas schuldbewußt – obwohl ich nicht weiß, warum ich mich schuldbewußt fühlen sollte. »Ich werde meinen

Bericht verfassen, mein Honorar kassieren und in einen Bus steigen, der mich von hier fortbringt. Die Schweinereien, mit denen ihr hier in Fort Farrell zu tun habt, gehen mich nichts an.«

Er stand auf. »Ich hätte es wissen sollen«, sagte er erschöpft. »Ich habe Sie für einen Mann gehalten. Ich habe geglaubt, Sie hätten den Mumm, die Mattersons in ihre Schranken zu verweisen, aber ich habe mich wohl geirrt.« Mit zitterndem Zeigefinger deutete er auf mich. »Sie wissen was. Ich weiß, daß Sie was wissen. Und aus welchen dreckigen Gründen auch immer Sie es für sich behalten, ich hoffe, daß Sie daran ersticken. Sie sind die feige, rückgratlose Imitation eines Mannes, und ich bin froh, daß Sie Fort Farrell verlassen, denn ich habe etwas dagegen, auf die Straße zu kotzen, jedesmal, wenn ich Sie sehe.«

Er drehte sich um und ging mit zitternden Knien auf die Straße hinaus, und ich sah ihm nach, wie er blindlings den Platz überquerte. Er tat mir leid, aber ich konnte ihm nicht helfen. Der Mann, der die Information besaß, die McDougall brauchte, war nicht Bob Boyd, sondern Robert Grant. Und Robert Grant war seit zehn Jahren tot.

Ich hatte noch einen letzten Zusammenstoß mit Howard Matterson, als ich meinen Bericht ablieferte. Er nahm die Papiere und Karten entgegen und warf sie auf seinen Schreibtisch. »Ich habe gehört, Sie hatten ein gemütliches Beisammensein mit Clare Trinavant.«

»Ich lud sie zum Abendessen ein«, antwortete ich. »Wer würde das nicht tun?«

»Und Sie gingen zu ihr in ihr Blockhaus.«

»Das stimmt«, antwortete ich gelassen. »Ich meinte es in Ihrem Interesse zu tun. Ich meinte, ich könnte sie vielleicht überreden, sich etwas vernünftiger zu verhalten.«

Seine Stimme war wie Eis. »Und es war in meinem Interesse, daß Sie die ganze Nacht über blieben?«

Das machte mich stutzig. Mein Gott, der Mann war eifersüchtig. Aber woher konnte er diese Information haben? Clare hatte es ihm bestimmt nicht gesagt, deshalb war ich ziemlich sicher, daß es der junge Jimmy Waystrand gewesen sein mußte. Das kleine Großmaul schlug zurück, indem er mich bei Matterson anschwärzte. In Fort Farrell mußte es allgemein bekannt sein, daß Howard hinter Clare her war und keinen Fuß auf den Boden bekam.

Ich lächelte Matterson freundlich an. »Nein, das war in meinem eigenen Interesse.«

Sein Gesicht wurde dunkelrot, und er erhob sich schwankend auf die Füße. »Das ist nicht sehr witzig«, sagte er mit knarrender

Stimme. »Wir haben hier bei uns von Miss Trinavant eine hohe Meinung und halten sehr viel von ihrem Ruf.« Er kam um den Schreibtisch herum, reckte die Schultern, und ich wußte, daß er bereit war, auf mich loszugehen.

Es war unglaublich, der Kerl war noch nicht erwachsen. Er benahm sich wie ein unreifer Jüngling, der sein Gehirn noch in den Fäusten hat, oder wie ein Hirsch in der Brunft, der bereit ist, jeden Eindringling anzugreifen, um seinen Harem zu verteidigen. Ein eindeutiger Fall von zurückgebliebener Entwicklung.

»Matterson«, sagte ich, »Clare Trinavant ist völlig in der Lage, über sich und ihren Ruf selbst zu wachen. Und Sie werden ihrem Ruf nicht helfen, wenn Sie anfangen sich zu prügeln. Zufällig kenne ich Miss Trinavants Ansichten in diesem Punkt. Und sie wird es ganz bestimmt erfahren, denn wenn Sie mich auch nur mit einem Finger anrühren, werfe ich Sie aus dem nächsten Fenster hinaus, und dann wird die Angelegenheit allgemein bekannt werden.«

Er kam weiter auf mich zu, überlegte es sich dann und blieb stehen.

»Clare Trinavant hat mir ein Bad und für die Nacht ein Bett angeboten. Und es war nicht ihr Bett«, fuhr ich fort. »Und wenn Sie ihr das zutrauen, ist es kein Wunder, daß Sie bei ihr nichts erreichen. Und jetzt will ich mein Honorar.«

Mit leiser, gepreßter Stimme sagte er: »Auf dem Schreibtisch liegt ein Briefumschlag. Nehmen Sie den und verschwinden Sie.«

Ich streckte die Hand aus und griff nach dem Umschlag, riß ihn auf und zog ein Stück Papier heraus. Es war ein auf die Matterson-Bank ausgestellter Scheck über den vollen und genauen Betrag, den wir vereinbart hatten. Ich drehte mich um und ging kochend vor Wut aus dem Büro, war aber nicht so blind, daß ich nicht sofort zur Matterson-Bank gegangen wäre und den Scheck gegen bares Geld eingetauscht hätte, ehe Howard ihn sperren ließ.

Mit einem Packen Banknoten in meiner Brieftasche fühlte ich mich wohler. Ich ging in mein Zimmer, packte meine Sachen und war innerhalb einer halben Stunde aus dem Hotel. Als ich durch die High Street ging, erwies ich Lieutenant Farrell, dem hohlen Mann auf dem Trinavant Square, zum letzten Mal meine Reverenz und ging an dem Lokal des Griechen vorbei zur Busstation. Der nächste Bus fuhr bald, und ich war froh, daß ich in ihn einsteigen und Fort Farrell verlassen konnte.

Es war nicht viel los mit dieser Stadt.

Während des Winters erfüllte ich in Okanagan nahe der Grenze zu den Vereinigten Staaten einen weiteren Privatauftrag und war noch vor dem Frühjahrstauwetter bereit, zurück in das Nord-West-Territorium zu gehen, sobald der Schnee schmolz. Für einen Geologen bietet eine schneebedeckte Landschaft keine besonderen Reize – er muß sehen können, wonach er sucht. Nur während der kurzen Sommermonate hatte ich dazu die Möglichkeit, und deshalb mußte ich eine Weile warten. Während dieser Zeit berichtete ich Susskind in meinen Briefen das, was in Fort Farrell geschehen war. Seine Antwort vergewisserte mich, daß ich richtig gehandelt hatte.

»Ich meine, daß Sie gut beraten waren, sich von Fort Farrell loszureißen. Dieses Wühlen in der Vergangenheit würde Ihnen gar nichts nützen. Wenn Sie von dort fernbleiben, werden Ihre bösen Träume bald aufhören, vorausgesetzt, daß Sie nicht bewußt über diese Episode nachdenken.

Als Psychiater würde ich sagen, daß das zweideutige Verhalten von Howard Matterson fast ein klassisches Beispiel dafür ist, was wir, um den einzig verfügbaren, treffenden Ausdruck zu gebrauchen, eine »Haßliebe« nennen. Ich liebe diesen Ausdruck nicht, weil er in der Literatur zu Tode geritten wurde (warum müssen Schriftsteller sich an unserem Spezialvokabular vergreifen und dessen Ausdrücke bis zur Unkenntlichkeit verdrehen?), aber er bezeichnet die Symptome, wenn auch nur unzulänglich. Er begehrt sie, er haßt sie; er muß sie vernichten und gleichzeitig besitzen. Mit anderen Worten, Matterson will seinen Kuchen essen und gleichzeitig behalten. Alles in allem scheint Matterson ein klassischer Fall emotioneller Unreife zu sein, zumindest zeigt er alle Symptome. Sie tun gut daran, ihm fernzubleiben. Solche Männer sind gefährlich. Sie brauchen sich nur Hitler anzusehen, um zu verstehen, was ich meine.

Aber ich muß sagen, daß Ihre Trinavant eine tolle Person zu sein scheint.

Mir ist gerade etwas eingefallen, was ich Ihnen schon vor Jahren hätte erzählen sollen. Gerade um diese Zeit, als Sie Quebec verließen, schnüffelte ein Privatdetektiv Ihnen nach und stellte Fragen über Sie, oder richtiger, über Robert Grant. An mir hatte er keine große Freude, und ich schickte ihn mit einem Floh im Ohr und einem Tritt in den Hintern fort. Damals habe ich Ihnen nichts gesagt, weil Sie meiner Meinung nach nicht in der geeigneten Verfassung waren, Mitteilungen dieser Art zu empfangen. Und später vergaß ich es dann.

Damals fragte ich mich, was das alles bedeuten solle, und ich bin immer noch zu keiner festen Ansicht gekommen. Ich war überzeugt, daß es nichts mit der Polizei in Vancouver zu tun hatte, da ich sie, wie Sie wissen, über Sie aufgeklärt hatte, und das war eine verdammt schwierige Aufgabe. Die meisten Laien stehen der Psychiatrie sehr voreingenommen gegenüber, und gerade die Polizei und juristische Laien haben Bretter vor dem Kopf, die fast so hart wie Eiche sind. Sie scheinen zu glauben, daß das McNaughton-Gesetz eine Erfindung der Psychiatrie und nicht nur eine rein rechtliche Vorschrift ist, und es kostete sie nicht geringe Mühe, zur Vernunft zu kommen und einzusehen, daß sie Bob Boyd nicht etwas anhängen konnten, was Robert Grant getan hatte. Ich habe es aber geschafft.

Wer also sollte einen Privatdetektiv beauftragt haben? Ich ging der Sache nach und kam zu nichts – das ist nicht mein Gebiet. Jedenfalls ist es viele Jahre her und hat jetzt wahrscheinlich nichts mehr zu bedeuten, aber ich meine, ich sollte Ihnen doch sagen, daß sich noch ein anderer außer Ihrem geheimnisvollen Wohltäter für Sie interessierte.«

Das war eine interessante Nachricht, wenn sie auch viele Jahre alt war. Ich brütete eine Weile darüber nach, kam aber genau wie Susskind zu keinem schlüssigen Ergebnis und ließ es darum auf sich beruhen.

Im Frühling wandte ich mich nach Norden, dem Mackenzie District zu, wo ich mich irgendwo zwischen dem Großen Sklaven-See und dem Coronation-Golf herumtrieb. Es war ein einsames Leben – dort oben gibt es nicht viele Menschen, doch gelegentlich begegnet man einem Pelzjäger, und im hohen Norden findet man immer wandernde Eskimos. Es war wieder ein schlechtes Jahr, und ich überlegte schon, ob ich das Ganze nicht aufgeben und mich mit der bezahlten Existenz eines Lohnsklaven einer Gesellschaft zufriedengeben sollte. Ich wußte aber, daß ich das nie tun würde. Ich hatte die Freiheit zu sehr genossen, um mich festnageln zu lassen, und ich gäbe einen schlechten Angestellten ab. Doch wenn ich weitermachen wollte, mußte ich wieder in den Süden, um den Einsatz für den nächsten Sommer zu beschaffen. So schulterte ich also meine Traglast zurück zur Zivilisation.

Wahrscheinlich war es eine Riesendummheit, nach Britisch Columbia zurückzugehen. Ich wollte Susskinds Rat befolgen und Fort Farrell völlig vergessen, aber Erinnerungen lassen sich nicht so leicht unterdrücken. Während der einsamen Tage, und besonders während der einsamen Nächte dachte ich über das seltsame Geschick der Trinavants nach. Ich empfand eine gewisse Verantwortung, weil ich zweifellos in diesem Cadillac gesessen hatte,

als er verunglückte, und mich verfolgte ein merkwürdiges Schuld-
gefühl, wenn ich darüber nachdachte was den Unfall wohl verursacht haben mochte. Ich fühlte mich auch schuldig, weil ich
aus Fort Farrell geflohen war – McDougalls letzte Worte klangen mir noch in den Ohren –, obwohl mir Susskind versichert
hatte, daß ich mich richtig verhalten hätte.
Ich dachte auch viel an Clare Trinavant – mehr als für einen einsamen Mann mitten in der Wildnis gut war.
Jedenfalls kehrte ich zurück und arbeitete im Winter im Kam-
loops County in Britisch Columbia, wo ich für ein akademisches
Team tätig war, das Erdstöße erforschte. Ich sage »akademisch«,
aber die Bezeichnung war von der Regierung der Vereinigten
Staaten gewählt worden, weil diese Arbeit zu besseren Methoden führen konnte, unterirdische Atomtests zu entdecken, und
deshalb mag es vielleicht gar nicht so akademisch gewesen sein.
Die Bezahlung war nicht besonders gut und die Arbeit und
die allgemeine Atmosphäre für meinen Geschmack etwas zu
hochgestochen. Aber ich arbeitete den Winter über und sparte
soviel ich konnte.
Als das Frühjahr kam, wurde ich rastlos, obwohl ich wußte, daß
ich nicht genügend gespart hatte, um einen weiteren Sommer
lang im Norden zu forschen. Es fing tatsächlich an, so auszusehen,
als ob ich am Ende meiner Weisheit stünde und ich mich mit der
Tretmühle einer Firma abfinden müsse. Es erwies sich jedoch, daß
ich auf andere Weise zu Geld kam, wenn ich auch lieber zwanzig
Jahre lang in einem Unternehmen gearbeitet hätte, als es auf diese
Weise zu erhalten.
Von Susskinds Partner, einem Mann namens Jarvis, erhielt ich
einen Brief. Er schrieb mir, daß Susskind unerwartet an einem
Herzanfall gestorben war, und als dessen Nachlaßverwalter unter-
richtete er mich, daß Susskind mir fünftausend Dollar hinterlassen
hatte.
»Ich weiß, daß zwischen Ihnen und Dr. Susskind eine ganz be-
sondere Beziehung bestand, die tiefer war, als zwischen Arzt und
Patient üblich ist«, schrieb Jarvis. »Nehmen Sie bitte meine tiefste
Anteilnahme entgegen, und Sie werden selbstverständlich wissen,
daß ich jederzeit mit meinen beruflichen Fähigkeiten bereit bin,
Ihnen zu helfen, falls Sie solche Hilfe benötigen.«
Von diesem Verlust wurde ich getroffen. Susskind war der einzige
Vater gewesen, den ich je gehabt oder gekannt hatte. Er war mein
einziger Anker in einer Welt, die mir unerwartet dreiviertel meines Lebens fortgenommen hatte. Selbst wenn wir uns nur selten
sahen, blieben wir durch unsere Briefe eng verbunden, und jetzt
würden diese Briefe nicht mehr kommen, nichts mehr von dem
groben, respektlosen, klugen Susskind.

Vermutlich brachte die Nachricht mich für einige Zeit aus dem Gleichgewicht. Jedenfalls begann ich, über die geologische Struktur des nordöstlichen Inneren von Britisch Columbia nachzudenken und mich zu fragen, ob es notwendig sei, in diesem Sommer wieder so weit nach Norden zu gehen. Ich entschloß mich, nach Fort Farrell zurückzukehren.

Wenn ich es heute nachträglich überlege, weiß ich den Grund. Solange ich Susskind hatte, hatte ich auch eine Verbindung zu meinen Anfängen zurück. Ohne Susskind bestand diese Verbindung nicht mehr, und ich mußte wieder um meine persönliche Identität kämpfen. Und der einzige Weg dazu war, sie in meiner Vergangenheit zu finden, so belastend das Erlebnis auch sein mochte. Und der Weg in die Vergangenheit führte durch Fort Farrell, zum Tod der Familie Trinavant und der Geburt des Wirtschaftsimperiums der Mattersons.

Damals dachte ich selbstverständlich nicht so. Ich handelte einfach, ohne zu denken. Ich kündigte meine Stellung, packte meine Koffer und war innerhalb von einem Monat auf dem Weg nach Fort Farrell.

Der Ort hatte sich überhaupt nicht verändert. Bei der Busstation stieg ich aus und fand den gleichen fetten kleinen Mann vor, der mich von oben bis unten musterte. »Auch wieder mal da?« begrüßte er mich.

Ich grinste ihn an. »Diesmal brauchen Sie mir nicht zu sagen, wo das Matterson Building ist. Eines aber können Sie mir sagen – ist McDougall noch in der Gegend?«

»Vergangene Woche war er's noch. Seitdem habe ich ihn nicht mehr gesehen.«

»Sie würden sich gut im Zeugenstand machen«, sagte ich. »Sie wissen, wie man eine überlegte Aussage abgibt.«

Ich ging die High Street hinauf und auf den Trinavant Square und sah, daß sich dort doch etwas geändert hatte. Das Lokal des Griechen hatte jetzt einen Namen. Eine grelle Neonleuchte proklamierte, daß es das *Café Hellenic* sei. Lieutenant Farrell hatte sich allerdings nicht verändert. Er hatte nicht mit einer Wimper gezuckt. Ich meldete mich im Matterson House Hotel an und fragte mich, wie lange ich wohl dort bleiben würde. Sobald ich anfing, Steine umzudrehen, um festzustellen, welche häßlichen Dinge darunterlagen, war vorauszusehen, daß Hotelbesitzer Matterson mich nicht gern als einen seiner Gäste sehen würde. Doch das lag in der Zukunft, und zunächst konnte ich gut und gern feststellen, wie die Dinge mit Howard standen.

Ich nahm den Fahrstuhl zu seinem Büro hinauf. Er hatte eine neue Sekretärin, und ich bat sie, ihrem Chef zu sagen, daß Mr. Boyd ihn sprechen wolle. Ich kam in der Rekordzeit von zwei Minuten in Howards Büro. Howard mußte wohl neugierig gewesen sein, was mich nach Fort Farrell zurückgebracht hatte.

Auch er hatte sich nicht verändert, obwohl dazu eigentlich auch kein Grund bestand. Er war der gleiche stiernackige, fleischige Bursche, der zum Fettansatz neigte, doch ich glaubte, diesmal einen Anflug mehr Fett an ihm zu entdecken. »Sieh da, sieh da«, sagte er. »Das überrascht mich wirklich, Sie wiederzusehen.«

»Ich verstehe eigentlich nicht recht, warum«, antwortete ich unschuldig. »Schließlich haben Sie mir eine Stellung angeboten.«

Er starrte mich ungläubig an. »Was?«

»Sie haben mir eine Stellung angeboten. Sie sagten, Sie wollten den gesamten Grundbesitz der Mattersons geologisch untersucht haben und boten mir die Stellung an. Erinnern Sie sich nicht?«

Nach einer Weile erinnerte er sich daran, daß ihm der Mund offenstand, und er klappte ihn zu. »Mein Gott, Sie haben Nerven. Glauben Sie wirklich, daß . . .« Er brach ab und lachte ölig. »Nein, Mr. Boyd, ich fürchte, in diesem Punkt haben wir unsere Ansicht geändert.«

»Das ist bedauerlich«, sagte ich. »In diesem Jahr ist es mir leider nicht möglich, nach dem Norden zu gehen.«

Er grinste bösartig. »Was ist denn los, konnten Sie niemand finden, der Sie finanzierte?«

»So ungefähr ist es«, antwortete ich und gab meinem Gesicht einen bedrückten Ausdruck.

»Ja, es ist eine harte Welt«, sagte er und genoß seine Rolle. »Zu meinem Bedauern muß ich Ihnen aber sagen, ich glaube nicht, daß es hier in der Gegend irgendwo Arbeit für einen Mann mit Ihrem Beruf gibt. Tatsächlich möchte ich so weit gehen zu behaupten, daß Sie hier überhaupt keine Stellung finden werden, in der Sie sich halten könnten. Die Arbeitslage in Fort Farrell ist in diesem Jahr ganz schrecklich.« Ihm kam ein Gedanke. »Selbstverständlich könnte es möglich sein, daß ich Ihnen eine Stellung als Hausdiener im Hotel beschaffe. Ich habe dort einen gewissen Einfluß, verstehen Sie. Hoffentlich sind Sie kräftig genug, Koffer zu tragen.«

Es machte mir nicht das geringste aus, ihm seinen Spaß zu lassen. »Ganz soweit bin ich, glaube ich, noch nicht«, sagte ich und stand auf.

Das paßte Howard nicht. Er hatte mich noch nicht tief genug mit dem Gesicht in den Schlamm gestoßen. »Setzen Sie sich doch«, sagte er herablassend, »und lassen Sie uns von alten Zeiten plaudern.«

»Aber gern«, antwortete ich und nahm wieder Platz. »Haben Sie kürzlich Clare Trinavant zu sehen bekommen?«

Das brachte ihn wirklich in Fahrt. »Wir wollen ihren Namen aus dem Spiel lassen«, sagte er scharf.

»Ich wollte ja nur wissen, ob sie hier in der Gegend ist«, meinte ich nachgiebig. »Sie ist wirklich eine reizende Frau. Ich würde ihr gern einmal wieder begegnen.«

Er sah aus wie jemand, der gerade sein Gebiß verschluckt hatte. Es war ihm der Verdacht gekommen, daß ich mich tatsächlich für Clare Trinavant interessieren könne, und darin irrte er sich gar nicht so sehr. Offensichtlich würde mein Aufenthalt in dem Hotelzimmer noch kürzer sein, als ich angenommen hatte. Er faßte sich wieder. »Sie ist nicht in der Stadt«, antwortete er mit einer gewissen Befriedigung. »Sie ist außerhalb des Landes. Tatsächlich hält sie sich nicht einmal in dieser Hemisphäre auf, und es wird sehr lange dauern, bis sie wiederkommt. Das tut mir leid für Sie – wirklich leid.«

Das war schade. Ich hatte mich schon darauf gefreut, wieder Beleidigungen mit ihr auszutauschen. Doch schließlich war sie nicht der Hauptgrund, weshalb ich wieder in Fort Farrell war, wenn sie auch ein möglicher Verbündeter gewesen wäre, der mir nun verlorenging.

Ich stand wieder auf. »Sie haben recht«, sagte ich bedauernd, »es ist eine harte Welt.«

Diesmal versuchte er nicht, mich zurückzuhalten. Vielleicht sagte ihm die Art meiner Unterhaltung nicht zu. Ich wandte mich der Tür zu und sagte: »Wir sehen uns noch.«

»Wollen Sie etwa hier bleiben?« fragte er schroff.

Ich lachte ihn an. »Das hängt davon ab, ob die Arbeitslage hier wirklich so schlecht ist, wie Sie sagen.« Ich schloß ihm die Tür vor der Nase und grinste seine Sekretärin an. »Einen wirklich feinen Chef haben Sie da, kann man wohl sagen.« Sie sah mich an, als ob ich verrückt wäre. Darum blinzelte ich ihr nur zu und ging weiter.

Howard Matterson zu reizen, war kindisch und ziemlich sinnlos, trotzdem war mir danach wohler; es spornte meine sinkende Moral an. Persönlich hatte ich mit ihm nichts zu tun, und außer den Bemerkungen von Clare Trinavant und McDougall wußte ich nichts von ihm. Allerdings war mir jetzt klar, daß er wirklich ein tapferer Held war. Nichts behagte Howard mehr, als einem Mann, der am Boden lag, den Stiefel in den Nacken zu setzen. Seine kleine sadistische Schaustellung hob meine Laune und machte es noch reizvoller, ihm zu zeigen, wie klein er war.

Während ich durch die High Street ging, blickte ich auf die Uhr und beschleunigte meinen Schritt. Wenn McDougall seinen üblichen Tagesplan noch einhielt, würde er jetzt im Lokal des Griechen, dem *Café Hellenic*, seinen Nachmittagskaffee trinken. Und wirklich, er war da und brütete über einer leeren Tasse. Ich ging an die Theke und verlangte zwei Tassen Kaffee, die ich über ein verchromtes Monstrum, das aus allen Löchern Dampf ausblies und wie eine Atlasrakete beim ersten Stadium des Starts klang, zugeschoben bekam.

Ich trug den Kaffee zu dem Tisch und stellte eine Tasse vor Mac hin. Falls er überrascht war, mich zu sehen, verriet er es nicht. Er blinzelte nur und fragte: »Was wollen Sie denn hier?«

Ich setzte mich neben ihn. »Ich habe mir's anders überlegt, Mac.«

Er antwortete nicht, aber seine hängenden Schultern richteten sich etwas auf. Ich deutete auf die Espresso-Maschine. »Seit wann gibt es denn dieses Zeichen des Wohlstands?«

»Seit ungefähr zwei Monaten, und der Kaffee ist miserabel«, antwortete er mürrisch. »Freut mich, Sie zu sehen, mein Sohn.«

»Ich will es schnell machen«, begann ich, »weil ich vermute, daß es besser ist, wenn man uns nicht zu oft zusammen sieht. Howard Matterson weiß, daß ich in der Stadt bin, und ich nehme an, daß er auf mich wütend ist.«

»Warum sollte er das sein?«

»Ich hatte einen Zusammenstoß mit ihm, unmittelbar bevor ich abreiste – vor achtzehn Monaten.« Ich erzählte Mac, was zwischen uns vorgefallen war, und von meinem Verdacht gegen den jungen Jimmy Waystrand.

Mac schnalzte mit der Zunge. »Dieser Schuft!« rief er aus. »Wissen Sie, was Howard getan hat? Er erzählte Clare, Sie hätten vor ihm damit geprahlt, daß Sie die Nacht in ihrem Haus verbracht hätten. Sie wurde wild vor Zorn und verfluchte Sie über Berg und Tal. Sie sind bestimmt nicht mehr ihr Lieblingshausgast.«

»Und sie hat ihm geglaubt?«

»Warum sollte sie nicht? Wer sonst könnte es Howard gesagt haben. An Jimmy dachte keiner.« Er grinste plötzlich. »Auf diese Weise hat er also die gute Stellung oben beim Dammbau bekommen. Er arbeitet jetzt für die Matterson Corporation.«

»Der Damm wird also gebaut?« fragte ich.

»Ja. Die öffentliche Meinung war gründlich vorbereitet, und Matterson setzte es gegen Clares Einsprüche durch. Sie begannen mit dem Bau im vergangenen Sommer und arbeiteten, als ob Matterson die Fertigstellung für gestern befohlen hätte. Selbstverständlich konnten sie im Winter nicht betonieren, aber jetzt gießen sie Beton in drei Schichten. In drei Monaten ist aus dem Tal ein zehn Meilen langer See geworden. Sie haben schon angefangen, die Bäume abzuholzen. Clares Bäume allerdings nicht. Sie sagte, sie würde lieber mit ansehen, wie ihre Bäume im Wasser versinken, als daß sie in eine Sägemühle von Matterson kommen.«

»Ich habe Ihnen einiges zu sagen, aber es dauert zu lange und ist zu kompliziert, um es hier zu tun. Ich komme heute abend zu Ihnen in Ihre Wohnung.«

Sein Gesicht zerknitterte sich zu einem Lächeln. »Clare hat mir ein paar Flaschen *Islay Mist* hinterlassen, als sie abreiste. Sie wissen doch, daß sie nicht hier ist?«

»Für Howard war es ein großes Vergnügen, mich davon zu unterrichten«, antwortete ich trocken.

»Hm«, sagte er und leerte plötzlich seine Kaffeetasse. »Mir ist gerade eingefallen, daß ich noch etwas erledigen muß. Wir sehen uns heute abend – gegen sieben.« Er erhob sich steif. »Meine Knochen werden älter«, sagte er grimmig und ging auf die Straße hinaus.

Ich trank meinen Kaffee in größerer Ruhe und kehrte dann in das Hotel zurück. Mein Schritt war schneller als der von McDougall, so daß ich ihn auf der High Street fast einholte, als er sich abwendete und im Telegrafenamt verschwand.

Ich ging weiter. Ich hatte ihm nichts zu sagen, was nicht bis zum Abend warten konnte, und wie ich ihm schon erklärt hatte, je weniger wir zusammen gesehen wurden, um so besser. In wenigen Tagen würde ich in Fort Farrell nicht allzu beliebt sein, und jeder Angestellte Mattersons, der dabei erwischt wurde, daß er mit mir zu freundlich war, würde seiner Stellung nicht mehr sicher sein. Es würde mir peinlich sein, wenn McDougall hinausgeworfen werden sollte.

Aus meinem Zimmer war ich noch nicht verwiesen worden, doch das war ein Problem, über das ich mit McDougall sprechen mußte. Wahrscheinlich nahm Howard nicht an, ich würde die Nerven besitzen, im Matterson House Hotel abzusteigen, und er war nicht auf den Gedanken gekommen, das nachzuprüfen. Doch sobald ich anfing, lästig zu werden, würde er dahinterkommen, und ich würde sofort hinausfliegen. Ich wollte Mac nach einer anderen Unterkunft fragen.

Bis kurz vor sieben lungerte ich herum, dann ging ich zu Macs Wohnung und fand ihn gelassen vor einem Holzfeuer sitzen. Er deutete wortlos auf die Flasche auf dem Tisch, und ich goß mir ein Glas ein und setzte mich zu ihm. Eine Zeitlang blickte ich in die tanzenden Flammen, dann sagte ich: »Ich bin mir nicht sicher, ob Sie mir das glauben werden, was ich Ihnen zu erzählen habe, Mac.«

»Einen Journalisten in meinem Alter kann nichts mehr überraschen«, antwortete er. »Wir sind wie Priester und Ärzte – wir hören eine Menge Geschichten, die wir nicht weitererzählen. Es würde Sie überraschen, wenn Sie wüßten, wie viele Nachrichten es gibt, die man aus dem einen oder anderen Grunde nicht drucken kann.«

»Also gut. Trotzdem glaube ich, daß es Sie überraschen wird – und es ist etwas, das ich noch keiner lebenden Seele erzählt habe. Die einzigen, die etwas davon wissen, sind ein paar Ärzte.«

Dann begann ich mit meiner Geschichte und erzählte ihm alles – das Erwachen im Krankenhaus, Susskinds Behandlung, die plastischen Operationen – alles einschließlich der mysteriösen 36 000 Dollar und der Nachforschungen durch einen Privatdetektiv. Ich endete mit den Worten: »Das ist der Grund, warum ich Ihnen sagte, ich wüßte nichts, was helfen könnte. Ich habe nicht gelogen, Mac.«

»Mein Gott. Jetzt schäme ich mich dafür«, murmelte er. »Ich habe zu Ihnen Dinge gesagt, die man zu keinem Menschen sagen sollte.«

»Sie konnten es nicht wissen. Sie brauchen sich nicht zu entschuldigen.«

Er stand auf und suchte das Aktenstück heraus, das er mir schon einmal gezeigt hatte, und wühlte die Aufnahme von Robert Grant hervor. Er betrachtete mich genau und richtete dann seinen Blick auf das Foto und dann wieder auf mich. »Es ist unglaublich«, sagte er fast unhörbar. »Es ist wirklich unglaublich. Es besteht überhaupt keine Ähnlichkeit.«

»Ich folgte Susskinds Rat«, antwortete ich. »Roberts, der Chirurg, hatte einen Abzug von diesem Bild und benutzte ihn als Vorbild dafür, was er nicht tun wollte.«

»Robert Grant – Robert B. Grant«, murmelte er. »Verdammt nochmal, warum hatte ich nicht genug Verstand, dahinterzukommen, was dieses Initial bedeutet? Ein schöner Reporter bin ich!« Er legte das Foto in das Aktenstück zurück. »Ich weiß nicht, Bob. Sie haben eine Menge in mir geweckt, aber ich weiß nicht, ob ich diese Geschichte jetzt noch einmal aufgreifen soll.«

»Warum nicht? Nichts hat sich geändert. Die Trinavants sind nach wie vor tot, und Matterson hat immer noch die Faust auf dem Deckel. Warum sollten Sie es nicht aufgreifen wollen?«

»Nach dem, was Sie mir gesagt haben, riskieren Sie persönlich einiges dabei«, sagte er langsam. »Sobald Sie anfangen, nach Ihren Erinnerungen zu graben, kann alles passieren. Sie könnten verrückt werden.« Er schüttelte den Kopf. »Mir gefällt das nicht.«

Ich stand auf und schritt hin und her. »Ich muß dahinterkommen, Mac – gleichgültig, was Susskind gesagt hat. Solange er lebte, war ich geborgen. Ich war sehr abhängig von ihm. Doch jetzt muß ich dahinterkommen, wer ich bin. Ich komme um, wenn ich es nicht tue.« Hinter seinem Stuhl blieb ich stehen. »Ich tue das nicht für Sie, Mac, ich tue es für mich. Ich saß in dem Wagen, als er verunglückte, und mir scheint, das ganze Geheimnis geht auf diesen Unfall zurück.«

»Aber was können Sie tun?« fragte Mac hilflos. »Sie erinnern sich doch an nichts.«

Ich setzte mich wieder. »Ich werde alles aufrühren. Matterson wünscht nicht, daß über die Trinavants gesprochen wird. Nun, ich werde in den nächsten Tagen eine Menge über sie reden. Früher oder später wird sich etwas ergeben, aber zunächst brauche ich Munition, und die können Sie mir liefern.«

»Haben Sie wirklich die Absicht, das auf sich zu nehmen?« fragte Mac.

»Ich bin fest entschlossen.«

Er seufzte. »Also gut, Bob, was wollen Sie wissen?«

»Ich gäbe vieles dafür, wenn ich eins wüßte, und das ist, wo war der alte Matterson, als sich der Unfall ereignete?«

Mac schnitt eine Grimasse. »Darauf bin ich schon vor Ihnen gekommen. Ich hatte den gleichen häßlichen Verdacht, aber das bringt nichts ein. Was meinen Sie, wer sein Alibi ist?«

»Ich habe keine Ahnung.«

»Ich, verdammt nochmal«, sagte Mac angewidert. »Den größten Teil dieses Tages verbrachte er in der Redaktion des *Recorder*. Ich wünschte, ich könnte es nicht beschwören, aber ich kann es.«

»Um welche Tageszeit ereignete sich der Unfall?«

»Es hat keinen Zweck«, sagte Mac. »Auch daran habe ich gedacht. Ich habe den Zeitfaktor wieder und wieder überprüft. Es besteht aber absolut keine Möglichkeit, daß Bull Matterson am Schauplatz des Unfalls gewesen sein kann.«

»Er hatte eine Menge zu gewinnen. Er war der einzige, der profitierte. Alle anderen haben dabei verloren. Ich bin überzeugt, daß er mit der Sache zu tun hat.«

»Um Gottes willen, wann hätte man je gehört, daß ein Millionär einen anderen umbrachte?« Plötzlich wurde Mac sehr still. »Persönlich, meine ich«, fügte er leise hinzu.

»Meinen Sie, daß er jemand gekauft hätte, es zu tun?«

Mac sah erschöpft und alt aus. »Er könnte, doch falls er es getan haben sollte, besteht für uns nicht die geringste Hoffnung, es ihm nachzuweisen. Der Mörder würde wahrscheinlich mit einem fetten Bankkonto in Australien leben. Es ist fast zwölf Jahre her, Bob. Wie sollten wir heute auch nur das geringste beweisen?«

»Wir werden einen Weg finden«, beharrte ich eigensinnig. »Dieses Partnerschaftsabkommen – war da wirklich keine Schiebung dabei?«

Er schüttelte den Kopf. »Anscheinend nicht. John Trinavant war ein verdammter Narr, daß er es nicht kündigte, als er heiratete und eine Familie gründete.«

»Besteht keine Möglichkeit einer Fälschung?«

»Ein naheliegender Gedanke«, bestätigte Mac, schüttelte aber gleich den Kopf. »Es ist ausgeschlossen. Der alte Bull brachte einen lebenden Zeugen bei, der anwesend war, als der Vertrag unterschrieben wurde.« Er stand auf, um ein neues Scheit auf das Feuer zu legen, drehte sich dann um und sagte hoffnungslos: »Ich sehe nicht die geringste Chance, wie wir etwas unternehmen könnten.«

»Matterson hat einen schwachen Punkt«, entgegnete ich. »Er hat versucht, den Namen Trinavant auszulöschen, und dafür muß er einen guten Grund haben. Also werde ich dafür sorgen, daß der Name Trinavant in Fort Farrell wieder ausgesprochen wird. Darauf muß er in irgendeiner Weise reagieren.«

»Und was dann?«

»Wie es weitergeht, werden wir sehen.« Ich zögerte. »Wenn es nötig ist, werde ich mich offen zu erkennen geben. Ich werde bekanntmachen, daß ich Robert Grant bin, der Bursche, der bei den Trinavants im Wagen gewesen ist. Das sollte einiges Aufsehen erregen.«

»Falls an dem Autounfall irgend etwas faul gewesen ist, und falls Matterson damit etwas zu tun hatte, wird Ihnen das Dach über dem Kopf einstürzen«, warnte Mac. »Falls Matterson die Trinavants umgebracht hat, kommen Sie in Gefahr. Ein dreifacher Mörder wird sich vor einem weiteren Mord nicht scheuen.«

»Ich werde mich zu schützen wissen«, erwiderte ich und hoffte, daß es wahr wäre. »Aber etwas anderes. Es wird mir nicht möglich sein, im Matterson Hotel zu bleiben, wenn ich anfange, im Schlamm zu wühlen. Können Sie mir eine andere Unterkunft empfehlen?«

»Ich habe mir ein Blockhaus auf einem Grundstück ganz in der Nähe der Stadt gebaut«, antwortete Mac. »Sie können dort einziehen.«

»Nein, das geht nicht. Matterson wird Sie mit mir in einen Topf werfen, und dann stecken Sie mit dem Kopf in der Schlinge.«

»Es wird Zeit, daß ich in den Ruhestand gehe«, antwortete Mac gelassen. »Ich wollte nach diesem Sommer sowieso aufhören, und es spielt keine Rolle, wenn ich es etwas früher tue. Ich bin ein alter Mann, Bob, nahezu zweiundsiebzig. Es wird Zeit, daß ich den alten Knochen Ruhe gönne. Ich werde in der Lage sein, die Fische zu angeln, die ich mir immer versprochen habe.«

»Also gut«, sagte ich. »Aber machen Sie alles sturmfest. Matterson wird einen großen Wirbelwind veranstalten.«

»Ich habe keine Angst vor Matterson, habe nie welche gehabt, und das weiß er. Er wird mich einfach rausschmeißen, und das ist alles. Verdammt, ich nehme doch nur einem Anwärter auf den Pulitzer-Preis die Stellung weg. Es ist an der Zeit, daß ich einpacke. Es gibt nur noch eine Geschichte, die ich schreiben will,

und die wird in ganz Kanada Schlagzeilen machen. Es hängt von Ihnen ab, ob ich sie bekomme.«
»Ich will mein Bestes tun«, versprach ich.

Als ich an diesem Abend im Bett lag, kam mir ein Gedanke, der mir das Blut erstarren ließ. McDougall hatte auf die Möglichkeit hingewiesen, daß Matterson sich jemand für seine Schmutzarbeit gekauft hatte, und mir wurde mit Entsetzen klar, daß dieser Jemand ein skrupelloser Schurke namens Robert Grant gewesen sein könnte.
Angenommen, Grant hätte sich zu der Tat überreden lassen und wäre durch ein Versehen selbst in den Unfall verwickelt worden? Angenommen, Robert Boyd Grant war ein dreifacher Mörder – was war dann ich, Bob Boyd?
Mir brach der kalte Schweiß aus. Vielleicht hatte Susskind doch recht gehabt. Vielleicht würde ich in meiner Vergangenheit Dinge entdecken, die mich zum Wahnsinn trieben.
Ich wälzte mich den größten Teil der Nacht hin und her und versuchte, mich wieder in die Hand zu bekommen. Ich überlegte jede Möglichkeit, die für Grants Unschuld sprach. Nach dem, was Susskind mir gesagt hatte, befand sich Grant auf der Flucht, als sich der Unfall ereignete. Die Polizei fahndete wegen eines Überfalls auf einen College-Studenten nach ihm. Bestand damit aber schon die Wahrscheinlichkeit, daß er sich überreden ließ, vorsätzlich zu morden?
Es mochte sein – wenn er seine endgültige Flucht damit finanzieren konnte.
Doch woher sollte Bull Matterson wissen, daß Grant der Mann war, den er brauchte? Man greift sich nicht einen x-beliebigen College-Studenten heraus und sagt: »Da ist eine dreiköpfige Familie, die ich beseitigt haben will. Wie wäre es damit?« Das war doch lächerlich.
Ich begann zu überlegen, daß das gesamte Gebäude, das McDougall und ich aufgebaut hatten, unsinnig war, so einleuchtend es erscheinen mochte. Wie konnte man einen respektablen, wenn auch besitzgierigen Millionär des Mordes beschuldigen? Es war einfach zum Lachen.
Dann dachte ich an meinen geheimnisvollen Wohltäter und die 36 000 Dollar. Sollte das die Belohnung für Grant gewesen sein? Und woher kam dieser verdammte Privatdetektiv? Wie paßte der ins Bild?
Ich fiel in einen ruhelosen Schlaf und träumte wieder den Traum, glitt in den heißen Schnee und sah zu, wie mein Fleisch Blasen warf und verkohlte. Doch diesmal war noch etwas dabei. Ich hörte Geräusche – von irgendwoher das scharfe Knistern von

Flammen, und auf dem Schnee tanzte rotes Licht, das ihn zischen und zu Strömen von Blut schmelzen ließ.

Als ich am nächsten Morgen auf die Straße hinaustrat, war ich in schlechter Verfassung. Ich war müde und deprimiert. Mein ganzer Körper schmerzte, als ob ich verprügelt worden wäre. Der helle Sonnenschein half mir auch nicht, denn meine Augen brannten, und ich hatte das Gefühl, als ob mir zahllose Sandkörner unter den Lidern säßen. Alles in allem, ich war nicht in guter Form.

Über einer Tasse starkem schwarzem Kaffee wurde mir besser. *Du hast gewußt, daß du eine harte Zeit vor dir hast,* hielt ich mir selbst vor. *Willst du jetzt schon kneifen? Verdammt, du hast noch nicht einmal angefangen. Es wird noch viel härter werden als jetzt.*

Das ist es ja, wovor ich mich fürchte, antwortete ich mir selbst.

Denke daran, wie du es Matterson heimzahlen willst, hielt ich mir entgegen. *Denke an diesen Schuft und nicht an dich selbst.*

Als ich mit meinem Kaffee fertig war, hatte ich mich wieder in der Hand und verspürte Hunger. Ich bestellte mir also Frühstück, das mir sehr half. Es ist überraschend, wieviele psychologische Probleme auf einen leeren Magen zurückgeführt werden können.

Ich trat auf die High Street hinaus und blickte nach rechts und links. Auf der einen Seite war ein großer Ausstellungsraum für Automobile und auf der anderen Seite, ein Stück weiter entfernt, der Hof eines Gebrauchtwagenhändlers. Der große Laden gehörte Matterson, und da ich ihm kein Geld zukommen lassen wollte, schlenderte ich zu dem Gebrauchtwagenhändler.

Ich betrachtete den Schrott, der herumlag. Ein Mann mit einem hageren Gesicht kam aus der Hütte vorn auf dem Grundstück herausgeschossen. »Kann ich etwas für Sie tun? Ich habe ein paar gute Sachen hier, die Sie billig haben können. Die besten Wagen in der Stadt.«

»Ich suche nach einem kleinen Lastwagen mit Vierradantrieb.«

»Vielleicht einen Jeep?«

»Wenn Sie einen haben.«

Er schüttelte den Kopf. »Das zwar nicht, aber einen Land-Rover. Wie wäre es damit? Besser als der Jeep, finde ich.«

»Wo ist er?«

Er deutete auf einen verbeulten Schrotthaufen auf vier Rädern. »Da steht er. Was Besseres können Sie gar nicht bekommen. Made in England, wissen Sie. Besser als alles Blech aus Detroit.«

»Gehen Sie nicht so scharf ran, Mann«, antwortete ich und ging zu dem Land-Rover, um ihn mir anzusehen. Jemand hatte ihm hart zugesetzt. Die Lackierung war verwittert, und an allen denkbaren Stellen hatte er Dellen. Auch das Innere des Führerhauses war stark abgenutzt. Der ganze Wagen wirkte sehr verbraucht, aber schließlich und endlich ist ein Land-Rover keine Luxuslimousine. Die Reifen waren gut.

Ich trat zurück. »Darf ich mal unter die Haube sehen?«

»Gewiß.« Er löste den Haken und öffnete die Motorhaube, wobei er drauflosschwatzte. »Damit machen Sie ein gutes Geschäft. Hatte nur einen Vorbesitzer.«

»Gewiß«, bestätigte ich. »Eine kleine alte Dame, die ihn nur benutzt hat, um jeden Sonntag in die Kirche zu fahren.«

»Mißverstehen Sie mich nicht«, sagte er. »Es stimmt wirklich. Der Wagen gehörte Jim Cooper, der nahe bei der Stadt eine Gemüsefarm betreibt. Er hat den hier in Zahlung gegeben und sich einen neuen angeschafft. Aber der Karren läuft wirklich noch gut.«

Ich betrachtete den Motor und war halb geneigt, dem Mann zu glauben. Die Maschine war makellos und zeigte keine verräterischen Ölspuren. Wie es mit dem Getriebe aussah, war allerdings eine andere Sache, darum fragte ich: »Kann ich ihn eine halbe Stunde probefahren?«

»Bedienen Sie sich nur. Der Zündschlüssel steckt.«

Ich lenkte den Land-Rover auf die Straße und wandte mich nach Norden, wo, wie ich wußte, die Straße schlecht war. Es war auch die Richtung, in der McDougalls Blockhaus lag, und ich beabsichtigte, die Gelegenheit wahrzunehmen, seine genaue Lage zu erkunden, für den Fall, daß ich es schnell finden mußte. Ich erreichte eine ausgefahrene Straße und beschleunigte, um festzustellen, wie die Federung reagierte. Es schien alles in Ordnung zu sein, obwohl die zerbeulte Karosserie ein paar bedenkliche Geräusche von sich gab, die mir nicht sonderlich gefielen.

Ohne große Schwierigkeiten fand ich die Abzweigung zu Macs Haus und erreichte eine wirklich schlechte Straße, eine zerfurchte Fahrspur, die mit dem Gelände auf und ab führte und mehrfach tiefe Schlammlöcher aufwies. Hier probierte ich die verschiedenen Gänge aus, die den Reiz des Land-Rover ausmachen, erprobte auch den Vorderradantrieb und stellte fest, daß alles in erträglichem Zustand war.

Macs Blockhaus war klein, aber wunderschön an einem Abhang gelegen, von dem aus man eine Strecke Waldland übersehen konnte, und unmittelbar hinter ihm floß ein Bach vorbei, der aussah, als ob er gute Fische enthielte. Ich verbrachte fünf Minuten damit, mich gründlich umzusehen, und fuhr dann zur Stadt zurück, um mit dem freundlichen Autohändler das Geschäft abzuschließen.

Wir handelten etwas und einigten uns schließlich auf einen Preis – etwas höher, als ich zu bezahlen beabsichtigt hatte, und etwas niedriger, als er erzielen wollte, womit wir beide nicht recht zufrieden waren. Ich bezahlte ihm das Geld und kam zu der Ansicht, daß ich hier ebensogut anfangen könne wie irgendwo anders. »Erinnern Sie sich an einen Mann namens Trinavant, John Trinavant?«

Er kratzte sich den Kopf. »Aber ja. Selbstverständlich erinnere ich mich an den alten John. Komisch, ich habe jahrelang nicht mehr an ihn gedacht. War er ein Freund von Ihnen?«

»Ich kann nicht behaupten, daß ich ihm je begegnet bin. Hat er hier in der Gegend gelebt?«

»Hier gelebt? Mann, er war Fort Farrell!«

»Ich dachte, das ist Matterson.«

Ein Strahl Speichel ging gerade an meinem Fuß vorbei. »Matterson!« Der Ton seiner Stimme verriet, was er von ihm hielt.

»Ich habe gehört, er wäre bei einem Autounfall ums Leben gekommen. Stimmt das?«

»Ja. Er, und auch sein Sohn und seine Frau. Auf der Straße nach Edmonton. Das muß jetzt über zehn Jahre her sein. Eine sehr häßliche Geschichte war das.«

»Mit was für einem Wagen fuhr er denn?«

Er sah mich mit nachdenklichen Augen an. »Haben Sie daran ein besonderes Interesse, Mister . . . ?«

»Mein Name ist Boyd«, sage ich. »Bob Boyd. Jemand bat mich, hier in der Gegend nach ihm zu forschen. Anscheinend hat Trinavant meinem Freund vor Jahren einmal einen Gefallen erwiesen. Soviel ich weiß, ging es dabei um Geld.«

»Das ist John Trinavant ohne weiteres zuzutrauen. Er war ein sehr anständiger Kerl. Mein Name ist Summerskill.«

Ich grinste ihn an. »Freue mich, Sie kennenzulernen, Mr. Summerskill. Hat Trinavant seinen Wagen von Ihnen gekauft?«

Summerskill lachte schallend. »Mein Gott, nein. Seine Klasse habe ich nie geführt. Der alte John fuhr einen Cadillac. Und außerdem hatte er sein eigenes Geschäft, ein Stück weiter oben an der Straße – Fort Farrells Motors. Jetzt gehört es Matterson.«

Ich blickte die Straße entlang. »Muß für Sie eine scharfe Konkurrenz sein«, sagte ich.

»In gewisser Weise schon«, stimmte er zu. »Aber ich komme durch, Mr. Boyd.«

»Mir ist aufgefallen, daß ich nichts anderes als den Namen Matterson gesehen habe, seit ich hier bin, Mr. Summerskill – die Matterson-Bank, das Matterson House Hotel und, ich glaube, es gibt auch eine Matterson Corporation. Wie hat er das gemacht? Trinavant ausbezahlt?«

Summerskill schnitt eine Grimasse. »Was Sie gesehen haben, ist nur die Spitze eines Eisbergs. Matterson ist so gut wie der Besitzer des Landes hier – die Holzfällerlager, die Sägewerke, die Holzschliffwerke. Er ist größer als der alte John vielleicht war, der

Macht nach, meine ich, aber nicht in seinem Herzen. Nein, niemand hatte ein größeres Herz als John Trinavant. Und was die Frage betrifft, ob Matterson Mr. Trinavant ausbezahlt hat – nun, dazu könnte ich Ihnen das eine oder andere sagen, doch das ist eine alte Geschichte, und man sollte sie lieber ruhen lassen.«

»Es sieht also so aus, als ob ich zu spät komme.«

»Ja. Sagen Sie Ihrem Freund, daß er um zehn Jahre zu spät kommt. Wenn er dem alten John Geld schuldet, dann ist es jetzt zu spät, es ihm zurückzuzahlen.«

»Ich glaube nicht, daß es das Geld war«, sagte ich. »Mein Freund wollte nur die Verbindung wieder aufnehmen.«

Summerskill nickte. »Ja, so geht es. Ich wurde in Hazelton geboren und ging von dort weg, sobald ich konnte. Aber selbstverständlich hatte ich den Wunsch zurückzukommen, und das tat ich nach fünf Jahren. Und was soll ich Ihnen sagen, die beiden ersten, die ich aufsuchen wollte, waren gestorben – die beiden ersten Leute auf meiner Liste. Die Dinge ändern sich, das kann man wohl sagen.«

Ich streckte die Hand aus. »Na ja. Es war angenehm, mit Ihnen das Geschäft abzuschließen, Mr. Summerskill.«

»Kommen Sie jederzeit wieder, Mr. Boyd.« Wir schüttelten uns die Hand. »Wenn Sie Ersatzteile brauchen, kommen Sie nur wieder her.«

Ich kletterte in das Führerhaus und beugte mich aus dem Fenster. »Wenn in den beiden nächsten Tagen der Motor aus diesem Karren herausbricht, werden Sie mich sehr bald wiedersehen«, versprach ich und milderte meine Worte mit einem Grinsen.

Er lachte und winkte hinter mir her. Als ich die High Street entlangfuhr, überlegte ich, daß ich die Erinnerung an John Trinavant bei mindestens einer Person wiedergeweckt hatte. Mit etwas Glück würde Summerskill ihn gegenüber seiner Frau und ein paar seiner Freunde erwähnen. *Wißt ihr was, ich und ein Fremder sprachen über einen Mann, an den ich seit Jahren nicht mehr gedacht habe. Ihr müßt euch doch an den alten John Trinavant erinnern? Ihr wißt doch noch, wie er den Recorder gegründet hat und alle glaubten, er würde Pleite machen?*

So würde es gehen, hoffte ich, und die Kreise würden weiter und weiter werden, besonders, wenn ich noch ein paar Steine in diesen stillen Teich warf. Früher oder später würden die Wellen den wilden alten Hecht erreichen, der den Teich beherrschte, und ich hoffte, es würde ihn zum Handeln veranlassen.

Ich hielt vor dem Büro der Forstverwaltung an und ging hinein. Der Beamte der Forstverwaltung hieß Tanner und war hilfsbereit, aber nicht hoffnungsvoll. Ich sagte ihm, ich sei auf der Durchreise hier und interessiere mich für Holzfällerlizenzen.

»Keine Aussichten, Mr. Boyd«, sagte er. »Die Matterson Corporation hat nahezu das gesamte Kronland hier in der Umgebung unter Lizenz. Es sind nur ein oder zwei Abschnitte übrig, aber die sind so klein, daß man über sie hinwegspucken kann.«

Ich kratzte mich am Kinn. »Könnten Sie mir vielleicht eine Karte zeigen?« fragte ich.

»Gewiß«, antwortete er sofort und suchte schnell eine Karte des Gebiets in großem Maßstab heraus und breitete sie auf seinem Schreibtisch aus. »Hier haben Sie alles klar vor sich.« Sein Finger beschrieb einen weiten Bogen. »Das alles ist der Besitz der Matterson Corporation – Privateigentum. Und das hier . . .«, diesmal folgte ein weit größerer Bogen, ». . . ist Kronland, für das die Matterson Corporation die Konzession zum Holzfällen hat.«

Ich betrachtete die Karte genau, die mir sehr interessante Aufschlüsse bot. Um Tanner von dem abzulenken, was ich wirklich erfahren wollte, fragte ich: »Und wie steht es mit staatlichen Ertragsrevieren?« Das sind Gebiete, in denen die Forstverwaltung die gesamte Arbeit übernahm außer dem Fällen, für das sie kurzfristige Konzessionen erteilte.

»In dieser Gegend gibt es keine, Mr. Boyd. Wir liegen zu weit ab von günstigen Verkehrsverbindungen, als daß die Forstverwaltung hier Baumschulen unterhielte. Die meisten staatlichen Ertragsreviere liegen unten im Süden.«

»Es sieht wirklich so aus, als ob hier alles in festen Händen ist«, meinte ich. »Ist da etwas Wahres dran, daß die Matterson Corporation Schwierigkeiten hat, weil sie ihr Schlagkontingent überzogen hat?«

Tanner sah mich prüfend an. Für die Forstverwaltung war das Überschreiten des Schlagkontingents das niederträchtigste Verbrechen. »Dazu kann ich nichts sagen«, antwortete er steif.

Ich fragte mich, ob er von Matterson gekauft sei. Bei näherer Betrachtung schien es mir aber nicht so. Einen Forstbeamten in Britisch Columbia kaufen zu wollen, war etwa das gleiche, wie einen Kardinal der Katholischen Kirche kaufen zu wollen. Es war einfach unmöglich. Fünfzig Prozent der Einnahmen der Provinz stammen aus dem Holz, und die Forstpflege ist der große Gott. Sich gegen die Forstpflege zu wenden, wäre das gleiche, wie sich gegen Mutterschaft zu wenden.

Ich betrachtete die Karte noch einmal »Vielen Dank für Ihre Mühe, Mr. Tanner«, sagte ich. »Sie waren sehr entgegenkommend, aber für mich scheint hier nichts drin zu sein. Besteht Aussicht, daß einmal eine der Schlagkonzessionen frei wird?«

»Für lange Zeit nicht, Mr. Boyd. Die Matterson Corporation hat eine Menge Kapital in Sägemühlen und Holzschliffwerken angelegt. Sie bestand auf langfristigen Lizenzen.«

Ich nickte. »Sehr klug. Ich hätte das gleiche getan. Nun, nochmals vielen Dank, Mr. Tanner.«

Ich verließ ihn, ohne den fragenden Blick in seinen Augen zu befriedigen, und fuhr zur Busstation, wo ich mein geologisches Gerät abholte, das ich vorausgeschickt hatte. Der dicke Leiter der Station half mir, es auf den Land-Rover zu laden, und fragte: »Haben Sie die Absicht zu bleiben?«

»Einige Zeit«, antwortete ich. »Nur einige Zeit. Sie können mich Trinavants letzte Hoffnung nennen.«

Eine lauernde Neugier machte sich auf seinem Gesicht breit. »Clare Trinavant? Dann sollten Sie auf Howard Matterson aufpassen.«

Ich unterdrückte den Wunsch, ihm die Zähne einzuschlagen. »Nicht Clare Trinavant«, antwortete ich freundlich. »Ich meine John Trinavant. Und mit Howard Matterson werde ich schon fertig werden, falls er sich einmischt. Haben Sie irgendwo ein Telefon?«

Sein Gesicht war noch immer überrascht, als er mir mechanisch erklärte: »Im Gang draußen.«

Ich ging an ihm vorbei, und er kam mir nachgewatschelt. »Heh, Mister, John Trinavant ist tot – er ist seit über zehn Jahren tot.«

Ich blieb stehen. »Das weiß ich. Gerade das ist der entscheidende Punkt. Verstehen Sie das nicht? Verschwinden Sie jetzt, ich will ein Privatgespräch führen.«

Er wandte sich mit einem ratlosen Schulterzucken ab und murmelte: »Völlig verrückt!« Ich lächelte, weil ich einen weiteren Stein in den Teich geworfen und von neuem Wellen ausgelöst hatte, um den hungrigen Hecht aufzustören.

Habt ihr von dem verrückten Kerl gehört, der gerade in der Stadt aufgetaucht ist? Er sagt, er sei Trinavants letzte Hoffnung. Ich dachte, er meint Clare, ihr wißt schon, Clare Trinavant. Aber er sagte, er meint John. Kann man da noch mit? Wo der alte John seit zehn Jahren, nein, seit zwölf Jahren tot ist! Der Kerl war vor ungefähr zwei Jahren schon mal hier und hatte mit Howard Matterson Streit wegen Clare Trinavant. Woher ich das weiß? Weil Maggie Hope mir's gesagt hat. Sie war damals Howards Sekretärin. Ich habe sie gewarnt, sie solle ihren Mund halten, aber es hat nichts genützt. Howard hat sie rausgeschmissen. Aber dieser Kerl ist bestimmt verrückt. Was soll das? John Trinavant – der ist doch tot.

Ich rief die Redaktion des *Recorder* an und bekam Mac an den Apparat. »Kennen Sie einen guten Anwalt?« fragte ich.

»Könnte sein«, antwortete er vorsichtig. »Wozu brauchen Sie einen Anwalt?«

»Ich brauche einen Anwalt, der keine Angst hat, sich mit Matterson anzulegen. Ich kenne die Bodengesetze, aber ich brauche

einen Anwalt, der das, was ich weiß, juristisch untermauert –
das Zeug in diese hochtrabende Juristensprache überträgt.«
»Da ist der alte Fraser. Er hat sich schon zur Ruhe gesetzt, aber
er ist ein Freund von mir und hat für Matterson nichts übrig.
Würde er Ihnen genügen?«
»Das könnte er, solange er nicht zu alt ist, vor Gericht zu gehen,
wenn es notwendig wird.«
»Oh, Fraser kann vor Gericht gehen. Was haben Sie vor, Bob?«
Ich grinste. »Ich werde auf Matterson-Land schürfen. Ich nehme
an, saß Matterson das nicht passen wird.«
Aus dem Hörer vernahm ich einen gedämpften Laut und hängte
vorsichtig ein.

5

Für den Strom der Lastwagen, die das Baumaterial für den Damm
hinaufschafften, und die Sattelschlepper, die die Baumstämme
aus dem Tal herunterbrachten, war in das Kinoxi Valley hinauf
eine neue Straße gebaut worden. Es war eine rohe Straße, nicht
zu gut geführt und durch den starken Verkehr schon zermahlen.
Es gab verschlammte, mit zehn Zoll starken Baumstämmen befestigte Strecken, wo einem die Zähne klapperten, und es gab
Stellen, an denen das Erdreich bis auf den Mutterfels abgehoben
worden war, um eine feste Fahrbahn zu schaffen.
Niemand beachtete mich. Ich war irgendein x-beliebiger in einem
abgeklapperten Fahrzeug, der dem Anschein nach das Recht haben mußte, hier zu sein. Die Straße führte zum Fluß des niedrigen
Steilhangs, wo das Turbinenhaus gebaut wurde, ein klobiger
Bau, der in einem See von aufgewühltem Schlamm zu treiben
schien und um den eine Gruppe Bauarbeiter schwitzte und fluchte.
Den Hang hinauf führte neben dem braunströmenden Bach die
Zuleitung, ein Rohr mit 36 Zoll Durchmesser, das das Wasser
zu den Turbinen bringen würde. Die Straße führte auf der anderen Seite des Bachs weiter, zog sich, an den Hang geklemmt, im
Zickzack nach oben zum Damm.
Ich war überrascht, als ich sah, wie weit der Bau schon gediehen
war. McDougall hatte recht: in drei Monaten würde das Kinoxi
Valley unter Wasser liegen. Ich lenkte von der Straße ab, sah für
einige Minuten zu, wie der Beton gegossen wurde, und beobachtete dabei, wie reibungslos die Lastwagen mit Sand und Kies
an- und abfuhren. Hier wurde gut und schnell gearbeitet.
Ein großer Holztransporter kam vorbei, brauste wie ein Höllen-
ungetüm bergab, so daß der Land-Rover von der Erschütterung

bebte. Es erschien unwahrscheinlich, daß der nächste Transporter dichtauf folgen würde, deshalb fuhr ich auf die Straße zurück und weiter bergauf, an dem Damm vorbei in das Tal hinein. Dort leitete ich den Land-Rover wieder von der Straße herunter und hinter Bäume an eine Stelle, wo er so leicht nicht gesehen werden konnte. Dann ging ich zu Fuß weiter, schlug einen schräglaufenden Kurs quer über den Hang bergauf ein, bis ich hoch genug war, daß ich das Tal gut übersehen konnte.

Es bot einen trostlosen Anblick. Das stille Tal, das ich kennengelernt hatte, wo die Fische im Bach gesprungen waren und das Wild auf den Lichtungen geäst hatte, war vernichtet. Vor mir lag an seiner Stelle eine Wildnis nackter Baumstümpfe und ein Gestrüpp gefälltes Unterholz in einem Morast, der von den Reifenspuren der Lastwagen kreuz und quer zerrissen wurde. Fern oben im Tal, bei dem kleinen See, war noch das Grün von Bäumen erkennbar, aber trotz der großen Entfernung nahm ich das schrille Kreischen der Motorsägen wahr, die sich in das lebendige Holz fraßen.

Sofern es um den Waldbestand geht, ist Britisch Columbia eindeutig auf Pflegen und Erhalten eingestellt. Von jedem Dollar, der in der Provinz verdient wird, stammen letzten Endes fünfzig Cents aus der Holzindustrie, und diesen erfreulichen Zustand möchte die Regierung erhalten. Deshalb überwacht die Forstverwaltung die Waldbestände und kontrolliert die Abholzungen. Es gibt erschreckend viele Männer, denen es Spaß macht, einen großen Baum zu ermorden, und es gibt einige geldgierige Schufte, die bereit sind, ihnen wegen der Zahl der Festmeter verwertbaren Holzes, die so ein Baum für eine Sägemühle ergibt, diesen Spaß zu lassen. Deshalb hat die Forstverwaltung Fällquoten erlassen.

Die Absicht ist, daß die zum Fällen freigegebene Menge Holz, in Kubikfuß bemessen, die natürliche jährliche Nachwuchsrate nicht überschreitet. Wenn man aber in Britisch Columbia von Holz in Kubikfuß spricht, klingt das etwa so, wie wenn ein Astronom die Entfernung zu einem weitabgelegenen Stern berechnen wollte. Das Waldland bedeckt 220000 Quadratmeilen, etwa das Vierfache der Größe Englands, und die jährliche Wachstumsrate wird auf zweieinhalb Milliarden Kubikfuß geschätzt. Die jährliche Fällquote ist deshalb auf etwas über zwei Milliarden Kubikfuß beschränkt, und die Folge ist ein steigender und nicht ein schwindender Bestand.

Deshalb starrte ich so entsetzt in das Kinoxital hinunter. Im allgemeinen werden beim Durchforsten eines Gebiets nur die zum Fällen reifen Bäume geschlagen, aber hier wurde alles abgeholzt. Vermutlich war das logisch. Wenn man ein Tal schon überflutete, ist es sinnlos, Bäume stehenzulassen, dennoch, dieser Anblick empörte mich. Das war eine Schändung des Landes, etwas, das es seit den schlimmen Zeiten vor dem Ersten Weltkrieg, ehe die Forstgesetze erlassen wurden, nicht mehr gegeben hatte.

Ich blickte das Tal hinauf und machte einen schnellen Überschlag. Der neue Lake Matterson würde eine Fläche von zwanzig Quadratmeilen bedecken, von denen fünf Quadratmeilen im Norden Clare Trinavant gehörten. Das bedeutete, daß Matterson eine Fläche von ganzen fünfzehn Quadratmeilen Wald kahlschlug, und die Forstverwaltung ließ es des Dammes wegen zu. Die Holzmenge allein reichte nicht nur aus, um den Damm zu bezahlen, es blieb auch noch eine Menge davon übrig. Matterson schien wirklich ein sehr gerissener Bursche zu sein, aber er war für meinen Geschmack zu verdammt skrupellos.

Ich kehrte zu dem Land-Rover zurück und fuhr wieder die Straße hinunter und an dem Damm vorbei. Auf der halben Höhe des Steilhangs hielt ich wieder neben der Straße an, machte mir diesmal aber nicht die Mühe, den Wagen zu verbergen. Ich wollte gesehen werden. Ich suchte aus meinen Geräten das heraus, was ich brauchte – etwas, um Unwissende zu verblüffen –, und begann dann, von der Straße her deutlich sichtbar, mich auffällig zu verhalten. Ich nahm einen Hammer und schlug Proben von Felsen ab, ich wühlte im Boden wie ein Ziesel, das ein Loch gräbt, ich betrachtete Steinbrocken durch ein Vergrößerungsglas und schritt längere Strecken ab, wobei ich gespannt auf das Zifferblatt eines Instrumentes blickte, das ich in der Hand hielt.

Es dauerte annähernd eine Stunde, bis ich bemerkt wurde. Ein Jeep kam den Berg heraufgeschwankt, hielt mit scharfem Bremsen an, und zwei Männer stiegen aus. Während sie auf mich zukamen, streifte ich meine Armbanduhr ab, nahm sie in die Hand und bückte mich dann nach einem großen Stein. Gestiefelte Füße kamen knirschend näher, und ich drehte mich um. Der größere der beiden fragte: »Was machen Sie hier?«

»Schürfen«, antwortete ich gelassen.

»Sie sind wohl übergeschnappt! Das Land ist in Privatbesitz.«

»Das glaube ich nicht«, antwortete ich.

Der andere deutete auf mein Instrument. »Was haben Sie da?«

»Das hier? Das ist ein Geigerzähler.« Ich näherte das Gerät dem Stein, den ich in der Hand hielt, damit aber auch dem Leuchtzifferblatt meiner Uhr, und es summte wie ein wildgewordener Moskito. »Interessant«, meinte ich.

Der große Mann beugte sich vor. »Was ist das?«

»Es könnte Uran sein«, antwortete ich, »aber das bezweifle ich. Vielleicht ist es Thorium.« Ich betrachtete den Stein noch einmal genau und warf ihn dann gleichgültig fort. »Das Zeug ist unverkäuflich, aber immerhin ist es ein Hinweis. Die geologische Struktur dieser Gegend hier ist schon interessant.«

Die beiden sahen sich etwas überrascht an. Dann sagte der größere: »Das mag sein, trotzdem sind Sie hier auf privatem Grund und Boden.«

Freundlich erwiderte ich: »Sie können mich nicht daran hindern, hier zu schürfen.«

»Wirklich nicht«, erwiderte er kämpferisch.

»Warum fragen Sie nicht mal Ihren Chef? Das wäre vielleicht ratsam.«

Der kleinere sagte: »Ja, Novak, wir wollen Waystrand fragen. Ich finde, Uran oder auch dieses andere Zeug, das klingt wichtig.«

Der Große zögerte und fragte dann in nachdrücklichem Ton: »Haben Sie einen Namen, Mister?«

»Mein Name ist Boyd«, antwortete ich. »Bob Boyd.«

»Also gut, Boyd, ich gehe zum Chef. Trotzdem glaube ich nicht, daß Sie hier bleiben dürfen.«

Lächelnd sah ich ihnen nach und streifte die Armbanduhr wieder über mein Handgelenk. Waystrand spielte hier oben also so etwas wie Chef. McDougall hatte gesagt, Waystrand hätte bei dem Damm eine gute Stellung bekommen. Ich hatte noch eine Rechnung mit ihm zu begleichen. Ich sah zu der Telefonleitung hinauf, die der Straße folgte. Der Große würde mit Waystrand sprechen, und Waystrand würde nach Fort Farrell telefonieren, und Howard Mattersons Reaktion war vorauszusehen. Er würde in die Luft gehen.

Es dauerte keine zehn Minuten, bis der Jeep, von einem zweiten gefolgt, zurückkam. Ich erkannte Waystrand wieder. Er hatte in den vergangenen achtzehn Monaten kräftig ausgelegt. Seine Brust war breiter geworden, er sah härter aus und wirkte nicht mehr so sehr wie ein junger Bursche, der noch naß hinter den Ohren war. Aber er war nicht so groß wie ich, und ich rechnete damit, daß ich mit ihm fertig werden könne, wenn es sein müßte, obwohl ich schnell handeln mußte, ehe die beiden anderen eingriffen. Das Verhältnis von drei zu eins war nicht sehr günstig.

Waystrand lächelte bösartig, als er näherkam. »Sie sind es also. Ich habe mich schon gewundert, als ich den Namen hörte. Mit einem Kompliment von Mr. Matterson, Sie sollen sich zum Teufel scheren.«

»Welcher Mr. Matterson?«

»Howard Matterson.«

»Sie laufen also immer noch zu ihm und erzählen ihm Märchen, Jimmy?« fragte ich beißend.

Er ballte die Fäuste. »Mr. Matterson hat gesagt, ich soll Sie schnell und gründlich und ohne Ärger von diesem Land fortschaffen.«

Er beherrschte sich nur mit Mühe. »Ich bin Ihnen etwas schuldig, Boyd, und es würde mir nicht viel Mühe machen, es Ihnen zu geben. Mr. Matterson hat gesagt, wenn Sie nicht freiwillig gingen, hätte ich dafür zu sorgen, daß Sie verschwinden. Packen Sie sich also zurück nach Fort Farrell. Es liegt bei Ihnen, ob Sie von selbst gehen oder fortgeschafft werden.«

»Ich habe jedes Recht, hier zu sein«, entgegnete ich.

Waystrand gab schnell ein Zeichen. »Los Leute, packt ihn.«

»Einen Augenblick«, unterbrach ich schnell. »Ich habe gesagt, was ich zu sagen habe, ich gehe.« Es war sinnlos, in diesem Stadium zusammengeschlagen zu werden, obwohl ich liebend gern das verächtliche Grinsen von Waystrands Gesicht gewischt hätte.

»Sehr mutig sind Sie nicht, Boyd, wenn Sie einen Mann vor sich haben, der auf einen Angriff gefaßt ist.«

»Ihnen stelle ich mich jederzeit, wenn Sie keine Waffe bei sich haben.«

Das behagte ihm nicht, aber er unternahm nichts. Sie sahen mir zu, wie ich mein Gerät aufnahm und in dem Land-Rover verstaute, dann stieg Waystrand in seinen Jeep und fuhr langsam bergab. Ich folgte in dem Land-Rover, und der andere Jeep kam mir nach. Sie gingen kein Risiko ein, daß ich ihnen entkommen könnte.

Wir erreichten den Fuß des Steilhangs, und Waystrand verlangsamte das Tempo und winkte mir, zu halten. Er wendete den Jeep und fuhr neben mich. »Warten Sie hier, Boyd, und unterlassen Sie jeden Trick«, sagte er. Dann schoß er davon und winkte einen Holztransporter heran, der gerade den Weg herunterkam. Er sprach ein paar Minuten mit dem Fahrer und kam dann zurück. »Also los, fahren Sie ab und kommen Sie nicht wieder, obwohl ich es wirklich gern sehen würde.«

»Wir begegnen uns noch einmal, Jimmy«, antwortete ich. »Das steht fest.« Ich schaltete den Gang ein und fuhr die Straße hinunter, folgte dem beladenen Holztransporter, der vorausgefahren war.

Es dauerte nicht lange, bis ich ihn einholte. Er fuhr sehr langsam, und ich konnte nicht an ihm vorbei, weil dies eine der Strecken war, wo die Straßenbauer die Erde bis auf den Mutterfels abgehoben hatten und zu beiden Seiten steile Erdwälle aufragten. Ich konnte nicht verstehen, warum dieser Bursche so kroch, aber ganz bestimmt wollte ich nicht riskieren, bei einem Überholversuch von zwanzig Tonnen Holz und Metall zermalmt zu werden.

Der Transporter wurde noch langsamer, und ich kroch mit geringerer Geschwindigkeit als ein Fußgänger hinter ihm her, wütend über die Verzögerung. Man setze einen x-beliebigen netten Menschen ans Steuer eines Autos, und er verliert jeden Anstand, den er je besaß. Ein Mann, der einer alten Dame höflich eine Tür öffnet, wird die gleiche alte Dame fast umbringen, indem er ihr im 90-km-Tempo den Weg abschneidet, nur um über eine Kreuzung zu kommen, ehe die Ampel auf Rot wechselt, und er wird sich nichts dabei denken. Der Bursche da vorn hatte wahrscheinlich seine Schwierigkeiten und mußte gute und vernünftige Gründe dafür haben, weshalb er so langsam fuhr. Ich hatte keine besondere Eile, nach Fort Farrell zurückzukommen, trotzdem saß ich am Steuer und fluchte – so ist nun einmal das Verhältnis zwischen einem Mann und seinem Auto.

Ich blickte in den Rückspiegel und erschrak. Der Bursche vorn mochte gute Gründe für sein langsames Tempo haben, aber hinter uns folgte mit höllischer Geschwindigkeit ein weiterer Holztransporter, ein 9-achsiger Scammell – zwanzig oder noch mehr Tonnen, die sich im 50-km-Tempo bewegten. Er kam so nahe, ehe er auf die Bremse trat, daß ich das scharfe Zischen seiner Luftdruckbremse vernahm. Dann verlangsamte er seine Fahrt zu unserem Kriechtempo mit nur einem Fuß Abstand zwischen der häßlichen, kantigen Front seiner Zugmaschine und der Rückseite des Land-Rovers.

Ich war der Belag in diesem unerfreulichen Sandwich. Ich konnte den Fahrer hinter mir sich kranklachen sehen und wußte, wenn ich nicht sehr aufpaßte, würde das Sandwich mit einem roten Zeug belegt sein, das kein Tomatenketchup war. Der Land-Rover schleuderte etwas, als die schwere Stoßstange des Scammell ihn von hinten rammte, und es gab ein knirschendes Geräusch. Ich trat behutsam aufs Gas und näherte mich zollweise dem Transporter vor mir. Viel näher durfte ich nicht heran, sonst wäre sofort ein dreißig Zoll starker Baumstamm durch meine Windschutzscheibe gerammt worden. Ich erinnerte mich an diese Wegstrecke von der Herfahrt. Sie war gut eine Meile lang, und jetzt hatten wir erst etwa ein Viertel davon hinter uns. Die nächste Dreiviertelmeile würde schwierig werden.

Die Hupe des Transporters hinter mir gellte, und vor mir öffnete sich eine Lücke, als der Mann im vorderen Lastzug das Tempo steigerte. Ich drückte auf das Gas, aber nicht schnell genug, denn der hintere Wagen rammte mich wieder – dieses Mal fester. Es würde noch schwieriger werden, als ich gedacht hatte. Es sah aus, als würde ein Wettrennen beginnen, und das konnte verdammt gefährlich werden.

Wir erreichten ein Gefälle, die Geschwindigkeit stieg, und wir rasten im Sechzig-Kilometer-Tempo bergab, wobei der Transporter hinter mir versuchte, dem Burschen vor mir in den Auspuff zu steigen, ohne sich um mich, der dazwischen gefangen war, große Sorgen zu machen. Meine Hände schwitzten und klebten am Steuerrad, und ich mußte einige schwierige Manöver mit Gaspedal, Kupplung und Bremse überstehen. Ein Mißgriff meinerseits oder auch seitens der beiden anderen, und der Land-Rover würde zu Schrott zermalmt, und ich hätte den Motor auf den Knien.

Noch dreimal wurde ich von hinten gerammt – mir war übel bei dem Gedanken, was mit meiner Ausrüstung geschah –, und einmal wurde ich für den Bruchteil einer Sekunde eingeklemmt, war zwischen den schweren Stahlstoßstangen gefangen. Ich spürte den Druck auf das Chassis und hätte schwören können, daß der Land-Rover für einen Augenblick vom Boden hochgehoben wurde. Ein Baumstamm strich über meine Windschutzscheibe, das Glas knisterte, und ich hatte einen undurchsichtigen Nebel vor mir, so daß ich nichts erkennen konnte.

Zum Glück ließ der Druck nach, und ich rollte wieder frei, streckte den Kopf aus dem Seitenfenster und sah, daß wir das Ende der beengten Fahrbahn erreicht hatten. Einer der Baumstämme links auf dem vorderen Transporter schien etwas höher geladen zu sein als die anderen und, wie ich glaubte, hoch genug, damit ich mit dem Führerhaus meines Fahrzeuges darunter hindurchkommen könnte. Ich mußte aus dieser Falle heraus. Der Platz zum Manövrieren war sehr gering, und diese sadistischen Schufte konnten mich hier gefangenhalten, bis wir das Sägewerk erreichten, wenn ich keinen Ausweg fand.

Deshalb riskierte ich es, riß das Steuer herum und stellte fest, daß ich mich geirrt hatte. Der Baumstamm ragte nicht über das Führerhaus hinaus – es fehlte ein viertel Zoll –, und ich hörte das Kreischen von zerreißendem Blech. Aber ich konnte nicht mehr zurück; ich trat wild auf das Gas, riß mich los und holperte über unebenen Boden geradeswegs auf eine große Douglas-Tanne zu. Wieder riß ich das Steuer herum, schwankte zwischen Bäumen hindurch in einer Richtung ungefähr parallel zu der Straße.

Ich überholte den vorderen Transporter und erkannte meine Chance. Darum trat ich das Gaspedal durch, schoß an ihm vorbei und floh über die Straße davon, von dem 18-rädrigen Monstrum mit gellender Hupe verfolgt. Aber ich war zu klug, anzuhalten und mich mit diesen Burschen auf einen Streit einzulassen. Sie würden nicht auf der Straße anhalten, nur weil ich es tat, und damit wäre der Land-Rover völlig verloren gewesen. Ich hatte einen Vorsprung und raste vor ihnen her, an der Abzweigung zur Sägemühle vorbei, und hielt erst an, als ich sie eine ganze Meile weit hinter mir hatte.

Als mein Wagen stand, hob ich die Hände. Sie zitterten unbeherrschbar, und als ich mich bewegte, klebte mir das Hemd auf der Haut, weil es von Schweiß durchtränkt war. Ich zündete mir eine Zigarette an und wartete, bis sich das Zittern gelegt hatte, ehe ich ausstieg, um den angerichteten Schaden zu besehen. Die

Vorderseite sah nicht allzu schlimm aus, obwohl stetig tropfendes Wasser auf ein Leck im Kühler hinwies. Die Windschutzscheibe war total verloren, und das Verdeck des Führerhauses sah aus, als ob jemand es mit einem stumpfen Büchsenöffner bearbeitet hätte. Die Rückseite war ziemlich übel zugerichtet. Sie sah aus wie der vordere Wagen bei einem normalen Auffahrunfall. Ich blickte in den Laderaum und hatte durcheinandergeworfene Holzkästen und ein Gewirr zersplitterter Flaschen aus meinem Feldlabor vor mir. Es stank nach Säure und Chemikalien, von denen der Boden schwamm. Ich hob hastig den Geigerzähler aus den Pfützen, denn scharfe Säuren tun empfindlichen Instrumenten nicht gerade gut.

Ich trat zurück und schätzte den Schaden ein. Zwei blutige Nasen für zwei Lastwagenfahrer, vielleicht ein gebrochenes Genick für Jimmy Waystrand und einen nagelneuen Land-Rover von Mr. Howard Matterson. Ich war geneigt, gegenüber Howard nachsichtig zu sein. Ich glaubte nicht, daß er Befehl gegeben hatte, mich so in die Zange zu nehmen; zweifellos aber Jimmy Waystrand, und dafür würde er teuer bezahlen.

Als ich nach einiger Zeit in Fort Farrell eintraf, zog ich die neugierigen Blicke der Passanten in der High Street auf mich. Ich lenkte auf Summerskills Parkplatz, und er blickte auf und sagte alarmiert: »He, Sie, dafür bin ich nicht verantwortlich. Das ist passiert, nachdem Sie den Wagen gekauft hatten.«

Ich stieg aus. »Ich weiß«, sagte ich besänftigend. »Bringen Sie das Ding nur wieder in Gang. Ich glaube, er braucht einen neuen Kühler, und reparieren Sie irgendwie das Rücklicht.«

Er beschrieb einen vollen Kreis um den Land-Rover, kam dann zu mir zurück und sah mich scharf an. »Was haben Sie gemacht? Sich auf eine Schlägerei mit einem Panzer eingelassen?«

»So etwas ähnliches«, gab ich zu.

Er winkte mit der Hand. »Die hintere Stoßstange ist verdreht wie eine Brezel. Wie kann das mit einer hinteren Stoßstange passieren?«

»Vielleicht wurde sie glühend und ist dann in dieser Form erkaltet«, meinte ich. »Machen Sie sich weiter keine Gedanken. Wie lange wird es dauern?«

»Sie wollen doch nur, daß das Ding wieder läuft? Eine behelfsmäßige Reparatur?«

»Das genügt.«

Er kratzte sich am Kopf. »Hinten im Schuppen habe ich einen alten Kühler von einem Land-Rover. Damit haben Sie also Glück. Sagen wir, in ungefähr zwei Stunden.«

»In Ordnung«, antwortete ich. »In einer Stunde bin ich wieder hier und helfe Ihnen.«

Ich verließ ihn und ging die Straße zum Matterson Building hinauf. Vielleicht war es das Beste, mit Howard sofort Streit anzufangen.

Ich stürmte in sein Vorzimmer und sagte ohne innezuhalten: »Ich gehe zu Matterson.«

»Aber – aber er ist beschäftigt«, rief seine Sekretärin aufgeregt.

»Gewiß«, antwortete ich ohne anzuhalten. »Howard ist ein sehr beschäftigter Mann.« Ich stieß die Tür zu seinem Büro auf, trat ein und fand ihn bei einer Besprechung mit Donner. »Hallo, Howard. Wollten Sie mich nicht sprechen?«

»Was soll das heißen, daß Sie hier so hereinplatzen«, fuhr er mich an. »Sehen Sie nicht, daß ich zu tun habe?« Er drückte auf einen Knopf. »Miss Kerr, was denken Sie sich, daß Sie Leute in ...«

Ich beugte mich vor, nahm seine Hand von der Sprechanlage und unterbrach damit die Verbindung. »Sie hat mich nicht hereingelassen«, sagte ich leise. »Sie konnte mich nicht aufhalten. Machen Sie ihr also keinen Vorwurf. Und jetzt will ich Ihnen die gleiche Frage stellen. Was dachten Sie sich dabei, mich von Waystrand verjagen zu lassen?«

»Das ist eine dumme Frage«, knurrte er. Er sah Donner an. »Sagen Sie es ihm.«

Donner knackte mit seinen Fingerknöcheln und sagte in seiner präzisen Weise: »Jede geologische Untersuchung des Matterson-Landes werden wir selbst veranlassen. Dazu brauchen wir Sie nicht, Boyd. Ich bin sicher, Sie werden sich in Zukunft fernhalten.«

»Darauf können Sie wetten«, fügte Matterson hinzu.

Ich sagte: »Howard, Sie haben schon so lange die Holzkonzession, daß Sie sich einbilden, das verdammte Land gehört Ihnen. Noch ein paar Jahre, und dann bilden Sie sich ein, Sie besäßen die gesamte Provinz Britisch Columbia. Ihnen ist etwas zu Kopf gestiegen, Howard.«

»Nennen Sie mich nicht Howard«, bellte er. »Kommen Sie zur Sache.«

»Also gut«, sagte ich. »Ich befand mich nicht auf Matterson-Land, ich befand mich auf Kronland. Jeder, der eine Schürflizenz hat, darf auf Kronland graben. Nur weil Sie eine Konzession haben, Bäume zu pflanzen und zu fällen, können Sie mich daran noch nicht hindern. Und falls Sie sich das einbilden sollten, werde ich Ihnen so schnell eine gerichtliche Verfügung unter die Nase halten, daß Ihnen die Ohren klingen.«

Es dauerte eine Weile, bis er das begriff, aber schließlich war es soweit, und er sah Donner hilflos an. Ich grinste Donner an und äffte Matterson nach: »Sagen Sie es ihm.«

»Falls Sie auf Kronland waren – und das ist noch fraglich –, haben Sie vielleicht recht«, sagte Donner.

»Da gibt es kein vielleicht, Sie wissen, daß ich im Recht bin«, entgegnete ich.

Matterson sagte plötzlich: »Ich glaube nicht, daß Sie auf Kronland waren.«

»Prüfen Sie es auf Ihrer Karte nach«, riet ich ihm hilfsbereit. »Ich wette, daß Sie seit Jahren keinen Blick darauf geworfen haben. Sie haben sich zu sehr daran gewöhnt, das ganze Land als Ihr Eigentum anzusehen.«

Matterson gab Donner mit dem Finger ein Zeichen, der daraufhin das Zimmer verließ. Dann blickte mich Matterson mit harten Augen an. »Was haben Sie vor, Boyd?«

»Ich versuche nur, mein Brot zu verdienen«, antwortete ich lässig. »Hier in der Gegend gibt es eine Menge gute Schürfplätze. Hier läßt sich der Boden genausogut erforschen wie oben im Norden. Und außerdem ist es hier wärmer.«

»Es könnte Ihnen hier zu warm werden«, sagte er beißend. »Sie zeigen sich nicht gerade von einer freundschaftlichen Seite.«

Ich zog die Augenbrauen hoch. »Wer? Ich? Sie hätten heute morgen draußen auf der Straße zum Kinoxi Valley sein sollen. Ich würde mich eher mit einem Grizzly-Bären anfreunden als mit einigen Ihrer Fahrer. Und außerdem bin ich nicht hier, um mich an einem Popularitätswettstreit zu beteiligen.«

»Warum sind Sie eigentlich hier?«

»Vielleicht bekommen Sie das eines Tages heraus – wenn Sie schlau genug sind, Howard.«

»Ich habe Ihnen gesagt, daß Sie mich nicht Howard nennen sollen«, sagte er gereizt.

Donner kam mit einer Karte zurück, und ich erkannte, daß es ein Exemplar der gleichen war, die ich in Tanners Büro gesehen hatte. Howard breitete sie auf seinem Schreibtisch aus, und ich sagte: »Sie werden feststellen, daß das Kinoxi Valley zwischen Ihnen und Clare Trinavant geteilt ist – sie im Norden und Sie mit dem Löwenanteil im Süden. Das Matterson-Land endet aber kurz vor dem Steilhang. Alles, was davon südlich liegt, ist Kronland. Und das bedeutet, daß der Damm oben auf dem Steilhang und das Kraftwerk an seinem Fuß auf Kronland stehen und ich dort graben darf, wann und wo ich will. Was haben Sie dazu zu sagen?«

Matterson blickte zu Donner auf, der leicht mit dem Kopf nickte. »Es scheint, daß Mr. Boyd recht hat«, sagte er.

»Sie haben verdammt recht, daß ich recht habe.« Ich deutete mit dem Finger auf Matterson. »Und jetzt will ich etwas anderes vorbringen, die Frage eines beschädigten Land-Rovers.«

Er funkelte mich an. »Ich bin für Ihre Fahrkünste nicht verantwortlich.«

An seinem Ton erkannte ich eindeutig, daß er wußte, was geschehen war. »Also gut«, sagte ich, »ich werde die Kinoxi-Straße in der nächsten Zeit ziemlich oft benutzen. Sagen Sie Ihren Fahrern, sie sollen mir vom Leib bleiben, oder es könnte jemand bei einem Verkehrsunfall umkommen – und das werde nicht ich sein.«

Er zeigte mir nur seine Zähne und antwortete: »Ich habe gehört, daß Sie im Matterson House gewohnt haben.« Er betonte die Vergangenheitsform so nachdrücklich, daß er den Satz fast nicht beenden konnte.

»Ich habe verstanden«, antwortete ich. »Also, Feindschaft bis zum Tod, Howard, wie?« Ohne ein weiteres Wort verließ ich das Zimmer und ging zum Matterson House Hotel hinunter.

Der Empfangschef war flink, aber ich kam ihm zuvor. »Ich habe gehört, daß ich ausziehe«, sagte ich mürrisch.

»Hm . . . ja, Mr. Boyd, ich habe Ihre Rechnung bereit.«

Ich bezahlte, ging dann auf mein Zimmer, packte und brachte mein Gepäck über die Straße zu Summerskills Parkplatz. Er kam unter dem Land-Rover hervorgeklettert und blickte mich ratlos an. »Ich bin noch nicht soweit, Mr. Boyd.«

»Das macht nichts. Ich muß endlich etwas essen.«

Er stand auf. »Also Mr. Boyd, wissen Sie, da ist was Komisches passiert. Ich habe mir gerade das Chassis angesehen. Es ist gestaucht.«

»Was meinen Sie mit gestaucht?«

Summerskill hob mit gekrümmten Fingern seine Hände etwa einen Fuß weit auseinander, wie ein Mann, der ein kurzes Stück Holz hält, und brachte sie dann langsam zusammen. »Dieses verdammte Chassis ist zusammengedrückt worden.« Er sah mich hilfesuchend an.

»Beeinträchtigt das die Fahrtüchtigkeit?«

Er hob die Schultern. »Nicht sonderlich, wenn Sie nicht zu viel erwarten.«

»Dann machen Sie sich keine Sorgen«, riet ich ihm. »Ich komme zurück, sobald ich etwas gegessen habe.«

Ich aß im *Café Hellenic*, hoffte McDougall zu treffen, aber er zeigte sich nicht. Ich wollte ihn nicht im *Recorder* aufsuchen, darum schlenderte ich eine Weile durch die Stadt und hielt meine Augen offen. Als ich ihm nach annähernd einer Stunde nicht begegnet war, kehrte ich zu Summerskill zurück. Er war mit seiner Arbeit fast fertig.

»Das macht fünfundvierzig Dollar, Mr. Boyd«, sagte er. »Und damit bekommen Sie es billig.«

Ich verstaute einige Lebensmittel, die ich eingekauft hatte, in dem Land-Rover, zog meine Brieftasche und addierte im Geist den Betrag zu dem, den Matterson mir eines Tages bezahlen mußte. Als ich das Geld abzählte, sagte Summerskill: »Mit dem Führerhausverdeck konnte ich nicht allzuviel machen. Ich habe das Metall wieder geradegeklopft und Leinwand darüber gespannt. Das hält wenigstens den Regen ab.«

»Danke«, erwiderte ich. »Wenn ich wieder einen Unfall habe, und das ist nicht unwahrscheinlich, bin ich wieder Ihr Kunde.«

Er verzog das Gesicht. »Noch so ein Unfall wie der, dann ist an dem Wagen nichts mehr zu reparieren.«

Ich fuhr aus der Stadt zu McDougalls Blockhaus und parkte den Land-Rover außer Sicht, nachdem ich alles abgeladen hatte. Ich zog mich aus, wechselte das Hemd und setzte Wasser aufs Feuer. Einen kleinen Teil davon verwendete ich zum Kaffeemachen, in dem Rest wusch ich mein Hemd und meine Hose. Die Lebensmittel stapelte ich in der Speisekammer auf und begann, meine Ausrüstung in Ordnung zu bringen, prüfte sie genau, um festzustellen, was beschädigt oder unbrauchbar war. Ich trauerte über ein zerschlagenes Szintillometer, als ich Motorgeräusche hörte. Mit geducktem Kopf spähte ich durch das Fenster und sah draußen einen alten Chevy vorfahren. McDougall stieg aus.

»Ich dachte mir schon, daß ich Sie hier finden würde«, sagte er. »Im Hotel hat man mir gesagt, Sie seien ausgezogen.«

»Howard hat dafür gesorgt«, erklärte ich.

»Es ist noch keine halbe Stunde her, daß mich der liebe Gott persönlich anrief«, sagte Mac. »Der alte Bull wird unruhig. Er will wissen, wer Sie sind, woher Sie kommen, was Sie beabsichtigen und wie lange Sie in Fort Farrell bleiben werden.« Er lächelte.

»Er gab mir den Auftrag, das herauszubekommen, was nur natürlich ist.«

»Kein Kommentar«, antwortete ich.

Mac zog die Augenbrauen hoch. »Was soll das heißen.«

»Das soll heißen, daß ich von meinem von Gott gegebenen Recht Gebrauch mache, meinen Mund zu halten. Sie können dem alten Matterson sagen, ich hätte mich geweigert, zur Presse zu sprechen. Ich will, daß er weiterrätselt. Ich will, daß er zu mir kommt.«

»Völlig einleuchtend«, meinte Mac. »Aber er hat Ihre Spur verloren. Niemand weiß, daß Sie hier sind.«

»Dieses Geheimnis können wir nicht lange wahren. In einer Stadt, die so klein wie Fort Farrell ist, bestimmt nicht.« Ich lächelte. »Wir haben den alten Burschen aber endlich in Bewegung gebracht. Ich möchte wissen, was es geschafft hat.«

»Nach dem Gerede, das ich in der Stadt hörte, kann es alles mögliche gewesen sein. Ben Parker zum Beispiel hält Sie für verrückt.«

»Und wer ist Ben Parker?«

»Der Mann auf der Busstation. Dagegen hat Clarry Summerskill die größte Hochachtung für Sie.«

»Was für ein Summerskill?«

Mac zeigte ein schiefes Grinsen. »Er heißt Clarence und mag es gar nicht. Er hält den Namen für ungeeignet für einen Gebrauchtwagenhändler. Mich hat er einmal gefragt, wie um alles in der Welt er ein Schild mit der Aufschrift ›Der vertrauenswürdige Clarence‹ aufhängen sollte, ohne ausgelacht zu werden. Jedenfalls hat er mir anvertraut, daß ein Mann, der in drei kurzen Stunden das fertigbringt, was Sie aus einem Land-Rover gemacht haben, der zäheste Bursche in Kanada sein muß. Er begründete das mit der Tatsache, daß Sie selbst nicht eine Schramme abbekommen haben. Was ist Ihnen überhaupt passiert?«

»Ich stelle Kaffeewasser auf«, antwortete ich. »Der Land-Rover steht draußen hinterm Haus. Sehen Sie ihn sich an.«

Mac ging hinaus, um den Schaden zu besichtigen, und kam mit besorgtem Gesicht zurück. »Sind Sie einen Abhang hinuntergestürzt?« fragte er.

Ich berichtete ihm, und er wurde ernst. »Die Burschen sind brutal«, sagte er.

»Das war noch gar nichts. Das waren kindliche Spiele, mehr nicht. Es war ein privater Einfall von Jimmy Waystrand. Ich glaube nicht, daß die Mattersons etwas damit zu tun haben. Die haben noch nicht angefangen.«

Das Wasser kochte. »Ich möchte lieber Tee«, sagte Mac. »Zu viel Kaffee macht mich nervös und reizbar, und das wollen wir doch nicht, oder?« Infolgedessen machte er den starken schwarzen Tee, der nach muffigem Heu schmeckte. »Warum sind Sie überhaupt zu dem Damm hinaufgefahren?«

»Ich wollte Howard in Fahrt bringen. Ich wollte bemerkt werden«, antwortete ich.

»Das ist Ihnen gelungen«, meinte Mac trocken.

»Wieviel wird der Damm kosten?« fragte ich.

Mac überlegte. »Alles in allem genommen – der Damm, das Kraftwerk, die Überlandleitungen –, werden sechs Millionen Dollar zusammenkommen. Das ist nicht so viel wie bei dem Peace-River-Projekt, aber auch keine kleinen Kartoffeln.«

»Ich habe einen Überschlag gemacht«, sagte ich. »Ich rechne, daß Matterson für über zehn Millionen Dollar Holz aus dem Kinoxi Valley herausholt. Er holt alles heraus, vergessen Sie das nicht, nicht nur das nicht einmal eine Prozent, das die Forstverwaltung im allgemeinen zuläßt. Danach bleiben ihm vier Millionen Dollar.«

»Schönes Geschäft«, meinte Mac.

»Es kommt noch besser. Er will die vier Millionen Dollar gar nicht, denn er müßte nur Steuern dafür bezahlen. Aber das Elektrizitätswerk muß unterhalten werden, und die Abschreibungen müssen gerechnet werden. Folglich legt er drei Millionen Dollar dafür an, und damit sind diese Kosten voll gedeckt. Er macht einen Reingewinn von einer Million Dollar und hat für die Mattersonschen Unternehmungen freien Strom, solange wie man voraussehen kann.«

»Von dem Geld, das er durch Stromlieferung einnimmt, gar nicht zu reden«, ergänzte Mac. »Es ist die reine Sahne.«

»Es ist, als ob er einen Privateingang nach Fort Knox hätte.«

Mac grunzte. »Das riecht nach Donner. Ich habe nie einen Mann gesehen, der so wie er Geld findet, wo kein anderer es ahnt. Und legal ist es auch.«

»Ich finde, Clare Trinavant ist eine sentimentale Närrin. Sie läßt sich von Gefühlen beherrschen statt vom Verstand. Das Kinoxi Valley wird überflutet, und sie kann nichts tun, um das abzuwenden.«

»Und weiter?«

»Sie besitzt dort oben fünf Quadratmeilen Waldland, das vergeudet wird, und sie verzichtet auf drei Millionen Dollar, nur weil sie etwas gegen Matterson hat. Ist ihr das nicht bewußt?«

Mac schüttelte den Kopf. »Sie versteht nichts von Geschäften, interessiert sich auch nicht dafür. Ihre finanziellen Angelegenheiten regelt eine Bank in Vancouver. Ich bezweifle, daß sie daran überhaupt gedacht hat.«

»Hat die Forstverwaltung nichts dabei zu sagen? Es ist doch einfach dumm, dieses ganze Holz verlorengehen zu lassen.«

»Man hat noch nie gehört, daß die Forstverwaltung jemand angeklagt hat, weil er keine Bäume fällte«, entgegnete er. »Das Problem ist bisher noch nie aufgetaucht.«

»Mit drei Millionen sicheren Einnahmen könnte sie ihre eigene Sägemühle bauen«, sagte ich nachdrücklich, »falls sie die Mattersons nicht beteiligen will.«

»Dafür ist es wohl etwas spät, oder nicht?« fragte Mac.

»Das ist ja das Bedauerliche.« Ich dachte darüber nach. »Sie ähnelt Howard Matterson mehr als sie glaubt. Er ist auch ein emotioneller Typ, wenn er auch leichter zu durchschauen ist.« Ich lächelte. »Ich bin überzeugt, ich könnte Howard dazu bringen, durch brennende Reifen zu springen.«

»Aber glauben Sie nicht, daß Sie den Alten so behandeln können«, warnte Mac. »Der ist zäher und gerissener. Er hebt sich seinen härtesten Schlag auf und bringt ihn aus einer unerwarteten Richtung an.« Er wechselte das Thema. »Was ist Ihr nächster Schritt?«

»Mehr vom gleichen. Der alte Matterson reagierte so schnell, daß wir eine wunde Stelle getroffen haben müssen. Ich werde das Gespräch weiter auf die Trinavants bringen und anfangen, in der Nähe des Dammes zu graben.«

»Warum wollen Sie zu dem Damm? Was hat er mit der Sache zu tun?«

Ich kratzte mich am Kopf. »Ich weiß es selbst nicht. Ich habe so eine Ahnung, daß dort oben irgendwo eine Antwort zu finden ist. Wir sind ja gar nicht sicher, ob es nicht mein Auftauchen da oben war, was Bull Mattersons Interesse weckte. Und noch etwas – ich möchte zu Clares Blockhaus hinauf. Wie komme ich dahin, ohne Matterson-Land zu überqueren? Das könnte jetzt unklug sein.«

»Es gibt eine Straße, die hinten herum dorthin führt«, antwortete Mac. Er fragte nicht, warum ich dort hinauf wollte, sondern suchte statt dessen eine alte, abgegriffene Karte heraus. Ich studierte sie und seufzte. Es war ein irrsinnig weiter Umweg, und ich hätte meine Seele für den Hubschrauber der Matterson Corporation gegeben.

Den nächsten Tag verbrachte ich in Fort Farrell bei meinem guten Werk und trug wirklich dick auf. Bisher hatte ich den Namen Trinavant nur gegenüber zwei Personen erwähnt. Diesmal erfaßte ich einen guten Querschnitt durch die Bevölkerung von Fort Farrell und kam mir wie eine Kreuzung zwischen einem Privatdetektiv und einem Meinungsforscher vor. Am Abend sortierte ich in der bewährten Weise der Meinungsforscher die erhaltenen Antworten und prüfte die Ergebnisse.

Eins der bemerkenswertesten Dinge war, wie unglaublich leicht der Name eines Mannes im Gedächtnis der Öffentlichkeit ausgelöscht werden kann. Von den Leuten, die während der letzten zehn Jahre nach Fort Farrell gekommen waren, hatten ganze fünfundachtzig Prozent nie von John Trinavant gehört. Das gleiche galt für jene jungen Leute, die nach seinem Tod herangewachsen waren.

Die älteren erinnerten sich seiner bei kleineren Nachhilfen und reagierten fast immer freundlich. Ich kam zu der Schlußfolgerung, daß Shakespeare völlig recht hat, wenn er sagt, das Böse, was Menschen tun, lebe nach ihnen weiter; das Gute werde oft mit ihren Gebeinen begraben. Aber diese Erkenntnis hat in unserer ganzen Welt Gültigkeit. Jeder Mörder kann seinen Namen gratis in den Zeitungen finden, doch wenn ein anständiger Mensch der Welt bekanntgeben will, daß er mit seiner Frau fünfundzwanzig oder fünfzig Jahre glücklich gelebt hat, dann muß er, bei Gott, dafür bezahlen.

Ferner bestand eine ziemlich weitverbreitete Abneigung gegen die Mattersons, die irgendwie mit Furcht durchsetzt war. Die Matterson Corporation hatte einen solchen Zugriff auf das wirtschaftliche Leben der Gemeinde, daß sie mittelbar, wenn nicht unmittelbar, jeden in die Zange nehmen konnte. Fast jeder in Fort Farrell hatte einen Verwandten, der von Matterson bezahlt wurde. Infolgedessen bestand eine starke Abneigung, auf peinliche Fragen zu antworten.

Die Reaktionen auf den Namen John Trinavant waren sicherer. Die Leute schienen von sich selbst überrascht zu sein, weil sie zugelassen hatten, daß sein Name vergessen worden war. *Ich weiß nicht warum, aber ich habe an John Trinavant seit Jahren nicht mehr gedacht.* Ich wußte, warum. Wenn die einzige Informationsquelle für die Öffentlichkeit in einer Stadt ein Thema völlig verschweigt, wenn Leserbriefe an die Redaktion über einen Toten einfach nicht veröffentlicht werden, wenn ein mächtiger Mann in aller Stille Gespräche über ihn entmutigt, dann besteht kein besonderer Anlaß, des Toten zu gedenken. Die Lebenden haben in Hülle und Fülle ihre eigenen vielfachen Sorgen, und der Tote gerät in Vergessenheit. Es war von einem Gedenkstein für John Trinavant gegenüber der Statue von Lieutenant Farrell auf dem Trinavant Square die Rede gewesen. *Ich weiß nicht warum, aber die Geschichte kam nie weiter. Vielleicht war nicht genug Geld dafür da, aber das steht fest, John Trinavant hat genügend Geld in diese Stadt gebracht. Man sollte denken, die Leute würden sich schämen, aber sie tun es nicht. Sie haben einfach vergessen, was er für Fort Farrell getan hat.*

Ich wurde es müde, den Refrain zu hören: *Ich weiß nicht, warum.* Das Deprimierende daran war, daß sie es wirklich nicht wußten. Sie wußten nicht, daß Bull Matterson den Namen Trinavant ein für allemal verbannt hatte. Er hätte den Hitlers und Stalins ein oder zwei Tips geben können, wie man Gedanken kontrolliert, und die Mühe, die er sich dabei gemacht haben mußte, beeindruckte mich mehr und mehr, obwohl ich nach wie vor keine Ahnung hatte, warum er es getan hatte.

»Wo sind die Trinavants begraben?« fragte ich Mac.

»In Edmonton«, antwortete er kurz. »Bull sorgte dafür.«

Die Trinavants hatten nicht einmal eine letzte Ruhestätte in der Stadt gefunden, die sie aufgebaut hatten.

Nach einem Tag intensiven Suchens und Forschens nach dem Geheimnis der Trinavants beschloß ich, Fort Farrell am nächsten Tag zu meiden. Wenn zwei Gespräche Bull Matterson zum Handeln veranlaßt hatten, dann mußte die Mühe eines ganzen Tages ihn zu Anfällen treiben, und gesunden psychologischen Prinzipien folgend, wollte ich schwer zu finden sein. Ich wollte ihm Zeit geben, wirklich in Hitze zu geraten.

Das schloß Nachforschungen in der Nähe des Damms aus, und deshalb entschloß ich mich, zu Clare Trinavants Blockhaus hinaufzufahren. Warum ich dorthin wollte, wußte ich nicht, aber dieser Ort war so gut wie jeder andere, Matterson aus dem Weg zu gehen, und vielleicht fand ich einen Tag Ruhe, um gründlich nachzudenken und dabei auch etwas zu angeln.

Es waren einhundertzwanzig Meilen über ausgefahrene, holprige Straßen – ein weiter Bogen um den Besitz der Mattersons herum –, und als ich das Blockhaus erreichte, war ich zerschlagen und erschöpft. Es erschien mir noch größer, als ich es in Erinnerung hatte. Ein niedriger langgestreckter Bau mit einem Schindeldach aus warmem rotem Zedernholz. Daneben stand ein weiteres Blockhaus, kleiner und einfacher, aber aus dem grauen Steinkamin stieg Rauch auf. Ein Mann mit einer Flinte trat aus dem Haus und lehnte die Waffe nicht zu weit von seiner Hand entfernt gegen die Hauswand.

»Mister Waystrand?« rief ich.

»Das bin ich.«

»Ich habe einen Brief für Sie, von McDougall aus Fort Farrell.«

Darauf hatte McDougall bestanden, weil der Mann Jimmy Waystrands Vater war und seine Ergebenheit gegenüber Clare Trinavant ebenso fest wie seine Einstellung gegenüber Bob Boyd vermutlich feindselig war.

»Sie haben seinen Sohn niedergeschlagen und Clare beleidigt – oder wenigstens glaubt er das«, hatte Mac gesagt. »Es ist besser, wenn ich ihn über Sie aufkläre. Ich gebe Ihnen einen Brief an ihn mit.«

Waystrand war ein Mann um die Fünfzig, mit einem tiefgefurchten, nußbraunen Gesicht. Er las den Brief langsam, seine Lippen bewegten sich mit den Worten. Dann warf er mir einen schnellen Blick aus harten blauen Augen zu und las ihn sehr aufmerksam noch einmal, um festzustellen, daß er den Inhalt richtig verstanden hatte. Dann sagte er etwas zögernd: »Der alte Mac schreibt, Sie wären in Ordnung.«

Ich atmete langsam aus. »Dazu kann ich nichts sagen, das steht mir nicht zu. Aber ich würde seinem Urteil in den meisten Dingen trauen, meinen Sie nicht?«

Waystrands Gesicht verzog sich zu einem zurückhaltenden Lächeln. »Ich denke schon. Was kann ich für Sie tun?«

»Nicht viel«, antwortete ich. »Ein Platz, wo ich mein Lager aufschlagen kann, und wenn Sie eine Forelle aus dem Bach da drüben entbehren könnten, wäre ich Ihnen dankbar.«

»Die Forelle können Sie gern haben, aber ein Lager brauchen Sie nicht aufzuschlagen. Da drinnen steht ein Bett, wenn Sie es haben wollen. Mein Sohn ist fort.« Ohne zu blinzeln, hielt sein Blick meinen einen Augenblick lang fest.

»Danke«, sagte ich. »Das ist sehr freundlich von Ihnen, Mr. Waystrand.«

Mein Abendessen brauchte ich mir aber doch nicht zu angeln, denn Waystrand kochte ein schmackhaftes Mahl, und wir teilten uns darin. Er war ein gemessener, schweigsamer Mann, dessen Gedanken langsam abliefen, aber das bedeutete nicht, daß er dumm war. Er brauchte nur etwas länger, um zu den richtigen Schlußfolgerungen zu kommen. Das war alles. Nachdem wir gegessen hatten, versuchte ich, ihn auszuhorchen. »Sind Sie schon lange bei Miss Trinavant?«

Er zog an seiner Pfeife und blies ein blasses blaues Rauchwölkchen aus. »Schon eine ganze Zeit«, antwortete er unverbindlich. Ich saß da und sagte nichts, wartete nur darauf, daß die Räder sich drehten. Er rauchte nachdenklich einige Minuten und sagte schließlich: »Ich war schon bei dem alten Herrn.«

»Bei John Trinavant?«

Er nickte. »Ich begann für John Trinavant zu arbeiten, sobald ich aus der Schule kam. Seitdem bin ich immer bei den Trinavants gewesen.«

»Man hat mir gesagt, daß er ein guter Mann war.«

»Man kann sagen, der beste.« Er versank in eine schweigende Betrachtung der Glut in seinem Pfeifenkopf.

»Der Unfall war schrecklich«, sagte ich.

»Welcher Unfall?«

»Ich meine den Autounfall.«

Wieder folgte eine lange Stille, ehe er die Pfeife aus dem Mund nahm. »Manche nennen es wohl einen Unfall, nehme ich an.«

»Ich hielt den Atem an. »Sie etwa nicht?«

»Mr. Trinavant war ein guter Fahrer«, antwortete er. »Er wäre nie auf einer vereisten Straße zu schnell gefahren.«

»Es steht nicht fest, daß er den Wagen gelenkt hat. Seine Frau kann am Steuer gesessen haben oder sein Sohn.«

»Nicht in diesem Wagen«, widersprach Waystrand nachdrücklich. »Es war ein ganz neuer Cadillac, gerade zwei Wochen alt. Mr. Trinavant hätte niemand an das Steuer dieses Wagens gelassen, bis die Maschine richtig eingefahren war.«

»Was ist dann Ihrer Meinung nach geschehen?«

»Um diese Zeit sind viele merkwürdige Dinge passiert«, antwortete er dunkel.

»Was zum Beispiel?« drängte ich.

Er klopfte die Asche aus seiner Pfeife am Stiefelabsatz aus. »Sie stellen eine Menge Fragen, Boyd, und ich sehe nicht ein, warum ich sie beantworten soll, außer daß der alte Mac meint, ich sollte es tun. Ich habe für Sie nicht sehr viel übrig, Boyd, und möchte eins eindeutig klarstellen. Wollen Sie irgend etwas herausfinden, was Miss Trinavant schadet?«

Ich hielt seinem Blick stand. »Nein, Mr. Waystrand, das will ich nicht.«

Er starrte mich noch einen Augenblick lang an und machte dann eine weite Armbewegung. »Dieses ganze Waldland, Hunderttausende von Morgen – Bull Matterson hat alles bekommen, außer dem Stück, das John Miss Trinavant hinterließ. Er hat die Sägemühlen, die Holzschliffwerke, die Bank – einfach alles, was John Trinavant aufgebaut hat. Finden Sie nicht, daß der Unfall im richtigen Augenblick passiert ist?«

Ich war deprimiert. Alles, was Waystrand bieten konnte, war der gleiche unbelegbare Verdacht, der Mac und mich quälte. »Haben Sie Beweise, daß es kein Unfall war? Auch nur den geringsten?« fragte ich.

Er schüttelte schwerfällig den Kopf. »Nichts, was sich vorweisen ließe.«

»Was denkt Cl... Miss Trinavant darüber? Ich meine nicht damals, als es geschah, sondern später.«

»Ich habe mit ihr nicht darüber gesprochen – es kommt mir nicht zu –, und sie hat nichts zu mir gesagt.« Er leerte den Rest der Tabakasche in das Feuer und legte seine Pfeife aufs Kaminsims. »Ich gehe schlafen«, sagte er schroff.

Ich blieb noch eine Weile sitzen, jagte meine Gedanken im Kreis herum und ging dann selbst in dem spärlich möblierten Zimmer, das Jimmy Waystrand gehört hatte, ins Bett. Das Zimmer wirkte trist, weil es genauso unpersönlich war wie irgendein Hotelzimmer; gerade ein Bett, ein primitiver Waschtisch, ein Schrank und ein Regal mit leeren Fächern. Es sah aus, als ob der junge Jimmy endgültig fortgezogen wäre und nichts von seiner Jugend zurückgelassen hätte. Der alte Waystrand tat mir leid.

Am nächsten Tag angelte ich etwas und spaltete Brennholz, weil mir der Holzvorrat zusammengeschrumpft erschien. Beim Klang der Axt kam Waystrand heraus und sah mir zu. Ich hatte mein Hemd ausgezogen, weil ich von der körperlichen Arbeit schwitzte, denn eine Axt zu schwingen ist anstrengend. Waystrand sah mir eine Weile zu und sagte dann: »Sie sind ein kräftiger Mann, aber Sie vergeuden Ihre Kraft. So benutzt man eine Axt nicht.«

Ich stützte mich auf die Axt und grinste ihn an. »Wissen Sie, wie man es besser macht?«

»Klar, geben Sie mal her.« Er nahm die Axt, stand aufrecht vor dem Block und schlug zu. Ein Scheit splitterte ab, dann wieder eines und wieder eins. »Haben Sie's gesehen? Es liegt in der Drehung der Handgelenke.« Er machte es langsam vor, dann gab er mir die Axt wieder. »Versuchen Sie es mal so.«

Ich schlug so zu, wie er mir gezeigt hatte, ziemlich ungeschickt, aber die Arbeit war tatsächlich leichter. »Sie haben Erfahrung im Gebrauch einer Axt«, sagte ich.

»Ich war einmal Holzfäller für Mr. Trinavant, doch das war vor meinem Unfall. Ich wurde unter einem Baumstamm eingeklemmt und verletzte mich am Rücken.« Er lächelte langsam. »Darum lasse ich Sie weiter Holz hacken. Es tut meinem Rücken nicht gut.«

Ich arbeitete eine Zeitlang und fragte dann: »Wissen Sie etwas über den Wert von Holz?«

»Einiges. Ich war Führer einer Kolonne. Dabei habe ich so manches über den Wert aufgeschnappt.«

»Matterson schlägt seinen Teil des Kinoxi Valley kahl«, sagte ich. »Er nimmt alles mit, nicht nur die von der Forstverwaltung zugelassene Quote. Wie hoch ist Ihrer Meinung nach der Wert einer Quadratmeile?«

Er überlegte eine Weile und antwortete schließlich: »Nicht viel unter siebenhunderttausend Dollar.«

»Meinen Sie nicht, daß Miss Trinavant etwas mit ihrem Teil anfangen sollte? Sie verliert ungeheuer viel Geld, wenn die Bäume überflutet werden.«

Er nickte. »Wissen Sie, auf diesem Land ist seit John Trinavants Tod kein Holz mehr geschlagen worden. In den letzten zwölf Jahren haben die Bäume Gewicht angesetzt, und es gibt eine Menge reifer Stämme, die man schon längst hätte fällen sollen. Ich nehme an, daß dieses Land eine Million Dollar je Quadratmeile ergibt, wenn man es völlig abholzt.«

Ich stieß einen Pfiff aus. Ich hatte Clares Verlust unterschätzt. Fünf Millionen Dollar waren eine Menge Geld. »Haben Sie mit ihr darüber gesprochen?«

»Sie ist nicht hier, und man kann nicht mit ihr sprechen.« Er zuckte verlegen mit den Schultern. »Und ich bin kein großer Briefschreiber.«

»Vielleicht sollte ich ihr schreiben«, schlug ich vor. »Wie ist ihre Adresse?«

Waystrand zögerte. »Schreiben Sie an die Bank in Vancouver. Die schicken es an sie weiter.« Er nannte mir die Adresse der Bank.

Ich blieb noch bis zum späten Nachmittag, hackte eine Menge Holz für Waystrand und verfluchte bei jedem Schlag den jungen Jimmy. Dieser junge Hund hatte kein Recht, seinen alten Vater allein zu lassen. Offensichtlich gab es keine Mrs. Waystrand, und es tat einem Manne nicht gut, allein zu sein, besonders wenn er ein Rückenleiden hatte.

Als ich mich verabschiedete, sagte Waystrand: »Wenn Sie meinen

Sohn sehen, können Sie ihm sagen, daß er jederzeit zurückkommen kann.« Er lächelte grimmig. »Das heißt, wenn Sie so nahe an ihn herankommen können, um mit ihm reden zu können, ohne daß er auf Sie losgeht.«

Ich klärte ihn nicht auf, daß ich Jimmy bereits begegnet war. »Ich gebe ihm die Nachricht weiter, wenn ich ihm begegne – und ich werde ihm begegnen.«

»Sie hatten recht, als Sie ihm damals eine Lektion erteilten«, sagte Waystrand. »Ich war damals nicht dieser Meinung, doch nach dem, was Miss Trinavant mir später sagte, hatte er es verdient.« Er streckte seine Hand aus. »Nichts für ungut, Mr. Boyd.«

»Nichts für ungut«, antwortete ich, und wir schüttelten uns die Hand. Ich fuhr mit dem Land-Rover los und holperte die Fahrspur hinunter, ließ Waystrand zurück, der mir nachsah, eine kleiner werdende und recht traurige Gestalt.

Auf der Rückfahrt nach Fort Farrell kam ich schnell vorwärts, aber es war dunkel, als ich den schmalen Weg zu McDougalls Blockhaus erreichte. Auf dem halben Weg, an einer scharfen Kurve, wurde ich von einem Wagen behindert, der im Schlamm steckengeblieben war. Ich konnte mich gerade noch an ihm vorbeischlängeln. Es war ein Lincoln Continental, ein riesiges Traumboot von der Größe eines Schlachtschiffs und ganz gewiß kein Auto für eine Straße wie diese. Es ragte vorn und hinten zu weit vor und mußte bei jedem Buckel auf der Straße Schrammen bekommen. Das Verdeck erschien mir groß genug, um einem Hubschrauber Platz zum Landen zu bieten.

Ich fuhr weiter zu dem Blockhaus und fand dort Licht brennen. Macs alter Chevy war nicht zu entdecken, deshalb fragte ich mich, wer der Besuch wohl sei. Da ich von Natur aus vorsichtig bin und nicht wußte, was für Schwierigkeiten sich in meiner Abwesenheit ergeben haben mochten, hielt ich den Land-Rover leise an und schlich weiter, um erst durch das Fenster zu spähen, ehe ich in das Haus trat.

Vor dem Feuer saß ruhig eine Frau und las in einem Buch. Es war eine Frau, die ich noch nie gesehen hatte.

6

Ich öffnete die Tür, und sie blickte auf. »Mr. Boyd?«

Ich betrachtete sie. Sie wirkte in Fort Farrell so fehl am Platz wie ein Modell aus *Vogue*. Sie war groß und dünn, von der übertriebenen Magerkeit, die modern zu sein scheint. Gott allein weiß, warum. Sie sah aus, als lebte sie von einer Diät aus Kopfsalat und dünnen Schwarzbrotschnitten – ohne Butter. Wenn sie sich zu einem Steak mit Pommes frites niedergesetzt hätte, wäre sie zweifellos an einer Überlastung ihres unbenutzten Verdauungssystems eingegangen. Von Kopf bis Fuß bot sie das Bild einer Welt, von der die guten Leute in Fort Farrell wenig wußten: die verjazzte Welt des Mitmachens der Sechzigerjahre, von dem straffen langen Haar bis zu dem Minirock und den faltigen Lacklederstiefeln. Das ist keine Welt, die mir besonders zusagt, aber ich bin vielleicht altmodisch. Jedenfalls paßte der Klein-Mädchen-Stil ganz bestimmt nicht zu dieser Frau, die wahrscheinlich Mitte Dreißig war.

»Ja, ich bin Boyd.«

Sie stand auf. »Ich bin Mrs. Atherton«, sagte sie. »Ich bitte um Entschuldigung für mein Eindringen, aber das macht hier jeder so.«

Ich hielt sie für eine Kanadierin, die englischen Akzent nachäffte. »Was kann ich für Sie tun, Mrs. Atherton?«

»Oh, es geht nicht darum, was Sie für mich tun können – es geht darum, was ich für Sie tun kann. Ich habe gehört, daß Sie hier wohnen, und kam vorbei, um zu sehen, ob ich Ihnen nicht helfen kann, rein aus nachbarschaftlichen Gefühlen, verstehen Sie.«

Sie sah so nachbarschaftlich aus wie Brigitte Bardot. »Sehr freundlich, daß Sie sich die Mühe machen«, antwortete ich. »Aber ich glaube nicht, daß es notwendig ist. Ich bin erwachsen, Mrs. Atherton.«

Sie betrachtete mich von oben bis unten. »Das kann man wohl sagen«, meinte sie bewundernd. »Meine Güte, Sie sind wirklich groß.«

Ich bemerkte, daß sie sich mit Macs Scotch bedient hatte. »Nehmen Sie doch noch einen Drink«, forderte ich sie ironisch auf.

»Danke, ich glaube, das werde ich tun«, antwortete sie nonchalant. »Wollen Sie mir nicht Gesellschaft leisten?«

Mir kam der Verdacht, daß es gar nicht so leicht sein würde, sie loszuwerden. Mit einer Frau, die sich nicht beleidigen läßt, kann man nichts anderes tun, als sie handgreiflich hinauszuwerfen, und das ist nicht mein Stil. »Nein, ich habe jetzt keinen Appetit«, antwortete ich.

»Ganz wie Sie wollen«, sagte sie gelassen und goß sich einen kräftigen Schluck von Macs eifersüchtig gehütetem *Islay Mist* ein. »Werden Sie lange in Fort Farrell bleiben, Mr. Boyd?«

Ich setzte mich. »Warum fragen Sie?«

»Oh, Sie ahnen nicht, wie sehr ich mich darauf freue, in diesem Nest ein neues Gesicht zu sehen. Ich weiß nicht, warum ich hier bleibe, ich weiß es wirklich nicht –«

Behutsam fragte ich: »Arbeitet Mr. Atherton in Fort Farrell?«

Sie lachte. »Es gibt keinen Mr. Atherton – jetzt nicht mehr.«

»Das tut mir leid.«

»Es braucht Ihnen nicht leid zu tun. Er ist nicht tot – nur geschieden.« Sie schlug ihre Beine übereinander und gab mir ihre Oberschenkel zur Besichtigung frei. Diese Miniröcke verhüllen nicht viel, doch für mich ist ein weibliches Knie ein Gelenk und kein Artikel zur öffentlichen Schaustellung. Damit vergeudete sie nur ihre Zeit. »Für wen arbeiten Sie?« fragte sie mich.

»Ich bin freiberuflicher Geologe«, antwortete ich.

»Meine Güte, ein Techniker. Also gut, sprechen Sie nicht darüber, es geht bestimmt weit über meinen Horizont.«

Ich fragte mich, worin die Nachbarschaftshilfe bestehen solle. Macs Blockhaus lag weitab von allen befahrenen Straßen, und es mußte schon ein sehr guter Samariter sein, der in die Wälder außerhalb von Fort Farrell vordrang, um Trost und Hilfe zu bringen, besonders wenn damit verbunden war, einen Continental in den Graben zu fahren. Auf Mrs. Atherton schien die Rolle nicht ganz zu passen.

»Wonach suchen Sie?« fragte sie. »Nach Uran?«

»Vielleicht das. Irgend etwas, das sich verkaufen läßt.« Wieso war sie auf Uran gekommen, überlegte ich. Irgend etwas klickte in meinem Kopf, und ein Warnsignal ertönte.

»Mir hat man gesagt, daß das Gelände hier recht gründlich erforscht ist. Vielleicht verschwenden Sie Ihre Zeit.« Sie lachte trillernd und bedachte mich mit einem strahlenden Lächeln. »Aber von diesen technischen Dingen verstehe ich überhaupt nichts. Ich weiß nur, was man mir gesagt hat.«

Ich lächelte verbindlich zurück. »Nun, Mrs. Atherton, ich ziehe es vor, meinen eigenen Augen zu trauen. Sie müssen wissen, ich bin nicht ohne Erfahrung.«

Sie warf mir einen unglaublich scheuen Blick zu. »Davon bin ich überzeugt.« Sie trank das zweite Drittel aus ihrem Glas. »Interessieren Sie sich für Geschichte, Mr. Boyd?«

Auf diesen Themenwechsel war ich nicht vorbereitet und sah sie verständnislos an. »Darüber habe ich noch nie nachgedacht. Welche Art Geschichte meinen Sie?«

Sie ließ den Scotch in ihrem Glas kreisen. »In Fort Farrell muß man etwas unternehmen, oder man wird völlig verrückt«, antwortete sie. »Ich überlege, ob ich der historischen Gesellschaft von Fort Farrell beitreten soll. Mrs. Davenant ist Präsidentin. Haben Sie sie schon kennengelernt?«

»Nein, ich bin ihr noch nicht begegnet.« Ich konnte um alles in der Welt nicht erkennen, wohin diese Unterhaltung führen sollte. Doch wenn Mrs. Atherton sich für Geschichte interessierte, dann war ich eine ringelschwänzige Meerkatze.

»Sie werden es nicht glauben, aber eigentlich bin ich ein schüchterner Mensch«, sagte sie. Sie hatte völlig recht – das glaubte ich ihr nicht. »Ich möchte der Gesellschaft nicht allein beitreten, ich meine als Neuling unter all diese erfahrenen Leute. Doch wenn jemand mit mir einträte, der mich unterstützt, wäre es etwas anderes.«

»Und Sie wünschen von mir, daß ich in die historische Gesellschaft eintrete?«

»Ich habe gehört, Fort Farrell soll eine interessante Geschichte haben. Wußten Sie, daß es von einem Lieutenant Farrell vor langer Zeit im Jahr ... oh ... eben vor langer Zeit gegründet wurde? Und er wurde von einem Mann namens Trinavant unterstützt, und die Familie Trinavant hat diese Stadt wirklich aufgebaut.«

»Tatsächlich?« erwiderte ich trocken.

»Es ist ein Jammer um die Trinavants«, meinte sie beiläufig. »Die ganze Familie wurde vor nicht sehr langer Zeit ausgelöscht. Ist es nicht bedauerlich, daß eine Familie, die eine ganze Stadt aufgebaut hat, so verschwinden sollte?«

Wieder machte es klick in meinem Kopf, und diesmal schrillte die warnende Klingel so laut, daß es mich fast taub machte. Mrs. Atherton war der erste Mensch, der das Thema der Trinavants von sich aus anschnitt. Alle anderen mußten dazu gedrängt werden. Ich überlegte, was sie bisher gesagt hatte, und erkannte, daß sie versucht hatte, mich unverhohlen abzuschrecken. Außerdem hatte sie das Thema Uran zur Sprache gebracht. Ich hatte die Bauarbeiter am Damm zu der Meinung verleitet, daß ich nach Uran suchte.

»Aber die ganze Familie ist doch nicht ausgelöscht worden. Gibt es nicht noch eine Miss Clare Trinavant?« erwiderte ich.

Sie schien verblüfft zu sein. »Ich glaube ja«, gab sie knapp zurück. »Doch soviel ich weiß, ist sie keine richtige Trinavant.«

»Kannten Sie die Trinavants?« fragte ich.

»Aber ja«, bestätigte sie eifrig – zu eifrig. »Ich habe John Trinavant sehr gut gekannt.«

Ich beschloß, sie zu enttäuschen und stand auf. »Tut mir leid, Mrs. Atherton, ich glaube nicht, daß die Lokalgeschichte für mich von Interesse ist. Ich bin ein reiner Techniker, und Geschichte liegt nicht auf meiner Linie.« Ich lächelte. »Es könnte anders werden, wenn ich in Fort Farrell Wurzeln schlagen sollte. Dann könnte ich daran Interesse finden – aber ich bin ein Nomade, müssen Sie wissen, ich bleibe auf Wanderschaft.«

Sie sah mich unsicher an. »Dann bleiben Sie nicht lange in Fort Farrell?«

»Das hängt davon ab, was ich finde«, antwortete ich. »Nach dem, was Sie mir sagen, finde ich vielleicht nicht viel. Für diese Information bin ich Ihnen dankbar, obwohl sie nicht ermutigend ist.«

Jetzt schien sie ratlos zu sein. »Dann wollen Sie also der historischen Gesellschaft nicht beitreten«, sagte sie enttäuscht. »Sie interessieren sich nicht für Lieutenant Farrell und die Trinavants und ... nun, die anderen, die aus diesem Ort etwas gemacht haben.«

»Warum sollte mich das auch interessieren?« fragte ich unverblümt.

Sie stand auf. »Ja natürlich. Ich verstehe. Ich hätte Sie nicht darum bitten sollen. Nun, Mr. Boyd, falls Sie irgend etwas brauchen, fragen Sie mich nur, und ich will versuchen, Ihnen zu helfen.«

»Wie kann ich Sie erreichen?« fragte ich nüchtern.

»Oh ... nun ... der Portier im Matterson House Hotel wird wissen, wo ich zu finden bin.«

»Ich bin sicher, daß ich Sie um Ihre Hilfe bitten werde«, sagte ich und griff nach ihrem Pelz, der über einem Stuhl lag. Ich half ihr in den Mantel und entdeckte einen Briefumschlag auf dem Kaminsims. Er war an mich adressiert.

Ich öffnete ihn und fand darin eine Zeile von McDougall: KOMMEN SIE IN MEINE WOHNUNG, SOBALD SIE ZURÜCK SIND.

MAC.

»Sie werden Hilfe brauchen, Ihren Wagen wieder auf die Straße zu bekommen, Mrs. Atherton«, sagte ich. »Ich werde mein Fahrzeug holen und Sie anschieben.«

Sie lächelte. »Es scheint, daß Sie mir mehr helfen als ich Ihnen, Mr. Boyd.« Sie schwankte unsicher auf den hohen Absätzen ihrer Stiefel und lehnte sich kurz gegen mich.

Ich grinste sie an. »Nur Nachbarschaftshilfe, Mrs. Atherton. Es ist nichts als Nachbarschaftshilfe.«

Ich hielt vor der dunkelliegenden Fassade des *Recorder* an und sah Licht oben in der Wohnung, und als ich dort eintrat, erlebte ich eine große Überraschung.

In dem großen Sessel gegenüber der Tür saß Clare Trinavant. Die Wohnung war in einem wüsten Durcheinander, der Inhalt der Schränke und Schubladen lag auf dem Boden verstreut. McDougall drehte sich um, als ich die Tür öffnete, und blieb mit einem Stoß Hemden in den Händen stehen.

Clare sah mich ausdruckslos an. »Hallo, Boyd.«

Ich lächelte ihr zu. »Willkommen zu Hause, Trinavant.« Ich war überrascht, wie sehr es mich freute, sie zu sehen.

»Mac hat mir gesagt, daß ich mich bei Ihnen entschuldigen muß«, sagte sie.

Ich runzelte die Stirn. »Ich weiß nicht, weswegen Sie sich entschuldigen sollten.«

»Ich habe ein paar ziemlich böse Dinge über Sie gesagt, nachdem Sie Fort Farrell verlassen hatten. Ich habe gerade erfahren, daß sie ungerechtfertigt waren, und daß Howard Matterson und Jimmy Waystrand zusammen diese niederträchtige Geschichte ausgeheckt haben. Es tut mir leid.«

Ich zuckte die Schultern. »Mich berührt das nicht. Es tut mir Ihretwegen leid, daß es dazu kam.«

Sie lächelte boshaft. »Denken Sie an meinen Ruf? In Fort Farrel habe ich keinen Ruf. Ich bin dieses merkwürdige Weib, das nach Übersee fährt, um Töpfe auszugraben, und sich lieber mit schmutzigen Arabern einläßt als mit guten, anständigen Christen.«

Ich blickte auf das Durcheinander auf dem Fußboden. »Was geht denn hier vor?«

»Ich bin gefeuert worden«, sagte McDougall nüchtern. »Jimson hat mich heute nachmittag ausbezahlt und mir gesagt, daß ich noch vor morgen früh aus der Wohnung verschwinden soll. Ich würde gern Ihren Land-Rover benutzen.«

»Selbstverständlich«, stimmte ich zu. »Das tut mir leid, Mac.«

»Mir nicht«, antwortete er. »Sie müssen den alten Bull an einer Stelle getroffen haben, wo es schmerzte.«

Ich sah Clare an. »Was hat Sie zurückgebracht? Ich war im Begriff, Ihnen zu schreiben.«

Ein freches Grinsen trat auf ihr Gesicht. »Erinnern Sie sich an die Geschichte, die Sie mir erzählt haben? Von dem Mann, der an ein Dutzend seiner Freunde das Telegramm schickt: ›Flieht, alles ist entdeckt‹?« Sie nickte in Macs Richtung und wühlte in der Tasche ihres Tweedrocks. »Ein Pseudoschotte namens Hamish McDougall kann auch aufregende Telegramme verfassen.« Sie entfaltete ein Papier und las vor: »WENN SIE IHREN SEELENFRIEDEN SCHÄTZEN, KOMMEN SIE SCHNELL ZURÜCK. Was halten Sie davon, um einen neugierig zu machen?«

»Es hat Sie sehr schnell hierhergebracht«, meinte ich, »aber die Idee stammt nicht von mir.«

»Ich weiß. Mac hat es mir gesagt. Ich war in London, um in der Bibliothek des Britischen Museums einiges nachzuschlagen. Mac wußte, wo er mich erreichen konnte. Ich habe das erste Flugzeug herüber genommen.« Sie machte eine Handbewegung. »Setzen Sie sich, Bob. Wir müssen uns ernsthaft unterhalten.«

Als ich mir einen Stuhl heranzog, sagte Mac: »Ich habe Clare Ihre Geschichte erzählt, mein Junge.«

»Alles?«

Er nickte. »Sie mußte es erfahren. Ich finde, sie hat ein Recht darauf. John Trinavant war ihr nächster Verwandter – und Sie waren in dem Wagen, als er ums Leben kam.«

Das behagte mir nicht sehr. Ich hatte Mac meine Geschichte vertraulich erzählt, und der Gedanke, daß sie weiterverbreitet wurde, gefiel mir nicht. Es war keine Lebensgeschichte, für die viele Verständnis aufbringen würden.

Clare beobachtete meinen Gesichtsausdruck. »Keine Sorge, wird nicht weitererzählt. Das habe ich Mac sehr deutlich klargemacht. Doch jetzt als erstes, warum wollten Sie mir schreiben?«

»Wegen des Holzes auf ihrem Land im nördlichen Kinoxi Valley. Wissen Sie, wieviel es wert ist?«

»Darüber habe ich nicht nachgedacht«, gab sie zu. »Ich interessiere mich nicht für Holz. Ich weiß nur eines, nämlich, daß Matterson nicht einen Cent daran verdienen wird.«

»Ich habe mit Ihrem Mr. Waystrand darüber gesprochen«, sagte ich. »Ich habe einen Überschlag gemacht, und er hat ihn bestätigt oder vielmehr mir gesagt, daß ich völlig danebenlag. Wenn Sie diese Bäume nicht fällen lassen, verlieren Sie fünf Millionen Dollar.«

Ihre Augen weiteten sich. »Fünf Millionen Dollar!« hauchte sie. »Aber das ist doch nicht möglich.«

»Was soll daran nicht möglich sein?« fragte Mac. »Es geht um einen Kahlschlag, um jeden Baum. Hören Sie, Bob hat mir einiges erklärt, und ich prüfte es in den Statistiken nach. Das normale von der Forstverwaltung kontrollierte Ausholzen ist sehr spärlich; nur ein halbes Prozent des verwendbaren Holzes wird genommen, und das gibt einen Erlös von etwa fünftausend Dollar pro Quadratmeile. Das Kinoxi Valley wird bis auf den letzten Stamm kahlgeschlagen, wie man es damals um die Jahrhundertwende machte. Bob hat recht.«

Rosa Flecke glühten auf ihren Wangen. »Dieser geizige Schweinehund«, stieß sie wütend aus.

»Wer?«

»Donner. Er hat mir zweihunderttausend Dollar für das Abholzrecht geboten, und ich antwortete, er solle in den Matterson-See springen, sobald der tief genug sei, daß er ertrinken würde.«

Ich sah Mac an, der die Schultern hob. »Da haben Sie Donner«, bestätigte er.

»Einen Augenblick«, unterbrach ich. »Hat er den Preis überhaupt nicht gesteigert?«

Sie schüttelte den Kopf. »Dazu hatte er keine Zeit. Ich habe ihn hinausgeworfen.«

»Matterson wird die Bäume nicht überschwemmen lassen, wenn er es verhindern kann«, sagte ich. »Nicht, wenn er daran Geld verdienen kann. Ich wette, daß es nicht lange dauern wird, bis er Ihnen ein neues Angebot macht. Begnügen Sie sich aber mit keinem Cent weniger als vier Millionen, Clare. Dann verdient er immer noch genug.«

»Ich weiß nicht, was ich tun soll«, antwortete sie. »Ich will auf keinen Fall Matterson zu Geld verhelfen.«

»Seien Sie darin nicht sentimental«, sagte ich. »Nehmen Sie von ihm soviel, wie Sie kriegen können, und überlegen Sie dann, wie Sie ihn fertigmachen können, sobald Sie sein Geld haben. Jemand, der Matterson nicht leiden kann, könnte ihm sehr schaden, wenn er ein paar Millionen Dollar einzusetzen hat. Sie brauchen das Geld ja nicht zu behalten, wenn es Ihnen schmutzig erscheint.«

Sie lachte. »Sie haben eine originelle Phantasie, Bob.«

Mir kam ein Gedanke. »Kennt einer von Ihnen eine Mrs. Atherton?«

Macs Augenbrauen krochen wie zwei weiße pelzige Raupen auf seiner Stirn hinauf, bis sie den Haaransatz erreichten. »Lucy Atherton? Wo, zum Teufel, sind Sie ihr begegnet?«

»In Ihrem Blockhaus.«

Für einen Augenblick war er sprachlos und schluckte wie ein Truthahn. Ich blickte zu Clare, die erklärte: »Lucy Atherton ist Howards Schwester. Sie ist eine Matterson.«

Verständnis kam mir weniger wie die Morgendämmerung als vielmehr wie ein Blitzschlag. »Das war also ihr Spiel. Sie versuchte herauszubekommen, wie sehr ich mich für die Trinavants interessiere. Sie kam damit aber nicht sehr weit.«

Ich berichtete ihnen von meiner Begegnung, und als ich geendet hatte, sagte Mac: »Diese Mattersons sind gerissen. Sie wußte, daß ich nicht in dem Blockhaus sein konnte, weil ich hier ausziehen muß. Und sie wußte auch, daß Sie nicht wissen konnten, wer sie ist. Der alte Bull hat sie zur Erkundung ausgeschickt.«

»Erzählen Sie mir mehr von ihr.«

»Sie steht zwischen zwei Ehen«, begann Mac. »Atherton war ihr zweiter Mann, glaube ich, und sie hat sich vor etwa sechs Monaten von ihm scheiden lassen. Es überrascht mich, daß sie hier ist. Im allgemeinen halten die gesellschaftlichen Mittelpunkte sie fest – New York, Miami, Las Vegas. Und nach dem, was ich gehört habe, könnte sie eine Nymphomanin sein.«

»Sie ist wie eine läufige Hündin«, sagte Clare ruhig und gelassen.

Darüber dachte ich nach. Nachdem ich den Continental aus dem Schlamm geschoben hatte, war es mir höllisch schwergefallen, sie daran zu hindern, mich zu vergewaltigen. Nicht, daß ich empfindungslos wäre, aber sie war so verdammt dünn, daß ein Mann sich an ihren Knochen wundstoßen konnte, und auf jeden Fall treffe ich hin und wieder meine Wahl selbst.

»Jetzt wissen wir, daß Bull sich Sorgen macht«, sagte Mac befriedigt. »Das Komische daran ist, daß es ihm gleichgültig zu sein scheint, ob wir es wissen. Er muß vorausgesehen haben, daß Sie mich nach Lucy Atherton fragen würden.«

»Darüber können wir uns später den Kopf zerbrechen«, sagte ich. »Es wird spät, und wir müssen Ihre Sachen zu dem Blockhaus schaffen.«

»Sie kommen besser mit uns, Clare«, schlug Mac vor. »Sie können Bobs Bett haben, und der junge Herr kann heute nacht in den Wäldern schlafen.«

Clare stieß mir mit dem Zeigefinger gegen die Brust, und daran erkannte ich, daß sie schon sehr geschickt darin war, meinen Gesichtsausdruck zu deuten. »Um meinen Ruf kümmere ich mich selbst, Boyd. Haben Sie geglaubt, ich würde im Matterson House übernachten?« fragte sie bissig.

Ich wechselte mit lautem Knacken den Gang, als ich zu dem Blockhaus hinauffuhr, und es antwortete ein Rascheln von Blättern am Straßenrand und die Geräusche von etwas Schwerem, das sich entfernte. »Das ist komisch«, sagte Mac verblüfft. »Hier hat sich noch nie Wild gezeigt.«

Die Scheinwerfer hetzten über die Vorderseite des Blockhauses, und ich erkannte eine Gestalt, die in Deckung ging. »Das ist kein Wild«, sagte ich und sprang aus dem Land-Rover, noch ehe er stand. Ich jagte hinter dem Mann her, hielt aber inne, als ich aus dem Blockhaus heraus das Splittern von Glas hörte, und wirbelte herum, um durch die Tür zu springen. Ich stieß mit jemand zusammen, der um sich schlug, aber es gehört eine Menge dazu, einen Mann meiner Größe aufzuhalten, und ich trieb ihn rein durch mein Gewicht und meinen Schwung zurück. Er wich aus und verschwand im Dunkeln des Blockhauses. Ich griff in meine Tasche nach Streichhölzern. Doch dann nahm ich den beißenden Gestank von Petroleum wahr, der mir so scharf in die Kehle stieg, daß ich erkannte, das ganze Haus mußte damit getränkt worden sein, und ein Streichholz anreißen würde dem Anzünden einer Zigarre in einem Pulvermagazin gleichkommen.

In der Dunkelheit vor mir bewegte sich etwas, und dann hörte ich das Knirschen von Macs Schritten näherkommen. »Bleiben Sie draußen, Mac«, rief ich.

Meine Augen gewöhnten sich an die Dunkelheit innen, und ich konnte den hellen Fleck eines Fensters an der Rückwand des Blockhauses sehen. Ich duckte mich auf ein Knie und sah mich langsam um. Tatsächlich, der helle Fleck wurde für einen Augenblick verdunkelt, als sich jemand davor vorbeibewegte, und damit hatte ich meinen Mann lokalisiert. Er bewegte sich von links nach rechts, versuchte unbemerkt zur Tür zu gelangen. Ich sprang auf die Stelle zu, wo ich seine Beine vermutete, und bekam ihn zu packen. Er stolperte über mich, fiel aber nicht zu Boden.

Dann spürte ich einen scharfen Schmerz in der Schulter und mußte loslassen, und ehe ich mich beiseitewälzen konnte, traf ein Stiefel mein Gesicht. Als ich zur Tür taumelte, verklangen in der Ferne nur noch laufende Schritte, und ich sah Clare sich über eine ausgestreckte Gestalt beugen.

Es war Mac. Er hob sich benommen auf die Füße, als ich näherkam. »Fehlt Ihnen etwas?«

Er hielt sich den Bauch. »Er hat ... mich in den Leib gerammt ...«, flüsterte er schmerzlich. »Es hat mir die Luft genommen.«

»Machen Sie langsam«, riet ich.

»Wir bringen ihn am besten ins Haus«, meinte Clare.

»Bleiben Sie von dort weg«, befahl ich schroff. »Das kann wie eine Bombe in die Luft gehen. In dem Land-Rover ist eine Taschenlampe. Wollen Sie die bitte holen?«

Sie ging, und ich führte Mac ein paar Schritte zu einem Baumstumpf, auf den er sich setzen konnte. Er keuchte wie eine alte Dampfmaschine, und ich verfluchte den Mann, der ihm das angetan hatte.

Clare kam mit der Lampe zurück und leuchtete mich damit an. »Mein Gott«, rief sie aus. »Was ist mir Ihrem Gesicht passiert?«

»Ich bekam einen Tritt. Geben Sie mir die Lampe.« Ich ging zum Blockhaus und sah mich darin um. Der Kerosin-Gestank nahm mir den Atem, und ich sah auch, warum. Der Raum war verwüstet: alle Laken und Decken von den Betten gerissen, die Matratzen aufgeschlitzt und die Füllung herausgerissen. Das war alles mitten auf dem Boden aufgehäuft und mit Petroleum getränkt. Es mußten fünf Gallonen gewesen sein, denn der ganze Boden schwamm davon.

Ich suchte eine Laterne und einige Dosen aus der Speisekammer zusammen und ging zu den anderen hinaus. »Wir müssen draußen kampieren«, sagte ich. »Das Blockhaus zu benutzen, ist zu gefährlich, ehe wir saubergemacht haben. Ein Glück, daß ich den Wagen noch nicht abgeladen hatte. Dadurch haben wir noch Decken.«

Mac ging es besser, und er atmete leichter. Er fragte: »Was ist mit dem Haus los?«

Ich erklärte es ihm, und er fluchte wild, bis er sich erinnerte, daß Clare neben ihm stand. »Entschuldigung«, murmelte er. »Ich habe mich gehenlassen.«

Sie lachte leise. »So habe ich nicht mehr fluchen hören, seit Onkel John starb. Wer kann das nur getan haben, Bob?«

»Ich weiß es nicht. Ich habe kein Gesicht erkannt. Aber die Mattersons handeln schnell. Mrs. Atherton erstattete Bericht, und Matterson reagierte sofort.«

»Wir sollten das der Polizei melden«, meinte sie.

Mac grunzte. »Das wird schon etwas nützen«, sagte er angewidert. »Wir haben nicht gesehen, wer es war, und haben keine Beweise, daß Matterson dahintersteckt. Jedenfalls kann ich mir nicht vorstellen, daß die Polizei sich mit Bull Matterson einläßt. Er hat zuviel Einfluß, als daß er sich von Sergeant Gibbons einschüchtern ließe.«

»Soll das heißen, daß Gibbons wie alle anderen gekauft ist?« fragte ich.

»Es heißt nichts dergleichen«, antwortete Mac. »Gibbons ist ein anständiger Kerl, aber er braucht handgreifliche Beweise, ehe er auch nur mit Matterson spricht. Und was für Beweise haben wir? Keinen, den Gibbons gebrauchen kann. Das steht fest.«

»Wir wollen ein Lager aufschlagen und dann darüber reden«, sagte ich. »Nicht allzunahe bei dem Blockhaus.«

Wir kampierten auf einer Lichtung, eine viertel Meile von dem Blockhaus entfernt. Ich entzündete die Laterne und machte Feuer. Meine linke Schulter schmerzte, und als ich meine Hand darauf legte, war sie klebrig vom Blut. Alarmiert fragte Clare: »Was ist passiert?«

Ich sah verblüfft auf das Blut. »Mein Gott, ich glaube, ich habe eine Stichwunde.«

Am nächsten Morgen ließ ich Clare und Mac zurück, die das Blockhaus saubermachten. Ich selbst wollte nach Fort Farrell. Die Wunde an meiner Schulter war nicht sehr schlimm. Es war ein sauberer Schnitt im Fleisch, den Clare ohne große Schwierigkeiten verbunden hatte. Die Schulter schmerzte und war steif, behinderte mich aber nicht sehr, sobald die Blutung gestillt war.

»Wo wollen Sie hin?« fragte Mac.

»Einen Besuch machen«, antwortete ich kurz angebunden.

»Bringen Sie sich nicht in Schwierigkeiten, verstehen Sie mich?«

»Es wird für mich keine Schwierigkeiten geben«, versprach ich.

Die Benzinpumpe funktionierte nicht richtig, darum brachte ich den Land-Rover zu Clarry Summerskill, ging dann die Straße entlang zur Polizeistation und stellte fest, daß Sergeant Gibbons nicht in Fort Farrell war. Daran war nichts Ungewöhnliches. Ein Sergeant der Königlichen Kanadischen Berittenen Polizei in einem ländlichen Bezirk hat ein großes Gebiet zu betreuen, und das von Gibbons war größer als die meisten.

Der Constabler hörte sich an, was ich ihm zu sagen hatte, und er runzelte die Stirn, als ich ihm von der Stichwunde berichtete. »Haben Sie diese Männer erkannt?«

Ich schüttelte den Kopf. »Es war zu dunkel.«

»Haben Sie oder Mac Dougall irgendwelche Feinde?«

Zurückhaltend antwortete ich: »Sie könnten feststellen, daß diese Leute im Dienst der Mattersons stehen.«

Das Gesicht des Constablers wurde verschlossen, als ob ein Vorhang zugezogen worden wäre. Vorsichtig sagte er: »Das kann man von der halben Bevölkerung von Fort Farrell sagen. Also gut, Mr. Boyd, ich werde der Sache nachgehen. Wenn Sie für die Akten eine schriftliche Anzeige machten, wäre ich Ihnen verbunden.«

»Ich schicke sie Ihnen zu«, sagte ich mürrisch. Mir war klar, daß ich ohne handgreifliche Beweise nicht weiterkommen würde. »Wann soll Sergeant Gibbons zurückkommen?«

»In zwei Tagen. Ich werde dafür sorgen, daß er von der Sache unterrichtet wird.«

Darauf will ich gern wetten, dachte ich verbittert. Der Constabler würde ein so heißes Eisen nur zu gern an den Sergeant weitergeben. Der Sergeant würde meine Anzeige lesen, herumhorchen, nichts erfahren und die ganze Sache auf sich beruhen lassen. Unter den herrschenden Umständen konnte man ihm daraus keinen Vorwurf machen.

Ich verließ die Polizeistation und überquerte die Straße zum Matterson Building. Die erste Person, die ich im Foyer sah, war Mrs. Atherton. »Hallo«, begrüßte sie mich fröhlich. »Wo wollen Sie hin?«

Ich blickte ihr in die Augen. »Ich gehe nach oben, um Ihrem Bruder das Gedärm auszureißen.«

Sie praktizierte ihr trillerndes Lachen. »Das täte ich nicht. Wissen Sie, er hat sich einen Leibwächter zugelegt. Sie werden nicht an ihn herankommen.« Sie betrachtete mich abschätzend. »Der alte Schotte hat also über mich gesprochen.«

»Er hat nichts gesagt, was Ihnen zum Lobe gereicht«, antwortete ich.

»Ich würde wirklich nicht zu Howard hinaufgehen«, sagte sie, als ich mich wieder zum Fahrstuhl wendete. »Es wird Ihnen nicht gut bekommen, aus dem achten Stock heruntergeworfen zu werden. Außerdem will der alte Herr Sie sehen. Deshalb bin ich hier. Ich habe auf Sie gewartet.«

»Bull Matterson will mich sehen?«

»Ganz richtig. Er hat mich ausgeschickt, Sie zu holen.«

»Wenn er mich sprechen will, ich bin oft genug hier in der Stadt«, antwortete ich. »Wenn er will, kann er mich finden.«

»Ist das eine Art und Weise, einen alten Mann zu behandeln?« fragte sie. »Mein Vater ist siebenundsiebzig, Mr. Boyd. Er geht in letzter Zeit nicht mehr viel aus.«

Ich strich mir über das Kinn. »Das braucht er auch nicht, oder? Er hat doch seine Leute, die seine Aufträge erledigen. Also gut, Mrs. Atherton, ich komme mit Ihnen zu ihm.«

Sie lächelte süßlich. »Ich wußte, daß Sie vernünftig sein werden. Ich habe draußen meinen Wagen.«

Wir stiegen in den Continental und fuhren aus der Stadt nach Süden. Zuerst dachte ich, es ginge zum Seeufer, dem Teil von Fort Farrell, der einem Wohnviertel der oberen Klasse am nächsten kommt, aber wir fuhren hindurch und weiter nach Süden. Dann wurde mir bewußt, daß Bull Matterson sich nicht als einen leitenden Angestellten betrachtete und nur als zur Oberschicht gehörend ansah. Er war König und hatte sich einen seinem Status angemessenen Palast gebaut.

Unterwegs sagte Mrs. Atherton nicht viel – nichts mehr, nachdem ich ihr grob das Wort abgeschnitten hatte. Ich war nicht in der Laune, mir ihr Geschwätz anzuhören, und machte das sehr deutlich. Es schien sie nicht zu berühren. Sie rauchte eine Zigarette nach der anderen und steuerte den Wagen mit einer Hand. Eine Frau in einem Minirock, die einen großen Wagen lenkt, läßt der Phantasie nicht mehr viel übrig, und auch das beunruhigte sie nicht. Aber sie bildete sich wohl ein, es beunruhige mich, denn sie warf mir aus den Augenwinkeln ständig listige Seitenblicke zu.

Mattersons Palast war die Nachbildung eines französischen Châteaus, nicht viel größer als das Château Frontenac in Quebec, und vermittelte mir eine Ahnung davon, welcher Typ Mensch er war. Er war ein Typ, von dem ich geglaubt hatte, daß er im 19. Jahrhundert ausgestorben sei, ein Räuberbaron aus der Ära von Jim Fisk, der sich eine Eisenbahn oder einen Konzern einverleiben konnte und das Geld verwendete, um die Schätze Europas an sich zu bringen. Es erschien unglaublich, daß solche Männer in der Mitte des 20. Jahrhunderts noch existieren konnten, aber sein allzu pompöses Schloß bot den Beweis.

Wir kamen in eine Halle von den Ausmaßen eines mittelgroßen Fußballplatzes, die mit Rüstungen und anderen Staffagen überladen war. Waren es etwa Fälschungen? Ich wußte es nicht, und eigentlich war das auch gleichgültig – Fälschungen oder nicht, sie beleuchteten Mattersons Charakter. Wir ignorierten das riesige geschwungene Treppenhaus und nahmen einen Fahrstuhl, der unauffällig in einer Ecke versteckt lag. Er war nicht sehr geräumig, und Mrs. Atherton nahm die Gelegenheit zu einem Übergriff auf mich während der Fahrt wahr. Sie drängte sich an mich und sagte in vorwurfsvollem Ton: »Sie sind nicht sehr nett zu mir, Mr. Boyd.«

»Ich habe auch nicht gern Umgang mit Klapperschlangen«, bemerkte ich.

Sie schlug mir ins Gesicht, und ich schlug zurück. Ich bin bereit, dieses ganze alberne Spiel mit dem schwachen Geschlecht so lange mitzumachen, wie es schwach bleibt. Sobald es aber handgreiflich wird, gilt keine Regel mehr. Sie können ja nicht beides haben, oder etwa doch? Ich schlug nicht fest zu – gerade so sehr, daß ihre Zähne klapperten –, aber es kam ihr unerwartet, und sie starrte mich konsterniert an. In ihrer Welt war sie gewöhnt, Männer nach Belieben zu ohrfeigen, die es wie Gentlemen hinnahmen, doch diesmal hatte sich eins der armen hypnotisierten Kaninchen zur Wehr gesetzt und sie gebissen.

Die Fahrstuhltür glitt lautlos auf. Sie rannte hinaus und deutete durch den Gang. »Da hinein, Sie verdammter Kerl«, zischte sie mit gepreßter Stimme und eilte in der entgegengesetzten Richtung davon.

Die Tür öffnete sich zu einem Arbeitszimmer, dessen Wände von Büchern bedeckt waren und in dem Grabesstille herrschte. Für die Einbände dieser Bücher mußte eine ganze Menge guter Kühe geschlachtet worden sein, und ich fragte mich, ob ihr sanfter brauner Glanz daher stamme, daß sie viel gelesen wurden oder daß sie jeden Tag zur gleichen Zeit zusammen mit den Schuhen ihres Herrn poliert wurden. Hohe Fenster in der gegenüberliegenden Wand reichten vom Boden bis zur Decke, und vor den Fenstern stand ein großer Schreibtisch. Seine Platte war mit grünem, goldgeprägtem Leder überzogen.

Hinter dem Schreibtisch saß ein Mann – Bull Matterson.

Ich wußte, daß er fünf Jahre älter als McDougall war, aber er sah fünf Jahre jünger aus. Ein rüstiger Mann mit einem gesträubten, aber militärisch gestutzten Schnurrbart in der Farbe von gerade gebrochenem Gußeisen, die der seines Haars entsprach. Er war ein großer Mann, breitschultrig und mit kräftigem Körper, noch muskulös und noch nicht fett geworden. Ich vermutete, daß er noch Sport trieb. Die einzigen Anzeichen vorgeschrittenen Alters waren die braunen Leberflecke auf seinem Handrücken und der recht blasse Blick seiner blauen Augen.

Er winkte mit der Hand. »Setzen Sie sich, Mr. Boyd.« Der Ton seiner Stimme war schroff und streng, ein Ton, der an Gehorchen gewohnt war.

Ich blickte auf den tiefen Sessel, lächelte flüchtig und blieb stehen. Dem Alten waren alle möglichen psychologischen Tricks zuzutrauen. Sein Kopf zuckte ungeduldig. »Setzen Sie sich, Boyd. So heißen Sie doch, oder nicht?«

»So heiße ich«, stimmte ich zu. »Aber ich stehe lieber. Ich erwarte nicht, daß ich lange bleibe.«

»Wie Sie wollen«, sagte er abweisend. »Ich habe Sie aus einem bestimmten Grund hierhergebeten.«

»Das hoffe ich«, antwortete ich.

Der Anflug eines Lächelns zeigte sich auf dem eisernen Gesicht. »Das war sehr dumm ausgedrückt«, stimmte er zu. »Aber keine Sorge, ich bin noch nicht senil. Ich will wissen, was Sie in Fort Farrell suchen.«

»Wie alle anderen auch«, gab ich zur Antwort. »Ich weiß allerdings nicht, was Sie das angeht, Mr. Matterson.«

»Wirklich nicht? Da kommt jemand und wühlt auf meinem Land herum, und Sie bilden sich ein, das ginge mich nichts an?«

»Kronland«, verbesserte ich ihn.

Er wischte die Berichtigung gereizt beiseite. »Was wollen Sie hier?«

»Ich versuche nur, mein Brot zu verdienen.«

Er betrachtete mich nachdenklich. »Mit Erpressungsversuchen werden Sie bei mir nichts erreichen, junger Mann. Bessere als Sie haben das versucht, und ich habe sie fertiggemacht.«

Ich hob die Augenbrauen. »Erpressung? Ich habe nichts von Ihnen gefordert, Mr. Matterson, und beabsichtige es auch nicht. Wo soll da die Erpressung sein? Vielleicht haben Sie Geheimnisse, die Sie verbergen müssen, Matterson? Aber daraus Geld zu schlagen, interessiert mich nicht.«

»Weshalb interessieren Sie sich für John Trinavant?« fragte er offen heraus.

»Was geht Sie das an?«

Er schlug mit der Faust zu, und der massive Schreibtisch bebte. »Weichen Sie mir nicht aus, Sie kleiner Angeber.«

Ich beugte mich über den Schreibtisch. »Wer, um alles in der Welt, bilden Sie sich ein zu sein? Und wer, glauben Sie, bin ich?« Er saß plötzlich ganz still da. »Ich bin nicht einer der Einwohner von Fort Farrell, den Sie zum Schweigen prügeln können. Glauben Sie, ich sehe ruhig zu, wenn Sie das Haus eines alten Mannes niederbrennen?«

Sein Gesicht wurde rot. »Beschuldigen Sie mich der Brandstiftung, junger Mann?«

»Sagen wir lieber der versuchten Brandstiftung«, erwiderte ich. »Es hat nicht geklappt.«

Er lehnte sich zurück. »Wessen Haus soll ich angeblich versucht haben niederzubrennen?«

»Sie haben sich nicht nur damit zufriedengegeben, McDougall auf die Straße zu setzen, weil Sie glaubten, daß er sich mit den falschen Leuten anfreundete, Sie . . .«

Er hob die Hand. »Wann wurde dieser sogenannte Versuch zur Brandstiftung unternommen?«

»Gestern abend.«

Er drückte auf einen Schalter. »Schicken Sie mir meine Tochter«, sagte er brüsk in ein verstecktes Mikrophon. »Mr. Boyd, ich versichere Ihnen, daß ich keine Häuser niederbrenne. Wenn ich es versuchen sollte, werden sie bis auf die Grundmauern niederbrennen. Es bliebe nicht bei einem halb gelungenen Versuch. Und jetzt kommen wir zum Thema zurück. Weshalb interessieren Sie sich für John Trinavant?«

»Vielleicht interessiere ich mich für das Herkommen der Frau, die ich heiraten werde«, antwortete ich. Ich folgte damit einer augenblicklichen Eingebung, aber bei näherer Überlegung schien mir das gar kein so schlechter Einfall zu sein.

Er grunzte. »Aha, ein Glücksjäger.«

Ich grinste auf ihn hinab. »Wenn ich ein Glücksjäger wäre, würde ich mir Ihre Tochter aufs Korn nehmen«, erklärte ich ihm. »Aber dazu braucht man einen besseren Magen als ich habe.«

Ich erfuhr nicht, was er dazu zu sagen hatte, weil gerade in diesem Augenblick Lucy Atherton ins Zimmer kam. Matterson fuhr zu ihr herum und sah sie an. »Gestern abend wurde versucht, McDougalls Haus niederzubrennen«, sagte er. »Wer war das?«

»Woher soll ich das wissen«, antwortete sie schnippisch.

»Lüge mich nicht an, Lucy«, warnte er. »Das ist dir noch nie gelungen.«

Sie warf mir einen haßerfüllten Blick zu und zuckte mit den Schultern. »Aber ich weiß es doch nicht.«

»Du weißt es also nicht«, sagte Matterson. »Also gut, wer gab den Befehl – du oder Howard? Und kümmere dich nicht darum, daß Boyd hier ist. Sage mir die Wahrheit, verstehst du?«

»Na schön, ich war es«, brach es aus ihr heraus. »Ich hielt es in dem Augenblick für eine kluge Idee. Ich wußte, daß du Boyd von hier weg haben willst.«

Matterson sah sie ungläubig an. »Und du meintest, du könntest ihn von hier fortbringen, indem du das Blockhaus des alten Mac niederbrennst? Ich habe Dummköpfe gezeugt. Das ist das Idiotischste, was ich je gehört habe.« Er hob den Arm und deutete auf mich. »Sieh dir diesen Mann an. Er hat sich zur Aufgabe gesetzt, die Matterson Corporation auszunehmen, und er hat Howard bereits eingekreist. Glaubst du, das Niederbrennen einer Blockhütte würde ausreichen, um ihn zu verscheuchen?«

Sie atmete tief ein. »Vater, dieser Mann hat mich geschlagen.«

Ich grinste. »Erst, nachdem sie mich geschlagen hat.«

Matterson ignorierte mich. »Mir bist du nicht zu alt, daß ich dich noch einmal gründlich verprügele, Lucy. Vielleicht hätte ich das schon früher tun sollen. Und jetzt mach, daß du zum Teufel kommst.« Er wartete, bis sie an der Tür war. »Und vergiß eines nicht: keine deiner Tricks mehr. Ich mache das auf meine Weise.«

Die Tür schlug zu.

»Ihre Methode ist selbstverständlich legal«, sagte ich.

Er starrte mich aus schwimmenden Augen an. »Alles, was ich tue, ist legal.« Er beherrschte sich mühsam und nahm ein Scheckbuch aus der Schublade. »Das mit McDougalls Blockhaus tut mir leid. Das ist nicht mein Spiel. Wie hoch ist der Schaden?«

Ich wollte ihn schon schroff zurechtweisen, überlegte dann aber, daß ich es gewesen war, der Clare einen Vortrag über Sentimentalität gehalten hatte. Außerdem ging es ja um Macs Geld. »Mit tausend Dollar könnte er gedeckt sein«, antwortete ich und fügte hinzu: »Es geht aber auch noch um einen beschädigten Land-Rover, der mir gehört.«

Unter seinen Augenbrauen blickte er zu mir auf. »Versuchen Sie nicht, mich auszunützen«, sagte er bissig. »Was ist das für eine Geschichte?«

Ich berichtete ihm, was auf der Straße zum Kinoxi Valley geschehen war. »Howard befahl Waystrand, mich zu vertreiben, und Waystrand ging dabei nicht sanft vor«, endete ich.

»Ich scheine eine Familie von Meuchelmördern aufgezogen zu haben«, murmelte er und schrieb den Scheck aus, den er dann über den Schreibtisch schob. Er war auf dreitausend Dollar ausgestellt.

»Sie haben Ihre Tochter gewarnt. Wie wäre es, wenn Sie das gleiche mit Howard täten?« fragte ich. »Noch mehr Tricks von seiner Seite, und es ist um seine Schönheit geschehen. Dafür werde ich sorgen.«

Matterson musterte mich abschätzend. »Das könnten Sie bei ihm schaffen. Es würde Ihnen nicht schwerfallen.« In seiner Stimme lag Verachtung für seinen eigenen Sohn, und für einen Augenblick war ich versucht, Mitleid mit ihm zu empfinden. Er griff nach dem Telefon. »Verbinden Sie mich mit Howards Büro.«

Er legte seine Hand über die Sprechmuschel. »Ich tue das nicht für Howard, Boyd. Ich werde Sie losbekommen, aber wenn ich es tue, geht es legal vor sich und ohne Rückschläge.«

Am Telefon meldete sich ein Krächzen. »Howard? Jetzt paß mal auf. Laß Boyd in Ruhe. Tu nicht das geringste. Das übernehme ich. Selbstverständlich wird er zum Damm hinauffahren. Gesetzlich hat er das Recht, das Land zu betreten. Aber was, zum Teufel, soll er da schon tun? Laß ihn also in Ruhe, hast du verstanden? Und noch etwas. Hast du etwas mit der Geschichte von McDougalls Blockhaus gestern abend zu tun? Du weißt nichts davon? Also, dann frage deine dämliche Schwester.«

Er warf den Hörer auf die Gabel zurück und starrte mich finster an. »Sind Sie damit zufrieden?«

»Gewiß«, antwortete ich. »Ich will ja keinen Ärger.«

»Den bekommen Sie«, versprach er, »falls Sie Fort Farrell nicht verlassen. Bei Ihrem Register wird es mir nicht schwerfallen, Sie ins Loch zu bringen.«

Ich lehnte mich über den Schreibtisch. »Welches Register, Mr. Matterson?« fragte ich leise.

»Ich weiß, wer Sie sind«, antwortete er mit einer Stimme wie knirschender Kies. »Ihr neues Gesicht kann mich nicht täuschen, Grant. Ihr Vorstrafenregister ist so lang wie mein Arm – Einbruch, Diebstahl, Rauschgifthandel, Körperverletzung –, und wenn Sie auch nur einmal die Grenze überschreiten, solange Sie in Fort Farrell sind, werden Sie schnell verschwinden. Rühren Sie hier nichts auf, Grant. Lassen Sie die Dinge ruhen, und solange sind Sie sicher.«

Ich holte tief Atem. »Sie sind sehr deutlich, kann man nur sagen.«

»Das war immer meine Politik – und ich warne jeden nur einmal«, antwortete er unerbittlich.

»Sie haben also Sergeant Gibbons gekauft.«

»Seien Sie nicht albern«, antwortete Matterson. »Ich brauche keine Polizisten zu kaufen. Die stehen sowieso auf meiner Seite. Gibbons richtet sich nach den Gesetzen, und da stehen Sie auf der falschen Seite.«

Ich fragte mich, woher er wisse, daß ich Grant gewesen bin, und dann erkannte ich plötzlich, wer den Privatdetektiv beauftragt hatte, mir nachzuspüren. Doch das hätte er kaum getan, wenn ihn nicht irgend etwas beunruhigte. Er verbarg noch etwas, und das gab mir das Zutrauen zu sagen: »Gehen Sie zum Teufel, Matterson. Ich gehe meinen Weg.«

»Dann können Sie mir leid tun«, antwortete er grimmig. »Hören Sie zu, mein Junge, halten Sie sich hier draußen. Belasten Sie sich nicht mit Dingen, die Sie nichts angehen.« In seiner Stimme lag ein seltsamer Ton. Bei jedem anderen hätte man meinen können, er flehe um etwas.

»Wie komme ich nach Fort Farrell zurück?« fragte ich. »Ihre Tochter hat mich hierhergebracht, aber ich bezweifle, daß sie mich zurückbringen wird.«

Matterson lachte höhnisch. »Der Fußmarsch wird Ihnen gut tun. Es sind nur fünf Meilen.«

Ich zuckte mit den Schultern und verließ ihn wortlos. Ich ging die Treppe hinunter, statt den Fahrstuhl zu nehmen, und fand die große Halle verlassen vor. Aus diesem Haus treten war wie aus einem Gefängnis kommen, und ich blieb auf der Freitreppe stehen und genoß die frische Luft. Im Haus der Mattersons bestanden zu viele Spannungen, als daß ein Mensch sich dort wohlfühlen konnte.

Lucy Athertons Continental stand noch an der gleichen Stelle, wo sie ihn verlassen hatte. Ich sah den Schlüssel im Zündschloß stecken, stieg ein und fuhr nach Fort Farrell zurück. Der Fußmarsch würde ihr noch besser bekommen als mir.

Ich parkte den Continental vor dem Matterson Building, löste in der Matterson-Bank den Scheck ein und ging zurück, um den Land-Rover abzuholen. Clarry Summerskill sagte: »Ich habe die Benzinpumpe repariert, Mr. Boyd, aber das kostet noch einmal fünfzehn Dollar. Schauen Sie mal, es ist billiger für Sie, wenn Sie sich einen neuen Karren kaufen. Der da ist schrottreif. Ich habe gerade einen Jeep bekommen, der Ihnen zusagen müßte. Ich nehme den Land-Rover in Zahlung.«

Ich grinste. »Wieviel wollen Sie mir dafür geben?«

»Mr. Boyd, Sie haben ihn ruiniert«, antwortete er ernsthaft. »Ich will ihn nur wegen der Ersatzteile. Ich gebe Ihnen aber trotzdem noch einen guten Preis.«

Wir feilschten also miteinander, und es endete damit, daß ich in einem Jeep zu Macs Blockhaus zurückfuhr. Clare und Mac waren mit dem Saubermachen gerade fertig. Trotzdem lag der Petroleumgestank noch schwer in der Luft. Ich gab Mac tausend Dollar in gängigen Noten, und er sah das Geld überrascht an. »Was ist das?«

»Reuegeld«, antwortete ich und berichtete, was geschehen war.

Er nickte. »Der alte Bull ist zwar ein rücksichtsloser Hund«, sagte er, »aber man hat ihn nie bei etwas Illegalem erwischt. Ehrlich gesagt, mich hat das, was gestern abend passierte, mächtig überrascht.«

Clare sagte nachdenklich: »Ich möchte wirklich wissen, woher er weiß, daß Sie Grant waren.«

»Er hatte einen Detektiv engagiert, um das festzustellen. Aber das ist nicht entscheidend. Was ich wissen möchte, ist, warum er es für notwendig hielt, vor all den Jahren mir nachzuspüren. Und etwas, was mir besonders rätselhaft erscheint, ist der Charakter des alten Mannes.«

»Wie meinen Sie das?«

»Sehen Sie es einmal so an«, antwortete ich. »Mir kommt er vor wie ein ehrlicher Mensch. Er mag hart und rücksichtslos wie Dschingis-Khan und zäh wie Hickory sein, aber ich halte ihn für ehrlich. Alles, was er sagte, machte mir diesen Eindruck. Was aber kann ein Mann wie er zu verbergen haben?«

»Er hat die Frage der Erpressung aufgeworfen«, meinte Clare nachdenklich. »Man möchte also doch gern wissen, womit er erpreßt werden könnte?«

»Welchen Eindruck haben Sie von ihm, Mac?« fragte ich.

»Weitgehend den gleichen wie Sie. Ich habe gesagt, er wäre nie bei etwas Ungesetzlichem erwischt worden, und das stimmt. Zwar geht immer das Gerede, kein Mensch könne auf legale Weise so viel Geld verdienen, wie er es getan hat, doch das ist nur das Gerede von unfähigen Neidern. Es könnte sein, daß er wirklich ehrlich ist.«

»Was könnte er also getan haben, damit er von Erpressung spricht?«

»Darüber habe ich lange nachgedacht«, antwortete Mac. »Aber setzen Sie sich lieber, mein Junge, denn das, was ich Ihnen zu sagen habe, könnte Sie vielleicht umwerfen. Clare, stellen Sie den Kessel auf, es ist sowieso Zeit, daß wir Tee trinken.«

Clare lächelte und füllte den Kessel. Mac wartete, bis sie zurückkam. »Das hat auch etwas mit Ihnen zu tun«, sagte er. »Und jetzt möchte ich, daß Sie mir aufmerksam zuhören, denn es ist eine komplizierte Geschichte.«

Er schien zu überlegen, nach einem Anfang zu suchen, dann begann er: »Die Leute sind heute ganz anders als sie einmal waren, besonders junge Leute. Es gab Zeiten, als man einen Reichen von einem Armen an der Art unterscheiden konnte, wie er angezogen war. Jetzt aber nicht mehr. Und das gilt besonders für Jugendliche und Collegestudenten. In dem Cadillac, der damals verunglückte, waren vier Personen – John Trinavant, seine Frau und die beiden jungen Burschen, Frank Trinavant und Robert Boyd Grant, beide Collegestudenten. Frank war der Sohn eines reichen Mannes, Robert war ein Herumtreiber, um das Beste von ihm zu sagen. Aber an der Art ihrer Kleidung konnte man sie nicht unterscheiden. Sie kennen Collegestudenten: sie tragen eine Art Uniform. Diese beiden jungen Burschen trugen Jeans und Hemden mit offenen Kragen und hatten ihre Jacken ausgezogen.«

Langsam fragte ich: »Worauf, zum Teufel, wollen Sie hinaus, Mac?«

»Schon gut. Ich komme gleich darauf«, antwortete er. »Woher wissen Sie, daß Sie Robert Boyd Grant sind?«

Ich öffnete meinen Mund, um ihm zu antworten, schloß ihn aber dann wieder.

Er lächelte sardonisch. »Nur weil jemand es Ihnen gesagt hat, aber nicht aus eigenem Wissen.«

Clare fragte ungläubig: »Sie meinen, er könnte Frank Trinavant sein?«

»Das könnte er«, antwortete Mac. »Hören Sie zu, ich habe auf all diesen psychiatrischen Quatsch nie viel gegeben. Frank war ein anständiger Kerl, und das sind Sie auch, Bob. Ich habe Grant nachgeforscht und kam zu dem Ergebnis, daß ich nie im Leben von einem größeren Schweinehund gehört habe. Mir hat es nie eingeleuchtet, daß Sie Grant sein sollten. Ihr Psychiater Susskind hat es alles sehr klug mit diesem Zeug von der multiplen Persönlichkeit hinwegerklärt, aber darauf gebe ich nicht das geringste. Ich meine einfach, Sie sind Frank Trinavant, immer noch der gleiche Mensch, doch zufällig haben Sie Ihr Gedächtnis verloren.«

Benommen saß ich da. Nach einer Weile begann mein Verstand stockend wieder zu arbeiten, und ich sagte: »Nun mal langsam, Mac. Diesen Irrtum könnte Susskind nie begangen haben.«

»Warum konnte er nicht«, hielt mir Mac entgegen. »Vergessen Sie doch eines nicht: ihm wurde gesagt, er sei Grant. Halten Sie sich doch vor Augen, wie es gewesen ist. Matterson identifizierte die Leichen. Er bezeichnete die drei Toten als die Trinavants. Natürlich gab es bei John Trinavant und seiner Frau keine Möglichkeit zu einem Irrtum, aber den toten jungen Burschen bezeichnete er als Frank Trinavant.« Er grunzte. »Ich habe die Aufnahmen der Verkehrspolizei von dieser Leiche gesehen. Warum er seiner Sache so sicher war, das möchte ich, verdammt nochmal, wissen.«

»Es muß aber doch bestimmt eine Möglichkeit zur Identifizierung gegeben haben«, sagte Clare.

Mac sah sie nüchtern an. »Ich weiß nicht, ob Sie jemals einen wirklich schweren Autounfall gesehen haben. Einen, bei dem es zu einem Brand kam. Bob hier war bis zur Unkenntlichkeit verbrannt, und er hat überlebt. Der andere junge Bursche war auch verbrannt und starb. Die Schuhe waren ihnen von den Füßen gerissen, und als die Jungens gefunden wurden, trug keiner von ihnen eine Armbanduhr. Die Hemden waren ihnen auf dem Rücken verbrannt, und sie trugen die gleiche Sorte Blue Jeans. Sie waren beide kräftige Burschen, etwa von der gleichen Größe.«

»Das ist lächerlich«, sagte ich. »Wie kommt es, daß ich soviel von Geologie wußte, wenn ich nicht das gleiche studiert hätte wie Grant?«

Mac nickte. »Richtig.« Er beugte sich vor und klopfte mir aufs Knie. »Aber das hat Frank Trinavant auch getan. Auch sein Hauptfach war Geologie.«

»Um Gottes willen«, platzte ich heraus. »Wollen Sie mir diese verrückte Geschichte einreden? Sie hatten also beide als Hauptfach Geologie. Haben sie sich gekannt?«

»Das ist nicht anzunehmen«, antwortete Mac. »Grant ging auf die Universität von Britisch Columbia, Trinavant studierte bei Simon Fraser in Burnaby. Sagen Sie mir eines, ehe ich weiterrede, Bob: wissen Sie irgend etwas, das diese Überlegung eindeutig widerlegen könnte? Können Sie einen schlüssigen Beweis bieten, daß Sie Grant und nicht Frank Trinavant sind?«

Ich dachte darüber nach, bis es schmerzte. Seit Susskind mich in

seine Obhut genommen hatte, wußte ich, daß ich Grant bin –
aber nur, weil es mir gesagt worden war. Um ein billiges Wort-
spiel zu gebrauchen, ich hatte es für garantiert angesehen. Jetzt
traf es mich mit einem Schock, daß es in Frage gestellt wurde.
Doch so sehr ich mich bemühte, mir fiel kein schlüssiger Beweis
ein, um das eine oder das andere zu belegen.
Ich schüttelte den Kopf. »Ich kann keinen Beweis erbringen.«
Mac sagte sanft: »Das führt zu einer merkwürdigen Situation.
Wenn Sie Frank Trinavant sind, dann erben Sie das Vermögen
des alten John, was Bull Matterson in eine teuflische Klemme
bringt. Die ganze Frage des Vermögens fängt wieder im Schmelz-
tiegel an. Vielleicht könnte er vor Gericht die Gültigkeit des
Optionsvertrags noch erzwingen, das in Treuhandschaft befind-
liche Kapital aber würde Ihnen zufallen, und seine finanziellen
Durchstechereien würden herauskommen.«
Mir blieb der Mund offenstehen. »Einen Augenblick, Mac. Wir
wollen das nicht zu weit treiben.«
»Ich weise nur auf die logischen Konsequenzen hin«, antwortete
er. »Wenn Sie Frank Trinavant sind – und es beweisen können –,
sind Sie ein sehr reicher Mann. Sie werden Matterson das Geld
abnehmen, und das wird ihm nicht passen. Und ganz abgesehen
davon, daß er als Betrüger gebrandmarkt werden würde, hätte er
Glück, wenn er dem Gefängnis entginge.«
»Kein Wunder, daß er Sie hier nicht dulden will«, sagte Clare.
Ich rieb mir das Kinn. »Mac, Sie sagen, es hinge alles daran, daß
Matterson die Leichen identifizierte. Glauben Sie, daß er es vorsätzlich oder irrtümlich getan hat? Oder wurde überhaupt ein
Fehler gemacht? Nach allem, was ich weiß und beweisen kann,
könnte ich nach wie vor Grant sein.«
»Ich glaube, er wünschte, daß die Trinavants tot wären«, antwortete Mac entschieden. »Ich glaube, er riskierte es. Vergessen Sie
nicht, der Überlebende war schwerverletzt. Man gab Ihnen keine
zwölf Stunden mehr. Wenn Mattersons Spiel fehlschlug – wenn
Sie als Frank Trinavant am Leben blieben –, dann wäre es seiner-
seits ein Irrtum gewesen, der unter den herrschenden Umständen
verständlich war. Verdammt, er wußte vielleicht selbst nicht, wer
wer war, aber er riskierte es, und das hat sich in einer Weise gelohnt,
die er selbst nicht erwarten konnte. Sie haben überlebt, aber ohne
Gedächtnis. Und er hat Sie als Grant abgestempelt.«
»Er hat von Erpressung gesprochen«, sagte ich. »Und nach dem,
was Sie mir gerade gesagt haben, war er in jeder Weise berechtigt,
anzunehmen, daß ich ihn erpressen würde, wenn ich Grant bin.
Es ist genau das, was ein Kerl wie Grant tun würde. Würde Frank
Trinavant ihn aber erpressen wollen?«
»Nein«, antwortete Clare sofort. »Dazu war Frank nicht der

Mensch. Außerdem ist es keine Erpressung, wenn jemand sein Recht fordert.«

»Verdammt, die Geschichte beißt sich in den Schwanz«, sagte Mac verdrossen. »Wenn Sie Grant sind, dann können Sie ihn nicht erpressen, das erlaubt Ihre Position nicht. Warum spricht er dann von Erpressung?« Er sah mich nachdenklich an. »Ich glaube, daß er eine womöglich ungesetzliche Handlung beging – eine schwerwiegende –, für die Sie Zeuge sind, und daß er fürchtet, wenn es ans Licht kommt, würde ihm der Boden unter den Füßen entzogen.«

»Und worin soll diese ungesetzliche Handlung bestanden haben?«

»Sie verstehen schon, was ich meine«, antwortete Mac schroff. »Reden wir doch nicht um den heißen Brei herum. Seien wir doch ehrlich und nennen wir es Mord.«

Danach redeten wir nicht mehr viel darüber. Macs letzte Worte waren etwas zu endgültig, und ohne einen greifbaren Beweis konnten wir nicht mehr darüber diskutieren, jedenfalls nicht laut. Mac zog sich zu Hausarbeiten zurück und weigerte sich, ein weiteres Wort zu sagen, aber ich bemerkte, daß er mich dauernd beobachtend ansah, bis ich seiner stummen Fragen müde wurde und hinausging, um mich an den Bach zu setzen. Clare nahm den Jeep und fuhr unter dem Vorwand, neue Decken und Matratzen für Mac zu kaufen, in die Stadt.

Mac hatte mich vor das größte Problem gestellt, mit dem ich mich in meinem Leben je befassen mußte. Ich dachte an die Tage zurück, als ich im Krankenhaus in Edmonton wiedergeboren worden war, und suchte nach irgendeinem geistigen Hinweis auf meine Identität – als ob ich das nie zuvor getan hätte. Nichts, was ich fand, führte zu einem positiven Ergebnis, und ich stellte fest, daß ich jetzt vor zwei möglichen Vergangenheiten stand. Von beiden gab ich der Vergangenheit Trinavants bei weitem den Vorzug. Ich hatte von John genug gehört, um mich gern stolz als seinen Sohn zu bekennen. Selbstverständlich würde es zwischen mir und Clare zu Komplikationen kommen, falls sich erwies, daß ich Frank Trinavant bin.

Ich warf einen Stein in den Bach und dachte sinnlos darüber nach, wie nah die Verwandtschaft zwischen Frank und Clare gewesen sein mochte und ob sie einen Hinderungsgrund für eine Heirat gebildet haben könnte, nahm aber an, daß das nicht der Fall gewesen sei.

Das knappe, düstere Wort in Macs abschließender Äußerung hatte uns einen Aufschub gegeben. Wir hatten in vagen Ausdrücken über eine Möglichkeit diskutiert, doch soweit es um Matterson ging, war dabei nichts herausgekommen. Er hatte sein Alibi – Mac selbst. Ich erwog die Möglichkeiten und Wahrscheinlichkeiten nach allen Richtungen, dachte an Grant und Trinavant als zwei junge Menschen, die ich in einer ferneren Vergangenheit gekannt haben mochte, doch ohne jede Beziehung auf mich. Es war eine Technik, die Susskind mich gelehrt hatte, um mich davor zu bewahren, mich zu tief in Grants Probleme zu versenken. Selbstverständlich kam ich zu keinem Ergebnis und gab es auf, als Clare zurückkehrte.

In dieser Nacht kampierte ich wieder draußen auf der Lichtung im Wald, weil Clare noch nicht zum Kinoxi Valley hinaufgefahren war und Macs Blockhaus nur über zwei Räume verfügte. Wieder hatte ich den Traum, und der heiße Schnee floß wie Ströme von Blut dahin, und es herrschte dröhnender Lärm, als ob die Erde selbst berste. Ich erwachte atemlos, wobei mir die kalte Nachtluft in der Kehle würgte. Nach einer Weile brachte ich das Feuer wieder in Gang, brühte Kaffee auf, und als ich ihn trank, blickte ich zu dem Blockhaus hinüber, wo ein Lichtschimmer zeigte, daß jemand die halbe Nacht über aufsaß.
Ich fragte mich, ob es Clare sei.

7

Danach ereignete sich für einige Zeit nicht viel. Ich unternahm keine weiteren Schritte gegen Bull Matterson, und McDougall drängte mich nicht. Vermutlich erkannte er, daß ich Zeit brauchte, um mit dem Problem fertigzuwerden, das er mir aufgebürdet hatte.
Clare fuhr zu ihrem Blockhaus hinauf, und ehe sie uns verließ, sagte ich zu ihr: »Vielleicht hätten Sie mich doch nicht hindern sollen, Ihr Land zu erforschen. Ich hätte auf ein großes Manganlager oder etwas Ähnliches stoßen können, etwas, das ausreichte, die Überflutung des Tals zu verhindern.«
Nachdenklich antwortete sie: »Angenommen, Sie fänden jetzt noch etwas? Würde das eine Rolle spielen?«
»Es könnte sein – wenn der Fund bedeutend genug ist. Vielleicht würde die Regierung ein Bergwerk dem Damm vorziehen. Das würde mehr Leuten Arbeit bieten.«
»Warum kommen Sie dann nicht hinauf und erforschen das Land?« Sie lächelte. »Als allerletzter Versuch?«
»Also gut«, versprach ich. »Lassen Sie mir ein paar Tage Zeit, damit ich mit mir ins reine kommen kann.«

Ich schürfte in der Umgebung, aber nicht in der Nähe des Dammes. Trotz Mattersons Sicherheitsgarantie hätte sich etwas ereignen können, etwa zwischen mir und Jimmy Waystrand oder diesen Lastwagenfahrern, falls sie mir über den Weg liefen, und ich wollte keine Unannehmlichkeiten, bis ich mir über mich selbst klargeworden war. So grub ich auf dem Kronland im Westen herum, suchte nach nichts im besonderen und war mit dem Herzen nur halb bei der Arbeit.

Nach zwei Wochen kehrte ich nach Fort Farrell zurück, genauso unentschlossen wie ich es verlassen hatte. Ich träumte nachts viel, und das bekam mir auch nicht gerade gut. Die Träume wechselten im Charakter und wurden beängstigend realistisch – über eine Eislandschaft verstreute, verbrannte Leichen, das Knistern von Flammen, die den Schnee röteten, und ein klirrendes Geräusch, das in seiner Intensität grausam war. Als ich zu Macs Blockhaus zurückkehrte, war ich ziemlich fertig.

Er machte sich Sorgen um mich. »Tut mir leid, daß ich Ihnen das aufhalsen mußte, mein Junge. Vielleicht hätte ich das Problem doch nicht aufwerfen sollen.«

»Es war schon ganz richtig von Ihnen«, antwortete ich bedrückt. »Für mich ist es belastend, aber ich werde damit fertig werden. Natürlich ist es ein schwerer Schock, wenn man entdeckt, daß man sich seine Vergangenheit aussuchen kann.«

»Es war dumm von mir«, bekannte Mac offen. »Wenn ich zehn Minuten überlegt und einen Funken Verständnis aufgebracht hätte, wäre ich vernünftiger gewesen. Ich könnte mich selbst ins Kreuz treten, weil ich mein großes Maul aufgerissen habe.«

»Vergessen Sie es«, antwortete ich.

»Aber Sie können es nicht vergessen.« Er schwieg eine Weile. »Wenn Sie sich jetzt zurückzögen und die ganze Geschichte abschüttelten, würde ich Ihnen das nicht verübeln, mein Junge. Ich würde Ihnen keine Vorwürfe machen – wie das letzte Mal.«

»Das werde ich nicht tun«, sagte ich. »Es ist zu viel passiert. Zunächst einmal hat der alte Matterson versucht, mich zu vertreiben, und ich lasse mir keine Vorschriften machen. Es gibt aber auch andere Gründe.«

Er sah mich aus seinen klugen Augen an. »Sie denken immer noch darüber nach. Warum nehmen Sie sich nicht Clares Land vor, wie Sie ihr versprochen haben. Sie brauchen mehr Zeit.«

Für die Rolle eines Cupidos war er nicht geeignet, aber er meinte es gut, und der Gedanke war wirklich nicht schlecht. Deshalb fuhr ich zwei Tage später mit dem Jeep zum nördlichen Teil des Kinoxi Valley. Die Straße war seit meiner letzten Fahrt nicht besser geworden, und als das große Blockhaus in Sicht kam, war ich erschöpfter, als wenn ich den ganzen Weg zu Fuß zurückgelegt hätte.

Waystrand kam mir mit steifen, langsamen Schritten entgegen, und ich fragte: »Ist Miss Trinavant da, Mr. Waystrand?«

»Sie ist im Wald«, antwortete er kurz. »Bleiben Sie?«

»Eine Zeitlang«, antwortete ich. »Miss Trinavant wünscht, daß ich ihr Land erforsche.« Er nickte, sagte aber nichts. »Ihrem Sohn bin ich noch nicht begegnet, konnte ihm also auch nicht Ihre Nachricht übermitteln.«

Er hob schwerfällig die Schultern. »Wahrscheinlich spielt es keine Rolle. Haben Sie gegessen?«

Er teilte sein Essen mit mir, und dann hackte ich wieder Holz, wobei er mir für meine bessere Handhabung der Axt beifällig zusah. Als ich zu schwitzen anfing, streifte ich mein Hemd ab, und nach einer Weile fragte er: »Ich will nicht neugierig sein, aber wurden Sie einmal von einem Bären angefallen?«

Ich blickte auf die Narben und die glänzende Haut auf meiner Brust. »Nein, ein Bär war das nicht, das war ein Autounfall«, antwortete ich.

»Oh«, war alles, was er dazu zu sagen hatte, aber sein Gesicht bekam einen nachdenklichen Ausdruck. Schließlich ließ er mich allein, und ich hackte weiter Holz.

Gegen Sonnenuntergang kam Clare aus den Wäldern zurück und schien sich zu freuen, mich wiederzusehen. Sie wollte wissen, ob die Mattersons etwas unternommen hatten, nickte aber lediglich, als ich ihr erklärte, von keiner Seite sei irgendein Schritt getan worden.

Wir aßen in dem großen Blockhaus zusammen zu Abend, wobei sie mich über die Untersuchung ihres Landes befragte. Deshalb holte ich nach dem Essen die Regierungskarte heraus und erläuterte ihr, was ich beabsichtigte und wie ich es ausführen wollte.

»Bestehen überhaupt Chancen, daß Sie etwas finden?« fragte sie.

»Keine großen, fürchte ich – nach dem, was ich auf dem Matterson-Land im Süden gefunden habe. Aber eine Möglichkeit besteht immer. Es wurden schon an den unwahrscheinlichsten Stellen Funde gemacht.«

Darüber sprach ich eine ganze Weile und kam dann unversehens auf Erlebnisse aus dem Nordwest-Territorium zu sprechen.

Plötzlich fragte Clare: »Warum gehen Sie nicht dahin zurück, Bob? Warum verlassen Sie Fort Farrell nicht? Es bekommt Ihnen doch nicht gut.«

»Sie sind der dritte Mensch, der mir vorschlägt, aufzugeben«, antwortete ich. »Matterson, McDougall und jetzt auch Sie.«

»Ich mag die gleichen Gründe haben wie Mac, aber nennen Sie mich nicht mit Matterson in einem Atem.«

»Ich weiß, Clare«, sagte ich. »Entschuldigen Sie. Aber ich werde nicht aufgeben.«

Sie erkannte meine Entschlossenheit und drängte mich nicht weiter. Statt dessen sagte sie: »Darf ich Sie bei Ihrer Untersuchung begleiten?«

»Warum nicht? Es ist Ihr Land. Sie können dann auch aufpassen, daß ich die schwierigen Stellen nicht übergehe.«

Wir vereinbarten, frühzeitig aufzubrechen, machten uns aber am nächsten Morgen nicht sehr bald auf den Weg. Zunächst einmal verschlief ich, was mir kaum jemals passiert. Zum ersten Mal seit fast drei Wochen schlief ich fest, ohne zu träumen und wachte erfrischt, aber sehr spät auf. Clare sagte, sie habe nicht das Herz gehabt, mich zu wecken, und ich protestierte nicht allzu nachdrücklich dagegen. Aus diesem Grund wurden wir lange genug aufgehalten für unerwartete und unwillkommene Besucher, die vom Himmel herunterkamen.

Ich befand mich in meinem Zimmer, als ich den Hubschrauber hörte und ihn auf der freien Fläche hinter dem Haus mühelos aufsetzen sah. Howard Matterson und Donner stiegen aus, und ich sah Clare, die ihnen entgegenging. Der Rotor kam zum Halten, und auch der Pilot sprang zu Boden, folglich schien Matterson zu beabsichtigen, länger als nur einige Minuten zu bleiben.

Anscheinend bestanden Meinungsverschiedenheiten. Howard quatschte ungehemmt drauflos, und Donner warf hin und wieder zwei Worte ein, während Clare mit steinernem Gesicht dastand und einsilbig antwortete. Schließlich deutete Howard auf das Haus, und Clare zuckte mit den Schultern. Alle drei verschwanden außer Sicht, und dann hörte ich sie in dem großen Wohnraum sprechen.

Ich zögerte, kam aber dann zu der Ansicht, daß mich die Geschichte nichts angehe. Clare wußte, um was es bei dem Holz auf ihrem Land ging, und ich wußte, daß sie sich von Howard nicht übertölpeln lassen würde. Ich packte weiter meine Ausrüstung zusammen.

Ich vernahm das monotone Dröhnen von Howards Stimme und die helleren, tonlosen Einwürfe von Donner. Clare schien wenig zu sagen, und ich hoffte, daß es vorwiegend »nein« sei. Schließlich klopfte es an der Tür, und sie kam herein.

»Wollen Sie nicht dazukommen?« Ihre Lippen waren zusammengepreßt, und die rosa Flecken auf ihren Wangen waren Gefahrensignale, die ich bereits kannte. Ich folgte ihr in den Wohnraum, und Howard runzelte die Stirn und wurde rot, als er mich sah. »Was hat er hier zu suchen?« wollte er wissen.

»Was geht das Sie an?« erwiderte Clare. Sie deutete auf Donner. »Sie haben Ihren zahmen Buchhalter mitgebracht – dies hier ist mein Berater.« Sie wandte sich mir zu. »Sie haben ihr Angebot verdoppelt«, sagte sie mit schneidender Stimme. »Sie bieten eine halbe Million für das Recht, fünf Quadratmeilen meines Landes vollständig abzuholzen.«

»Haben Sie eine Gegenforderung gestellt?« fragte ich.

»Fünf Millionen Dollar.«

Ich grinste sie an. »Seien Sie vernünftig, Clare. Dabei würden die Mattersons keinen Gewinn machen. Ich will Ihnen nicht gerade vorschlagen, daß Sie sich mit der Hälfte der Differenz begnügen, meine aber, wenn Sie ihr Angebot von Ihrer Forderung abziehen, wäre eine Basis für eine Einigung gegeben. Viereinhalb Millionen Dollar.«

»Lächerlich«, sagte Donner.

Ich fuhr zu ihm herum. »Was ist daran lächerlich? Sie wissen selbst, daß Sie Miss Trinavant übervorteilen wollen.«

»Halten Sie sich hier draußen«, fauchte Howard.

»Ich bin hier, weil ich eingeladen wurde, Howard«, sagte ich. »Das ist mehr, als Sie von sich behaupten können. Tut mir leid, daß ich Ihnen Ihr sauberes Geschäft verderbe, aber das ist nicht zu ändern. Sie wissen, daß auf diesem Land seit über zwölf Jahren kein Holz mehr geschlagen wurde, und Sie wissen, welche Menge schlagreifes Holz auf das Fällen wartet. Viele dieser großen Bäume sind gutes Material für die Sägemühle, oder nicht? Ich halte diese Forderung für angemessen und kann Ihnen nur raten, sie zu akzeptieren oder abzulehnen.«

»Bei Gott, wir lehnen ab«, sagte er verbissen. »Kommen Sie, Donner.«

Ich lachte. »Das wird Ihrem Vater nicht gefallen. Dafür zieht er Ihnen das Fell ab, Howard. Ich bezweifle, daß er sich je durch Geiz ein gutes Geschäft verdorben hat.«

Das machte ihn stutzig. Er sah zu Donner hinüber und fragte dann: »Können wir uns unter vier Augen unterhalten?«

»Selbstverständlich«, antwortete Clare. »Draußen ist Platz genug.«

Sie gingen hinaus, und Clare sagte: »Hoffentlich haben Sie recht.«

»Ich habe recht, aber Howard könnte eigensinnig sein. Ich halte ihn für einen Mann, der sich etwas vornimmt und nicht mehr davon abgeht. Er ist nicht anpassungsfähig, und Anpassungsfähigkeit ist für einen Geschäftsmann sehr wichtig. Bei ihm ist zu befürchten, daß er sich selbst zum Narren macht.«

»Wie meinen Sie das?«

»Er ist so fest entschlossen, hier einen großen Coup zu landen, daß er für ein vernünftiges Geschäft blind sein könnte, und ich glaube nicht, daß Donner ihn lenken kann. Das könnte die Geschichte verderben. Wollen Sie das Feilschen nicht mir überlassen?«

Sie lächelte. »Sie scheinen zu wissen, was Sie wollen.«

»Mag sein, aber die größten Geschäfte, die ich bisher abgeschlossen habe, waren mit Gebrauchtwagenhändlern. Hier bin ich vielleicht überfordert, denn bisher habe ich noch nie um Millionen gefeilscht.«

»Ich auch nicht«, räumte sie ein. »Aber nach allem, was ich von Gebrauchtwagenhändlern gehört habe, ist mit ihnen zu handeln genauso schwer wie mit jedem anderen. Versuchen Sie, sich Howard als Clarry Summerskill vorzustellen.«

»Das wäre eine Beleidigung für Clarence«, sagte ich.

Howard und Donner kamen zurück. Howard sagte großspurig: »Nun, ich glaube, wir können uns verständigen. Ich werde die Beleidigungen, die Boyd bisher ausgesprochen hat, ignorieren und mache Ihnen ein neues Angebot. Clare, ich verdopple noch einmal und biete Ihnen eine runde Million Dollar. Fairer kann ich nicht sein.«

Sie sah ihn kalt an. »Viereinhalb.«

Donner sagte in seiner präzisen Sprechweise: »Sie sind zu starr, Miss Trinavant.«

»Und Sie sind zu großzügig«, sagte ich und grinste Howard an. »Ich mache Ihnen einen Vorschlag. Wir wollen Tanner von der Forstverwaltung zu einer fachmännischen Schätzung heraufholen. Ich bin überzeugt, daß Clare sie akzeptiert, wenn Sie dazu bereit sind.«

Ich befürchtete nicht, daß Matterson sich darauf einlassen würde, und er tat es auch nicht. Seine Stimme klang wie berstende Eisschollen. »Für solche Albernheiten brauchen wir keine Zeit zu vergeuden. Der Damm ist nahezu fertig. In zwei Wochen schließen wir die Schleusen. In weniger als vier Monaten ist das Land hier überflutet, und wir müssen das Holz vorher herausbekommen. Deshalb müssen wir sehr scharf an die Arbeit, und ich muß jeden Mann einsetzen, um rechtzeitig fertig zu werden, selbst wenn wir sofort anfangen.«

»Dann schließen Sie doch jetzt ab«, sagte ich. »Machen Sie doch ein angemessenes Angebot.«

Er warf mir einen unverhüllt haßerfüllten Blick zu. »Können wir nicht vernünftig sein?« wandte er sich an Clare. »Können wir uns nicht unterhalten, ohne daß dieser Mann sich einmischt?«

»Ich finde sehr vernünftig, was Bob sagt«, antwortete sie.

»Eine und eine halbe Million Dollar«, warf Donner schnell dazwischen.

»Vier und eine halbe«, entgegnete Clare unerschütterlich.

Howard machte seinem Unmut Luft, und Donner sagte: »Wir erhöhen unser Angebot, Miss Trinavant, aber Sie kommen uns keinen Schritt entgegen.«

»Weil ich den Wert meines Besitzes kenne.«

»Also gut, Donner«, sagte ich. »Wir kommen Ihnen entgegen. Sagen wir vier und eine viertel Million. Wie lautet Ihr Gegenangebot?«

»Um Himmels willen«, platzte Howard heraus. »Hat er das Recht, in Ihrem Namen zu verhandeln, Clare?«

Sie sah ihn fest an. »Ja.«

»Zum Teufel, ich verhandle nicht mit einem heruntergekommenen Geologen, der keine zwei Cents in der Tasche hat«, fluchte er.

»Dann ist kein Geschäft zu machen«, sagte sie und stand auf. »Entschuldigen Sie uns, wir haben zu arbeiten.« Nie habe ich sie mehr bewundert als in diesem Augenblick. Sie verließ sich völlig auf die Fähigkeiten eines Mannes, den sie kaum kannte. Aber selbstverständlich behagte mir das sehr.

Donner warf schnell ein: »Wir wollen nichts überhasten.« Er faßte Howard am Arm. »Hier kann eine Einigung erzielt werden. Sie wollten mein Gegenangebot hören, Boyd. Hier haben Sie es. Zwei Millionen Dollar und keinen Cent mehr.«

Donner schien völlig ruhig zu sein, aber Howard war bereit, in die Luft zu gehen. Er war in der Erwartung hier heraufgekommen, einen Besitz im Wert von fünf Millionen Dollar für gerade eine halbe Million zu bekommen, und jetzt war er an der Reihe, ausgepreßt zu werden, und das behagte ihm gar nicht. Für einen Augenblick fragte ich mich, ob ich nicht doch einen Fehler beginge. Meine Schätzung beruhte auf meinem eigenen Urteil – das falsch sein konnte, weil ich kein Holzfachmann war – und auf dem Wort des alten Waystrand, der kleine Arbeiten im Haus verrichtete. Ich spürte, daß mir der Schweiß über den Rücken lief, als ich sagte: »Nichts zu machen.«

Howard explodierte. »Also gut«, schrie er, »dann ist alles vorbei. Machen wir, daß wir fortkommen, Donner. Sie haben einen idiotischen Berater, Clare. Boyd könnte keinem Mann in der Wüste einen Rat geben, wie er einen Schluck Wasser trinken sollte. Falls Sie unser letztes Angebot annehmen wollen, wissen Sie, wo ich zu finden bin.«

Er wandte sich zum Gehen. Ich sah Donner an, der offensichtlich nicht fort wollte, und erkannte, daß ich doch recht hatte. Donner war bereit, weiter zu handeln und zu feilschen. Folglich war er auch zu einem weiteren Angebot bereit. Aber er hatte die Herrschaft über Howard verloren, wie ich vorausgesehen hatte. Howard in seiner Wut wollte Donner nicht fortfahren lassen, und das, was ich befürchtet hatte, stand kurz bevor.

»Jetzt ist es Zeit, Männer und Knaben voneinander zu trennen. Holen Sie den alten Waystrand herein, Clare«, sagte ich.

Sie sah mich überrascht an, ging aber gehorsam hinaus, und ich hörte sie nach Waystrand rufen. Auch Howard hielt inne, sah mich unsicher an und trat vom einen Bein aufs andere. Donner betrachtete mich nachdenklich.

Clare kam zurück, und ich sagte: »Ich habe Sie gewarnt, Howard, daß Ihrem alten Herrn die Geschichte nicht gefallen würde. Wenn Sie ein gutes Geschäft verpatzen, bei dem Sie einen verdammt guten Gewinn machen können, wird er Sie kaum länger als Chef der Matterson Corporation dulden. Was meinen Sie dazu, Donner?«

Donner lächelte dünn. »Was erwarten Sie von mir zu hören?«

Ich sagte zu Clare: »Holen Sie Papier und Feder. Schreiben Sie an Bull Matterson einen formellen Brief, in dem Sie ihm das uneingeschränkte Abholzrecht für viereinhalb Millionen anbieten. Er wird Sie auf vier herunterdrücken und immer noch einen Gewinn von einer glatten Million Dollar herausschlagen. Und schreiben Sie ihm, Sie würden lieber mit einem Mann verhandeln als mit einem Knaben. Waystrand kann den Brief noch heute hinunterbringen.«

Clare ging zum Schreibtisch und setzte sich. Ich dachte, Howard würde auf mich einschlagen, aber Donner faßte ihn an der Jacke und hielt ihn davon ab. Sie zogen sich in eine Ecke zurück, und Donner flüsterte eindringlich auf Howard ein. Ich hatte eine klare Vorstellung davon, was er sagte. Falls Bull Matterson diesen Brief je erhielt, wäre das ein Eingeständnis von seiten Howards, daß er bei einem großen Geschäft versagt hatte. Nach dem, was ich gesehen hatte, wußte ich, daß der alte Mann Howard verachtete und ihm Donner als Kindermädchen zugeteilt hatte. Bull Matterson würde seinem Sohn niemals vergeben, ihn um einen Gewinn von einer Million Dollar gebracht zu haben.

Waystrand kam herein, und Clare blickte auf. »Ich möchte, daß Sie einen Brief nach Fort Farrell bringen, Matthew.«

Das Flüstern auf der anderen Seite des Raums steigerte sich zu einem zischenden Crescendo, und schließlich zuckte Howard mit den Schultern. Eindringlich sagte Donner: »Warten Sie einen Augenblick, Miss Trinavant.« Er wandte sich unmittelbar an mich, und es bestand kein Zweifel mehr daran, daß ich zu Verhandlungen bevollmächtigt war. »War das Ihr Ernst, Boyd – daß Sie vier Millionen Dollar akzeptieren würden?«

»Miss Trinavant wird das tun«, antwortete ich.

Für einen Augenblick preßte er die Lippen zusammen. »Also gut, ich bin bevollmächtigt, dem zuzustimmen.« Er zog einen Vertrag aus der Tasche. »Wir brauchen nur noch den Betrag einzusetzen und Miss Trinavants von Zeugen bestätigte Unterschrift zu bekommen.«

»Ich unterschreibe nichts, was mein Rechtsanwalt nicht überprüft hat«, sagte sie kühl. »Solange müssen Sie schon warten.«

Donner nickte. Er hatte mit nichts anderem gerechnet. Er dachte selbst legalistisch und verstand nichts anderes. »Sobald wie möglich, bitte.« Er zog einen Füllfederhalter heraus und füllte eine leere Stelle in der Mitte des Vertrags aus. Dann drückte er Howard die Feder in die Hand. Howard zögerte, und Donner sagte trocken: »Unterschreiben Sie – ich rate es Ihnen dringend.«

Howard preßte die Lippen zusammen und kritzelte dann seine Unterschrift. Er richtete sich auf und deutete mit zitterndem Finger auf mich. »Passen Sie auf, Boyd – passen Sie nur auf, mehr sage ich nicht. Das machen Sie nie wieder mit mir – nie wieder.«

Ich lächelte. »Wenn es Ihnen ein Trost ist, Howard, Sie hatten nie eine Chance. Wir hatten Sie von Anfang an in der Hand. Erstens wußten wir genau, was wir besaßen, und zweitens machte es mir einige Mühe, Clare zum Verkauf zu überreden. Ihr war es gleichgültig, ob sie verkaufte oder nicht, und das ist bei einer Verhandlung ein ungeheurer Vorteil. Aber Sie wollten das Geschäft. Sie brauchten es. Ihr alter Herr hätte nie zugelassen, daß Sie es verpatzten.«

Donner sagte: »Sie sehen alle, daß ich Mr. Mattersons Unterschrift durch meine bestätige.« Er unterschrieb den Vertrag und legte ihn auf den Tisch. »Das ist wohl alles.«

Howard drehte sich auf dem Absatz um und verließ ohne ein weiteres Wort den Raum. Donner folgte ihm. Clare zerriß den Brief, den sie geschrieben hatte, langsam in kleine Fetzen und sah Waystrand an. »Sie brauchen doch nicht nach Fort Farrell, Matthew.«

Waystrand scharrte mit den Füßen, und langsam faltete sich sein Gesicht zu einem Grinsen. »Sieht so aus, als ob Sie doch gut beraten werden, Miss Clare.« Er nickte mir freundlich zu und ging.

Ich fühlte mich schwach in den Knien und setzte mich. Clare sagte nüchtern: »Sie sehen aus, als ob Sie einen Drink brauchten.« Sie ging zu dem Schrank und brachte mir einen Schluck Whisky, der groß genug war, um einen Elefanten zu vergiften. »Vielen Dank, Bob.«

»Ich hätte nie geglaubt, daß wir es schaffen«, sagte ich. »Ich dachte, ich würde alles verderben. Als Howard gehen wollte ...« Ich schüttelte den Kopf.

»Sie haben ihn erpreßt«, sagte sie. »Er fürchtet sich vor seinem Vater zu Tode, und damit haben Sie ihn erpreßt.«

»Das hat er verdient. Er hat Sie hinterhältig betrügen wollen. Der alte Bull wird es allerdings niemals erfahren und wird sich über seine Million Dollar freuen.« Ich blickte zu ihr auf. »Was werden Sie mit den vier Millionen anfangen?«

Sie lachte. »Das versetzt mich in die Lage, auf eigene Faust Ausgrabungen zu machen. Das habe ich mir bisher nie leisten können. Aber zunächst möchte ich für Sie sorgen. Howards Bemerkung von dem heruntergekommenen Geologen gefiel mir nicht.«

»Moment mal«, widersprach ich. »So viel habe ich nicht getan.«

»Sie haben mehr getan, als ich je gekonnt hätte. Ich hätte Howard nicht so gegenübertreten können. Mit Ihnen würde ich nicht gern Poker spielen, Bob Boyd. Sie haben sich Ihr Agentenhonorar redlich verdient.«

Daran hatte ich nicht gedacht. Clare fuhr fort: »Behandeln wir das rein geschäftlich. Sie haben die Arbeit getan und werden dafür bezahlt. Was halten Sie von zwanzig Prozent?«

»Um Gottes willen, das ist zuviel.« Ich sah das Funkeln in ihren Augen. »Zehn Prozent.«

»Teilen wir uns in die Differenz«, sagte sie. »Fünfzehn Prozent – und die werden Sie nehmen.«

Ich nahm einen großen Schluck Wisky und erstickte beinahe daran, als mir klar wurde, daß ich gerade 600 000 Dollar verdient hatte.

Wie ich schon sagte, wir marschierten an diesem Morgen erst spät los und kamen auch nicht weit, ehe wir rasteten, um etwas zu essen. Wie Clare Feuer machte, zeigte mir, daß sie sich in den Wäldern auskannte. Für seinen Zweck war es gerade groß genug und nicht größer und bedeutete keine Gefahr, daß der Wald in Brand geriet.

»Wie kommt es, daß Waystrand für Sie arbeitet?« fragte ich.

»Matthew? Er hat schon für Onkel John gearbeitet. Er war ein guter Holzfäller, hatte aber einen Unfall.«

»Davon hat er mir erzählt.«

»Er hatte viel Kummer in seinem Leben«, sagte Clare. »Seine Frau starb etwa zur gleichen Zeit, an Krebs, glaube ich. Jedenfalls mußte er den Jungen großziehen, deshalb fragte ihn Onkel John, ob er nicht im Haus arbeiten wollte – dem Haus in Lakeside. Als Holzfäller konnte er nicht mehr arbeiten, verstehen Sie.«

Ich nickte. »Und Sie haben ihn dann gewissermaßen übernommen?«

»Ja. Er versorgt das Haus, während ich fort bin.« Sie runzelte die Stirn. »Um den jungen Jimmy tut es mir leid. Er ist wild geworden. Er hatte mit seinem Vater über irgend etwas einen schrecklichen Streit, und dann fing Jimmy an, für die Matterson Corporation zu arbeiten.«

»Ich glaube, ich weiß, um was der Streit ging. Die Stellung war die Belohnung dafür, daß Jimmy gegenüber Howard über mich auspackte.«

Sie errötete. »Meinen Sie wegen der Nacht in meinem Blockhaus?«

»Dafür bin ich Jimmy noch etwas schuldig«, antwortete ich, »und auch noch für etwas anderes.« Ich berichtete ihr über meine wilde Fahrt, zwischen zwei Holztransportern eingeklemmt, aus dem Kinoxi Valley hinunter.

»Sie hätten umkommen können!« rief sie aus.

»Stimmt, aber es wäre als Unfall hingestellt worden.« Ich grinste. »Der alte Bull hat allerdings wie ein Gentleman bezahlt. Jetzt besitze ich einen Jeep.«

Ich nahm die Geologiekarte des Gebiets vor und erklärte ihr, was ich beabsichtigte. Sie begriff schnell und sagte: »Das unterscheidet sich gar nicht sehr davon, wie wenn man überlegt, wo man mit archäologischen Ausgrabungen beginnen will. Nur die Anzeichen sind anders.«

Ich nickte zustimmend. »Dieses Gebiet wird der Rocky-Mountains-Graben genannt. Geologisch ist es ungewöhnlich, weil es durch eine Kontinentalbewegung in großem Maßstab geschaffen wurde. Die Bewegung kann man allerdings nicht bemerken. Sie erfolgt sehr langsam. Jedenfalls tauchen in einem Graben manchmal Dinge an der Oberfläche auf, und vielleicht finden wir etwas, auch wenn sich auf dem Mattersonland nichts gezeigt hat. Ich meine, wir fangen gleich am Ende des Tals an.«

Das war nicht weit, nicht mehr als zehn Meilen, aber als wir dort ankamen, befanden wir uns in dichtem Urwald. Unterwegs hatte ich erwartungsgemäß nichts gefunden. Der Weg, den wir einschlugen, folgte einer fast geraden Linie, und die wichtigste Untersuchung würden wir auf dem Rückweg bergab, der in einem Zickzack von einer Seite des Tals zur anderen führen sollte, vornehmen. Auf diese Weise ist es leichter.

Als wir unser Lager aufschlugen, war es dunkel. Es schien kein Mond, und das einzige Licht stammte von dem Feuer, das anheimelnd knisterte und einen angenehmen Schein um sich warf. Hinter dem Feuer erstreckte sich in das Tal hinunter ein großes schwarzes Nichts, von dem ich wußte, daß es ein Meer von Bäumen war – Douglastannen, Fichten, Schierlingstannen, rote Zedern, alle wirtschaftlich wertvoll. »Wieviel Land besitzen Sie hier?« fragte ich.

»Fast zehntausend Morgen«, antwortete Clare. »Onkel John hat es mir hinterlassen.«

»Es könnte sich bezahlt machen, wenn Sie sich selbst eine Sägemühle aufbauen«, meinte ich. »Sie haben hier eine Menge reifer Stämme, die ausgeholzt werden müssen.«

»Ich müßte das Holz über Mattersonland transportieren lassen«, meinte sie. »Der lange Umweg wird zu kostspielig, aber ich will es mir überlegen.«

Ich überließ ihr das Kochen, während ich die Tannenzweige für unsere Lager schnitt, je eins zu beiden Seiten des Feuers. Sie versorgte Feuer und Töpfe geschickt mit kaum einer überflüssigen Bewegung, und ich stellte fest, daß ich ihr auf diesem Gebiet kaum etwas beibringen konnte. Bald stieg der würzige Duft des Ragouts auf, und sie rief: »Kommen Sie, es ist fertig.« Sie reichte mir lächelnd einen gefüllten Teller. »Nicht so gut wie die Ente, die Sie mir vorgesetzt haben.«

»Es ist großartig. Aber vielleicht können wir uns morgen frisches Fleisch beschaffen.«

Wir aßen und unterhielten uns friedlich und tranken Kaffee. Clare griff in ihren Rucksack und zog eine Flasche heraus. »Wie wäre es mit einem Schluck?«

Ich zögerte. Ich war es nicht gewohnt, draußen in den Wäldern zu trinken. Nicht aus irgendeinem Prinzip, sondern weil die Menge an Getränken, die man auf dem Rücken mitschleppen kann, nicht sonderlich groß ist. Darum hatte ich mir nie die Mühe gemacht, überhaupt etwas mitzunehmen. Jedoch an einem Tag, an dem einer 600 000 Dollar verdient, kann alles geschehen, darum antwortete ich: »Einen Schluck kann ich wohl vertragen.«

Es war eine angenehme Nacht. Selbst im Sommer findet man im nordöstlichen Innern von Britisch Columbia nicht viele warme Nächte, aber diese war eine; eine weiche, milde Nacht, in der die Sterne von einem Wolkenschleier verhängt waren. Ich schlürfte den Whisky, und bei dem Geruch des Feuers und dem rauchigen Geschmack des Scotch auf meiner Zunge fühlte ich mich entspannt und selbstsicher. Vielleicht hatte die Tatsache, daß eine Frau in meiner Nähe war, etwas damit zu tun. An den Stellen, wo ich zu lagern gewohnt war, findet man Frauen nicht sehr oft, und falls doch, hatten sie platte Nasen, breite Backenknochen, geschwärzte Zähne und stanken nach ranzigem Öl – für Eskimos ein Genuß, aber nicht für mich.

Ich öffnete den Knopf meines Hemdkragens, um Luft zu bekommen, und reckte meine Beine. »Ein anderes Leben würde ich mir gar nicht wünschen«, sagte ich.

»Jetzt können Sie doch leben, wie Sie wollen«, meinte Clare.

»Ja, da haben Sie völlig recht.« An das Geld hatte ich noch gar nicht gedacht. Mir war noch nicht bewußt geworden, daß ich jetzt nahezu reich war.

»Was werden Sie jetzt tun?« fragte sie.

Verträumt antwortete ich: »Ich kenne eine Stelle, unmittelbar nördlich vom großen Sklavensee, wo ein Mann mit etwas Geld –

144

genug, um eine richtige Erforschung zu finanzieren – die Chance hat, auf einen reichen Fund zu stoßen. Dazu ist eine Untersuchung mit einem Magnetometer erforderlich, und dazu braucht man ein Flugzeug oder besser noch einen Hubschrauber. Und gerade das kostet Geld.«

»Aber Sie sind doch jetzt reich«, erinnerte sie mich. »Oder werden es wenigstens sein, sobald der Handel abgeschlossen ist. Sie haben dann mehr, als ich von Onkel John geerbt habe, und ich habe mich nie für sonderlich arm gehalten.«

Ich sah sie an. »Gerade habe ich gesagt, daß ich mir kein anderes Leben wünsche. Sie haben Ihre Archäologie, ich meine Geologie. Und Sie wissen ganz genau, daß wir das nicht nur zum Zeitvertreib tun.«

Sie lächelte. »Wahrscheinlich haben Sie recht.« Sie betrachtete mich genau. »Diese Narbe dort auf Ihrer Brust, stammt die von . . . ?«

»Dem Unfall? Ja. Die Ärzte machen sich keine Mühe mit Schönheitsoperationen an Stellen, die man im allgemeinen nicht sieht.«

Langsam streckte sie ihre Hand aus und berührte meine Brust mit ihren Fingerspitzen.

»Clare, Sie kannten Frank Trinavant. Ich weiß, daß ich sein Gesicht nicht habe. Aber wenn ich Frank bin, dann muß doch bei Gott etwas von ihm in mir erhalten geblieben sein. Können Sie nichts von ihm in mir erkennen?«

Ihr Gesicht umwölkte sich. »Ich weiß es nicht«, antwortete sie zögernd. »Es ist so lange her, und ich war noch so jung. Ich verließ Kanada, als ich sechzehn und Frank zweiundzwanzig war. Er behandelte mich wie eine kleine Schwester, und ich habe ihn eigentlich nie genau gekannt.« Sie schüttelte den Kopf und wiederholte: »Ich weiß nicht.«

Ihre Fingerspitzen folgten der Narbe nach, und ich legte meinen Arm um ihre Schultern und zog sie näher an mich. »Machen Sie sich darüber keine Gedanken. Eigentlich spielt es keine Rolle«, sagte ich.

Sie lächelte und flüsterte: »Da haben Sie recht. Es spielt keine Rolle – es spielt überhaupt keine Rolle. Mir ist es gleichgültig, wer Sie sind oder woher Sie kommen, ich weiß nur, daß Sie Bob Boyd sind.«

Dann küßten wir uns leidenschaftlich, und ihr Arm schlang sich unter meinem Hemd um mich und zog mich näher an sie heran. Dann zischte es plötzlich und machte wuff, als ein halber Becher guter Scotch in das Feuer fiel und eine große gelbe und blaue Flamme zum Himmel aufstieg.

Später in der Nacht sagte ich schläfrig: »Du bist eine strenge Person. Du hast mich doppelt soviel Tannenzweige sammeln lassen, als wir brauchten.«

Sie boxte mich gegen die Rippen und drängte sich näher an mich.
»Weißt du was?« fragte sie nachdenklich.

»Was?«

»Erinnerst du dich daran, wie du damals in meinem Blockhaus
geschlafen hast? Als ich dich vor Annäherungsversuchen warnte?«

»Doch, daran erinnere ich mich.«

»Ich mußte dich damals warnen. Wenn ich es nicht getan hätte,
wäre ich verloren gewesen.«

Ich öffnete ein Auge. »Ist das wahr?«

»Schon damals«, antwortete sie. »Mir ist noch mulmig, wenn ich
daran denke. Weißt du, du bist ein bemerkenswerter Mann, Bob
Boyd. Vielleicht kann ich nicht mit dir fertig werden, aber ich
rate dir – ich rate dir, von jetzt an auf andere Frauen nicht zu sehr
durch deine Männlichkeit zu wirken.«

»Sei nicht albern«, antwortete ich.

»Das meine ich ernst.«

Wenige Minuten später fragte sie: »Bist du noch wach?«

»Hm-mm.«

»Hältst du mich auch nicht für dumm, wenn ich dir etwas sage?«

»Das kommt darauf an.«

Nach einer Pause sagte sie schließlich: »Du hast dir dieses Vermitt-
lerhonorar verdient, verstehst du? Vergiß das nicht. Und aus
einem bestimmten Grund bin ich froh darüber.«

Schläfrig fragte ich: »Aus welchem Grund?«

»Du bist so verdammt stolz«, antwortete sie. »Du hättest meinetwegen vielleicht nie etwas unternommen, wenn du zuviel darüber nachgedacht hättest. Ich fürchtete, mein Geld würde dich
abschrecken, aber jetzt hast du selbst Geld, und nun stimmt das
nicht mehr.«

»Unsinn«, antwortete ich. »Was sind schon kümmerliche 600 000
Dollar? Ich will das ganze.« Ich zog sie fester an mich. »Ich will
alles, was du hast.«

Sie stieß einen leisen Schrei aus und drängte sich wieder an mich.
Als schließlich der erste Dämmerschein am Himmel erschien,
schlief sie ein, den Kopf an meiner Schulter und einen Arm über
meine Brust geworfen.

Die Landaufnahme, die vier Tage hätte in Anspruch nehmen dürfen, erstreckte sich über zwei Wochen. Vielleicht nahmen wir
unsere Flitterwochen vor der Hochzeit, aber das haben viele andere schließlich auch getan, und es ist nicht das schlimmste Verbrechen in der Welt. Ich weiß nur, daß es die glücklichste Zeit
meines Lebens war.

Wir redeten miteinander – mein Gott, über was alles redeten wir
miteinander. Wenn zwei Menschen sich wirklich kennenlernen
sollen, sind verdammt viele Worte erforderlich, trotz der Tat-

146

sache, daß die wichtigsten Dinge überhaupt keiner Worte bedürfen. Als die zwei Wochen vorbei waren, wußte ich eine Menge über Archäologie, was ich vorher nicht gewußt hatte, und Clare verstand genug von Geologie, um zu erkennen, daß die Landaufnahme kein positives Ergebnis erbracht hatte.

Doch darüber machte sich keiner von uns beiden Sorgen. Drei der letzten Tage verbrachten wir in der Nähe eines winzigen Sees, den wir zwischen den Bergfalten verborgen entdeckt hatten.

Wir schlugen unser Lager in der Nähe des Ufers auf und schwammen jeden Morgen und jeden Nachmittag, ohne uns um Badekostüme zu kümmern, und frottierten uns gegenseitig warm und trocken, wenn wir bibbernd aus dem Wasser kamen. Nachts, in der Stille des Waldes, unterhielten wir uns leise, vorwiegend über uns selbst und über das, was wir während unseres kommenden Lebens anfangen wollten. Danach liebten wir uns.

Aber alles findet ein Ende. Eines Morgens sagte sie nachdenklich: »Matthew muß nahe daran sein, eine Suchgruppe nach uns auszuschicken. Ist dir eigentlich bewußt, wie lange wir schon unterwegs sind?«

Ich grinste. »Dazu ist Matthew zu vernünftig. Ich glaube, er ist inzwischen soweit, daß er mir vertraut.« Ich strich mir über das Kinn. »Trotzdem kehren wir besser zurück, glaube ich.«

»Ja«, antwortete sie düster.

Wir brachen das Lager ab und packten schweigend unsere Ausrüstung. Ich half ihr bei ihrem Rucksack und sagte dann: »Clare, du weißt, daß wir nicht gleich heiraten können?«

Ihre Stimme war tonlos vor Überraschung. »Warum denn nur nicht?«

Ich trat nach einem Stein. »Es wäre nicht fair. Wenn ich dich heirate und hier in der Gegend bleibe, dann bricht die Hölle los und du könntest dabei getroffen werden. Wenn die Geschichte überhaupt ins Rollen kommt, dann will ich, daß es geschieht, ehe wir heiraten.«

Sie öffnete den Mund, um zu widersprechen – im Widersprechen war sie groß –, aber ich ließ sie nicht zu Wort kommen. »Susskind könnte recht haben«, sagte ich. »Wenn ich zu tief in meiner Vergangenheit nachgrabe, werde ich vielleicht wirklich verrückt. Ich möchte nicht, daß dir das widerfährt.«

Sie schwieg eine Weile, dann sagte sie: »Angenommen, ich fände mich damit ab – was beabsichtigst du dann zu tun?«

»Ich werde diese Angelegenheit weit aufreißen – ehe wir heiraten. Jetzt habe ich für etwas zu kämpfen, etwas außer mir selbst. Wenn ich sicher hindurchkomme, dann wollen wir heiraten. Wenn nicht – nun, dann hat keiner von uns einen nicht wieder gutzumachenden Fehler begangen.«

Sie sagte ruhig: »Du bist der vernünftigste Mensch, den ich kenne. Ich bin bereit, es auf deine Vernunft hin zu riskieren.«

»Gut, aber ich nicht«, antwortete ich. »Du weißt nicht, wie das ist, Clare: keine Vergangenheit zu haben. Oder richtiger gesagt, zwei Vergangenheiten. Das höhlt einen Menschen von innen her aus. Ich muß es wissen, und ich muß das Risiko auf mich nehmen, es zu wissen. Susskind meinte, das könnte mich zerbrechen, und ich will nicht, daß du dann zu tief darinnen verstrickt bist.«

»Aber ich bin zu tief verstrickt«, rief sie aus. »Ich bin es doch schon.«

»Nicht so tief, als wenn wir verheiratet wären. Versteh doch, wenn wir verheiratet wären, könnte ich zögern, wo Zögern tödlich sein mag; ich würde nicht hart genug zuschlagen, wenn Zuschlagen den Sieg bringen könnte; ich würde kein Risiko eingehen, wenn es notwendig wäre, etwas zu riskieren. Ich würde zuviel an dich denken. Gib mir einen Monat, Clare, nur einen Monat.«

Ihre Stimme war leise. »Also gut, einen Monat«, sagte sie. »Nur einen Monat.«

Wir erreichten ihr Blockhaus spät in der Nacht, erschöpft und rastlos. Den Tag über hatten wir nicht mehr viel miteinander gesprochen. Matthew Waystrand empfing uns, lächelte Clare zu und musterte mich scharf. »Das Feuer brennt«, sagte er schroff.

Ich ging in mein Zimmer, legte erleichtert meinen Rucksack ab, und während ich ein frisches Hemd und eine andere Hose anzog, genoß Clare bereits ein heißes Bad. Ich ging zu Matthew hinüber und fand ihn rauchend vor einem Feuer sitzen. »Ich gehe bald fort«, sagte ich. »Passen Sie gut auf Miss Trinavant auf.«

Er sah mich düster an. »Meinen Sie, sie hätte es nötiger als sonst?«

»Es könnte sein«, antwortete ich und setzte mich. »Haben Sie den Brief abgeschickt, den sie Ihnen gegeben hat?« Ich meinte den Matterson-Vertrag, der an ihren Anwalt in Vancouver gehen sollte.

Er nickte. »Antwort ist auch gekommen.« Er legte den Kopf auf die Seite. »Sie hat sie bekommen.«

»Gut.« Ich wartete darauf, daß er noch etwas sagte, doch als er schwieg, stand ich auf. »Ich gehe jetzt. Ich muß zurück nach Fort Farrell.«

»Einen Augenblick noch«, sagte er. »Ich habe über das nachgedacht, was Sie mich gefragt haben. Sie wollten wissen, ob zu der Zeit, als der alte John ums Leben kam, etwas Ungewöhnliches passiert wäre. Also, ich erinnere mich an etwas, aber ich weiß nicht, ob Sie es ungewöhnlich nennen würden.«

»Was war das?«

»Der alte Bull kaufte sich unmittelbar in der Woche danach einen neuen Wagen. Es war ein Buick.«

»Nein«, antwortete ich. »Das würde ich nicht ungewöhnlich nennen.«

Waystrand sagte: »Das Merkwürdige daran ist, er war der Ersatz für einen Wagen, den er bereits hatte – einen Wagen, den er gerade erst seit drei Monaten besaß.«

»Das ist allerdings merkwürdig«, sagte ich leise. »Was stimmte denn mit dem alten nicht?«

»Weiß ich nicht«, antwortete Waystrand lakonisch. »Aber ich kann mir kaum vorstellen, daß schon nach drei Monaten etwas nicht gestimmt haben sollte.«

»Was ist aus dem Wagen geworden?«

»Weiß ich auch nicht. Er verschwand einfach.«

Ich dachte darüber nach. Es wäre eine teuflische Aufgabe herauszufinden, was vor zwölf Jahren aus einem Wagen geworden war, besonders einem, der ›einfach verschwunden‹ war. Es sah nicht so aus, als ob es viel Aussicht auf Erfolg verspräche, eine so dürftige Spur aufzunehmen, aber wer wollte das wissen? Vielleicht lohnte es sich, bei der Zulassungsstelle nachzuforschen. Ich sagte: »Danke, Matthew. Sie haben doch nichts dagegen, daß ich Sie Matthew nenne?«

Er runzelte die Stirn. »Sie haben sich bei dieser Landaufnahme viel Zeit gelassen. Wie geht es Miss Trinavant?«

Ich grinste. »Es ist ihr nie besser gegangen – das hat sie selbst mir versichert. Warum fragen Sie sie nicht?«

Er grunzte. »Das will ich lieber nicht tun. Nein, ich habe nichts dagegen, daß Sie mich bei meinem mir gegebenen Namen nennen. Dazu habe ich ihn doch wohl.«

Ich brach früh am nächsten Morgen, unmittelbar nach der Morgendämmerung, auf. Wahrscheinlich konnte man die wenigen Worte, die ich mit Clare gewechselt hatte, kaum einen Streit nennen, sie hinterließen aber eine gewisse Spannung. Sie hielt meine Ansicht für falsch und wollte gleich heiraten, aber ich blieb bei meiner Meinung, und wir hatten wie Kinder miteinander gegrollt. Jedenfalls verschwand die Spannung aber in dieser Nacht in ihrem Bett, und wir verhielten uns wie ein regulär verheiratetes Paar.

Wir sprachen über den Matterson-Vertrag, den ihr Anwalt nicht für allzu räuberisch hielt, und sie unterschrieb ihn und gab ihn mir. Ich sollte ihn in Howards Büro abliefern und mir die von ihm unterzeichnete zweite Ausfertigung geben lassen. Unmittelbar bevor ich ging, sagte sie: »Riskiere nur nicht zu viel, Bob. Der alte Bull bedient sich gemeiner Mittel.«

Ich beruhigte sie, holperte dann in dem Jeep über die Fahrspur und erreichte Fort Farrell am späten Vormittag. McDougall lungerte vor seiner Hütte herum und sah mir mit wissenden Augen entgegen. »Sie sehen verdammt zufrieden aus«, sagte er. »Haben Sie etwa ein Vermögen gemacht?«

»Ungefähr«, antwortete ich und erzählte ihm, wie die Verhandlung mit Howard und Donner verlaufen war.

Ich glaubte, er bekäme einen epileptischen Anfall. Er keuchte und japste und stampfte mit dem Fuß auf und stieß schließlich aus: »Was? Sie wollen behaupten, Sie hätten sechshunderttausend Dollar gemacht, nur indem Sie Howard Matterson beleidigten? Wo ist meine Jacke? Ich muß sofort ins Matterson Building.«

»Genauso ist es«, bestätigte ich lachend. Ich gab ihm den Vertrag. »Sorgen Sie dafür, daß Howard ihn bekommt – aber geben Sie ihn nicht aus der Hand, ehe Sie das von ihm unterschriebene Duplikat haben. Und vergessen Sie nicht, es Wort für Wort zu überprüfen.«

»Darauf können Sie sich verlassen«, antwortete Mac. »Ich traue dem Schuft nicht einmal so weit, wie ich einen Elch werfen kann. Was wollen Sie inzwischen unternehmen?«

»Ich fahre zum Damm hinauf. Howard scheint das zu beunruhigen. Was hat sich da oben inzwischen getan?«

»Der Damm selbst ist so gut wie fertig. Vor zwei Tagen haben sie die Schleusen geschlossen, und der Stausee fängt an, sich zu füllen.« Er lachte verhalten. »Sie haben aber Schwierigkeiten, die Generatoren heranzuschaffen. Mit diesen großen und schweren Maschinenteilen ist nicht so leicht umzugehen. Soviel ich gehört habe, sind sie im Schlamm vor dem Turbinenhaus steckengeblieben.«

»Ich werde mir das mal ansehen. Mac, wenn Sie in der Stadt sind, könnten Sie etwas für mich tun. Ich möchte, daß Sie verbreiten, ich sei der Überlebende des Unfalls, bei dem die Trinavants ums Leben gekommen sind.«

Er lachte wieder verhalten. »Ich verstehe. Sie fangen an, Druck zu geben. Gut, gut, ich werde es verbreiten. Bei Sonnenuntergang wird jeder in Fort Farrell wissen, daß Sie Grant sind.«

»Nein«, entgegnete ich scharf. »Nennen Sie keinen Namen. Sagen Sie nur, ich sei der Überlebende dieses Unfalls, sonst nichts.« Er sah mich verwundert an, darum fuhr ich erklärend fort: »Mac, ich weiß nicht, ob ich Grant bin, und ich weiß nicht, ob ich Frank Trinavant bin. Bull Matterson mag vielleicht denken, daß ich Grant wäre, aber ich will die Möglichkeit offenhalten. Es kann der Augenblick kommen, in dem ich ihn überraschen muß.«

»Das ist raffiniert«, sagte Mac bewundernd. Er betrachtete mich verständnisvoll. »Sie sind also zu einer Entscheidung gekommen, mein Junge?«

»Ja, ich habe einen Entschluß gefaßt.«

»Gut«, stimmte er herzlich zu. Dann fiel ihm offensichtlich etwas ein, und er fragte: »Wie geht es Clare?«

»Ausgezeichnet.«

»Sie müssen ihren Grundbesitz gründlich erforscht haben.«

»Doch, das habe ich getan«, bestätigte ich gelassen. »Ich stellte eindeutig fest, daß sich dort nichts befindet, was abbauwürdig wäre. Ganze zwei Wochen habe ich darauf verwendet.«

Ich erkannte, daß er das Thema noch weiter verfolgen wollte, darum wich ich aus. »Ich fahre jetzt zum Damm hinauf«, sagte ich. »Wir sehen uns heute abend. Und machen Sie genau das, was ich Ihnen gesagt habe.« Ich stieg in den Jeep und überließ ihn seinen Gedanken.

Mac hatte recht gehabt, als er sagte, daß die Matterson Corporation mit den Generatoren Schwierigkeiten habe. Es handelte sich um kein so großes Wasserkraftwerk wie das Peace River Project bei Portage Mountain, aber immerhin doch groß genug, daß der Transport der Generatoren über ländliche Straßen außergewöhnlich mühsam war. Man hatte sie aus den Vereinigten Staaten herangeschafft, und sie waren ziemlich mühelos bis zum Endpunkt der Eisenbahnlinie gelangt, doch von da an mußten sie Schwierigkeiten gemacht haben.

Als ich am Fuße des Steilhangs an dem Turbinenhaus vorbeifuhr, brach ich beinahe in ein Gelächter aus. Ein großer Holztransporter mit einem Generatorteil war tief im Schlamm eingesunken und wurde von einem schwitzenden und fluchenden Arbeitskommando umschwärmt. Die Männer schrien wild durcheinander, daß ihnen nahezu die Stimmbänder bersten mußten. Eine weitere Gruppe arbeitete an einem Knüppeldamm zum Turbinenhaus – einer Strecke von annähernd zweihundert Metern –, und die Leute wateten bis zu den Knien in einem Ozean von Schlamm.

Ich hielt an und stieg aus, um mir den Spaß anzusehen. Ich beneidete die Bauarbeiter nicht im geringsten. Es würde eine teuflische Arbeit sein, das Generatorteil in einwandfreiem Zustand bis zum Turbinenhaus zu schaffen. Ich blickte zum Himmel und beobachtete die von Westen vom Pazifik her aufziehenden Wolken und fand, sie sähen ganz so aus, als ob sie Regen bringen würden. Nur ein guter Guß, und die Mühen mußten sich verzehnfacht werden.

Ein Jeep kam die Straße herauf und hielt in dem Schlamm schliddernd an. Jimmy Waystrand stieg aus und kam zu mir herüber gestampft. »Was, zum Teufel, haben Sie hier zu suchen?«

Ich deutete auf den eingesunkenen Lastwagen. »Ich sehe mir nur den Spaß da an.«

Sein Gesicht wurde dunkelrot. »Sie sind hier nicht erwünscht«, sagte er schroff. »Verschwinden Sie!«

»Haben Sie kürzlich mal bei Bull Matterson nachgefragt?« entgegnete ich freundlich. »Oder hat Howard dessen Anweisung nicht an Sie weitergegeben?«

»Ach zum Teufel«, erwiderte er wütend. Ich sah ihm an, daß es ihn juckte, mich davonzujagen, aber er hatte zuviel Angst vor dem alten Bull.

»Ein falscher Schritt von Ihnen, Jimmy«, sagte ich sanft, »und Bull Matterson bekommt eine gerichtliche Verfügung um die Ohren geschlagen. Das wird ihn Geld kosten, und Sie können ihren letzten Cent darauf wetten – falls Sie dann noch einen haben –, daß es aus Ihrer Lohntüte kommen wird. Das beste, was Sie tun können, ist, daß Sie sich weiter um Ihre Arbeit kümmern und die Schweinerei da beseitigen, ehe es wieder regnet.«

»Wieder regnet!« entgegnete er wild. »Es hat noch gar nicht geregnet.«

»Wie? Wo kommt dann der ganze Schlamm her?«

»Woher, verdammt noch mal, soll ich das wissen? Er ist einfach gekommen. Er war einfach . . .« Er hielt inne und funkelte mich an. »Ach, was halte ich mich hier mit Ihrem dummen Gerede auf.« Er drehte sich um und ging zu seinem Jeep. »Vergessen Sie nicht!« rief er zurück. »Machen Sie keinen Ärger, oder Sie beziehen Prügel.«

Ich blickte ihm nach und sah mir dann interessiert den Schlamm zu meinen Füßen an. Es schien gewöhnlicher Schlamm zu sein. Ich bückte mich, faßte mit der Hand hinein und rieb ihn zwischen den Fingern. Er fühlte sich schleimig, ohne jede Körnigkeit an und war glatt wie Seife. Als Schmiermittel bei einer Ölbohrung hätte er sich vorzüglich geeignet. Vielleicht konnte Matterson ein paar Cents verdienen, wenn er ihn abfüllte und verkaufte. Ich kostete ihn mit der Zungenspitze, schmeckte aber kein Salz. Das hatte ich jedoch auch nicht erwartet, denn die menschliche Zunge ist kein sehr zuverlässiges Meßinstrument.

Eine Weile sah ich den Männern zu, die im Schlamm wühlten und stampften, dann ging ich zu meinem Jeep zurück und holte zwei leere Reagenzgläser. Ich drang mühsam bis in die Mitte der Schlammfläche vor, wobei ich mich gründlich schmutzig machte, und bückte mich, um die Reagenzgläser mit dem gräulichen, schleimigen Brei zu füllen. Dann watete ich zu dem Jeep zurück, verstaute die Reagenzgläser sorgfältig und fuhr an dem Steilhang hinauf.

Weder auf dem Steilhang noch auf der Straße, die an ihm hinaufführte, war irgendwo Schlamm zu entdecken. An dem Damm wurde noch gearbeitet, hier und da letzte Hand angelegt, aber die Schleusen waren geschlossen, und das Wasser staute sich hinter der Betonmauer. Der Schauplatz der Verwüstung, über deren Anblick ich getrauert hatte, wurde nach und nach von einer sauberen Wasserfläche bedeckt. Vielleicht war es barmherzig, die Spuren der Habgier zu verbergen. Der entstehende seichte See erstreckte sich schon weit in die Ferne. Gelegentlich ragte hier und da aus der Flut ein dürftiger Baum auf, der selbst für Matterson zu kümmerlich gewesen war, um einen Profit daraus zu schlagen. Diese Bäume würden sterben, sobald das Erdreich um ihre Wurzeln vom Wasser aufgeweicht war. Dann würden sie fallen und verrotten.

Ich blickte auf die Tätigkeit am Fuß des Steilhangs zurück. Die Männer erinnerten mich an Ameisen, die ich einmal beobachtet hatte – ein ganzer Schwarm, der versuchte, einen toten Käfer, den er gefunden hatte, fortzuschleppen. Doch die Männer hatten mit dem Lastwagen nicht so viel Erfolg wie die Ameisen mit ihrem Käfer.

Ich griff nach einem der Reagenzgläser und betrachtete es nachdenklich, legte es dann in sein Nest aus alten Zeitungen zurück. Zehn Minuten später holperte ich im höchstmöglichen Tempo über die Straße nach Fort Farrell zurück.

Ich wollte so schnell wie es ging an mein Mikroskop.

8

Ich saß noch mit rauchendem Kopf vor dem Mikroskop, als Mac aus der Stadt zurückkam. Er stellte einen Karton mit Lebensmitteln so wuchtig auf den Tisch, daß der Objektträger klirrte. »Was haben Sie denn da, Bob?«

»Drohende Gefahr«, antwortete ich, ohne aufzublicken.

»Für uns?«

»Für Matterson. Wenn meine Meinung zutreffend ist, dann ist der Damm keine zwei Cents wert. Ich kann mich allerdings irren.«

Mac lachte hell auf. »Also, das ist das Beste, was ich seit Jahren gehört habe. Was für eine Gefahr droht denn?«

Ich stand auf. »Sehen Sie selbst und schildern Sie mir, was Sie vor Augen haben.«

Er beugte sich vor und blickte durch das Okular. »Viel kann ich nicht sehen – nur ein paar Bröckchen Stein – jedenfalls halte ich es für Stein.«

»Das ist das Zeug, aus dem der Ton besteht. Stein ist ganz richtig. Was können Sie mir sonst darüber sagen? Versuchen Sie es so zu schildern, als wollten Sie es einem Blinden beschreiben.«

Er schwieg eine Weile, dann sagte er: »Davon verstehe ich nichts. Ich kann Ihnen nicht sagen, was für eine Art Stein es ist, aber ich sehe einige wenige größere runde Bröckchen und sehr viele kleine flache.«

»Würden Sie die flachen als kartenförmig bezeichnen?«

»Sehr auffallend finde ich das nicht. Sie sind einfach dünn und platt.« Er richtete sich auf und rieb sich die Augen. »Wie groß sind sie denn?«

»Die größeren runden sind Sandkörner – sie sind verhältnismäßig groß. Die kleinen platten haben etwa einen Durchmesser von zwei Mikron – sie sind ein Tonmineral. In diesem Fall halte ich es für Montmorillonit.«

Mac machte eine abwehrende Handbewegung. »Da komme ich nicht mehr mit. Was ist ein Mikron? Es ist schon lange her, seit ich in die Schule gegangen bin, und inzwischen hat sich viel geändert.«

»Ein Tausendstel Millimeter.«

»Und dieses Mont-mor oder wie das Zeug heißt?«

»Montmorillonit. Einfach ein Tonmineral. Es ist sehr verbreitet.« Er hob die Schultern. »Ich verstehe trotzdem nicht, was daran aufregend ist.«

»Das täten nur wenige«, antwortete ich. »Ich habe Howard davor gewarnt, aber der verdammte Narr hat nicht nachprüfen lassen. Gibt es hier in der Gegend jemand, der ein Bohrgerät hat, Mac?«

Er grinste. »Träumen Sie von einer Ölquelle?«

»Ich brauche etwas, das nicht tiefer als durch vierzig Fuß weichen Ton zu bohren hat.«

Er schüttelte den Kopf. »Nicht einmal das. Jeder, der nach Wasser bohren will, engagiert Pete Burke aus Fort St. John.« Er sah mich neugierig an. »Das scheint Sie wirklich aufzuregen.«

»Der Damm wird bersten, wenn nicht schnell etwas dagegen unternommen wird. Jedenfalls befürchte ich das.«

»Mir würde das keine Sorgen machen«, meinte Mac nachdrücklich.

»Aber mir«, entgegnete ich. »Kein Damm – kein Matterson Lake, und Clare verliert vier Millionen Dollar, weil die Forstverwaltung den Kahlschlag selbstverständlich nicht zulassen würde.«

Mac starrte mich mit offenem Mund an. »Soll das bedeuten, daß es sofort passieren wird?«

»Es könnte heute nacht passieren, vielleicht kommt es erst in sechs Monaten dazu. Ich kann mich aber auch völlig irren, und es passiert überhaupt nichts.«

Er setzte sich. »Also, ich gebe es auf. Was sollte so einem riesigen Betonklotz schon über Nacht etwas anhaben können?«

»Triebton«, antwortete ich. »Das ist ein höchst gefährliches Zeug, das im Lauf der Zeit schon zahllose Menschen umgebracht hat. Ich kann Ihnen das jetzt nicht näher erklären, Mac. Ich fahre sofort nach Fort St. John. Ich muß an ein gutes Labor herankommen.«

Ich machte mich schnell auf den Weg, und als ich den Jeep anließ, blickte ich zu dem Blockhaus zurück und sah Mac, der sich wieder über das Mikroskop beugte und sich den Kopf kratzte. Als ich anfuhr, drehten sich die Räder durch, weil ich zu stark beschleunigte.

Die zweihundert Meilen Nachtfahrt behagten mir nicht sonderlich, aber ich kam gut vorwärts, und Fort St. John war noch nicht aufgewacht, als ich dort eintraf. Von der Erdölraffinerie auf dem Taylor Flat abgesehen, die nie schläft, lag der Ort wie tot. Ich meldete mich bei einem verschlafenen Portier im Hotel Condil an und fand vor dem Frühstück noch zwei Stunden Schlaf.

Pete Burke war eine Enttäuschung. »Tut mir leid, Mr. Boyd, da ist nichts zu machen. Ich habe drei Bohrgeräte, und sie sind alle vergeben. Für mindestens einen Monat kann ich überhaupt nichts für Sie tun – ich bin fest ausgebucht.«

Das war schlimm. »Nicht einmal gegen eine Prämie – eine große?« fragte ich.

Er spreizte die Hände. »Tut mir leid.«

Ich blickte aus dem Bürofenster auf seinen Hof. »Da steht doch ein Bohrgerät. Was ist denn damit?«

Er lachte. »Das nennen Sie Bohrgerät? Das ist ein Museumsstück.«

»Schafft es, vierzig Fuß Ton zu durchbohren und Bohrkerne zu fördern?« fragte ich.

»Wenn Sie nicht mehr wollen – das könnte schon sein, mit ein bißchen Nachhilfe.« Er lachte. »Ich will Ihnen was sagen. Das war mein erstes Gerät, als ich das Geschäft hier anfing, und schon damals fiel es auseinander.«

»Ich mache Ihnen ein Angebot, wenn Sie noch ein paar Kernbohrer dazugeben«, sagte ich.

»Glauben Sie, daß Sie es bedienen können? Ich kann nicht einen Mann entbehren.«

»Ich werde es schon schaffen«, antwortete ich, und wir machten uns daran auszurechnen, wieviel es wert war.

Ich verließ Burke, der das Bohrgestänge auf meinen Jeep verlud, und begab mich auf die Suche nach einem Kollegen. Ich fand einen Geologen bei der Verwaltung der Ölgesellschaft und überredete ihn, mich für zwei Stunden in seinem Labor arbeiten zu lassen. Ein Reagenzglas voll Schlamm genügte, um mir zu verraten, was ich wissen wollte: der Mineralgehalt bestand hauptsächlich aus Montmorillonit, wie ich vermutet hatte, der Salzgehalt des Wassers lag unter vier Gramm je Liter – ein weiteres böses Zeichen –, und eine halbe Stunde intensives Studieren in Grims *Applied Clay Mineralogy* sagte mir, daß das Schlimmste zu erwarten stand.

Aber Schlußfolgerungen haben ihre Grenzen, und ich mußte bohren, um sicherzugehen. Am frühen Nachmittag war ich mit dem Bohrgerät, das aussah, als wäre es nach einer Abbildung in Agricolas *De Re Metallica* gebaut worden, auf dem Rückweg nach Fort Farrell.

Am nächsten Morgen, während ich den Stapel heißer Pfannkuchen verschlang, den Mac mir vorgesetzt hatte, sagte ich: »Ich brauche einen Gehilfen, Mac. Kennen Sie einen kräftigen jungen Burschen, der keine Angst vor den Mattersons hat?«

»Das wäre ich.«

Ich sah mir seine hagere Gestalt an. »Ich will das Bohrgerät den Steilhang unter dem Damm hinaufschaffen. Das können Sie nicht, Mac.«

»Wahrscheinlich haben Sie recht«, gab er bedrückt zu. »Aber kann ich nicht trotzdem mitkommen?«

»Das kann nichts schaden, wenn Sie wirklich mitwollen. Aber ich brauche einen Mann, der mir hilft.«

»Wie wäre es mit Clarry Summerskill? Er kann Matterson nicht leiden, ist von Ihnen aber sehr eingenommen.«

Zweifelnd hielt ich ihm entgegen: »Clarry entspricht nicht gerade meinen Vorstellungen von einem kräftigen jungen Burschen.«

»Der ist sehr zäh«, meinte Mac. »Einer, der Clarence heißt und trotzdem so alt werden konnte wie er, muß zäh sein.«

Je länger ich über den Vorschlag nachdachte, desto besser gefiel er mir. Ich konnte zwar ein Bohrgerät bedienen, aber bei dem steinzeitlichen Gebilde, das ich mir aufgehalst hatte, mochte es sich als praktisch erweisen, wenn ich einen Mechaniker zur Hand hatte. »Also gut«, stimmte ich zu. »Reden Sie mit ihm. Wenn er sich bereit erklärt, soll er sein Werkzeug mitbringen. Es könnte sein, daß er einen kranken Motor verarzten muß.«

»Er wird mitmachen«, versprach Mac vergnügt. »Seine Neugier plagt ihn so sehr, daß er gar nicht ablehnen kann.«

In der Mitte des Vormittags fuhren wir an dem Turbinenhaus vorbei und die Straße an dem Steilhang hinauf. Mattersons Bauarbeiter schienen mit ihren Bemühungen, das Generatorteil näher an sein Fundament heranzuschaffen, um keinen Schritt weitergekommen zu sein, und der Schlamm existierte nach wie vor, nur war er noch stärker aufgewühlt. Wir hielten uns nicht damit auf, ihnen zuzusehen, sondern fuhren weiter bergauf, und auf halber Höhe hielt ich an.

»Wir sind da.« Ich deutete quer über den Steilhang. »Das erste Loch will ich dort genau in der Mitte bohren.«

Clarry blickte über den Steilhang zu der nackten Betonwand des Dammes hinauf. »Ziemlich groß, finden Sie nicht? Muß auf den Cent soviel verschlungen haben, wie er angeblich kosten soll.« Er sah den Abhang hinunter. »Werden uns diese Burschen da Schwierigkeiten machen, Mr. Boyd?«

»Ich glaube nicht«, antwortete ich. »Die Leute sind gewarnt worden.« Im stillen war ich meiner Sache nicht ganz so sicher. Herumstreunen und schürfen war eine Sache, ein Bohrgerät aufzubauen und zu betätigen aber etwas ganz anderes. »Laden wir das Gerät ab.«

Das schwerste Stück war der Benzinmotor, der das Ungeheuer antrieb. Clarry und ich schleppten es stolpernd und ausrutschend quer über den Hang und setzten es an der Stelle ab, die ich mir ausgesucht hatte, während Mac bei dem Jeep blieb. Danach ging es ziemlich leicht, wenn es auch Zeit kostete, und es dauerte annähernd zwei Stunden, ehe wir anfangen konnten.

Das Gerät war das reinste Teufelsding, und ob es ohne Clarrys Hilfe überhaupt in Gang gekommen wäre, bezweifle ich. Die Hauptschwierigkeiten machte der Motor, ein abgeklapperter alter Zweitakter, aber Clarry zähmte ihn, und nachdem er zunächst ein dutzendmal gestreikt hatte, brach er schließlich in lautstarkes Knattern aus. Die Ventile klapperten so laut, daß ich halb damit rechnete, jeden Augenblick würden die Pleuelstangen das Zylindergehäuse durchspießen, aber die Maschine hielt durch Glück und irgendeinen Zauber, den Clarry ausübte, zusammen. Ich konnte also den Bohrer ansetzen, und die Arbeit begann.

Wie ich erwartet hatte, zog der Lärm bald jemand an. Ein Jeep kam über die Straße angerast, hielt unmittelbar hinter meinem an, und meine beiden Freunde von meinem ersten Zusammenstoß kamen zu uns herübergestampft. Novak schrie über das Motorgeknatter: »Was, zum Teufel, treiben Sie hier.«

Ich legte die Hand ans Ohr. »Verstehe Sie nicht.«

Er kam näher: »Was machen Sie mit dem Ding da?«

»Bohre ein Testloch.«

»Stellen Sie das verdammte Ding ab!« brüllte er.

Ich schüttelte den Kopf, winkte ihm zu, bergab zu kommen, und wir gingen bis zu einer Stelle, an der eine höfliche Unterhaltung nicht so ganz anstrengend für die Trommelfelle war. Er fragte drohend: »Was soll das heißen – Sie bohren ein Testloch?«

»Genau das, was man darunter versteht. Ich bohre ein Loch in den Boden, um zu sehen, was dabei herauskommt.«

»Das dürfen Sie hier nicht!«

»Warum nicht?«

»Weil ... weil ...«

»Nichts weil«, schnauzte ich. »Ich bin gesetzlich berechtigt, auf Kronland zu bohren.«

Er war unentschlossen. »Das wollen wir doch mal sehen«, entgegnete er kriegerisch und stolzierte zu seinem Jeep zurück. Ich sah ihm nach, ging dann wieder zu meinem Bohrgerät, um das Herausheben des ersten Bohrkerns zu überwachen.

Durch Ton zu bohren ist eine Kleinigkeit, und wir bohrten ohnehin nicht sehr tief. Ich numerierte die Kerne in der Reihenfolge, wie sie aus dem Boden kamen, und verstaute sie in dem Jeep. Wir waren mit dem ersten Loch fertig, ehe Jimmy Waystrand die Zeit fand, uns seinen Besuch abzustatten.

Clarry stellte bedauernd den Motor ab, als Mac mich anstieß. »Jetzt gibt's Ärger.«

Ich erhob mich, um Waystrand zu begegnen. Seiner Erscheinung war anzusehen, daß er unten bei dem Turbinenhaus seine eigenen Schwierigkeiten hatte. Bis hoch über die Knie war er von Schlamm bedeckt und zeigte auch sonst überall Schlammspritzer. Allem Anschein nach war er auch schlechter Laune. »Muß ich mich wieder mit Ihnen herumärgern?« fing er lautstark an.

»Brauchen Sie nicht, wenn Sie nicht wollen«, entgegnete ich. »Ich tue nichts, worüber Sie sich zu ärgern brauchen.«

»Nein?« Er deutete auf das Bohrgerät. »Weiß Mr. Matterson darüber Bescheid?«

»Wenn ihm keiner von Ihnen was gesagt hat, nicht. Ich habe ihn nicht um seine Erlaubnis gebeten. Das habe ich nicht nötig.«

Waystrand ging beinahe in die Luft. »Sie bohren Testlöcher zwischen dem Matterson-Damm und dem Matterson-Turbinenhaus und bilden sich ein, dazu brauchten Sie keine Erlaubnis? Sie müssen verrückt sein.«

»Deswegen bleibt das Gelände trotzdem Kronland«, erwiderte ich. »Wenn Matterson dieses Gebiet zu seinem privaten Reservat machen will, muß er mit der Regierung einen Vertrag abschließen. Bis dahin kann ich in diesen Abhang so viel Löcher bohren wie in einen Schweizer Käse, und er kann gar nichts dagegen machen. Sie können ans Telefon gehen und ihm das sagen. Sie können ihm auch sagen, er hätte wohl meinen Bericht nicht gelesen und er wäre in großer Gefahr.«

Waystrand lachte. »Er soll in Gefahr sein?« entgegnete er ungläubig.

»Und ob«, sagte ich. »Und nach dem Schlamm an Ihrer Hose zu urteilen, sind Sie es auch. Es ist die gleiche Gefahr. Und sagen Sie Howard genau das.«

»Ich werde es ihm sagen. Und ich kann Ihnen garantieren, daß

Sie keine weiteren Löcher bohren.« Er spuckte neben meinen Fuß auf den Boden und ging davon.

Mac sagte: »Sie gehen sehr scharf 'ran, Bob.«

»Mag sein«, antwortete ich. »Wir wollen weitermachen. Ich will heute noch zwei Löcher bohren. Das eine auf der anderen Seite, und das andere drüben bei der Straße.«

Wir schleppten das Gerät wieder über den Abhang, bohrten ein weiteres vierzig Fuß tiefes Loch und transportierten anschließend mühsam alles den ganzen Weg zurück und bohrten zum dritten Mal. Dann waren wir für diesen Tag fertig und luden das Bohrgerät wieder auf den Jeep. Ich wollte noch sehr viel mehr bohren, und normalerweise hätte ich das Bohrgerät auf dem Gelände stehen lassen, aber hier konnte ich nicht normal arbeiten und wußte, daß ich es am nächsten Morgen völlig unbrauchbar vorfinden würde, wenn ich es nicht mitnahm.

Wir fuhren den Abhang wieder hinab und wurden unten von einem Wagen aufgehalten, der auf der verschlammten Fahrbahn rutschend anhielt und die Straße blockierte. Howard Matterson stieg aus und kam dicht an uns heran. »Boyd, jetzt habe ich endgültig genug von Ihnen«, sagte er schroff.

Ich hob die Schultern. »Was habe ich denn jetzt schon wieder angestellt?«

»Jimmy Waystrand meldete mir, daß Sie da oben bohren. Das hat auf der Stelle aufzuhören.«

»Das passiert«, versprach ich, »sobald ich herausgefunden habe, was ich wissen will. Ich brauchte nicht zu bohren, Howard, wenn Sie meinen Bericht gelesen hätten. Ich habe Sie ausdrücklich gewarnt, Sie sollten auf Trieb . . .«

»Ihr verdammter Bericht interessiert mich nicht«, unterbrach er mich. »Was mich aber interessiert, ist dieses Gerede, daß Sie der Bursche sind, der den Autounfall überlebte, bei dem der alte Trinavant ums Leben gekommen ist.«

»Behaupten die Leute das?« fragte ich unschuldig.

»Sie wissen verdammt genau, was hier herumgeredet wird. Ich wünsche, daß auch das ein Ende hat.«

»Wie soll ich denn dem ein Ende machen?« fragte ich. »Ich bin nicht für das verantwortlich, was die Leute sich erzählen. Von mir aus können sie sagen, was sie wollen. Mich kümmert das nicht. Aber Sie scheinen sich deswegen Gedanken zu machen.« Ich grinste ihn freundlich an. »Ich wüßte allerdings gern, warum.«

Howard lief dunkelrot an. »Hören Sie mal, Boyd – oder Grant – oder wie Sie sonst heißen –, versuchen Sie nicht, sich in Dinge einzumischen, die Sie nichts angehen. Das ist die letzte Warnung, die Sie bekommen. Mein alter Herr hat Sie schon gewarnt, und jetzt hören Sie es noch einmal von mir. Ich bin nicht so weich wie mein alter Herr – der wird langsam senil –, und ich sage Ihnen, verschwinden Sie verdammt schnell, ehe Sie hier rausfliegen.«

Ich deutete auf seinen Wagen. »Wie soll ich von hier fortkommen, solange das Ding da steht?«

»Immer diese dämlichen Bemerkungen«, knurrte Howard, ging aber zu dem Wagen zurück, stieg ein und gab die Fahrbahn frei. Ich fuhr langsam vor und hielt neben ihm noch einmal an. »Howard«, sagte ich, »mich kann man nicht so leicht verscheuchen. Und noch etwas. Ich würde Ihren Vater nicht weich nennen. Es könnte ihm zu Ohren kommen, und dann werden Sie schnell herausfinden, wie weich er ist.«

»Sie haben vierundzwanzig Stunden«, fauchte er und fuhr an. Sein Abgang wurde durch den Schlamm auf der Straße verdorben. Seine Räder faßten nicht, er rutschte seitwärts ab, und das hintere Ende seines Wagens stieß knirschend gegen einen Felsblock. Ich winkte ihm grinsend zu und fuhr weiter nach Fort Farrell.

Clarry Summerskill sagte nachdenklich: »Davon habe ich gestern schon was gehört. Stimmt das denn, Mr. Boyd?«

»Stimmt was?«

»Daß Sie dieser Mann sind – dieser Grant –, der den Unfall mit John Trinavant hatte?«

Ich sah ihn von der Seite an und fragte leise: »Könnte ich denn nicht noch jemand anderes sein als Grant?«

Summerskill machte ein ratloses Gesicht. »Wenn Sie bei dem Unfall dabeigewesen sind, wüßte ich nicht, wer Sie sonst sein sollten. Ich verstehe nicht, worauf Sie hinaus wollen, Mr. Boyd.«

»Denken Sie nicht zuviel darüber nach, Clarry«, riet Mac. »Sie könnten sich sonst das Gehirn verstauchen. Boyd weiß schon, was er tut. Wenn die Mattersons sich darüber aufregen, ist das doch für Sie kein Grund, sich zu beunruhigen, oder?«

»Ich kann nicht behaupten, daß es mich beunruhigt«, antwortete Clarry verständnisvoll grinsend. »Ich verstehe einfach nur nicht, was vorgeht.«

Mac lachte verhalten. »Wer tut das schon?« meinte er. »Wer tut das schon? Aber wir werden langsam dahinterkommen.«

»Sie sollten sich aber vor Howard Matterson in acht nehmen, Mr. Boyd«, warnte Clarry. »Er gerät schnell in Rage, und wenn es mit ihm durchgeht, ist er nicht zu bremsen. Manchmal glaube ich, er wäre übergeschnappt.«

Das war auch meine Meinung, aber ich sagte: »Machen Sie sich meinetwegen keine Sorgen, Clarry. Ich werde mit Howard schon fertig werden.«

Als wir vor Macs Blockhaus anhielten, sagte Clarry: »Ist das da nicht Miss Trinavants Kombi?«

»Das ist er«, bestätigte Mac. »Und da ist sie auch selbst.«

Clare kam uns winkend entgegen. »Ich fühlte mich rastlos«, sagte sie. »Ich bin gekommen, um zu erfahren, was vorgeht.«

»Freut mich, daß Sie da sind«, erwiderte Mac. Er grinste mich an. »Sie werden wieder mal im Wald schlafen müssen.«

»Ist Ihr Wagen ganz in Ordnung, Miss Trinavant?« fragte Clarry.

»Vollkommen«, versicherte sie ihm.

»Das ist schön. Also, Mr. Boyd, ich fahre jetzt nach Hause. Meine Frau wird sich schon wundern, wo ich bleibe. Brauchen Sie mich noch einmal?«

»Es könnte sein«, antwortete ich. »Aber hören Sie, Clarry. Howard Matterson hat Sie mit mir zusammen gesehen. Kommen Sie dadurch nicht in Schwierigkeiten? Im Augenblick bin ich hier nicht sonderlich beliebt.«

»Keine Sorge, soweit es um mich geht. Matterson versucht seit Jahren, mich aus dem Geschäft zu drängen, hat es aber bisher nicht geschafft. Rufen Sie mich nur, wenn Sie mich brauchen, Mr. Boyd.« Er schüttelte den Kopf. »Ich wüßte aber wirklich gern, was hier gespielt wird.«

»Sie werden es noch erfahren, Clarry«, versprach Mac. »Sobald wir selbst es wissen.«

Summerskill fuhr nach Hause, und Mac führte Clare und mich in das Blockhaus.

»Bob tut wegen irgendwas schrecklich geheimnisvoll«, sagte er. »Er hat irgendeine hirnverbrannte Idee, daß der Damm brechen wird. Wenn das passiert, kommen Sie um vier Millionen Dollar, Clare.«

Sie warf mir einen schnellen Blick zu. »Ist das dein Ernst?«

»Mein völliger. Ich kann dir mehr darüber sagen, sobald ich mir die Bohrkerne angesehen habe, die noch im Jeep liegen. Wir wollen abladen, Mac.«

Bald war der Tisch von zwei Zoll dicken, zylindrischen Kernstücken bedeckt. Ich ordnete sie der Reihe nach und schied jene aus, die ich nicht benötigte. Die Kerne, die ich zur Untersuchung auswählte, hatten einen leichten Feuchtigkeitsfilm auf der Oberfläche und fühlten sich glatt und schlüpfrig an. Ihre Numerierung verriet mir, daß sie alle aus einer Tiefe von dreißig Fuß stammten. Ich teilte sie in drei Haufen und erklärte Clare: »Diese Kerne stammen aus drei Bohrungen, die ich heute nachmittag auf dem Steilhang zwischen dem Damm und dem Turbinenhaus vorgenommen habe.« Ich strich über einen und betrachtete die Feuchtigkeit auf meinem Finger. »Wenn man ebenso viele Dynamitpatronen vor sich hätte, sie könnten nicht gefährlicher sein.«

Mac zog sich beunruhigt einen Schritt zurück, und ich lächelte. »Keine Sorge, die Dinger hier gehen nicht los. Aber dieses Zeug oben im Abhang, das beunruhigt mich. Wißt ihr, was ›thixotropisch‹ bedeutet?«

Clare schüttelte den Kopf, und Mac runzelte die Stirn. »Ich müßte es wissen«, gab er zu, »aber ich weiß es tatsächlich nicht.«

Ich ging zu einem Regal und griff nach einer Tube. »Das ist ein Mittel, das ich zur Haarpflege verwende. Es ist ein thixotropisches Gelee.« Ich schraubte die Tube auf und drückte etwas von ihrem Inhalt in meine Handfläche. »Thixotropisch bedeutet, ›sich bei Berührung verändern‹. Dieser Stoff ist beinahe fest, wenn ich ihn aber so zwischen meinen Händen reibe, verflüssigt er sich. Ich streiche ihn auf mein Haar – so –, und jedes Haar wird von einem Film der Flüssigkeit überzogen. Dann kämme ich das Haar, und nach einer Weile nimmt das Material wieder seinen ursprünglichen Zustand an und fixiert dadurch jedes Haar in seiner Lage.«

»Sehr interessant«, sagte Mac. »Haben Sie die Absicht, einen Schönheitssalon aufzumachen, mein Junge?«

Darauf gab ich keine Antwort, sondern griff nach einem der Kerne. »Dies hier ist Ton. Er wurde vor vielen tausend Jahren durch die Tätigkeit der Gletscher abgelagert. Das Eis zermahlte den Fels zu Pulver, und das Pulver wurde durch die Flüsse heruntergeschwemmt, bis sie entweder das Meer oder einen See erreichten. Ich vermute, dieser hier wurde in einem Süßwassersee abgelagert. Ich will euch etwas demonstrieren. Haben Sie ein scharfes Messer, Mac?«

Er gab mir ein Tranchiermesser, und ich schnitt zwei vier Zoll lange Stücke aus der Mitte des gleichen Kerns heraus. Eines der Stücke stellte ich mit seiner Schnittfläche nach unten auf den Tisch. »Ich führe das vor«, erklärte ich, »weil es niemand glaubt, der es nicht mit eigenen Augen gesehen hat. Wahrscheinlich werde ich es auch Bull Matterson demonstrieren müssen, um es in seinen dicken Schädel hineinzubekommen. Ich habe hier nun einige Gewichte. Wie viele Pfund, glaubt ihr, kann dieser Zylinder aus Ton tragen?«

»Ich habe keine Ahnung«, sagte Mac. »Vermutlich wollen Sie uns aber etwas beweisen.«

»Die Schnittfläche mißt etwas über drei Quadratzoll«, erklärte ich weiter. Ich setzte auf den Zylinder ein Zehnpfundgewicht und fügte schnell ein weiteres hinzu. »Zwanzig Pfund.« Ein Fünfpfundgewicht. »Fünfundzwanzig Pfund.« Ich häufte weitere Gewichte darauf und baute einen Turm, der von dem Tonzylinder getragen wurde. »Das sind alle Gewichte, die ich habe – neunundzwanzig Pfund. Damit ist also nachgewiesen, daß dieser Ton einem Druck von – also rund fünfzehnhundert Pfund je Quadratfuß standhält. Tatsächlich ist er erheblich tragfähiger.«

»Und weiter?« fragte Mac. »Sie haben bewiesen, daß er stark ist. Was haben Sie damit erreicht?«

»Ist er wirklich stark?« fragte ich leise. »Geben Sie mir einen Krug und einen Löffel.«

Er murrte etwas von Taschenspielertricks, gab mir aber das, worum ich gebeten hatte. Ich blinzelte Clare zu und griff nach dem anderen Tonzylinder. »Meine Damen und Herren, ich versichere Ihnen, daß in meinem Ärmel nichts anderes als mein Arm steckt.« Ich legte das Stück Ton in den Krug und rührte mit dem Löffel kräftig darin herum, so, als ob ich einen Kuchenteig anrührte. Mac sah mir unbeeindruckt zu, aber Clare war nachdenklich geworden.

»Das ist die Bedeutung von thixotropisch«, sagte ich und leerte den Inhalt des Krugs auf den Tisch. Dünner Schlamm floß plätschernd heraus und zerlief zu einer sich ausweitenden Pfütze. Die Flüssigkeit erreichte die Tischkante und fing an, auf den Boden zu tropfen.

Mac stieß einen erstaunten Ruf aus. »Wo kommt das Wasser her? Sie hatten das Wasser schon in dem Krug«, beschuldigte er mich.

»Sie wissen genau, daß kein Wasser in dem Krug war. Sie haben ihn mir selbst gegeben.« Ich deutete auf die dunkle Lache. »Wieviel Gewicht kann das wohl tragen, Mac?«

Er sah mich ratlos an. Clare streckte die Hand aus und tauchte einen Finger in den Schlamm. »Aber woher kommt denn das Wasser, Bob?«

»Es war in dem Ton vorhanden.« Ich deutete auf den anderen Zylinder, der mit dem Turm der Gewichte belastet war. »Dieses Zeug besteht zu fünfzig Prozent aus Wasser.«

»Ich kann es einfach nicht glauben«, sagte Mac nüchtern, »obwohl ich es selbst gesehen habe.«

»Ich kann es ja noch einmal wiederholen, wenn Sie wollen«, bot ich an.

Er winkte ab. »Bemühen Sie sich nicht. Erklären Sie mir nur, wieso dieser Ton das Wasser wie ein Schwamm halten kann.«

»Erinnern Sie sich, was Sie unter dem Mikroskop gesehen haben? War das nicht eine Menge kleiner, flacher Steinsplitter?« Er nickte. »Diese Splitter sind winzig, jeder etwa ein fünfhundertstel Millimeter groß. Aber in jedem Kubikzoll Ton sind Millionen davon enthalten. Und jetzt kommt der entscheidende Punkt – sie sind aufgestapelt wie ein Kartenhaus. Hast du jemals ein Kartenhaus gebaut, Clare?«

Sie lächelte. »Ich habe es versucht, aber es ist mir nie recht gelungen. Onkel John war ein Experte darin.«

163

»Dann weißt du auch, daß die Struktur eines Kartenhauses vorwiegend aus freiem Raum besteht.« Ich klopfte auf den Kern.
»Und dieser Raum ist es, in dem das Wasser gespeichert wird.«
Mac sah mich immer noch verwirrt an, sagte aber: »Das klingt einleuchtend.«
Clare fragte ruhig: »Das ist doch noch nicht alles, oder? Du hast uns das doch nicht nur als Kunststückchen zur Unterhaltung vorgemacht?«
»Nein«, bestätigte ich. »Wie ich schon sagte, als sich diese Ablagerung bildete, geschah es auf dem Meeresboden oder dem Grund eines Sees. Salzgehalt verleiht Wasser nun eine elektrolytische Eigenschaft – das Salz wirkt wie eine Art Leim, der der ganzen Struktur Halt verleiht. Wenn diese Salze jedoch ausgeschwemmt werden, oder wenn in dem Wasser von vornherein sehr wenig Salze enthalten sind, wie es bei Ablagerungen in Süßwasser der Fall ist, wird die Klebkraft geringer. Clare, was ist das hervorstechendste Merkmal von Kartenhäusern?«
»Sie fallen leicht zusammen.«
»Richtig. Sie haben eine sehr wenig stabile Struktur. Ich möchte euch gern ein paar Geschichten erzählen, die deutlich machen, warum dieses Material Triebton genannt wird. Ablagerungen von Triebton finden sich überall, wo einmal ausgedehnte Gletscher bestanden haben – vorwiegend also in Rußland, Skandinavien und Kanada. Vor einigen Jahren, etwa in der Mitte der fünfziger Jahre, ereignete sich in Nicolet in der Provinz Quebec eine Katastrophe. Durch einen Erdrutsch wurde der Stadt buchstäblich der Boden unter den Füßen fortgerissen. Zerstört wurden unter anderem eine Schule, eine Reparaturwerkstatt und eine ganze Reihe von Häusern. Die Schule wurde von einer Brücke am anderen Flußufer aufgefangen, geriet aber in Brand. Zurück blieb nach der Katastrophe ein Loch, das sechshundert Fuß lang, vierhundert Fuß breit und dreißig Fuß tief war.«
Ich holte tief Atem. »Man hat nie feststellen können, wodurch diese Katastrophe ausgelöst wurde. Doch jetzt eine andere. Sie ereignete sich in einem Ort namens Surte in Schweden, und Surte ist eine recht große Stadt. Das Schlimme war, daß die Erdmassen in den Fluß Gota stürzten. Über hundert Millionen Kubikfuß Boden rutschten ab und rissen eine Eisenbahnlinie, eine Straße und die Häuser von dreihundert Menschen mit sich. Hier blieb ein Loch zurück, das eine halbe Meile lang und eine drittel Meile breit war. Der Erdrutsch wurde durch eine Ramme ausgelöst, die für das Fundament eines neuen Gebäudes Pfähle in den Boden trieb.«
»Durch eine Ramme?« Mac blieb der Mund offen stehen.
»Es ist keine große Erschütterung erforderlich, um Triebton in

Bewegung zu versetzen. Ich habe euch erklärt, daß er thixotropisch ist, bei Berührung seine Struktur verändert, und wenn die richtigen Vorbedingungen gegeben sind, braucht die Berührung nicht stark zu sein. In einem solchen Fall kann sich die über ein weites Gebiet erstreckende Tonablagerung im Nu verflüssigen. Die darüber liegende Erdschicht gerät ins Rutschen und setzt sich in Bewegung – und sie bewegt sich verdammt schnell. Die Katastrophe in Surte vollzog sich innerhalb von drei Minuten. Ein Haus wurde einhundertfünfzig Meter weit fortgerissen. Wie würde es euch gefallen, in einem Haus zu sitzen, das mit einer Geschwindigkeit von annähernd zwanzig Meilen in der Stunde bergab rutscht?«

»Ganz und gar nicht«, meinte Mac grimmig.

»Und erinnert ihr euch an das, was in Anchorage passiert ist?«

»Das war die größte Naturkatastrophe, die Alaska je erlebt hat«, sagte Mac. »Aber das war ein richtiges Erdbeben.«

»Ja, das war ein Erdbeben, aber das war nicht die Ursache für den Schaden in Anchorage. Das Beben hat einen Erdrutsch durch Triebton ausgelöst. Der größte Teil der Stadt stand auf einem Triebtonvorkommen, und Anchorage machte sich auf eine Wanderung in die blaue Ferne, und es ergab sich, daß die Reise in Richtung Pazifik führte.«

»Das wußte ich nicht«, sagte Mac.

»Es gibt Dutzende weiterer Beispiele. Im Krieg lösten britische Bomber bei einem Angriff auf eine chemische Fabrik in Norwegen einen Erdrutsch in einem Gebiet von fünfzigtausend Quadratfuß aus. Und dann Aberfan in Südwales. Hier lag eine künstlich geschaffene Situation vor: die Abraumhalden einer Kohlengrube. Aber die Grundursache war auch hier das Zusammenwirken von Ton und Wasser. Die Kinder einer ganzen Schule kamen dabei ums Leben.«

»Und du glaubst, daß der Damm in Gefahr ist?« fragte Clare.

Ich deutete auf die Bohrkerne auf dem Tisch. »Ich habe Proben von drei über den Abhang verteilten Stellen entnommen, und überall zeigen sie Triebton. Ich weiß nicht, wie weit die Ablagerung sich nach oben und unten erstreckt, aber ich nehme an, der Ton liegt dort überall. Am Fuß des Steilhangs ist ungeheuer viel Schlamm aufgetreten. Ein Erdrutsch auf Triebton kann bei einer Neigung von nur einem Grad eine Geschwindigkeit von zwanzig Meilen in der Stunde erreichen. Die Neigung des Steilhangs muß im Durchschnitt fünfzehn Grad betragen, folglich wird der Boden sehr schnell abrutschen, wenn es dazu kommt. Das Turbinenhaus wird unter einer Schlammdecke von hundert Fuß Dicke begraben, und wahrscheinlich wird auch das Fundament unter dem Damm fortgerissen werden. Wenn das passiert, strömt der ganze neue Lake Matterson dem Schlamm nach. Ich bezweifle, daß von dem Turbinenhaus dann viel übrigbleibt.«

»Noch von irgend jemand, der sich darin aufhält«, sagte Clare leise.

»Ganz richtig: noch von irgend jemand, der sich darin aufhält«, bestätigte ich.

Mac ließ die Schultern hängen und starrte finster auf die Tonkerne.

»Eines verstehe ich aber nicht. Warum ist der Steilhang nicht bereits abgerutscht? Ich erinnere mich daran, wie sie ihn kahlgeschlagen haben, und da standen wirklich riesige Bäume. Eine ausgewachsene Douglastanne schlägt mit sehr großer Wucht auf – verursacht eine stärkere Erschütterung als eine Ramme. Der Abhang hätte doch schon vor Jahren einstürzen müssen.«

»Ich glaube, daß das auf den Damm zurückzuführen ist«, entgegnete ich. »Wahrscheinlich tritt die Triebtonschicht irgendwo auf der anderen Seite des Damms an die Oberfläche. Alles war in Ordnung, ehe man den Damm baute, aber als dann die Schleusen geschlossen wurden und das Wasser sich zu stauen begann, überdeckte es den Austritt des Triebtons an die Oberfläche. Jetzt sickert es überall unter dem Steilhang durch den Triebton.«

Mac nickte. »Das klingt einleuchtend.«

»Und was gedenkst du zu unternehmen?« fragte Clare.

»Ich muß die Situation Matterson irgendwie klarmachen«, antwortete ich. »Ich habe heute nachmittag versucht, sie Howard zu erklären, aber er ließ mich nicht zu Wort kommen. In meinem Bericht habe ich ausdrücklich darauf hingewiesen, er müsse sich vor Triebton in acht nehmen, aber ich glaube nicht, daß er den Bericht überhaupt gelesen hat. Du hast recht, Clare, er ist ein unfähiger Geschäftsmann.« Ich reckte mich. »Doch im Augenblick will ich erst mal mehr über diese Proben erfahren. Ihren Wassergehalt zum Beispiel.«

»Wie wollen Sie das anfangen?« fragte Mac.

»Das ist einfach. Ich schneide von einer Probe ein Stück ab und wiege es. Dann koche ich dort auf dem Ofen das Wasser aus dem Stück heraus und wiege es wieder. Dann brauche ich das neue Gewicht nur vom alten abzuziehen.«

»Ich werde erst mal das Abendessen richten«, sagte Clare, »und beseitige du jetzt schnell die Schweinerei, die du hier veranstaltet hast.«

Nach dem Abendessen machte ich mich daran, den Wassergehalt festzustellen. Die Tragfähigkeit von Triebton hängt von seinen mineralischen Bestandteilen und von der in ihm enthaltenen Wassermenge ab. Unglücklicherweise bestand dieser Ton vorwiegend aus Montmorillonit und war von geringer Stärke. In Verbindung mit einem Wassergehalt von vierzig Prozent, der sich aus dem Durchschnitt von drei Proben ergab, besaß er eine reine Tragfähigkeit von etwa einer Tonne je Quadratfuß.

Falls ich recht haben sollte und von dem neuen See Wasser in die Tonschicht einsickerte, müßten sich die Bedingungen schnell verschlechtern. Bei einer Verdoppelung des Wassergehalts würde die Tragfähigkeit auf lediglich 500 Pfund je Quadratfuß absinken, und der schwere Schritt eines Bauarbeiters konnte den ganzen Hang zum Abrutschen bringen.

»Kann man irgend etwas dagegen tun, um den Damm zu retten, meine ich?« fragte Clare.

Ich seufzte. »Ich weiß es nicht, Clare. Sie müßten die Schleusen wieder öffnen, um den ganzen See ablaufen zu lassen, und feststellen, wo der Ton an der Oberfläche austritt. Dann könnte man den Austritt vielleicht versiegeln; etwa eine Schicht Beton darübergießen. Aber damit bliebe der Triebton unter dem Abhang in seinem gefährlichen Zustand.«

»Was könnte man denn noch machen?« fragte Mac.

Ich grinste. »Noch mehr Wasser hineinpumpen.« Über das Gesicht, das er machte, mußte ich laut herauslachen. »Das meine ich ernst, Mac. Wir pumpen nämlich eine Salzlauge hinein, eine stark gesättigte Salzlösung. Durch den Salzgehalt wirkt sie wie Klebstoff, der die Struktur zusammenhält, so daß der Ton nicht mehr thixotropisch ist.«

»Für alles haben Sie also eine raffinierte Lösung, wie?« entgegnete Mac bissig. »Aber jetzt beantworten Sie mir auch folgende Frage. Wie wollen Sie überhaupt an die Matterson Corporation herankommen und sie bewegen, Ihnen auch nur zuzuhören? Ich kann mir nicht vorstellen, daß Sie morgen in Howards Büro stürmen und ihn überzeugen können, daß er die Schleusen öffnen muß. Er würde Sie für verrückt halten.«

»Ich könnte es ihm sagen«, meinte Clare.

Mac grunzte mißmutig. »Howard wird den Standpunkt vertreten, daß Sie und Bob ihn um vier Millionen Dollar gebracht haben, die von rechts wegen ihm zukamen. Wenn Sie versuchten, ihn zu veranlassen, die Bauarbeiten an dem Damm einzustellen, wird er glauben, Sie planten einen weiteren gerissenen Trick. Er würde sich nicht vorstellen können, was Sie mit ihm beabsichtigen, aber er würde überzeugt sein, daß er noch einmal hereingelegt werden soll.«

»Und was ist mit Bull?« fragte ich. »Er könnte mich anhören.«

»Könnte er«, bestätigte Mac. »Andererseits haben Sie mir aufgetragen, in Fort Farrell Ihre Geschichte zu verbreiten, und er wird darüber schön in Fahrt gekommen sein. Ich würde nicht damit rechnen, daß er sich von Ihnen irgend etwas anhört.«

»Ach, zum Teufel damit«, sagte ich. »Gehen wir schlafen. Vielleicht fällt uns bis morgen etwas ein.«

Ich bereitete mir ein Nachtlager auf der Lichtung, da Clare mein Bett einnahm, und lag wach da und überdachte, was ich getan hatte. Hatte ich überhaupt etwas erreicht? Fort Farrell war ein reichlich trüber Tümpel gewesen, als ich dort ankam, aber jetzt waren die Wasser zu Schlamm aufgewühlt, in dem schlechthin nichts mehr zu erkennen war. Ich rannte immer noch mit dem Kopf gegen die Wand des Geheimnisses der Trinavants, und meine Sticheleien gegen die Mattersons hatten mir bisher nichts eingebracht.

Ich fing an, über all das nachzudenken, und stieß dabei auf etwas Merkwürdiges. Der alte Bull hatte von Anfang an gewußt, wer ich war, und war sehr schnell aus seiner Ruhe aufgestört gewesen. Daraus schloß ich, daß er hinsichtlich der Trinavants etwas zu verbergen hatte – und womöglich hatte ich damit recht, denn er war es gewesen, der den Namen Trinavant unterdrückt hatte.

Howard war dagegen durch andere Dinge in Wut versetzt worden – unser Streit wegen Clare, seine Niederlage in der Frage meines Schürfens auf Kronland, eine weitere Niederlage in der Frage des Abholzens von Clares Wäldern. Andererseits aber, als ich Mac gebeten hatte, die Geschichte zu verbreiten, daß ich der Überlebende des Autounfalls der Trinavants sei – war Howard sofort in die Luft gegangen und hatte mir vierundzwanzig Stunden Frist gesetzt, aus der Stadt zu verschwinden.

Das war wirklich sehr merkwürdig! Bull Matterson hatte zwar gewußt, wer ich war, es seinem Sohn aber nicht gesagt – warum nicht? Sollte da etwas dahinterstecken, was er Howard nicht wissen lassen wollte?

Und Howard – welche Rolle spielte er bei dem allen? Warum war er so aufgebracht, als er erfuhr, wer ich war? Wollte er etwa versuchen, seinen Vater zu schützen?

Ich hörte einen Zweig knacken und setzte mich schnell auf. Ein schmaler Schatten bewegte sich unter den Bäumen auf mich zu, und dann sagte Clare mit zärtlicher Stimme: »Hast du geglaubt, ich ließe dich hier draußen allein?«

Ich lachte leise. »Du wirst Mac schockieren.«

»Mac schläft«, antwortete sie und streckte sich neben mir aus. »Außerdem läßt sich ein alter Journalist in seinen Jahren nicht so leicht schockieren. Er ist schließlich erwachsen, mußt du wissen.«

Am nächsten Morgen sagte ich beim Frühstück: »Ich werde mir Howard vornehmen – will versuchen, ihn zur Vernunft zu bringen.«

Mac grunzte. »Meinen Sie, daß Sie so einfach in das Matterson Building hineinkommen?«

»Ich fahre zu dem Steilhang und fange noch einmal an zu bohren«, antwortete ich. »Dann wird er sofort da auftauchen. Wollen Sie Clarry fragen, ob er wieder mitmachen will?«

»Dann wird Howard sofort kommen«, bestätigte Mac.

»Da oben kannst du in eine Schlägerei geraten«, warnte Clare.

»Das muß ich riskieren«, sagte ich und fiel über einen heißen Pfannkuchen her. »Vielleicht ist gerade das notwendig, damit die Karten auf den Tisch kommen. Ich habe diese Schleicherei um den heißen Brei satt. Sie bleiben diesmal zu Hause, Mac.«

»Versuchen Sie nur, mich fernzuhalten«, grollte Mac und imitierte mich dann: »Sie können mich nicht hindern, auf Kronland spazierenzugehen.« Er rieb sich die Augen. »Nur zu dumm, daß ich noch so müde bin.«

»Haben Sie nicht geschlafen?«

Er hielt den Blick fest auf seinen Teller geheftet. »Zuviel Herumgerenne die ganze Nacht über. Dauernd kamen und gingen Leute aus und ein. Ein Betrieb wie auf einem Umsteigebahnhof.«

Clare schlug die Augen nieder, und ihre Kehle und ihr Gesicht wurden dunkelrosa.

Ich lächelte liebenswürdig. »Vielleicht hätten Sie draußen schlafen sollen – es war richtig friedlich unter den Bäumen.«

Er schob seinen Stuhl zurück. »Ich hole Clarry.«

»Sagen Sie ihm, es könnte Ärger geben«, sagte ich. »Dann liegt es bei ihm, ob er mitkommt oder nicht. Es ist ja schließlich nicht seine Angelegenheit.«

»Clarry wird nichts dagegen haben, Howard einen Puff zu versetzen.«

»Ich denke nicht an Howard«, antwortete ich. Ich hatte Jimmy Waystrand vor Augen und seine beiden Leibwächter, die die Botengänge für ihn besorgten.

Aber Clarry kam, und wir machten uns auf den Weg die Straße ins Kinoxi Valley hinauf. Clare wollte auch mitkommen, aber diese Absicht wies ich rundheraus zurück. »Wenn wir nach Hause kommen, werden wir Hunger haben – und vielleicht auch ein paar Beulen. Mach' du ein gutes Abendessen und halte ein paar Binden und Jodtinktur bereit.«

Niemand hielt uns an, als wir an dem Turbinenhaus vorbei und die Straße über den Steilhang hinauf fuhren. Wir hielten erst an, als wir fast oben waren, weil ich ein Testloch unmittelbar unter dem Damm bohren wollte. Es war wichtig festzustellen, ob die Ablagerung des Triebtons tatsächlich bis unter den Damm reichte. Clarry und ich schleppten den Motor wieder über den Abhang und stellten das Bohrgerät auf. Niemand beachtete uns, obwohl wir deutlich in Sicht waren. Unten am Fuß des Abhangs versuchten sie immer noch, das Generatorteil in das Turbinenhaus zu schaffen, und waren auch ein gutes Stück weitergekommen, indem sie so viele Baumstämme in den Boden versenkt hatten, daß es genug gewesen wären, um Mattersons Sägemühle für vierundzwanzig Stunden mit Holz zu versorgen. Ich konnte die Rufe und Flüche hören, mit denen Befehle gegeben wurden, aber sie wurden übertönt, als Clarry den Motor anließ und wir mit der Bohrung begannen.

Ich ging sehr vorsichtig mit den Kernen um, die aus einer Tiefe von dreißig Fuß kamen und hielt einen von ihnen Mac hin. »Hier sind sie feuchter«, sagte ich.

Mac trat nervös von einem Fuß auf den anderen. »Sind wir hier sicher? Es kann doch nicht jeden Augenblick losgehen, oder?«

»Könnte schon«, antwortete ich, »aber ich glaube es nicht – jetzt noch nicht.« Ich grinste. »Ich würde hier nicht gern hinunterrutschen, besonders nicht mit dem Damm über mir.«

»Sie beide reden, als ob es hier ein Erdbeben geben würde«, sagte Clarry mißtrauisch.

»Verstauchen Sie sich nicht das Gehirn«, antwortete Mac. »Ich habe es Ihnen schon mal gesagt.« Er machte eine Pause. »Aber genau davon reden wir.«

»Was?« Clarry sah sich nach allen Seiten um. »Wie kann man ein Erdbeben voraussagen?«

»Da kommt schon eins«, sagte ich und deutete nach unten. »Da kommt Howard mit wehenden Sturmfahnen.«

Er kam mit Jimmy Waystrand dicht auf den Fersen quer über den Abhang. Als er näher kam, konnte ich erkennen, daß er rasend vor Wut war. Er schrie mir entgegen: »Ich habe Sie gewarnt, Boyd. Jetzt haben Sie die Folgen zu tragen.«

Ich blieb ungerührt stehen, behielt Waystrand aber wachsam im Auge. »Howard, Sie sind ein verdammter Narr«, schrie ich zurück. »Sie haben meinen Bericht nicht gelesen. Sehen Sie sich doch den Schlamm da unten mal an.«

Ich glaube, er hörte nicht eins meiner Worte. Er deutete mit dem Finger auf mich. »Sie verschwinden sofort. Wir wollen Sie hier nicht haben.«

»Wir? Vermutlich meinen Sie sich und Ihren Vater.« Das war falsch. Es hatte keinen Sinn, sich in einen Wortstreit mit ihm einzulassen, solange es über wichtigere Dinge zu diskutieren galt. Ich sagte: »Hören Sie zu, Howard, und um Himmels willen, bewahren Sie die Ruhe. Erinnern Sie sich, daß ich Sie vor Triebton gewarnt habe?«

Er funkelte mich an. »Was ist Triebton?«

»Sie haben meinen Bericht also nicht gelesen – da stand alles drin.«

»Zum Teufel mit Ihrem Bericht – alles, was Sie können, ist, mir mit Ihrem Bericht in den Ohren zu liegen. Ich habe für das verdammte Ding bezahlt, und ob ich ihn lese oder nicht, ist meine Angelegenheit.«

»Nein!« widersprach ich. »Ganz und gar nicht. Es können Menschenleben –«

»Wollen Sie endlich damit aufhören!« schrie er.

»Es wäre besser, wenn Sie ihn anhören«, sagte Mac scharf.

»Halten Sie sich draußen, Sie alter Narr«, befahl Howard. »Und Sie auch, Summerskill. Sie werden beide noch bedauern, daß Sie sich mit diesem Mann eingelassen haben. Ich werde dafür sorgen, daß Sie es noch bedauern – persönlich.«

»Lassen Sie McDougall in Ruhe, Howard«, warnte ich, »oder ich breche Ihnen das Kreuz.«

Clarry Summerskill spuckte gekonnt aus und beschmutzte Howards Stiefel. »Mir können Sie keine Angst machen, Matterson.«

Howard trat einen Schritt vor und hob seine Faust. Schnell mischte ich mich ein. »Halt! Da kommt Ihre Verstärkung, Howard.« Ich nickte über den Abhang zwei Männern entgegen, die über das unebene Gelände auf uns zukamen – der eine war ein Chauffeur in einer gepflegten Uniform und stützte den anderen am Arm. Bull Matterson war schließlich aus seiner Burg herausgekommen.

Clarry stand der Mund offen, während er den alten Mann und den großen schwarzen Bentley, der am Straßenrand parkte, anstarrte. »Also, ich will verdammt sein«, sagte er leise. »Ich hab' den alten Bull seit Jahren nicht mehr gesehen.«

»Vielleicht ist er herausgekommen, um sein Bullenkalb zu verteidigen«, sagte Mac sarkastisch.

Howard ging zurück, um dem alten Mann zu helfen, ein rührendes Bild der Sohnesliebe, aber Bull wies die angebotene Hand ärgerlich zurück. Dem Aussehen nach war er quicklebendig und auf keine Hilfe angewiesen.

Mac lachte verhalten. »Ich finde, der alte Herr ist besser in Form als ich.«

»Ich habe das Gefühl, daß jetzt der Augenblick der Wahrheit kommt«, sagte ich.

Mac warf mir einen listigen Blick zu. »Heißt es nicht so beim Stierkampf, wenn der Matador seinen Degen hebt, um den Bullen zu töten? Um diesen da zu erledigen, muß man einen scharfen Degen haben.«

Der alte Mann erreichte uns und sah sich mit harten Augen um. »Gehen Sie zum Wagen zurück«, befahl er dem Chauffeur kurz. Er warf einen Blick auf das Bohrgerät und drehte sich dann plötzlich Jimmy Waystrand zu. »Wer sind Sie?«

»Waystrand. Ich arbeite unten beim Turbinenhaus.«

Matterson hob eine Augenbraue. »So? Dann gehen Sie an Ihre Arbeit.«

Waystrand blickte unsicher Howard an, der knapp nickte.

Matterson starrte Clarry an. »Ich glaube, Sie brauchen wir auch nicht«, sagte er schroff. »Und auch Sie nicht, McDougall.«

Ruhig sagte ich: »Gehen Sie zu dem Jeep und warten Sie dort, Clarry.« Dann fixierte ich den alten Mann. »McDougall bleibt.«

»Das soll er entscheiden«, entgegnete Matterson. »Wie ist es, McDougall?«

»Ich würde gern einen fairen Kampf sehen«, antwortete Mac vergnügt. »Zwei gegen zwei.« Er lachte. »Bob kann es mit Howard aufnehmen, und ich nehme an, für eine Altherrenmeisterschaft wären wir zwei eine geeignete Paarung.« Er faßte an den Zylinderkopf des Benzinmotors, um festzustellen, ob er noch heiß wäre, und lehnte sich dann ungezwungen mit der Hüfte dagegen.

Matterson schüttelte den Kopf. »Also gut. Ich habe nichts gegen einen Zeugen bei dem, was ich zu sagen habe.« Er starrte mich aus kalten blauen Augen an, und ich mußte nicht ganz bei mir gewesen sein, wenn ich gemeint hatte, sie seien vom Alter verblaßt gewesen. »Ich habe Sie gewarnt, Grant, aber Sie haben es für richtig gehalten, das zu ignorieren.«

»Glaubst du wirklich, daß dieser Bursche Grant ist? Daß er bei dem Unfall dabei war?« fragte Howard.

»Halt den Mund«, befahl Matterson eisig, ohne den Kopf zu drehen. »Das hier mache ich allein. Du hast schon genug Fehler gemacht – du und deine närrische Schwester.« Er hatte seinen Blick nicht von mir abgewandt. »Haben Sie etwas zu sagen, Grant?«

»Ich habe eine Menge zu sagen – wenn auch nichts, was John Trinavant und seine Familie betrifft. Was ich sagen will, ist von viel unmittelbarerer Bedeutung . . .«

»Für etwas anderes interessiere ich mich nicht«, unterbrach Matterson mich schroff. »Reden Sie also oder schweigen Sie. Haben Sie etwas zu sagen? Wenn nicht, dann verschwinden Sie sofort, und dafür werde ich sorgen.«

»Ja«, entgegnete ich nachdrücklich, »ich habe wohl das eine oder andere zu sagen, aber es wird Ihnen nicht gefallen.«

»In meinem Leben ist mir viel begegnet, was mir nicht gefallen hat«, erwiderte Matterson steinern. »Ein paar Dinge mehr spielen keine Rolle.« Er neigte sich etwas vor und hob scharf das Kinn. »Seien Sie aber vorsichtig mit Anschuldigungen, die Sie erheben. Der Schuß könnte nach hinten 'rausgehen.«

Ich bemerkte, daß Howard unruhig wurde. »Mein Gott«, sagte er mit einem Blick auf Mac, »überspitze nichts.«

»Ich habe dir befohlen, den Mund zu halten«, sagte der alte Mann.

»Ich will es nicht noch einmal. Also los, Grant, sagen Sie, was Sie zu sagen haben. Aber vergessen Sie eines nicht: mein Name ist Matterson, und ich besitze einen Teil dieses Landes. Ich besitze es und jeden, der darauf lebt. Alle, die ich nicht besitze, kann ich unter Druck setzen – und das wissen sie.« Ein grimmiges Lächeln spielte um seine Lippen. »Im allgemeinen spreche ich das nicht so offen aus, weil es schlechte Politik ist – die Menschen hören Wahrheiten dieser Art nicht gern. Aber das ist die Wahrheit, und Sie wissen es.« Er reckte seine Schultern. »Glauben Sie etwa, irgend jemand würde Ihrem Wort gegen meinen Glauben schenken? Besonders wenn ich Ihr Vorleben enthülle? Das Wort eines Rauschgifthändlers und Rauschgiftsüchtigen gegen mein Wort? Also, sagen Sie, was Sie zu sagen haben, und gehen Sie zum Teufel, Grant.«

Ich sah ihn nachdenklich an. Offensichtlich glaubte er, ich hätte etwas entdeckt, und forderte mich jetzt offen heraus, es zu enthüllen, wobei er sich auf Grants Vorstrafen verließ, um mich zu diskreditieren. Es wäre ein teuflisch gutes Manöver gewesen, wenn ich etwas gewußt hätte, was nicht zutraf – und wenn ich Grant gewesen wäre.

»Sie nennen mich ständig Grant. Ich wüßte gern warum«, erwiderte ich.

Die Falten auf seinem eisernen Gesicht verschoben sich etwas. »Was meinen Sie damit?« fragte er schroff.

»Sie sollten das wissen. Sie haben doch die Leichen identifiziert.« Ich lächelte grimmig. »Was wäre, wenn ich Frank Trinavant bin?«

Er rührte sich nicht, aber sein Gesicht wurde schmutziggrau. Dann schwankte er etwas und versuchte zu sprechen, brachte aber nur ein unbeschreibliches Röcheln heraus. Ehe ihn jemand auffangen konnte, stürzte er zu Boden wie einer seiner gefällten Bäume.

Howard sprang zu ihm und beugte sich über ihn. Ich blickte ihm über die Schulter. Der alte Mann lebte noch und atmete keuchend. Mac faßte mich am Ärmel und zog mich zurück. »Ein Herzanfall«, sagte er. »Ich habe es schon einmal erlebt. Deshalb hat er so selten sein Haus verlassen.«

Im Augenblick der Wahrheit war mein Degen scharf genug gewesen – vielleicht zu scharf. Aber war es der Augenblick der Wahrheit? Ich wußte es immer noch nicht. Ich wußte immer noch nicht, ob ich Grant oder Frank Trinavant war. Ich war immer noch eine verlorene Seele, die blind in der Vergangenheit tastete.

9

Es stand auf der Kippe.

Howard und ich schrien uns gegenseitig über Mattersons ausgestrecktem Körper an. Howard hatte am Schreien den größten Anteil – ich versuchte, ihn zu beruhigen. Der Chauffeur kam vom Bentley herübergerannt, und Mac zog mich zurück. Er deutete mit dem Daumen auf Howard. »Er ist zu sehr mit seinem Vater beschäftigt, um sich um Sie zu kümmern – Jimmy Waystrand aber nicht, wenn er hier heraufkommt. Howard wird seine Leute auf Sie hetzen wie Hunde auf ein Kaninchen. Es ist besser, wenn wir hier verschwinden.«

Ich zögerte. Mit dem alten Mann sah es böse aus, und ich wollte bleiben, um zu sehen, daß für ihn gesorgt wurde. Aber Macs Argumente waren überzeugend – für uns war hier nicht länger der richtige Platz.

»Kommen Sie«, sagte ich. »Beeilen wir uns.«

Clarry Summerskill empfing uns mit der Frage: »Was ist passiert? Haben Sie den alten Mann niedergeschlagen?«

»Um Gottes willen!« rief Mac empört aus. »Er hat einen Herzanfall. Steigen Sie in den Jeep.«

»Was wird mit dem Bohrgerät?« fragte Clarry.

»Wir lassen es zurück«, antwortete ich. »Wir haben hier alles getan, was wir konnten.« Ich starrte über den Abhang zu der kleinen Gruppe unter dem Damm hinüber. »Vielleicht haben wir zuviel getan.«

Als ich den Jeep bergab steuerte, war ich auf Schwierigkeiten gefaßt, aber nichts geschah, als wir an dem Turbinenhaus vorbeikamen, und ich war erleichtert, als wir die Straße erreichten. Mac sagte nachdenklich: »Das hat den alten Schuft auf die Bretter gelegt. Ich möchte wissen, warum.«

»Ich fange an, mir über den alten Matterson so meine Gedanken zu machen«, sagte ich. »Ganz so übel scheint er mir gar nicht zu sein.«

»Nach dem, was er zu Ihnen gesagt hat?« Mac war ehrlich empört.

»Ja gewiß, er ist hart, und in seinen Methoden ist er nicht besonders wählerisch, solange sie sich bewähren, aber ich glaube, daß er im Grunde ein ehrlicher Mann ist. Wenn er die Opfer des Autounfalls vorsätzlich falsch identifiziert hätte, hätte er gewußt, wer ich bin. Dann hätte es ihn nicht so sehr überrascht, daß er davon einen Herzanfall bekam, aber ihn hat gerade ein höllischer Schock getroffen, Mac.«

»Das ist wahr.« Er schüttelte den Kopf. »Ich verstehe es nicht.«

»Ich auch nicht«, sagte Clarry. »Will mir nicht jemand sagen, was eigentlich vorgeht?«

»Sie können mir einen Gefallen tun, Clarry«, sagte ich. »Fahren Sie zur Zulassungsstelle und prüfen Sie nach, ob Bull Matterson etwa Mitte September 1956 einen neuen Buick angemeldet hat. Ich habe so etwas gehört.«

»Wozu das?« fragte Mac.

»Um festzustellen, was aus dem alten geworden ist. Matthew Waystrand hat mir gesagt, er sei erst drei Monate alt gewesen. Sie sind im Gebrauchtwagenhandel, Clarry. Ist es möglich festzustellen, was aus dem Wagen wurde?«

Er hob seine Stimme. »Nach zwölf Jahren? Ich halte das für unmöglich.« Er kratzte sich am Kopf. »Ich will es aber versuchen.«

Wir hielten vor Macs Blockhaus, und Clarry fuhr mit seinem eigenen Wagen nach Fort Farrell weiter. Mac und ich berichteten Clare, was sich ereignet hatte, und ihr Gesicht verdüsterte sich.

»Ich habe ihn immer Onkel Bull genannt«, sagte sie. Sie hob den Kopf. »Er war kein schlechter Mensch, wißt ihr. Erst als Donner in die Firma eintrat, wurde die Matterson Corporation wirklich knauserig und geldgierig.«

Mac war skeptisch. »Donner ist nicht der Mann an der Spitze; er ist nur ein bezahlter Handlanger. Bull Matterson ist der Mann, der den Profit aus den Durchstechereien einsteckt, die mit der Trinavant-Treuhandverwaltung getrieben wurden.«

Clare lächelte matt. »Ich glaube nicht, daß er es für Betrug hielt. Ich glaube, Bull sah darin nichts anderes als ein raffiniertes Geschäft – aber nichts Unehrenhaftes.«

»Trotzdem ist es verdammt unmoralisch«, bemerkte Mac.

»Derartige Überlegungen sind ihm wohl nie in den Sinn gekommen«, sagte sie. »Er wurde einfach zu einer Maschine, die Geld machte. Ist er ernstlich krank, Bob?«

»Als ich ihn zuletzt sah, wirkte er nicht besonders gesund«, antwortete ich. »Mac, was unternehmen wir jetzt?«

»In welcher Angelegenheit – der Trinavant-Geschichte oder dem Damm?« Er zuckte mit den Schultern. »Ich finde nicht, daß Sie jetzt am Zug sind. Jetzt ist Howard am Ball, und er könnte es auf Sie absehen.«

»Wir müssen wegen des Damms etwas unternehmen. Vielleicht kann ich mit Donner reden.«

»Sie werden ihn nie zu Gesicht bekommen. Howard wird ihm schon die richtige Geschichte erzählen. Sie können sich nur ruhig verhalten und auf eine Chance warten – oder Sie könnten von hier abreisen.«

»Ich wünschte bei Gott, ich hätte nie etwas von Fort Farrell gehört.« Ich blickte auf. »Verzeihung, Clare.«

»Seien Sie nicht albern«, sagte Mac. »Werden Sie weich, nur weil ein alter Mann einen Herzanfall bekommen hat? Teufel, ich glaube nicht, daß er einen Herzanfall bekam, als es anfing. Kämpfen Sie weiter, Bob. Versuchen Sie, den nächsten Schlag anzubringen, solange die Mattersons aus der Balance sind.«

Langsam erwiderte ich: »Ich könnte die Stadt verlassen. Ich könnte nach Fort St. John fahren und versuchen, ob ich dort Interesse wecken kann. Jemand könnte irgendwo von dem Gedanken, daß ein Damm zusammenbricht, aufgestört werden.«

»Sie können da so gut hin wie irgendwo anders«, sagte Mac, »denn eines steht fest. Die Mattersons sind so wütend wie ein aufgestörter Hornissenschwarm, und niemand, dem Howard im Nacken sitzt, wird auch nur einen Finger rühren, um Ihnen zu helfen. Der alte Bull hat recht – die Mattersons besitzen dieses Land, und jeder weiß das. Niemand wird jetzt auf Sie hören, Bob. Und wenn Sie nach Fort St. John wollen, müssen Sie durch Fort Farrell hindurch. Ich rate Ihnen, zu warten, bis es dunkel ist.«

Ich starrte ihn ungläubig an. »Sind Sie verrückt? Ich bin doch kein Flüchtiger.«

Sein Gesicht war ernst. »Ich habe darüber nachgedacht. Nachdem Bull aus dem Weg ist, gibt es keinen mehr, der Howard bremst. Donner kann es nicht, das ist sicher. Und Jimmy Waystrand und einige von Howards Schlägern können Sie furchtbar zurichten. Erinnern Sie sich, was Charley Burns vor ein paar Jahren widerfuhr, Clare? Ein gebrochenes Bein, ein gebrochener Arm, vier eingeschlagene Rippen und ein eingetretenes Gesicht. Diese Burschen sind brutal – und ich wette, daß sie jetzt schon nach Ihnen suchen. Fahren Sie also jetzt noch nicht nach Fort Farrell.«

Clare stand auf. »Aber nichts kann mich davon abhalten, nach Fort Farrell zu fahren.«

Mac sah sie mit zusammengekniffenen Augen an. »Wozu?«

»Um mit Gibbons zu sprechen«, antwortete sie. »Es ist an der Zeit, daß die Polizei zugezogen wird.«

Mac zuckte mit den Achseln. »Was kann Gibbons schon tun? Ein Sergeant der RCMP kann hier nicht viel ausrichten – nicht bei diesen Verhältnissen.«

»Das ist mir gleichgültig«, antwortete sie. »Ich werde zu ihm gehen.« Sie verließ das Blockhaus, und ich hörte, wie sie ihren Wagen anließ. Mit leisem Sarkasmus fragte ich Mac: »Was hatten Sie vorhin gesagt? Ich sollte versuchen, den nächsten Schlag anzubringen, solange die Mattersons aus der Balance sind?«

»Lassen Sie den Unsinn. Ich war voreilig. Ich hatte noch nicht alles richtig bedacht.«

»Wer war dieser Burns?«

»Jemand, der sich mit Howard angelegt hat. Er wurde zusammengeschlagen – jeder wußte, warum, aber niemand konnte Howard

etwas nachweisen. Burns verließ die Stadt und ist nie wieder-
gekommen. Ich hatte ihn fast schon vergessen – aber er ist
Howard nicht halb so sehr ins Gehege geraten wie Sie. Ich habe
ihn nie so wütend gesehen wie heute morgen.« Er stand auf
und sah den Ofen an. »Ich mache Tee. Ich gehe nur schnell Holz
holen.«

Er ging hinaus, und ich saß da und überlegte, was ich als nächstes
tun sollte. Das Enttäuschende war, daß ich mit dem Geheimnis
der Trinavants keinen Schritt weitergekommen war und daß der
Mann, der mir etwas darüber sagen konnte, jetzt wahrscheinlich
im Krankenhaus lag. Ich verspürte nicht übel Lust, nach Fort
Farrell zu fahren, ins Matterson Building zu gehen und Howard
eins in die Schnauze zu schlagen, wodurch vermutlich nichts gelöst werden, was mir aber sehr gut tun würde.

Die Tür wurde aufgestoßen, und ich wußte, daß ich nicht nach
Fort Farrell zu fahren brauchte. Howard stand auf der Schwelle,
mit einem Gewehr in den Händen, und die runde Öffnung der
Mündung sah so groß wie ein bodenloser Schacht aus.

»Und jetzt, Sie Schweinehund«, sagte er mühsam atmend, »was
war das mit Frank Trinavant?«

Er kam zwei Schritte näher, aber das Gewehr wich nicht von mir
ab. Hinter ihm glitt Lucy Atherton in das Blockhaus und lächelte
mich bösartig an. Ich wollte mich von dem Stuhl erheben, aber
er sagte mit scharfem Ton: »Bleiben Sie sitzen, Mann. Sie kommen nirgends hin.«

Ich ließ mich zurückfallen. »Warum interessieren Sie sich für Frank
Trinavant?« fragte ich. »Ist er nicht schon lange tot?« Es fiel mir
schwer, meine Stimme gelassen klingen zu lassen. Ein Gewehr,
das man auf sich gerichtet sieht, übt einen merkwürdigen Einfluß
auf die Stimmbänder aus.

»Haben Sie Angst, Boyd?« fragte Lucy Atherton.

»Sei still«, sagte Howard. Er befeuchtete sich die Lippen, kam langsam näher und starrte mich an. »Sind Sie Frank Trinavant?«

Ich lachte ihn an. Es kostete mich Mühe, aber ich lachte.

»Verdammt, antworten Sie!« schrie er, und seine Stimme über-
schlug sich. Er machte einen weiteren Schritt, und sein Gesicht
zuckte krampfhaft. Ich hielt ein wachsames Auge auf seine rechte
Hand gerichtet und hoffte, daß das Gewehr keinen zu empfindlichen Druckpunkt hatte. Ich hoffte, er würde noch einen Schritt
näher kommen, damit sich mir die verwegene Chance bot, den
Lauf zur Seite zu schlagen, aber er blieb stehen. »Jetzt passen Sie
mal auf«, sagte er mit bebender Stimme. »Sie werden mir antworten, und Sie werden mir die Wahrheit sagen. Sind Sie Frank Trinavant?«

»Was spielt das für eine Rolle?« entgegnete ich. »Ich kann Grant sein – ich kann Trinavant sein. So oder so, ich war in dem Wagen.«

»Ja, das ist richtig. Sie waren in dem Wagen.« Er wurde gefährlich ruhig und studierte mein Gesicht. »Ich kannte Frank, und ich habe Bilder von Grant gesehen. Sie ähneln keinem von beiden. Sie wurden oft operiert, wie ich sehe. Es muß sehr weh getan haben – hoffentlich.«

Lucy Atherton kicherte.

»Ja«, sagte er, »Sie waren in dem Wagen. Nur wenn man ganz genau hinsieht, kann man die Narben erkennen, Lucy. Sie sind nur haarfeine Linien.«

»Das scheint Sie zu interessieren, Howard«, sagte ich.

»Über eins wundere ich mich – Sie nennen mich dauernd Howard. Frank tat das auch immer. Sind Sie Frank?«

»Was spielt das für eine Rolle?«

»Richtig«, stimmte er zu. »Was spielt es schon für eine Rolle? Aber jetzt heraus damit. Was haben Sie in dem Wagen gesehen? Reden Sie, oder Ihr hübsches Gesicht wird noch ein paar Operationen brauchen.«

»Sagen Sie mir doch, was ich gesehen habe – ich werde Ihnen dann bestätigen, ob es stimmt.«

Sein Gesicht verzerrte sich wütend, und er machte einen kleinen Schritt, der aber nicht genügte, um ihn in die Reichweite meiner Hände zu bringen. Ich saß zu tief, in einer Stellung, aus der heraus man sich nicht schnell bewegen kann.

»Sparen Sie sich das«, sagte er heiser. »Reden Sie!«

Von der Tür her sagte eine Stimme: »Das Gewehr herunter, Howard, oder ich blase Ihnen das Rückgrat fort.«

Ich warf einen schnellen Blick zur Tür und sah Mac, der eine doppelläufige Flinte auf Howard gerichtet hielt. Howard erstarrte und wendete sich langsam um, drehte sich in den Hüften. Mac wiederholte scharf: »Das Gewehr, Howard – herunter damit. Ich sage es nicht noch einmal.«

»Tu was er sagt«, warnte Lucy schnell. »Er hat eine Flinte.«

Howard senkte die Waffe, und ich stand auf und griff danach, als er sie aus den Händen gleiten ließ. Sie hätte losgehen können, wenn sie zu Boden gefallen wäre. Ich trat zurück und sah Mac an, der grimmig lächelte. »Heute morgen habe ich die Waffe in den Jeep gelegt, für den Fall, daß wir sie brauchen sollten«, sagte er. »Das war Glück. Los jetzt, Howard. Gehen Sie zur Wand. Sie auch, Schwester Lucy.«

Ich untersuchte Howards Gewehr. Es war entsichert, und als ich das Schloß öffnete, wurde eine Patrone ausgeworfen. Ich war knapp der Gefahr entgangen, daß mir der Kopf abgerissen worden wäre. »Danke, Mac«, sagte ich.

»Jetzt keine Formalitäten«, entgegnete er. »Howard, setzen Sie sich auf den Boden, mit dem Rücken zur Wand. Sie auch, Lucy. Seien Sie nicht schüchtern.«

Howards Gesicht war haßerfüllt. »Damit werden Sie nicht weit kommen. Meine Leute werden Sie schon festnageln, Boyd«, drohte er.

»Boyd?« erwiderte ich. »Ich dachte, es wäre Grant – oder Trinavant. Was Ihnen keine Ruhe läßt, Howard, ist die Ungewißheit. Sie wissen es einfach nicht.« Ich wandte mich an Mac. »Was machen wir jetzt?«

Er grinste. »Sie fahren hinter Clare her. Vergewissern Sie sich, daß sie ganz schnell Gibbons herbringt. Wir können diesem Schweinehund jetzt einen bewaffneten Überfall nachweisen. Ich halte ihn solange hier in Schach.«

Ich sah Howard zweifelnd an. »Passen Sie auf, daß er Sie nicht anspringt.«

»Dazu hat er zuviel Angst.« Mac klopfte auf die Flinte. »Ich hab' das gute Ding mit Rehposten geladen. Auf die Entfernung reißt ihn das mitten durch. Haben Sie gehört, Howard?«

Matterson gab keine Antwort, und Mac fügte hinzu: »Das gilt auch für Schwester Lucy. Bleiben Sie nur schön sitzen, Mrs. Atherton.«

»Also gut, Mac. Ich bin in einer halben Stunde zurück.« Ich nahm Howards Gewehr, entlud es und warf die Patronen in eine Ecke. Als ich zu dem Jeep lief, schleuderte ich das Gewehr in das dichte Unterholz, und noch keine Minute später war ich schon unterwegs.

Doch nicht für lange. Unmittelbar vor der Kreuzung zur Straße nach Fort Farrell kam eine Kurve, und noch während ich das Lenkrad drehte und durch die Biegung fuhr, sah ich den gefällten Baum, der quer über die Fahrbahn lag. Es war schon zu spät, um noch zu bremsen, und der Jeep rammte gegen den Stamm. Zum Glück hatte ich wegen der Kurve das Tempo verringert, aber durch den Aufprall wurde der Wagen vorn eingedrückt und ich mit dem Kopf beinahe durch die Windschutzscheibe geschleudert.

Als nächstes versuchte mich jemand aus dem Wagen zu zerren. Es erfolgte ein scharfer Pfiff und ein Ruf: »Hier ist er!«

Eine Hand packte vorn mein Hemd, krallte sich fest und zerrte. Ich neigte den Kopf und biß zu. Der Mann schrie auf und ließ mich los, das gab mir einen Augenblick Zeit, mich zu fassen. Ich konnte nur den einen Mann wahrnehmen, der wieder auf mich los kam, deshalb warf ich mich durch den Wagen und auf der anderen Seite hinaus. Der Platz in einem Jeep ist zu beengt, als daß ein großer Mann wie ich sich unbehindert wehren kann.

Von dem Aufprall mit dem Kopf war ich etwas benommen, doch nicht so sehr, daß ich den Mann, der hinten um den Jeep herumkam, nicht bemerkte. Für sein eigenes Wohl kam er etwas zu schnell und rannte deshalb sein Knie mit voller Wucht gegen meinen Stiefel, was ihn außer Gefecht setzte. Während er sich vor Schmerzen jaulend auf dem Boden wälzte, rannte ich in den Wald hinein und nahm die Schreie und das Stampfen der Stiefel von mindestens zwei Männern wahr, die mich verfolgten.

Als Sprinter tauge ich nicht viel, weil ich ein zu hohes Gewicht habe, schaffe aber dennoch ein ganz schönes Tempo, wenn es notwendig ist. Aber das konnten die Burschen, die hinter mir herjagten, auch, und für die ersten fünf Minuten war der Ausgang offen. Aber die beiden vergeudeten ihren Atem damit, zu schreien, während ich meinen großen Mund hielt, und bald fingen sie an, zurückzufallen.

Schließlich riskierte ich einen Blick über die Schulter. Es war niemand zu sehen, aber ich konnte ihre Rufe hören. Deshalb duckte ich mich hinter einem Baum, um wieder zu Atem zu kommen. Die Rufe näherten sich, und ich konnte das Knacken von Zweigen hören. Der erste raste an mir vorbei, und ich ließ ihn laufen, bückte mich aber, um einen Stein aufzuheben, der gerade in meine Faust paßte. Ich hörte den zweiten kommen und trat hinter dem Baum hervor und verstellte ihm den Weg.

Ihm blieb keine Zeit anzuhalten – oder überhaupt etwas zu tun. Der Mund stand ihm überrascht offen, und ich enthob ihn der Mühe, ihn zu schließen, wobei ich meine ganze Kraft in eine Gerade gegen sein Kinn legte. Selbstverständlich war es der Stein in meiner Faust, der die Wirkung erzielte. Ich spürte ein leichtes Knirschen, und ihm glitten die Füße unter dem Körper weg. Er fiel auf den Rücken, wälzte sich herum und rührte sich nicht mehr.

Ich lauschte eine Zeitlang. Der Mann, den ich vorbeigelassen hatte, war außer Sicht, aber seine Rufe konnte ich noch hören. Ich hörte auch Leute von der Straße näherkommen und schätzte, daß sie ein ganzes Dutzend sein mußten, darum lief ich im rechten Winkel zu meinem ursprünglichen Kurs weiter, so schnell wie ich konnte, ohne zuviel Geräusche zu machen.

In diesem Augenblick dachte ich noch nicht allzuviel nach, erkannte aber, daß es Mattersons Spürhunde waren, die sich auf meiner Fährte befanden, und daß Jimmy Waystrand vermutlich die Meute führte. Meine erste Aufgabe war, ihnen zu entkommen, und das würde nicht allzu leicht sein. Ich hatte es mit Holzfällern zu tun, die sich in den Wäldern auskannten und sich hier wahrscheinlich besser zurechtfinden würden als ich. Auf jeden Fall kannten sie die hiesige Gegend besser, und ich mußte mich vergewissern, daß sie mich nicht in die Richtung trieben, in der sie mich haben wollten. Besser noch war, sie völlig abzuschütteln.

Der Baumbestand in dieser Nähe der Stadt war nur dürftige dritte Wahl ohne wirtschaftlichen Wert und wurde vorwiegend zum Schlagen von Feuerholz für die häuslichen Herde in Fort Farrell genutzt. Unangenehm war, daß man zwischen den Stämmen weit sehen konnte und sich kein Versteck bot, besonders nicht, wenn man wie ich ein rotes Wollhemd trug. Ich glaubte schon, ungesehen entkommen zu sein, doch ein Schrei gellte auf, woran ich erkannte, daß ich es doch nicht geschafft hatte.

Ich verzichtete auf Geräuschlosigkeit und steigerte das Tempo, lief bergauf und spürte die Belastung meiner Lungen. Von der Höhe eines Abhangs blickte ich über ein Tal auf das eigentliche Waldland mit hohen Bäumen. Wenn ich sie erreichte, mochte ich eine Chance haben, zu entkommen, und ich rannte hakenschlagend wie ein Kaninchen, hinter dem ein Fuchs her ist, in das Tal hinab.

Nach den Rufen hinter mir zu schließen, konnte ich meinen Vorsprung halten, aber das war ein geringer Trost. Jedes Dutzend entschlossener Männer kann auf lange Sicht gesehen einen Einzelgänger einfangen; sie können sich gegenseitig antreiben und unterstützen. Der Einzelgänger hat aber einen Vorteil – das Adrenalin, das durch das Wissen, was ihm geschieht, wenn er gefaßt wird, in seinen Organismus gepumpt wird. Denn in diesem Punkt machte ich mir keine Illusionen: Ein Dutzend kräftiger Holzfäller wenden nicht ihre ganze Kraft zu einem Querfeldeinlauf auf, um am Ende nur Fangen gespielt zu haben. Wenn sie mich erwischten, war ich vermutlich für den Rest meines Lebens geliefert. Im Nordwest-Territorium hatte ich einmal gesehen, was von einem Mann übrigblieb, der von einer Bande gestellt und zusammengeschlagen worden war. Was sie von ihm zurückließen, hatte man kaum noch menschlich nennen können.

Ich rannte also um mein Leben, weil ich wußte, daß es sich für mich kaum noch zu leben lohnen würde, wenn ich versagte. Ich ignorierte die Schmerzen in meinen Beinmuskeln, das rasselnde Keuchen der Luft in meiner Kehle und die beginnenden Seitenstiche. Ich begnügte mich damit, den weiten, weiten Weg durch das Tal zu rennen. Ich blickte mich nicht um, um zu sehen, wie nahe sie mir schon waren, weil das Zeitverschwendung gewesen wäre, nicht viel – den Bruchteil einer Sekunde vielleicht jedesmal, wenn ich den Kopf drehte –, aber Sekundenbruchteile summieren sich und konnten im Endergebnis zählen. Ich bewegte einfach nur meine Beine, beobachtete den Boden vor mir und wählte immer den leichtesten Weg, ohne zu stark von einer geraden Linie abzuweichen.

Doch ich hielt die Ohren offen und nahm die Schreie in meinem Rücken wahr, manche laut und nahe, andere schwächer und weiter zurück. Die Meute zog sich auseinander, und die kräftigsten waren vorn an der Spitze. Wenn es nur wie anfangs zwei gewesen wären, hätte ich angehalten und es ausgefochten, aber gegen ein Dutzend hatte ich keine Chance, deshalb rannte ich weiter und verlängerte trotz der wachsenden Stiche in meiner Seite meine Schritte.

Die Bäume waren jetzt näher, hohe Bäume, die in den Himmel ragten – Douglastannen, Rotzedern, Fichten, Schierlingstannen – der große Wald, der sich nach Norden bis zum Yukon erstreckte. Sobald ich mich in ihm verlor, mochte ich eine letzte Chance haben. Es gab da Bäume, die so groß waren, daß man einen Lastwagen dahinter verstecken konnte, von einem Mann gar nicht zu reden; dort herrschte ein Schattengewirr von den Sonnenstrahlen, die durch Laub und Zweige fielen und ein fleckiges Muster bildeten; dort gab es umgestürzte Stämme, hinter die man sich ducken, Löcher, in denen man sich verbergen, und eine dicke Schicht Fichtennadeln, auf der man sich lautlos bewegen konnte, wenn man darauf achtete, wohin man seine Füße setzte. Der Wald bot eine gewisse Sicherheit.

Ich erreichte den ersten hohen Baum und wagte es, einen Blick zurückzuwerfen. Der vorderste Mann lag zweihundert Meter zurück, und die übrigen dehnten sich hinter ihm in einer langen Linie. Ich sprintete zu dem nächsten Baum, wechselte die Richtung und raste zu einem anderen. Hier am Waldrand standen die Bäume nicht allzu dicht, und es gab breite Lücken, in denen ein Mann für ein ganzes Stück gesehen werden konnte, es war aber trotzdem noch verdammt viel besser, als im offenen Gelände gestellt zu werden.

Ich bewegte mich jetzt langsamer vorwärts, konzentrierte mich mehr auf Geräuschlosigkeit als auf Schnelligkeit, während ich von Stamm zu Stamm huschte, jedesmal wieder einen Haken schlug und dabei das Gelände hinter mir im Auge behielt, weil ich mich vergewissern mußte, daß ich nicht gesehen wurde. Jetzt war es keine Jagd mehr, jetzt war es ein Katz-und-Maus-Spiel, und ich war dabei die Maus.

Nachdem ich nicht länger meine vollen Kräfte einsetzen mußte, gelang es mir, nach und nach wieder zu Atem zu kommen, aber mein Herz klopfte weiter so heftig, daß ich ständig fürchtete, es würde mir in der Brust bersten. Mit einem mühsamen Grinsen dachte ich, daß es meinen Verfolgern hoffentlich nicht sehr viel besser gehe, und drang tiefer in den Wald ein. Hinter mir war alles ruhig geworden, und für einen Augenblick glaubte ich schon, sie hätten aufgegeben, aber dann hörte ich einen Ruf von links, auf den einer von rechts antwortete. Sie hatten sich auseinandergezogen und angefangen, den Wald zu durchkämmen.

Ich floh weiter und hoffte, daß sie keinen erfahrenen Fährtenleser bei sich hatten. Es war unwahrscheinlich, daß sich unter ihnen einer befand, aber die Möglichkeit war nicht auszuschließen. Bis Sonnenuntergang war noch lange Zeit, annähernd vier Stunden, und ich fragte mich, ob hinter Mattersons Leuten genug Ansporn stand, daß sie danach ohne Unterbrechung weitersuchen würden. Ich mußte ein gutes Versteck finden und mich von den Verfolgern überholen lassen, deshalb behielt ich die Augen auf, während ich tiefer in das fleckige Grün vordrang.

Vor mir ragte ein Felsgewirr aus hohen Blöcken auf, zwischen denen sich viele Verstecke boten. Ich ignorierte sie – meine Verfolger würden sich diese Chance nicht entgehen lassen und jede Spalte durchsuchen. Das allerdings würde sie Zeit kosten – es gab da eine Unmenge Löcher, in denen sich ein Mann verbergen konnte, im Verhältnis zu dem einen, in dem er vielleicht tatsächlich steckte. Darauf setzte ich meine Hoffnung. Ich hörte weit hinter mir einen Ruf und schloß daraus, daß sie weniger schnell vorwärts kamen als ich, weil sie wertvolle Minuten mit Schnüffeln und Suchen vergeudeten, Umwege machten, um hinter diesen gefallenen Stamm oder in jenes Loch zu spähen, das die herausgerissene Wurzel eines gestürzten Baumes hinterlassen hatte.

Ich wollte mich nicht zu tief in den Wald treiben lassen. Mac machte mir Sorgen; würde er Matterson und seine Schwester lange genug in Schach halten können? Clare war zwar zu Gibbons gefahren, doch zu diesem Augenblick war noch keine besondere Eile notwendig gewesen, und Gibbons mochte sich vielleicht nicht schnell genug in Bewegung setzen. Deshalb wollte ich auf irgendeinem Weg zu dem Blockhaus zurück, und jeder Meter, den ich tiefer in den Wald hineingetrieben wurde, bedeutete einen weiteren Meter für den Rückmarsch.

Die Tannen ragten ringsumher hoch auf, ihre massiven Stämme bis in eine Höhe von fünfzehn Metern ohne jeden Ast. Doch ich fand bald, was ich suchte – eine junge Zeder mit Ästen, die weit genug herunterhingen, daß man an ihnen hinaufklettern konnte. Ich stieg in den Baum und kroch auf einem seiner starken Äste nach außen. Die weitgespreizten Zweige würden mich – wie ich hoffte – vom Boden aus verdecken, aber als zusätzliche Vorsichtsmaßnahme zog ich mein verräterisches rotes Hemd aus und rollte es zu einem Bündel zusammen. Dann wartete ich.

Zehn Minuten lang geschah nichts. Als sie kamen, verhielten sie sich so leise, daß ich erst das Zucken einer Bewegung wahrnahm, ehe ich etwas hörte. Ein Mann erschien am Rand der Lichtung und sah sich um; ich erstarrte zur Unbeweglichkeit. Er war nicht weiter als fünfzig Meter von mir entfernt und verhielt sich sehr ruhig, während er in den Wald jenseits der Lichtung spähte. Sein Kopf drehte sich langsam, als er das Gelände mit seinen Augen wirklich gründlich überprüfte. Dann winkte er, und ein weiterer Mann erschien neben ihm, und die beiden überquerten leichtfüßig die Lichtung.

Der Mensch sieht nicht oft nach oben. Der Schädelknochen ragt über die Augen an der Stelle vor, wo die Augenbrauen liegen, und schützt damit die Augen vor unmittelbaren Sonnenstrahlen. Vermutlich ist das von der Natur so vorgesehen, um die empfindlichen Augen vor blendendem Licht zu bewahren. Und nach oben sehen, strengt die Nackenmuskeln an. Doch wie dem auch sei, vermutlich ist das die Erklärung dafür, weshalb nur ein erfahrener Waldläufer die Baumwipfel absucht. Ein durchschnittlicher Mensch kommt nicht auf die Idee, denn in ihm wirkt ein teils psychologisch, teils physiologisch bedingter, immanenter Widerstand, der ihn davon abhält.

Diese beiden bildeten keine Ausnahme. Nach dem Vorbild der Helden von Fennimore Cooper überquerten sie die Lichtung und blieben für einen Augenblick unter der Zeder stehen. Der eine von ihnen sagte: »Ich halte das ganze für eine Pleite.«

Der andere schnitt ihm mit einer scharfen Handbewegung das Wort ab. »Still! Er kann hier in der Nähe sein.«

»Aussichtslos. Verdammt, wahrscheinlich ist er schon fünf Meilen weit von hier. Jedenfalls tun mir die Füße weh.«

»Dir wird noch was ganz anderes als die Füße weh tun, wenn Waystrand dahinterkommt, daß du seinem Befehl nicht folgst.«

»Ach, dieser junge Schnösel.«

»Wirst du mit ihm fertig? Du kannst es ja mal versuchen, aber ich würde mein Geld nicht auf dich setzen. Außerdem will Matterson, daß wir den Kerl finden. Komm also weiter, und hör auf zu jammern.«

Sie entfernten sich über die Lichtung, aber ich verharrte unbeweglich an meinem Platz. Aus der Ferne hörte ich wieder einen Ruf, doch sonst blieb alles still. Ich wartete ganze fünfzehn Minuten, ehe ich von dem Baum herunterkletterte, und obwohl es kühl war, ließ ich mein Hemd oben verborgen zurück.

Ich ging nicht auf meiner Spur zurück, sondern schlug einen Weg im rechten Winkel dazu in Richtung auf Macs Blockhaus ein. Falls ich dorthin gelangte und Howard sich noch in Macs Gewalt befand, konnte Matterson eine wertvolle Geisel sein, die freies Geleit in die Sicherheit gewährleistete. Ich trat behutsam auf, musterte jede freie Stelle mißtrauisch, ehe ich mich auf sie hinauswagte, und drang bis in den Waldrand vor, bevor ich jemand begegnete.

Es gibt in jeder Gruppe Männer einen wie diesen – einen, der sich nicht voll einsetzt, den Mann, der sich drückt, wenn es etwas zu leisten gilt. Er saß mit dem Rücken an einen Baum gelehnt und drehte sich eine Zigarette. Offensichtlich war er fußkrank, denn er hatte seine Stiefel zwar an, aber sie waren aufgeschnürt, und er mußte sie ausgezogen haben.

Auch wenn er sich vor der Anstrengung drückte, war er für mich verdammt lästig, denn er war am Waldrand ideal placiert, um das mit niedrigem Gestrüpp bewachsene Gelände zu überwachen, das ich überqueren mußte, um zu Macs Blockhaus zu gelangen. Und falls Waystrand ihn vorsätzlich dorthin gesetzt haben sollte, hätte er dafür keine bessere Stelle aussuchen können.

Ich zog mich lautlos zurück und sah mich nach einer Waffe um. Mein Angriff mußte schnell und plötzlich erfolgen. Ich wußte nicht, wie viele andere sich in Rufweite befanden, und wenn er auch nur einen Ton von sich gab, würde ich wieder rennen müssen. Ich suchte nach einem Ast und befreite ihn mit dem Messer von Seitenzweigen. Als ich wieder näher kam, saß er noch am selben Platz, hatte seine Zigarette angezündet und rauchte genußvoll.

Ich schlug einen Kreis und näherte mich sehr vorsichtig von hinten dem Baum und schwang die Keule, als ich vorsprang. Er bekam gar nicht mit, wovon er getroffen wurde. Der Ast traf ihn gegen die Schläfe, und er keuchte nicht einmal, als er zur Seite fiel und die Zigarette aus seinen schlaffen Fingern rollte. Ich ließ die Keule fallen, trat vor ihn und zerstampfte dabei automatisch mit dem Absatz die Zigarettenglut, die in den trockenen Tannennadeln knisterte. Hastig packte ich ihn unter den Armen und schleifte ihn zu einer Stelle, an der wir nicht wahrgenommen werden konnten.

Für einen Augenblick überkam mich Panik, weil ich glaubte, er sei tot, aber er stöhnte und seine Augenlider zitterten, ehe er in Bewußtlosigkeit versank. Ich hatte keine Hemmungen, einen Mann niederzuschlagen, der nicht darauf vorbereitet war, aber ich wollte niemanden umbringen – nicht etwa, weil mir nicht danach zumute gewesen wäre, sondern weil man dafür aufgehängt werden konnte. Die Gesetze waren hinsichtlich toter Leichen sehr streng, und ich wollte Gibbons auf meiner Seite haben.

Er trug ein dunkelgraues Hemd, was genau das war, was ich dringend brauchte, deshalb zog ich es ihm aus und durchsuchte ihn dann, um nichts zu versäumen. Er hatte nicht viel in den Taschen – eine Geldbörse, die drei Dollarnoten enthielt, ein paar Münzen, eine Schachtel Streichhölzer, ein Päckchen Tabak und ein Klappmesser. Die Streichhölzer und das Messer nahm ich an mich und ließ ihm das übrige. Dann zog ich das Hemd an, dieses neutrale, angenehm unauffällige Hemd, das so gut wie eine Verkleidung war.

Ich brachte ihn an eine Stelle, an der so bald niemand über ihn stolpern würde, trat dann kühn aus dem Wald heraus und überquerte das buschige Gelände in Richtung auf Macs Blockhaus, das meiner Berechnung nach nicht weiter als eine Meile entfernt liegen konnte. Ich hatte die halbe Strecke zurückgelegt, als mich jemand anrief. Zum Glück war der Mann zu weit von mir entfernt, um bei dem schwindenden Tageslicht mein Gesicht erkennen zu können. »Heh, du! Was ist los?«

Ich legte die Hände als Trichter vor den Mund. »Wir haben seine Spur verloren.«

»Alle sollen zu McDougalls Blockhaus kommen«, rief er zurück. »Matterson will mit euch sprechen.«

Ich fühlte, wie mein Herz einen Schlag aussetzte. Was war mit Mac geschehen? Ich winkte und rief: »Ich komme hin.«

Er ging in entgegengesetzter Richtung weiter, und als er in einigem Abstand an mir vorbeikam, wich ich aus und wendete mein Gesicht von ihm ab. Sobald er außer Sicht gekommen war, fing ich an zu laufen, bis ich in der sinkenden Dämmerung Lichter wahrnahm. Dann hielt ich an und überlegte, was ich als nächstes unternehmen sollte. Ich mußte herausfinden, was aus Mac geworden war, darum schlug ich einen Bogen, um unerwartet von der anderen Seite an das Blockhaus heranzukommen, und während ich mich näherte, vernahm ich das Raunen vieler Männerstimmen.

Jemand hatte eine Karbidlampe aus dem Blockhaus geholt und auf die Stufen gestellt, und von der Stelle neben dem Bach, an der ich lag, konnte ich etwa zwanzig Männer erkennen, die vor dem Blockhaus herumlungerten. Mit dem Dutzend, das auf mich Jagd gemacht hatte und jetzt aus dem Wald zurückkam, bildeten sie eine Streitmacht von mindestens dreißig Mann – vielleicht sogar mehr. Es sah aus, als ob Howard eine Armee zusammenzöge.

Ich blieb dort lange liegen, vielleicht eine ganze Stunde, und versuchte zu erkennen, was vorging. Von Mac war keine Spur zu entdecken, auch von Clare oder Gibbons nicht. Ich sah, wie Waystrand zu der Gruppe kam. Er wirkte müde und erschöpft, aber das war ich auch, und er tat mir nicht im geringsten leid. Er stellte an einen eine offenkundige Frage und wurde zu dem Blockhaus gewiesen. Ich beobachtete, wie er hineinging, und brauchte dann nicht mehr lange auf eine Erklärung für die Ansammlung zu warten, denn er kam beinahe sofort, von Howard gefolgt, wieder heraus.

Howard blieb auf dem Vorplatz stehen und hob die Hände, und alles verstummte außer dem Quaken der Frösche rings um mich herum.

»Alles herhören«, begann Howard laut. »Ihr wißt alle, warum ihr hier seid. Ihr sollt einen Mann suchen – einen Mann namens Boyd. Die meisten von euch haben ihn in Fort Farrell gesehen, ihr wißt also, wie er aussieht. Und ihr wißt auch, warum ich ihn haben will, oder nicht?«

Ein Raunen der Männer antwortete ihm. Howard fuhr fort: »Für alle, die erst später dazugekommen sind, es geht um folgendes. Dieser Boyd hat meinen Vater niedergeschlagen – hat einen Mann geschlagen, der doppelt so alt ist wie er selbst – einen alten Mann. Mein Vater ist sechsundsiebzig Jahre alt. Was glaubt ihr, wie alt Boyd ist?«

Bei der hörbaren Reaktion der Menge, die vor ihm stand, erstarrte mir das Blut in den Adern. »Jetzt wißt ihr, warum ich ihn haben will«, schrie Howard. Er schwenkte die Arme. »Ihr erhaltet alle vollen Lohn, bis er gefunden wird, und dem Mann, der ihn zuerst entdeckt, gebe ich hundert Dollar extra.«

Ein Schrei stieg aus der Menge auf, und Howard gestikulierte heftig mit den Armen, um Ruhe zu schaffen. »Und darüber hinaus«, brüllte er, »gebe ich jedem der Männer, die ihn fangen, tausend Dollar.«

Darauf brach ein Höllenlärm aus, und Howard ließ sie gewähren. Im grellen Licht der Karbidlampe konnte ich das hämische Grinsen auf seinem Gesicht erkennen. Er hob wieder die Arme, um Ruhe zu gebieten. »Folgendes: Im Augenblick haben wir seine Spur verloren. Er ist draußen in den Wäldern. Er hat nichts zu essen, und ich will darauf wetten, daß er Angst hat. Aber seid vorsichtig, denn er ist bewaffnet. Ich kam her, um ihm für das, was er meinem alten Vater angetan hat, die Seele aus dem Leib zu prügeln, aber er bedrohte mich mit einem Gewehr. Paßt also auf.«

Waystrand flüsterte ihm etwas zu, und Howard sagte: »In diesem Punkt kann ich mich irren, Leute. Waystrand sagt, er hätte keine Waffe gehabt, als er in den Wald floh. Das erleichtert eure Aufgabe. Ich teile euch jetzt in Gruppen ein, dann könnt ihr losgehen. Wenn ihr ihn faßt, haltet ihn auf der Stelle fest und schickt mir Nachricht. Habt ihr verstanden? Versucht nicht, ihn nach Fort Farrell zu bringen. Dieser Bursche ist schwer zu halten, und ich will ihm keine Chance geben, zu entkommen. Haltet ihn auf der Stelle fest, bis ich hinkomme. Fesselt ihn. Wenn ihr keinen Strick habt, dann brecht ihm ein verdammtes Bein. Ich werde nicht darüber weinen, wenn ihr ihn hart anfaßt.«

Das Gelächter, das daraufhin ausbrach, klang wild. Howard sagte: »Also gut. Ich will, daß Waystrand, Novak, Simpson und Henderson die Gruppen führen. Kommt ihr in das Blockhaus, damit ich euch alles erkläre.«

Von Waystrand und den drei anderen gefolgt, ging er in das Blockhaus zurück. Ich blieb noch ein paar Minuten an der gleichen Stelle liegen und wünschte mir, ich könnte hören, was in dem Blockhaus gesprochen wurde. Dann zog ich mich langsam und vorsichtig zurück und wandte mich wieder in die Dunkelheit.

Wenn ich jemals jemand gesehen hatte, der eine Gruppe Männer zum Lynchen aufreizte, dann war es jetzt Howard gewesen. Der Schuft hatte den Pöbel auf mein Blut durstig gemacht, und jetzt war ich in der Nähe von Fort Farrell nirgendwo mehr sicher – nicht, solange tausend Dollar auf meinen Kopf ausgesetzt waren. Diese Holzfäller waren primitive Burschen. Er hatte sie mit einem solchen Haufen verfluchter Lügen vollgestopft, daß es sinnlos gewesen wäre, wenn ich versucht hätte, irgend etwas zu erklären.

Plötzlich kam mir ein Gedanke. Ich kroch zu der Stelle, an der ich in der vergangenen Nacht gelagert hatte, und war zutiefst dankbar, daß ich lange geschlafen hatte und am Morgen so liederlich gewesen war, meine Ausrüstung nicht in das Blockhaus zurückzubringen. Meine Traglast lag unberührt an der Stelle, wo ich sie zurückgelassen hatte, und ich verpackte schnell die paar Gegenstände, die ich herausgenommen hatte. Jetzt besaß ich wenigstens das absolute Minimum für einen längeren Aufenthalt in den Wäldern – alles, außer Nahrungsmitteln und einer Waffe.

Von dem Blockhaus drang ein neuer Lärmausbruch herüber und das Dröhnen mehrerer Motoren, die angelassen wurden. Jemand drängte sich geräuschvoll durch das Unterholz, und ich zog mich von dem Blockhaus zurück, immer noch unentschlossen, was ich als nächstes unternehmen sollte. In meinem ganzen Leben hatte ich mich nicht in einer so bedrängten Situation befunden – außer damals, als ich mit einem ausgelöschten Ich im Krankenhaus erwacht war. Ich zog die Gurte meiner Traglast stramm und dachte grimmig, wenn ein Mensch dieses Erlebnis überstehen könnte, mußte es ihm bei meinem jetzigen auch möglich sein.

Benutze deinen Verstand, sagte ich mir selbst. *Denke an einen sicheren Ort.*

Der einzige sichere Ort, der mir einfiel, war das Innere eines Gefängnisses – selbstverständlich nur als geehrter Gast. Ein Sergeant der RCMP würde oder sollte sich von niemand überrennen lassen, und ich nahm an, in einer von Gibbons' Zellen würde ich sicherer sein als irgendwo anders, bis der Sturm verebbt war und ich jemand fand, der vernünftig genug war, sich alles erklären zu lassen. Darum wandte ich mich der Stadt zu, schlug einen Umweg ein, um nicht die Straße benutzen zu müssen. Ich wollte Gibbons' Polizeistation auf der wenigst begangenen Route erreichen.

Ich hätte wissen müssen, daß Howard mir dort auflauern lassen würde. Das Letzte, was er sich wünschen konnte, war, daß die Polizei sich einmischte, und wenn ich zu Gibbons gelangte, war es mit seinem Spiel vielleicht aus. Howard wäre niemals in der Lage gewesen, seine Behauptung zu beweisen, daß ich den alten Mann niedergeschlagen hätte. Die Wahrheit würde unausweichlich zutagekommen, und gerade das konnte er sich nicht leisten. Und obwohl er mich irgendwo in den Wäldern vermutete, hatte er, um sein Spiel zu decken, die Polizeistation unter Beobachtung gestellt, für den Fall, daß ich versuchen sollte, zu Gibbons zu gelangen.

Selbstverständlich dachte ich in diesem Augenblick nicht an diese Möglichkeit, obwohl ich sehr vorsichtig war, als ich durch die stillen Straßen von Fort Farrell schlich. Die Stadt war linear angelegt, um eine Hauptstraße herum gebaut, und ich hatte mir eine Route ausgesucht, die an sehr wenigen Häusern vorbeiführte. Der Mond schien – ein mißlicher Umstand für mich –, und ich bemühte mich, soviel wie möglich im Schatten zu bleiben. Unterwegs begegnete mir niemand, und ich glaubte schon, ich würde es schaffen, und hoffte zu Gott, daß Gibbons da war.

Ich befand mich hundert Meter von der Polizeistation entfernt, als ich angegriffen wurde. Wahrscheinlich war ich so nahe vor meinem Ziel achtlos geworden. Das erste, was ich merkte, war ein greller Lichtstrahl aus einer Taschenlampe, den jemand mir in die Augen fallen ließ, und dann der Schrei: »Das ist er!«

Ich duckte mich und wich zur Seite und spürte, wie etwas mit ungeheurer Gewalt gegen meine Traglast prellte. Unter der Wucht des Aufschlags verlor ich das Gleichgewicht und stürzte der Länge nach zu Boden. Der Lichtstrahl der Taschenlampe fuhr suchend umher, und als er mich erfaßte, bekam ich einen Stiefel gegen die Rippen. Ich wälzte mich verzweifelt zur Seite. Wenn ich nicht schnell vom Boden hochkam, würde ich totgetreten werden. Diese Holzfäller tragen schwere, eisenbeschlagene Stiefel, und ein guter, fester Tritt damit kann einem Menschen den Brustkorb eindrücken und die Rippen in die Lungen bohren.

Darum wälzte ich mich schnell und schneller, obwohl ich durch die Traglast behindert wurde, und versuchte der verdammten Taschenlampe zu entrinnen. Eine Stimme befahl heiser: »Pack den Schuft, Jack!«, und ein schlecht gezielter Tritt traf von hinten meinen Oberschenkel. Ich stützte die Hände auf den Boden, schlug mit den Beinen nach allen Richtungen aus, trat wild zu und brachte jemand zu Fall, der auf mich stürzte.

Er mußte mit dem Kopf auf dem Boden aufgeschlagen sein, denn er wurde schlaff, und ich schüttelte ihn von mir ab und kam gerade rechtzeitig schwankend auf die Beine, um dem rasenden Ansturm eines weiteren Mannes zu begegnen. Der Bursche mit der Taschenlampe stand ein gutes Stück zurück, der verdammte Kerl, und ließ mir keine Möglichkeit, ins Dunkel zu entkommen, doch wenigstens brachte es mich in die gleiche Position wie meinen Angreifer.

Ich hatte keine ausgefallenen Vorstellungen von einem fairen Kampf. Das ist eine Fiktion der zivilisierten Welt, und die Zivilisation hört auf, wenn dreißig Männer auf einen einzelnen gehetzt werden. Außerdem hatte ich meine Lehren, wie man kämpft, im Nordwest-Territorium bezogen, und die Regeln des Marquess of Queensburry haben nördlich des 60. Breitengrades keine Gültigkeit. Ich schwang meinen Fuß seitwärts dem Mann gegen die Kniescheibe, schrammte mit meinem Stiefel mit aller Kraft an seinem Schienbein herunter und endete damit, daß ich ihm mit dem Absatz wuchtig unmittelbar über dem Spann auf den Fuß stampfte. Meine linke Faust fuhr ihm gegen den Unterleib und meine rechte Hand mit geöffneter Handfläche nach dem Kinn, so daß ich ihm den Kopf nach hinten drückte und meine Fingerspitzen sich in seine Augen krallten.

Er brachte inzwischen bei mir ein paar gute Treffer an, doch danach war er völlig mit seinen eigenen Schmerzen beschäftigt. Er heulte gequält auf, als ich ihm das Schienbein bis auf den Knochen aufschrammte, und riß die Hände hoch, um seine Augen zu schützen. Ich versetzte ihm einen weiteren Schlag in den Leib, und sein Atem kam mit einem lauten Keuchen aus seiner Kehle, dann sackte er in sich zusammen. Ich bin ein großer Bursche und ziemlich stark, darum packte ich ihn und schleuderte ihn gegen meinen Freund mit der Taschenlampe.

Es war ein Treffer, und die Taschenlampe ging aus. Ich hörte Glas splittern, als sie auf den Boden schlug, und wartete nicht ab, um mehr zu hören, weil noch mehr dieser Kerle in der Nähe sein mochten. Ich nahm meine Füße in die Hand und rannte aus der Stadt.

Gegen Mitternacht war ich tief im Wald und ziemlich fertig. Ich war aus der Stadt vertrieben und beinahe gefaßt worden, denn als ich wieder in den Wald zurückfloh, wäre ich fast einer anderen Gruppe von Mattersons Häschern in die Hände gefallen, die auf dem Rückweg aus dem Wald sein mußte. Deshalb bog ich ab und wendete mich nach Westen, weil ich annahm, daß das die Richtung war, die man von mir am wenigsten erwartete – hinaus in die Wildnis.

Ich rechnete nicht damit, irgend etwas dadurch zu gewinnen, daß ich mich nach Westen wandte, doch wenigstens gab es mir eine Atempause und Zeit, mir einen Aktionsplan zu überlegen. Der Mond stand hoch am Himmel, und ich fand zwischen einigen Felsen eine tiefe Höhlung und legte erleichtert meine Traglast ab. Ich war müde. Seit zehn Stunden war ich mehr oder minder ohne

Unterbrechung auf der Flucht, und das genügt, einen Mann um allen Dampf zu bringen. Ich war auch hungrig, aber dagegen konnte ich nicht viel tun, außer meinen Gürtel enger zu schnallen.

Im Augenblick hielt ich mich für sicher. Matterson konnte unmöglich eine gründliche nächtliche Suche organisieren, selbst wenn er genau gewußt hätte, wo ich mich verborgen hielt. Die einzige Gefahr bestand darin, daß jemand durch Zufall über mich stolperte. Ich brauchte Ruhe und Schlaf, mußte beides haben, denn am nächsten Tag würde es vermutlich noch lebhafter zugehen.

Ich zog meine Stiefel aus und wechselte meine Socken. In der absehbaren Zukunft würden meine Füße meine besten Freunde sein, und ich wollte nicht riskieren, daß sie mich im Stich ließen. Dann trank ich einen Schluck Wasser aus der Feldflasche, die an meiner Traglast hing. Mit Wasser war ich versehen – ich hatte die Flasche gefüllt, als ich einen Bach überschritt –, aber trotzdem ging ich sparsam damit um, weil ich diese Gegend nicht sehr gut kannte und das nächstemal vielleicht gerade kein Bach zur Hand war, wenn ich einen brauchte.

Ich lehnte mich zurück, streckte genießerisch meine Zehen und dachte an die Ereignisse des Tages. Es war mir zum ersten Mal möglich, zwei Gedanken folgerichtig aneinanderzureihen – denn ich hatte mich mit allen Kräften auf das reine Überleben konzentrieren müssen.

Zunächst dachte ich an Clare und fragte mich, was ihr geschehen sein mochte. Sie war ziemlich früh losgefahren, um Gibbons aufzusuchen, und hätte, mit oder ohne Polizist, lange vor Sonnenuntergang zu Macs Blockhaus zurückkehren müssen. Doch während Howards Lynch-Hetzrede hatte ich keine Spur von ihr entdeckt. Das ließ zwei Möglichkeiten zu: erstens, daß sie in dem Blockhaus war, was bedeutete, daß sie gewaltsam festgehalten wurde, oder zweitens, daß sie sich nicht in dem Blockhaus befand, und in diesem Fall wußte ich beim Teufel wirklich nicht, wo sie sein mochte.

Dann war da Mac. Irgendwie war Matterson Macs Flinte sicher entkommen, und das bedeutete, daß Mac etwas passiert sein mußte. Sagen wir also, er war aus dem Spiel – und Clare auch –, was mich allein in der Lage zurückließ, überhaupt noch etwas zu tun. Und alles, was ich bisher gekonnt hatte, war draufloszurennen wie ein olympischer Marathonläufer.

Ich dachte an Howards Rede und die spezifischen Anweisungen, die er erteilt hatte, und versuchte zu erkennen, was er wohl beabsichtigte. Wenn ich gefaßt wurde, sollte ich an Ort und Stelle festgehalten werden, bis Howard dazukam. Und daraus ließ sich eine sehr mißliche Situation folgern, denn ich konnte mir nicht vorstellen, was anderes er mit mir tun sollte, als mich umzubringen.

Zweifellos konnte er mich nicht offen ermorden. Ich bezweifelte, daß seine Leute das zulassen würden. Aber angenommen, ich käme durch einen Unfall ums Leben? Angenommen, Howard würde behaupten, er hätte mich in Notwehr getötet? Es gab viele Möglichkeiten, etwas Derartiges zu arrangieren. Oder konnte ich nicht Howard »entkommen«, um nie wieder gesehen zu werden? In den tiefen Wäldern gab es Stellen, wo eine Leiche in den nächsten hundert Jahren nicht gefunden werden würde.

Das alles führte dazu, daß ich mir Howard Matterson noch einmal genau vornahm. Warum wollte er mich tot sehen? Antwort: weil er es war, der etwas mit dem Autounfall zu tun gehabt hatte – nicht der alte Bull. Und was konnte er mit dem Autounfall zu tun gehabt haben? Antwort: er persönlich hatte ihn vermutlich herbeigeführt – wahrscheinlich war er ein bedenkenloser Mörder.

Ich hatte nachgeforscht, wo Bull sich während des Unfalls aufgehalten hatte, aber ich war nicht auf den Gedanken gekommen, das gleiche bei Howard zu versuchen. Wer kommt schon auf den Gedanken, in einem zweiundzwanzigjährigen jungen Burschen einen Mörder zu suchen, wenn ein anderer mit allen denkbaren Motiven und Qualifikationen zur Hand ist? Hier hatte ich einen Fehler gemacht. Wo war Howard gewesen, als sich der Unfall ereignete? Antwort: ich wußte es nicht – aber ich konnte es mir deutlich vorstellen.

Und schließlich: Wenn er mich zu fassen bekam und nach Fort Farrell brachte, würde die ganze Geschichte offenbar werden und auf ihn zurückfallen. Folglich mußte er mich beseitigen, und die einzige Möglichkeit dazu war ein weiterer Mord.

Ich schauderte leicht. Ich hatte ein recht hartes Leben geführt, aber noch nie war ich mit mörderischer Absicht verfolgt worden. Das war eine ganz neue Erfahrung und würde vermutlich meine letzte sein. Selbstverständlich bestand für mich die Möglichkeit, aufzugeben. Ich konnte weiter nach Westen fliehen, mich später nach Südwesten der Küste zuwenden und sie bei Steward oder Prince Rupert erreichen. Dann konnte ich untertauchen und Fort Farrell nie wiedersehen. Doch ich wußte genau, gerade das würde ich nicht tun; wegen Mac nicht und wegen Clare nicht – besonders wegen Clare nicht.

Ich zog eine Decke aus meiner Traglast und wickelte mich darin ein. Ich war todmüde und nicht in der Verfassung, wichtige Entscheidungen zu treffen. Morgen, bei Tag, war ausreichend Zeit, mir den Kopf zu zerbrechen, was ich als nächstes tun sollte. Ich versank in Schlaf, wobei mir Macs Worte in den Ohren klangen:

Kämpfen Sie weiter; bringen Sie den nächsten Schlag an, solange die Mattersons aus der Balance sind.

Das war ein sehr guter Rat, ob sie aus der Balance waren oder nicht. Schlaftrunken entschloß ich mich zu zwei Dingen. Erstens: mir das Feld für den Kampf selbst auszusuchen, und zwar ein Feld, das ich gut kannte. Das einzige Gebiet, das mir in dieser Gegend völlig vertraut war, war das Kinoxi Valley, und ich kannte es genau, weil ich es geologisch gründlich erforscht hatte und wußte, daß ich dort jedem Verfolger ausweichen konnte.

Der andere lebenswichtige Punkt war, dafür zu sorgen, daß die Jagd auf Bob Boyd zu einem sehr wenig einträglichen Unternehmen wurde. Ich mußte es unmißverständlich klar machen, daß es bei weitem keine tausend Dollar wert war, mir in irgendeiner Weise lästig zu fallen, und die einzige Methode, diesen Holzfällern eine derartige Lektion zu erteilen, war brutale Gewalt. Drei von ihnen hatten diesen Schluß vielleicht schon gezogen: einer hatte eine zerschlagene Kniescheibe, ein weiterer einen zerschmetterten Kiefer und dem dritten war ein Schienbein bis auf den Knochen bloßgelegt worden. Falls schärfere Maßnahmen zur Entmutigung erforderlich sein sollten, war ich bereit, sie anzuwenden.

Ich wollte Howard hinter seinem Schutzschild von Lynchknechten hervorlocken, und die einzige Möglichkeit dazu war, diesen Leuten Angst einzujagen. Es gehört allerdings eine Menge dazu, einem durchschnittlichen Holzfäller bange zu machen. Das ist von vornherein gefährlich, denn diese Burschen lassen sich nicht so leicht einschüchtern. Doch gerade das mußte ich schaffen – ich mußte sie vom Hals bekommen –, und ich mußte es so ungeheuer wirkungsvoll ausführen, daß sie es sich zweimal überlegten, ob sich der Versuch lohne, diese tausend Dollar zu verdienen.

10

Bei Sonnenaufgang am nächsten Morgen war ich unterwegs nach Norden. Nach meiner Ansicht befand ich mich zwölf Meilen westlich von Fort Farrell und bewegte mich parallel zu der Straße, die in das Kinoxi Valley hinaufgebaut worden war, allerdings weit genug von ihr entfernt, daß ich nicht in das Netz von Mattersons Suchkommandos geriet – wie ich hoffte. Der Hunger begann in meinen Gedärmen zu nagen, wenn auch noch nicht so sehr, daß er mich schwächte. Ich konnte – und vielleicht mußte ich es auch – noch anderthalb Tage etwa durchhalten, ehe Nahrung zu einem wirklichen Problem wurde.

Stunde um Stunde behielt ich ein stetiges Tempo bei, marschierte schneller als sonst, wenn ich unterwegs war. Vermutlich erreichte ich einen Durchschnitt von zweieinhalb Meilen in der Stunde, und das war bei dieser Art von Gelände gar nicht schlecht. Immer wieder blickte ich zurück, um die Landschaft zu kontrollieren, weniger um festzustellen, ob ich verfolgt wurde, als um mich zu vergewissern, daß ich mich auf einer geraden Linie bewegte. Man weicht überraschend leicht von der geraden Richtung ab, und den meisten Menschen wird es gar nicht bewußt. Das ist der Grund, weshalb sich Leute bei schlechten Wetterbedingungen wie Nebel oder hohem Schnee verirren und im Kreis herumwandern. Ich habe mir sagen lassen, das sei auf die unterschiedliche Länge der Beine und die dadurch bedingte unterschiedliche Schrittlänge zurückzuführen. Ich habe schon frühzeitig meine Tendenz, von der Richtung abzukommen, überprüft und beobachtet, daß ich dazu neige, auf etwa vierzig Schritt um einen nach rechts abzuweichen. Nachdem ich das einmal wußte, gehörte nicht viel Übung dazu, diese Abweichung bewußt korrigieren zu können.

Es ist aber immer empfehlenswert, Theorien auf ihre Richtigkeit zu überprüfen, und ich weiß auch gern, wie die Landschaft hinter mir aussieht. Diese Kenntnis kann sich als nützlich erweisen, wenn man einmal unvermittelt kehrtmachen muß. Selbstverständlich bestand immer die Möglichkeit, jemand zu begegnen, und ich hatte mir schon ausgerechnet, in einem Land mit einer Bevölkerungsdichte von einer Person auf drei Quadratmeilen wäre es höchst unwahrscheinlich, daß rein zufällig jemand auftauchen würde und deshalb jeder mit Mißtrauen zu betrachten wäre.

Auf dem Marsch gelang es mir auch, etwas Eßbares zu finden, denn ich sammelte unterwegs etwa zwei Pfund Pilze und nahm sie mit. Ich wußte, daß sie nahrhaft waren, hatte aber nie welche roh genossen, und ein Experiment wollte ich nicht wagen. Ich bezweifelte zwar, daß ich daran sterben würde, wollte aber auch nicht durch mögliche Magenkrämpfe außer Gefecht gesetzt werden. Deshalb steckte ich die Pilze in die Taschen, obwohl mir das Wasser im Mund zusammenlief.

Ich rastete häufig, aber niemals lange, etwa fünf Minuten in der Stunde. Längere Pausen hätten meine Beinmuskeln verkrampft, und ich mußte beweglich bleiben. Nicht einmal mittags hielt ich länger an, gerade nur lange genug, um meine Socken zu wechseln, die getragenen in einem Bach auszuwaschen und sie außen an meiner Traglast zu befestigen, damit sie trocknen konnten, während ich marschierte. Ich füllte meine Feldflasche frisch und wanderte weiter nach Norden.

Zwei Stunden vor Sonnenuntergang fing ich an, nach einem Lagerplatz Ausschau zu halten – einer gut versteckten Stelle –, und fand einen auf dem Gipfel einer Anhöhe, von wo ich einen guten Blick in die Täler auf beiden Seiten hatte. Ich legte die Traglast ab und verbrachte eine halbe Stunde damit, nur auszuspähen und mich zu vergewissern, daß niemand in der Nähe war. Dann öffnete ich den Rucksack und zog ganz von unten meine persönliche Notausrüstung heraus.

Im Nordwest-Territorium hatte ich ganze Monate allein in der Wildnis verbracht und, da Gewehrmunition viel wiegt, mich bemüht, sparsam damit umzugehen und andere Methoden zu finden, frisches Fleisch zu beschaffen. Die kleine Sammlung in der alten Schokoladendose aus Blech war das Ergebnis jahrelanger Erfahrungen, und ich führte sie ganz unten in meiner Traglast jederzeit verwendungsbereit mit.

Kaninchen kommen unmittelbar vor Sonnenuntergang aus ihren Höhlen heraus, um zu spielen, und darum nahm ich aus der Blechbüchse drei Drahtschlingen, wobei ich vorsichtig auf die Angelhaken achtete. Einmal, gleich bei Beginn der Saison, hatte ich mir mit einem Angelhaken in den Finger gestochen und die Verletzung nicht weiter beachtet. Sie fing an zu schwären, und ich mußte, noch ehe die Saison halb vorbei war, mit einem Finger in der Größe einer Banane zur Handelsniederlassung zurück. Der kleine Stich mit dem Haken kostete mich über tausend Dollar und dazu beinahe noch die rechte Hand. Deshalb bin ich seitdem mit Angelhaken immer sehr vorsichtig umgegangen.

Ich hatte Kaninchenwechsel in Fülle gesehen, darum legte ich drei Schlingen aus und sammelte dann Holz für ein Feuer, wählte nur dünne Lärchenzweige und vergewisserte mich, daß sie knochentrocken waren. Ich brachte sie zu meinem Lagerplatz und schichtete sie zu einem kleinen Feuer auf, entzündete es aber noch nicht. Das mußte bis nach Sonnenuntergang warten, weil dann der Rauch, so wenig es auch sein würde, nicht zu bemerken war. Ich fand eine junge Birke und schnitt mit meinem Jagdmesser aus ihrer Rinde einen Zylinder heraus, den ich als Schutz um das Feuer stellte und mit kleinen Steinen so stützte, daß die Flammen von unten Zug bekamen.

Eine halbe Stunde nach Sonnenuntergang zündete ich das Feuer an und zog mich hundert Meter von dem Lagerplatz zurück, um die Wirkung zu beobachten. Ich konnte es sehen, weil ich wußte, daß es da war, aber wenn jemand anders es entdecken wollte, mußte er so gut wie ich oder besser als ich sein. Befriedigt ging ich zurück, goß etwas Wasser in einen flachen Topf und setzte die Pilze auf. Während sie schmorten, sah ich nach, ob ich mit meinen Schlingen Glück gehabt hatte. Zwei waren leer, doch in einer hatte sich ein halbausgewachsenes Kaninchen gefangen. Es war nicht viel mehr als zwei Bissen Fleisch daran, aber das mußte genügen, um an diesem Abend meinen Hunger zu stillen.

Nach dem Essen machte ich einen Rundgang um meinen Lagerplatz, kehrte dann zurück und riskierte es, eine Zigarette zu rauchen. Ich nahm an, daß ich dreißig Meilen weit nach Norden gekommen war. Wenn ich mich jetzt nach Nordwesten wendete, mußte ich das Kinoxi Valley nach fünfzehn Meilen erreichen, nicht weit von der Stelle, wo, etwa bei einem Drittel seiner Länge, Mattersons Holzfällerlager lag. Das konnte gefährlich sein, aber ich mußte anfangen, zurückzuschlagen. Auf sichere Distanz zu halten war zwar schön und gut, brachte mich aber keinen Schritt weiter. Ich mußte einen Treffer im Zentrum landen und Aufregung verursachen.

Nach einer Weile überzeugte ich mich davon, daß das Feuer erloschen war, und legte mich schlafen.

Genau um zwei Uhr am nächsten Nachmittag erreichte ich den Kamm eines Höhenzuges und überblickte das Kinoxi Valley. Der neue Matterson Lake hatte sich erheblich ausgeweitet, seit ich ihn das letzte Mal gesehen hatte. Er bedeckte jetzt annähernd ein Drittel der vorgesehenen Fläche und verhüllte die durch den Kahlschlag entstandene Einöde. Ich befand mich genau auf der Höhe des nördlichsten Punktes, den er inzwischen erreicht hatte. Das abgeholzte Gebiet reichte beträchtlich viel weiter und erstreckte sich hoch in das Tal hinauf, fast, wie ich annahm, bis zu dem Trinavant-Land. Matterson hatte sein Gebiet so gut wie vollständig von Bäumen entblößt.

Mit dem Fortschreiten des Fällens war das Lager talaufwärts verlegt worden, und von der Stelle, an der ich stand, konnte ich es sehen, deshalb tauchte ich wieder hinter dem Höhenkamm unter, wendete mich nach Norden und hielt den Kamm zwischen mir und der Talsohle. Möglicherweise befand ich mich jetzt auf gefährlichem Boden, glaubte es allerdings nicht. Meine Aktivität hatte sich bisher auf Fort Farrell und den Damm konzentriert, und beides lag am südlichen Ende des Tals.

Ich versuchte, mich in Mattersons Lage zu versetzen und seine Gedanken zu denken – ein morbides Unterfangen. Boyd hat in Fort Farrell Ärger verursacht – also dort aufpassen; wir haben ihn dort beinahe erwischt, und er könnte wieder versuchen, dorthin zu kommen. Boyd hat sich für den Damm interessiert, er hat dort gebohrt – also dort aufpassen, denn er könnte dort auftauchen. Aber Boyd hat nie besonderes Interesse für das Kinoxi Valley gezeigt, warum also sollte er sich dorthin wenden?

Ich wußte, warum ich dorthin ging – dort würde ich die Hölle loslassen! Das war das Gelände, das ich erforscht hatte, und ich kannte alle Biegungen und Windungen der Bäche, alle Täler und Schluchten, alle Höhen und Steilhänge. Ich wollte mich in dem dichten Wald im Norden des Tals halten, Howards Jäger dorthin locken und sie so hart bestrafen, daß sie sich fürchten würden, weiterzumachen. Ich mußte aus dieser Sackgasse ausbrechen und Howard zwingen, sich zu stellen.

Und für den besten Ansatzpunkt, die Hölle loszulassen, hielt ich das Holzfällerlager der Mattersons.

Ich wanderte vier Meilen nach Norden und fand schließlich das Lager. Es war auf dem flachen Boden auf der Talsohle errichtet und stand mitten in dem hingeschlachteten Wald. Für meinen Geschmack war es von zuviel offenem Gelände umgeben, aber das ließ sich nicht ändern, und ich erkannte, daß ich mich dort unten nur bei Nacht bewegen konnte. Deshalb benutzte ich die restlichen Tagesstunden, um das Problem zu studieren.

Dort unten schien nicht sehr viel vorzugehen, und ich konnte auch keine Arbeitsgeräusche von weiter oben aus dem Tal vernehmen, wo die Holzfäller eigentlich Bäume schlagen sollten. Es sah ganz so aus, als ob Howard die meisten der Leute von ihrer Arbeit abgezogen hätte, damit sie nach mir suchten, und ich hoffte, daß sie noch in der Nähe von Fort Farrell tatenlos herumlungerten. An einer Stelle stieg eine dünne Rauchfahne auf, über dem Kochhaus, vermutete ich, und bei dem Gedanken an Essen knurrte mir der Magen. Das war ein weiterer guter Grund für mich, zu dem Lager hinunterzugehen.

Während der nächsten drei Stunden beobachtete ich das Lager ständig und nahm nicht mehr als sechs Leute wahr. Die Entfernung war zu groß, um es wirklich genau entscheiden zu können, ich vermutete aber, daß es die Alten waren, die Köche und Geschirrspüler des Lagers, zu verbraucht oder aus anderen Gründen nicht geeignet, um beim Holzfällen oder bei der Jagd auf Bob Boyd eingesetzt zu werden. Es sah nicht so aus, als ob ich dort auf große Schwierigkeiten stoßen würde.

Als ich über die Konsequenzen aus Howards Handlung und die sich daraus ergebenden Schlüsse nachdachte, rieb ich mir unwillkürlich das Kinn. Er hatte seine Holzfäller bei vollem Lohn von ihrer Arbeit abgezogen, um nach mir zu suchen, und damit vergeudete er eine ungeheure Menge Zeit und Geld. Wenn er sie nicht bald an die Arbeit zurückschickte, konnte es zu spät werden, die noch stehenden Bäume zu fällen – es sei denn, er ließ die Schleusen öffnen, um zu verhindern, daß der See sich weiter in das Tal hinauf ausdehnte. Doch selbst dann waren finanzielle Schwierigkeiten unvermeidlich. Die Sägemühle mußte auf diese Maßnahme abgestimmt werden, denn dort wirkte es sich aus, wenn der Strom des Rohholzes aus dem Tal abgeschnitten wurde.

Wenn er die Holzfäller nicht bald ihre Arbeit wiederaufnehmen ließ, mußte die Sägemühle den Betrieb einstellen.

Mir schien, daß Howard mich sehr dringend in die Hände bekommen wollte. Das war ein weiterer Stein im Bauwerk der Beweise, das ich errichtete. Es waren keine Beweise im juristischen Sinn, aber mir genügten sie völlig.

Bei Anbruch der Dämmerung begann ich meine Vorbereitungen. Ich packte die Decken aus und befestigte sie außen auf meiner Traglast, und als es dunkel genug war, begann ich mit dem Abstieg ins Tal. Ich kannte eine verhältnismäßig gangbare Route, und es dauerte nicht lange, bis ich den Rand des Lagers erreichte. In zwei der Fertigbaubaracken brannte Licht, doch sonst war kein Lebenszeichen bemerkbar, außer dem Schluchzen einer schlecht gespielten Harmonika. Ich geisterte durch das Lager, trat leise auf und schlug die Richtung zum Kochhaus ein. Ich sah nicht ein, warum ich mich nicht auf Howards Kosten mit Vorräten versorgen sollte.

Im Kochhaus brannte Licht, und die Tür war nur angelehnt. Ich spähte durch ein Fenster, und da ich niemand in der Küche entdecken konnte, schlich ich mich hinein und schloß die Tür hinter mir. Auf dem Herd dampfte ein großer Kessel, und der aus ihm aufsteigende Geruch machte mich beinahe verrückt, aber ich hatte keine Zeit für diesen Luxus. Was ich suchte, war der Lagerraum.

Ich fand ihn am Ende der Küche, ein kleiner Raum mit Regalen an allen Wänden, die mit Konserven gefüllt waren. Ich fing an, Dosen in meinen Rucksack zu packen, wobei ich sorgfältig darauf achtete, daß sie nicht aneinanderstießen. Ich schob sie zwischen meine Hemden und packte auf alles noch einen kleinen Sack Mehl. Als ich im Begriff stand, die Vorratskammer zu verlassen, kam jemand in das Kochhaus, und ich schloß schnell die Tür.

Die Vorratskammer hatte nur eine Tür, und die führte in die Küche – eine verständliche Vorsichtsmaßnahme gegen den gesunden Appetit diebischer Holzfäller. Aus dem gleichen Grund hatte der Raum kein Fenster. Ich mußte also bleiben, bis niemand mehr in der Küche war, oder ich mußte Gewalt anwenden, um hinauszukommen . . .

Ich öffnete die Tür einen Spalt und sah einen Mann am Herd, der mit einem hölzernen Löffel in dem Topf rührte. Er kostete, steckte den Löffel in den Topf zurück und ging zu einem Tisch, um ein Paket Salz zu holen. Ich sah, daß er ein älterer Mann war, der beim Gehen hinkte. Gewaltanwendung kam also nicht in Frage. Der Mann hatte mir nie etwas getan und nichts unternommen, um mir zu schaden, und ich konnte mich einfach nicht überwinden, ihn für Howards Sünden büßen zu lassen.

Er blieb eine Ewigkeit in der Küche – tatsächlich nicht länger als ganze zwanzig Minuten –, und ich glaubte, er würde nie wieder gehen. Er kramte umständlich herum, spülte ein paar Teller ab, wrang das Wischtuch aus und hängte es nahe an den Herd zum Trocknen, kam auf die Vorratskammer zu, als ob er etwas holen wollte, überlegte es sich aber mitten in einem seiner hinkenden Schritte, als ich schon fürchtete, ich müßte ihn doch niederschlagen, probierte schließlich den Inhalt des Topfes noch einmal, hob die Schultern und verließ das Kochhaus.

Ich glitt aus der Vorratskammer, prüfte, ob draußen die Luft rein war, und schlich mich mit einer Beute aus dem Kochhaus. Mir war bereits ein Gedanke gekommen. Ich hatte beschlossen, die Hölle loszulassen, und das sollte jetzt passieren. Das Lager wurde elektrisch beleuchtet, und ich hatte das tiefe Dröhnen des Dieselgenerators vom Rand des Lagers her gehört. Von dem Geräusch geleitet, war es nicht schwer, ihn zu finden, und die einzige Schwierigkeit, die ich zu überwinden hatte, bestand darin, mich im Schatten zu halten.

Der Generator brummte in seiner eigenen Baracke vor sich hin. Der Sicherheit wegen erforschte ich erst die Umgebung, ehe ich irgend etwas Verwegenes unternahm, und entdeckte, daß neben der Baracke die Reparaturwerkstatt für die Motorsägen lag. Zwischen beiden befand sich ein Fünftausend-Liter-Tank für Dieselöl, und ein Blick auf den einfachen Standanzeiger bewies, daß er halb voll war. Darüber hinaus stand in der Werkstatt eine Axt griffbereit zur Hand, mit der man, wenn man nur fest genug zuschlug, das dünne Blech des Öltanks leicht durchlöchern konnte.

Es machte allerdings ziemlichen Lärm, und ich war froh, als ich das Öl aus dem zackigen Loch herausplätschern hörte. Ich konnte noch zwei weitere Löcher schlagen, ehe ich einen Alarmruf vernahm, doch inzwischen spürte ich das Öl glitschig unter meinen Füßen. Ich zog mich schnell zurück und entzündete die Papierfackel, die ich vorbereitet hatte, und warf sie nach dem Tank. Dann rannte ich in die Dunkelheit davon.

Zunächst glaubte ich, meine Fackel müsse ausgegangen sein, doch plötzlich schoß eine hohe Flamme auf und loderte zum Himmel. Ich konnte die Gestalt eines Mannes erkennen, der ratlos am Rande des Feuers hin und her irrte. Und dann lief ich, legte mein bestes Tempo vor, obwohl ich fest überzeugt war, daß mir niemand folgen würde.

Bei Tagesanbruch befand ich mich tief im dichten Wald im Norden des Tales, behaglich geborgen in der Astgabel eines Baumes. Ich hatte gut, wenn auch kalt gegessen, Corned Beef und Bohnen, und ein paar Stunden Schlaf gefunden. Das Essen hatte mich gekräftigt, und ich fühlte mich allem gewachsen, was Matterson auf mich loslassen konnte. Als ich mich für den Hexentanz des bevorstehenden Tages bereit machte, fragte ich mich, wie er wohl beginnen werde.

Ich sollte es erfahren, sogar noch ehe ich den Baum verlassen hatte. Ich hörte das Schwirren eines langsam umlaufenden Rotorflügels, und ein Hubschrauber flog nicht weit über der Baumhöhe über mir vorbei. Der Luftstrom von seinen Rotorflügeln wehte mir kalt ins Gesicht, und Fichtennadeln fielen in einem Schauer zu Boden. Der Schwirrvogel verschwand nach Norden, und ich blieb, wo ich war, und siehe da, er kam wenige Minuten später etwas weiter westlich zurück.

Ich ließ mich von dem Baum herunter, klopfte die Fichtennadeln von mir ab und schulterte meine Traglast. Howard hatte die Schlußfolgerung gezogen, die ich von ihm gewünscht hatte, und die Aufklärung durch den Hubschrauber war sein erster Zug. Es war noch zu früh für ihn, irgendwelche Sturmtruppen in das Tal zu entsenden, aber es würde nicht lange dauern, bis sie kamen, und ich überlegte, wie ich meine Zeit verbringen sollte.

Ich hörte den Hubschrauber in das Tal hinunterbrausen und vermutete, daß er sehr bald zu einer zweiten Suchtour zurückkommen werde, darum wählte ich mir einen Platz, von dem aus ich ihn gut beobachten konnte. Genau in der Mitte des Tals kam er zurückgeflogen, und ich strengte meine Augen an und meinte, zwei Personen darin zu erkennen, den Piloten und einen Passagier. Ich überlegte auch, daß ich an ihrer Stelle nicht landen würde, denn der Pilot mußte bei seiner Maschine bleiben und sein Passagier würde allein nicht wagen, mit mir anzubinden. Das gab mir etwas Bewegungsfreiheit.

Der Plan, den ich verfolgte, war einfach, gründete sich aber vorwiegend auf Psychologie, und ich fragte mich, ob ich Howards Leute richtig einschätzte. Die einzige Möglichkeit, das festzustellen, war eine Probe aufs Exempel. Ob mein Plan gelingen würde, hing auch von einer gewissen primitiven Technologie ab, und ich mußte abwarten, ob die Listen und Tücken, die ich im Norden gelernt hatte, sich bei Menschen ebensogut bewähren würden wie bei Tieren.

Ich folgte einem Wildwechsel, den ich kannte, eine halbe Meile weit durch den Wald und begann dort eine Schlagfalle zu bauen. Um ein Kaninchen zu fangen, mochte eine Schlinge ausreichen, aber man brauchte etwas Wirksameres für ein Reh – oder einen Mann. Es gab auch noch einen anderen Punkt: ein Reh hat keine Ahnung von Geometrie oder Mechanik und würde eine Schlagfalle auch dann nicht verstehen, wenn man sie ihm erklärte; lediglich der menschliche Geruch war zu vermeiden, dann würde ein Reh in die Falle gehen. Ein Mensch dagegen würde eine ungetarnte

Schlagfalle auf den ersten Blick erkennen, infolgedessen mußte sie sehr raffiniert konstruiert werden.

Der Wildwechsel führte für ein kurzes Stück an einer vier Fuß hohen Steilwand entlang, während auf der anderen Seite das Gelände sechs Fuß tief senkrecht abfiel. Jeder, der dem Wildwechsel folgte, mußte diese Stelle passieren. Ich wälzte einen großen Felsbrocken an die Kante der Steilwand oben und stützte ihn mit kleineren Steinen, so daß er am Rand balancierte und nur einen schwachen Anstoß brauchte, um abzustürzen. Dann packte ich meine Notausrüstung aus, um für den Fuß eines Menschen eine Schlinge zu legen, nahm dazu ein Stück Angelschnur, die ich durch Zweiggabeln führte und an dem Stein festband, der den Felsbrocken in seiner prekären Lage hielt.

Für den Bau der Falle brauchte ich annähernd eine halbe Stunde, und von Zeit zu Zeit hörte ich den Hubschrauber, der auf der anderen Seite des Tals auf und ab patrouillierte. Ich tarnte die Schlinge und betrachtete dann prüfend die Falle von allen Seiten, um mich zu vergewissern, daß sie dem Auge nicht auffiel. Es war das beste, was ich schaffen konnte, und so wanderte ich den Wildwechsel entlang vierhundert Meter weiter zu einer Stelle, wo er durch einen Morast führte. Absichtlich stampfte ich fest durch den moorigen Grund zur anderen Seite und ließ deutliche Spuren meines Weges zurück – niedergetretenes Gras, Fußabdrücke und nasse Erdklumpen auf dem trockenen Boden. Ich folgte dem Wildwechsel noch ein Stück weiter, ehe ich seitwärts abbog und in einem weiten Halbkreis zu meiner Menschenfalle zurückkehrte.

Das war die eine Hälfte meines Plans. Die andere Hälfte bestand darin, daß ich auf dem Wildwechsel bis zu einer Lichtung zurückging, durch die ein Bach floß. Ich warf meine Traglast neben dem Pfad ab und berechnete, wann der Hubschrauber die Lichtung überfliegen würde. Ich nahm an, daß er bei seiner nächsten Tour über sie käme, darum schlenderte ich zu dem Bach, um meine Feldflasche zu füllen.

Ich hatte recht, und er kam so unerwartet, daß er sogar mich überraschte. Die hohen Tannen dämpften sein Motorengeräusch, bis er über mir dröhnte. Ich blickte erschrocken nach oben und sah den weißen Fleck eines Gesichts, das auf mich herunterblickte. Dann rannte ich davon und suchte Deckung, als ob der Teufel mir auf den Fersen wäre. Der Hubschrauber wendete in der Luft und überflog zum zweitenmal die Lichtung, beschrieb dann einen weitergezogenen Kreis und verschwand schnell talabwärts. Matterson hatte Boyd endlich aufgespürt.

Ich kehrte zu der Lichtung zurück, riß voller Bedauern einen Fetzen aus meinem Hemd und hängte ihn an einen Dorn an dem Wildwechsel, nicht weit von der Lichtung entfernt. Ich wollte dafür sorgen, daß diese Burschen das Richtige taten, und wenn ich sie an der Nase herumführen mußte. Ich legte meine Traglast an einer bequem gelegenen Stelle ab, von der sich mir ein unbehinderter Blick auf meine Falle bot, hockte mich hin, um zu warten, und verbrachte die Zeit damit, mir mit dem Jagdmesser eine Keule zu schnitzen.

Nach meiner Berechnung mußte der Hubschrauber bald zurückkommen. Ich glaubte nicht, daß er weiter als bis zu dem Damm nach Süden fliegen würde, die zehn Meilen in etwa acht Minuten. Dann mußte ich ihnen eine Viertelstunde einräumen, um sich zu entschließen, was für sie das beste sei, und weitere acht Minuten für den Flug hierher, im ganzen also etwa eine halbe Stunde. Das Flugzeug würde mit Männern beladen wiederkommen, konnte aber neben dem Piloten nicht mehr als vier transportieren. Die würde er absetzen und sofort umkehren, um die nächste Ladung zu holen, und nach etwa weiteren zwanzig Minuten zurückkommen.

Damit blieben mir zwanzig Minuten, um vier Männer auszuschalten. Das war nicht sehr viel Zeit, aber ausreichend, wie ich hoffte.

Es dauerte fast eine dreiviertel Stunde, bis ich den Hubschrauber wieder hörte, und aus dem tiefen Ton des Motors erriet ich, daß er auf der Lichtung gelandet war. Dann stieg er wieder auf und begann zu kreisen, und ich fragte mich, wie lange er das treiben würde. Wenn er meinen Berechnungen entsprechend nicht wieder verschwand, wäre mein ganzer Plan gescheitert. Darum hörte ich mit Erleichterung, daß er sich wieder nach Süden wendete, und ich beobachtete scharf den Wildwechsel zur Lichtung und hoffte, daß mein Köder aufgenommen werden würde.

Ziemlich bald hörte ich einen Ausruf, der mir einen triumphierenden Unterton zu haben schien – der Köder war geschluckt worden. Ich spähte durch das mich deckende Laub und sah sie den Wildwechsel schnell heraufkommen. Drei von ihnen waren bewaffnet – zwei Flinten und eine Büchse –, und das gefiel mir nicht besonders. Ich kam aber zu der Ansicht, daß es im Grunde keine besondere Rolle spielte, denn der Erfolg meiner Operation hing von dem Überraschungsmoment ab.

Sie näherten sich beinahe im Laufschritt über den Wildwechsel. Sie waren jung und frisch und wie moderne Kampftruppen geradezu luxuriös zu ihrem Einsatzort transportiert worden. Wenn ich davon abhängig gewesen wäre, ihnen davonzulaufen, hätten sie mich innerhalb von einer Meile gefaßt, aber das war nicht meine Absicht. Ich war beim ersten Mal weggerannt, weil ich überrascht worden war, doch jetzt war das alles anders. Diese Burschen wußten nicht, daß sie keine Jagd auf mich machten, sondern arglose Opfer waren, die in meine Falle liefen.

Zu zweit nebeneinander kamen sie näher, waren aber gezwungen, im Gänsemarsch weiter vorzudringen, als der Pfad durch die Wand auf der einen und den Steilhang auf der anderen Seite schmäler wurde. Ich hielt den Atem an, als sie die Falle erreichten. Der erste verfehlte die Schlinge und ich fluchte lautlos vor mich hin, doch der zweite trat richtig hinein und riß den Stein los. Der Felsblock kippte ab und traf Nummer drei an der Hüfte. Erschrocken versuchte er an seinem Vordermann Halt zu finden, und beide stürzten über den Steilhang hinab, gefolgt von dem Felsbrocken, der annähernd hundertfünfzig Pfund wog.

Es erfolgte ein wildes Schreien und Fluchen, und als sich die erste Aufregung gelegt hatte, hockte ein Mann am Boden und betrachtete mit dümmlichem Gesicht sein gebrochenes Bein, während der andere jaulend und stöhnend verkündete, er habe teuflische Schmerzen an der Hüfte.

Der Anführer war Novak, der große Bursche, mit dem ich schon mehrfach in Wortwechsel geraten war. »Warum paßt du nicht auf, wohin du deine plumpen Quanten setzt?« schimpfte er.

»Er ist plötzlich auf mich gefallen, Novak«, erklärte der Mann mit der schmerzenden Hüfte beleidigt. »Ich habe nichts falsch gemacht.«

Ich lag kaum zwanzig Meter entfernt im Gebüsch und grinste. Es war keine Fehlkalkulation gewesen, daß ein Mann, der von einem Felsblock einen Steilhang hinuntergeworfen wird, sich vermutlich seine Knochen bricht. Das Kräfteverhältnis hatte sich etwas gewandelt. Jetzt stand es nur noch drei gegen einen.

»Ich habe ein Bein gebrochen«, klagte der auf dem Boden hockende Mann.

Novak kletterte zu ihm hinunter und untersuchte ihn, während ich den Atem anhielt. Wenn sie eine Spur von der Schlinge fanden, mußten sie erkennen, daß dieser Unfall nicht auf Zufall beruhte. Ich hatte Glück. Entweder war die Angelschnur gerissen, oder Novak entdeckte die Schlinge nicht. Er erhob sich und fluchte.

»Verdammt, wir sind noch keine fünf Minuten unterwegs, und schon ist ein Mann aktionsunfähig – vielleicht zwei. Was ist mit deiner Hüfte?«

»Tut verdammt weh. Vielleicht habe ich einen Beckenbruch.«

Novak knurrte einiges unverständlich vor sich hin, dann sagte er: »Die anderen werden bald hier sein. Bleib du lieber hier bei Banks. Schiene sein Bein, wenn du kannst. Ich gehe mit Scottie weiter. Boyd gewinnt mit jeder Minute einen größeren Vorsprung.«

Er kletterte wieder auf den Wildwechsel hinauf, und nach ein paar wohlgesetzten Bemerkungen über Banks und seine klumpfüßigen Vorfahren sagte er: »Los, Scottie, weiter«, und ging davon.

Jetzt mußte ich schnell handeln. Ich beobachtete die beiden, bis sie außer Sicht waren, dann richtete ich meine Blicke auf Banks. Der andere hatte sich über ihn gebeugt und sah sich das gebrochene Bein an. Er hatte mir den Rücken zugekehrt. Ich verließ meine Deckung, rannte die zwanzig Meter in geduckter Haltung auf ihn zu und schlug ihn mit der Keule nieder, noch ehe er sich umdrehen konnte.

Er brach über Banks zusammen, der mit entsetzten Augen zu mir aufsah. Noch ehe er schreien konnte, hatte ich eine Flinte gepackt und hielt ihm die Mündung vors Gesicht. »Ein Pieps, und Sie haben was Schlimmeres als ein gebrochenes Bein«, drohte ich.

Er schloß den Mund, und seine Augen verdrehten sich, als er in das große, runde Eisenloch vor seinem Gesicht schielte. »Drehen Sie den Kopf«, befahl ich kurz.

»Was?«

»Sie sollen den Kopf drehen, verdammt noch mal. Ich habe nicht den ganzen Tag Zeit.«

Widerstrebend wendete er den Kopf zur Seite. Ich griff nach der Keule, die ich fallengelassen hatte, und schlug zu. Wahrscheinlich war ich zu sanft. Es machte mir kein Vergnügen, einen Mann mit einem gebrochenen Bein bewußtlos zu schlagen, aber ich konnte nicht zulassen, daß er anfing zu schreien. Jedenfalls hatte ich ihn nicht hart genug getroffen. Er sank nur etwas vor und schüttelte benommen den Kopf, darum mußte ich noch einmal etwas fester zuschlagen; danach verlor er die Besinnung.

Ich zerrte den anderen von ihm herunter und war selbst etwas benommen. Mir kam die Befürchtung, wenn ich weiter Menschen auf den Schädel schlug, konnte ich früher oder später an einen mit dünnen Knochen geraten und ihn umbringen. Doch dieses Risiko mußte ich eingehen. Ich mußte mir bei diesen Kerlen Respekt verschaffen, und Rücksichtslosigkeit war dazu die einzige Methode – jedenfalls die einzige, die mir einfiel.

Dem anderen Mann nahm ich den Gürtel ab und fesselte ihm damit Hände und Füße gleichzeitig zusammen wie einem verschnürten Schwein, griff nach dem Gewehr und folgte Novak und Scottie. Ich glaube nicht, daß mehr als vier Minuten seit ihrem Abgang verstrichen waren. Ich mußte die Stelle, wo der Wildwechsel durch den Morast führte, vor ihnen erreichen, und da der Pfad hier einen weiten Bogen beschrieb, brauchte ich nur die halbe Entfernung zurückzulegen, um dorthin zu gelangen. Ich rannte wie ein Hase hakenschlagend unter den Bäumen dahin und traf dort gerade noch rechtzeitig atemlos und keuchend ein, um mich im hohen Ried vor dem Morast und neben dem Wildwechsel verstecken zu können.

Ich hörte sie kommen. Sie gingen nicht mehr so rasch vor wie anfangs. Wahrscheinlich haben vier Männer, die Jagd auf einen Flüchtenden machen, größeres Selbstvertrauen als nur zwei – selbst wenn sie bewaffnet sind. Jedenfalls näherten sich Novak und Scottie nicht zu schnell. Novak führte und erblickte die Spur, die ich in dem Morast hinterlassen hatte. »Heh, wir sind auf dem richtigen Weg«, rief Novak. »Los, weiter, Scottie.«

Er stampfte an mir vorbei in den Morast, beschleunigte sein Tempo, und Scottie, der den Grund für Novaks Aufregung noch nicht erkannt hatte, folgte ihm etwas bedachtsamer. Er bekam ihn allerdings nie zu erfahren, denn ich ließ ihm den Kolben der Flinte auf den Hinterkopf sausen, und er stürzte mit dem Gesicht vornüber in den Schlamm.

Novak hörte ihn fallen und fuhr herum, aber ich hatte die Flinte schon umgekehrt und hielt sie auf ihn gerichtet. »Lassen Sie das Gewehr fallen, Novak.«

Er zögerte. Ich klopfte auf die Flinte. »Ich weiß nicht, womit sie geladen ist – Vogelschrot oder Rehposten – aber Sie können es schmerzhaft erfahren, wenn sie nicht sofort das Gewehr fallen lassen.«

Er öffnete seine Hände, und die Büchse fiel in den Schlamm. Ich trat aus dem Ried heraus. »Gut so. Kommen Sie näher – schön langsam.«

Er trat aus dem Morast auf den trockenen Boden heraus, seine Füße machten dabei schmatzende Geräusche. »Wo ist Waystrand?« fragte ich.

Novak grinste. »Er wird kommen, keine Sorge.«

»Das hoffe ich«, sagte ich, und ein überraschter Ausdruck erschien auf Novaks Gesicht. Ich deutete mit dem Gewehr auf den ausgestreckt daliegenden Scottie. »Heben Sie ihn auf – und kommen Sie mit Ihren Pfoten nicht zu nahe an sein Gewehr heran, oder ich blase Ihnen den Kopf vom Leib.«

Ich trat von dem Wildwechsel zurück und beobachtete, wie er sich Scottie auf den Rücken lud. Novak war ein großer Mann, fast so groß wie ich, und Scottie war keine besonders schwere Last. »Los, den Weg zurück, den Sie gekommen sind, Novak.«

Ich hob die andere Flinte auf und trieb ihn in raschem Tempo über den Wildwechsel, hetzte ihn unbarmherzig vorwärts. Als wir bei den anderen ankamen, war er sehr außer Atem, gerade so, wie ich ihn haben wollte. Der Mann hatte sich inzwischen erholt. Er blickte auf, sah Novak und öffnete den Mund, um zu schreien. Dann sah er mich und die auf ihn gerichtete Flinte und klappte den Mund hörbar zu. Banks mit dem gebrochenen Bein war noch bewußtlos.

»Werfen Sie Scottie da hinunter«, befahl ich.

Novak drehte sich um und sah mich mit einem haßerfüllten Blick an, gehorchte aber. Er war auch nicht sehr zimperlich dabei, und Scottie würde allen Grund haben, sich zu beklagen, vermutlich aber mir die Schuld an allem zuschreiben. »Jetzt steigen Sie selbst hinunter«, sagte ich. »Aber machen Sie schön langsam.«

Er ließ sich über die Kante hinab, und ich befahl ihm weiterzugehen und mir den Rücken zuzuwenden. Es war unangenehm, daß ich selbst auch hinunter mußte, aber es gelang mir. Allerdings riskierte Novak etwas. Als er das Aufprallen meiner Absätze hörte, wirbelte er herum, hielt sich aber sofort wieder zurück, als er sah, daß ich ihn nach wie vor mit dem Gewehr in Schach hielt.

»Schon gut«, sagte ich. »Jetzt nehmen Sie Scottie den Gürtel ab, und fesseln Sie ihn – die Fußknöchel an die Handgelenke, wie man ein Schwein verschnürt. Aber nehmen Sie erst Ihren eigenen Gürtel ab, und lassen Sie ihn fallen.«

Er öffnete die Schnalle seines Gürtels und zog ihn aus den Schlaufen seiner Hose, und einen Augenblick lang glaubte ich, er würde ihn nach mir schleudern, aber das fest auf seinen Leib gerichtete Gewehr ließ ihn sich eines Besseren besinnen. »Und jetzt lassen Sie Ihre Hose herunter.«

Er fluchte unflätig, gehorchte aber wieder. Ein Mann, dem die Hose um die Knöchel schlottert, ist nicht in der Verfassung, eine Schlägerei zu bestehen, wie mancher feststellen mußte, der mit der Frau eines anderen überrascht wurde. Aber ich muß sagen, daß Novak vor nichts zurückschreckte – er versuchte es.

Er war gerade damit fertig, Scottie zu fesseln, als er sich nach meinen Beinen warf, um mich zu Boden zu bringen. Er hätte es besser wissen müssen, denn ich wollte gerade in eine Position kommen, aus der ich ihn von hinten niederschlagen konnte. Er rannte mit dem Kiefer in dem Augenblick gegen den Gewehrkolben, als der auf ihn niedersauste, und das setzte ihn außer Gefecht.

Ich untersuchte Scotties Fessel, und selbstverständlich hatte Novak auch hier einen Trick versucht. Ich korrigierte das und fesselte dann schnell Novak. Viel Zeit hatte ich nicht mehr, denn der Hubschrauber mußte jeden Augenblick wiederkommen. Ich nahm die eine Flinte und zersplitterte ihren Schaft an einem Felsblock und füllte mir dann die Tasche mit Patronen für die andere Flinte. Einem Impuls folgend durchsuchte ich Novaks Taschen und fand einen Totschläger – eine kleine, handliche, lederumhüllte, bleibeschwerte Schlagwaffe mit einer Handschlaufe. Ich lächelte.

Wenn ich weiter Leuten auf die Köpfe schlug, konnte ich das auch mit dem geeigneten Instrument tun.

Ich steckte ihn in die Tasche, konfiszierte das Doppelglas, das Scottie mitführte, und griff nach der anderen Flinte. In der Ferne konnte ich den Hubschrauber zurückkommen hören, später, als ich ihn erwartet hatte.

Einem weiteren Impuls folgend zog ich einen Fetzen Papier und kritzelte eine Nachricht, die ich in Novaks offenstehendem Mund zurückließ. Sie lautete: WER DAS GLEICHE WILL, KANN MIR NACH-KOMMEN. BOYD.

Dann wandte ich mich höher gelegenem Gelände zu.

Niemand folgte mir. Ich gewann einen ausreichend sicheren Abstand, verbarg mich dann in einem Gebüsch und beobachtete die weitere Entwicklung durch das Fernglas. Der Hubschrauber landete außer Sicht, aber bald danach kamen vier weitere Männer über den Wildwechsel und stießen auf mein kleines Quartett. Die Entfernung war zu groß, um irgend etwas zu hören, aber das Verhalten der Männer ließ erkennen, was gesagt wurde. Erst wurde heftig gestikuliert, dann lief einer zurück, um den Hubschrauber zurückzuhalten.

Novak wurde wieder zur Besinnung gebracht, und er setzte sich auf und hielt seinen Kiefer. Anscheinend fiel ihm das Sprechen nicht sehr leicht. Er spuckte das Papier in seinem Mund aus, und einer hob es auf und las den Zettel. Er reichte ihn der Gruppe weiter, und einer der Leute sah sich über die Schulter nervös nach allen Seiten um. Sie zählten die vorhandenen Gewehre, und danach wußten sie, daß ich jetzt bewaffnet war.

Nach langem Hin und Her machten sie eine provisorische Bahre und trugen den Mann mit dem gebrochenen Bein zu der Lichtung zurück. Keiner von ihnen zeigte sich wieder, und daraus machte ich ihnen keinen Vorwurf. In weniger als einer halben Stunde hatte ich vier Leute außer Gefecht gesetzt, und das mußte für die Nerven der anderen zuviel gewesen sein. Es reizte sie wenig, tiefer in den Wald einzudringen mit der Aussicht, die gleiche Behandlung zu erfahren – oder eine schlimmere.

Die Gefahr, daß mir jetzt wegen dem, was mir gelungen war, gleich der Kamm schwoll, bestand nicht. Zum Gewußt-wie war Glück gekommen, und wahrscheinlich ließ sich das Experiment nicht wiederholen. Von dem Quatsch: ›Sein Arm war stark, weil er für eine gerechte Sache kämpfte‹, halte ich nichts. Nach meiner Erfahrung haben die schlechten Kerle in dieser Welt im allgemeinen die stärksten Arme – man sehe sich zum Beispiel nur Hitler an. Aber Napoleon sagte, daß die moralische Kraft der physischen dreifach überlegen ist, und er sprach aus bitteren Erfahrungen. Wenn man imstande ist, den Gegner zu überraschen, ihn aus dem Gleichgewicht zu werfen und zu zersplittern, dann kann man eine Menge riskieren.

Ich setzte das Glas ab und sah auf die Flinte, dann öffnete ich das Schloß, um festzustellen, was aus Novaks Bauch geworden wäre, falls ich abgedrückt hätte. Das Blut erstarrte mir in den Adern, als ich die Patrone herauszog. Das war gefährlicher als Rehposten. Eine schwere Rehpostenladung einer Patrone Kaliber 12 enthält neun Schrotkörner, die auf kurze Entfernung nicht sehr stark streuen, aber diese Patrone hier enthielt Brennecker.

Manche Jagdbehörden erlauben bei der Jagd auf Rehwild nicht die Büchse, besonders nicht in den Vereinigten Staaten, deshalb erfanden die Waffenfabrikanten diese Lösung für die Jagd mit einer Flinte. Man nahm ein weiches Bleigeschoß mit einem Durchmesser von fast dreiviertel Zoll, damit es in einen Flintenlauf Kaliber 12 paßte, und gab ihm eine gewundene Bohrung, durch die es in dem glatten Lauf einen Spin erhielt. Das verdammte Ding wog eine Unze und wurde von einer Pulverladung angetrieben, die ihm eine Anfangsgeschwindigkeit von 530 Metern in der Sekunde verlieh. Wenn ein solches Geschoß ein Tier trifft, reißt es auf der anderen Seite ein Ausschußloch, das so groß ist, daß man beide Fäuste hineinlegen kann. Wenn ich unten bei dem Morast abgedrückt hätte, wären Novaks Eingeweide durch das ganze Kinoxi Valley gespritzt worden. Kein Wunder, daß er sein Gewehr fallen ließ.

Voll Abscheu sah ich die Patrone an und untersuchte dann meine Beute an Munition, bis ich eine Patrone mit kleinen Rehposten fand, mit der ich die Flinte neu lud. Auf nicht zu kurze Entfernung würde ein Treffer einem Mann die Kampflust nehmen, ohne ihn zu töten, und genau das war meine Absicht. Gleichgültig, was die anderen taten, ich hatte nicht die Absicht, eines dunklen Morgens meinen Kopf durch eine Schlinge zu stecken.

Ich blickte in die leere Landschaft hinaus, dann zog ich mich in den oberen Teil des Tals zurück.

Zwei Tage hielt ich mich im nördlichen Teil des Kinoxi Valley verborgen. Howard Matterson mußte zu seinen Leuten gesprochen und ihnen wieder neuen Mut eingebleut haben, denn sie kamen wieder, um nach mir zu suchen, aber niemals, wie ich beobachtete, in Gruppen von weniger als sechs. Während dieser zwei Tage spielte ich mit ihnen Verstecken, bewegte mich dabei, so wie ich es konnte, immer weiter nach Osten. Sie bekamen mich nicht ein einziges Mal zu Gesicht, denn während ein einzelner sich leise bewegen kann, verursacht eine geschlossene Gruppe von sechs Männern weit mehr als sechsmal soviel Lärm wie er. Und sie waren sehr darauf bedacht, in einem Haufen zusammenzubleiben. Novak mußte ihnen genau erzählt haben, was sich abgespielt hatte, und sie waren nachdrücklich davor gewarnt, auseinanderzulaufen.

Ich baute in diesen zwei Tagen ein halbes Dutzend Schlagfallen, aber nur eine klappte zu. Das führte jedoch dazu, daß einer sich dabei einen Arm brach, und der Betroffene mußte mit dem Hubschrauber abtransportiert werden. Einmal hörte ich ein wildes Knattern von Schüssen aus einer kleinen Schlucht, die ich gerade passiert hatte, und fragte mich verwundert, was da wohl vorgehen mochte. Wenn man eine Schar mit Gewehren bewaffneter Männer in den Wäldern herumlaufen läßt, findet sich immer ein Narr, der im falschen Moment abdrückt, doch das war keine Entschuldigung für die anderen, sofort draufloszuballern. Ich entdeckte später, daß einer mit einer Schußverletzung fortgeschafft werden mußte. Einer hatte irrtümlich auf ihn geschossen, und er hatte zurückgeschossen, worauf auch die übrigen losknallten. Zu bedauerlich für den Mann.

Meine geplünderten Lebensmittelvorräte gingen dem Ende zu und mußten ergänzt werden. Noch einmal zu dem Holzfällerlager zu gehen, war mir zu gefährlich – Matterson hatte es bestimmt scharf abriegeln lassen –, deshalb wendete ich mich nach Osten, Clares Blockhaus zu. Ich wußte, daß ich dort Vorräte bekommen würde, und hoffte, Clare zu finden. Ich mußte Gibbons davon unterrichten, was Howard unternahm. Gibbons würde kaum Verständnis für eine Menschenjagd in seinem Amtsbereich aufbringen und schnell eingreifen. Und in jedem Fall wollte ich erfahren, was aus Clare geworden war.

Zweimal unternahm ich einen Vorstoß nach Osten, stieß aber beide Male auf einen Trupp von Mattersons Holzfällern, so daß ich zurückweichen und versuchen mußte, sie zu umgehen. Beim dritten Mal hatte ich Glück, und als ich das Blockhaus erreichte, war ich müde, aber nicht zu müde, um mich ihm nicht mit größter Vorsicht zu nähern. In den letzten achtundvierzig Stunden hatte ich nur wenig Schlaf gefunden und mich meistens darauf beschränkt, irgendwo eine Stunde zu schlummern. Das ist der Punkt, in dem der Einzelgänger am stärksten benachteiligt ist: er steht ständig unter Druck, während die anderen sich ungefährdet ausruhen können.

Es dämmerte schon, als ich das Blockhaus erreichte, und ich legte mich oberhalb von ihm auf die Lauer und beobachtete es eine Zeitlang. Alles schien ruhig zu sein, und ich stellte enttäuscht fest, daß in dem großen Haus nirgendwo Licht brannte, folglich war Clare offensichtlich nicht da. Aber der alte Waystrand schien anwesend zu sein, denn aus seiner Hütte fiel ein heller Lichtschein, den ich erfreut wahrnahm.

Ich näherte mich dem Blockhaus in einer Spirale, prüfte immer wieder sorgfältig, und es war mir auch nicht zu dumm, durch das Fenster in Waystrands Hütte zu spähen, um mich zu vergewissern, daß er allein war. Er saß vor seinem Herd, die Luft um seinen Kopf war blau von Pfeifenrauch. Deshalb ging ich zur Tür und versuchte einzutreten. Zu meiner Überraschung war die Tür abgeschlossen. Das war sehr ungewöhnlich.

Waystrands Stimme fragte grollend: »Wer ist das?«

»Boyd.«

Ich hörte seine Schritte auf dem hölzernen Fußboden, als er zur Tür kam. »Wer ist da?«

»Bob Boyd. Machen Sie auf, Matthew.«

Die Tür ging einen Spalt weit auf, nachdem Riegel zurückgeschoben worden waren, und das Licht fiel hell auf mich. Dann zog er die Tür weit auf. »Kommen Sie herein. Kommen Sie schnell.«

Ich stolperte über die Schwelle, und er schlug die Tür hinter mir zu und schob die Riegel vor. Als ich mich umdrehte, sah ich, wie er eine Flinte auf ein Gestell an der Wand legte. »Haben die Kerle Sie auch behelligt, Matthew?«

Er fuhr herum, und ich sah sein Gesicht. Er hatte ein blaues Auge, das geschwollenste blaue Auge, das ich je gesehen habe, und sein Gesicht war zerschunden. »Ja«, bestätigte er dumpf. »Ich bin behelligt worden. Aber was, zum Teufel, geht eigentlich vor, Boyd?«

»Howard Matterson ist übergeschnappt und hat es auf meinen Kopf abgesehen«, antwortete ich. »Er hat auch seine Leute aufgehetzt – ihnen eingeredet, ich hätte den alten Bull bewußtlos geschlagen.«

»Haben Sie das getan?«

Ich starrte ihn entsetzt an. »Warum sollte ich einen alten Mann niederschlagen? Im Augenblick könnte ich Howard massakrieren, aber das ist etwas anderes. Der alte Bull bekam einen Herzanfall. Ich habe es gesehen, und McDougall hat es gesehen. Howard sah es auch, aber er verbreitet eine Lügengeschichte darüber.«

Matthew nickte. »Ich glaube Ihnen.«

»Wie sind Sie an das blaue Auge gekommen, Matthew?«

Er blickte auf den Boden. »Ich hatte Streit mit meinem eigenen Sohn«, antwortete er. Seine Hände ballten sich zu Fäusten. »Er hat mich verprügelt – ich hatte immer geglaubt, ich könnte mit ihm fertig werden, aber er hat mich verprügelt.«

»Um Jimmy werde ich mich noch kümmern, Mr. Waystrand. Er ist Nummer zwei auf meiner Liste. Was ist passiert?«

»Vor drei Tagen kam er mit Howard hierher. In diesem Hubschrauber. Wollte wissen, ob Sie hier gewesen waren. Ich antwortete, ich hätte Sie nicht gesehen, und Howard sagte, ich sollte ihn benachrichtigen, falls ich Sie sehen sollte. Dann sagte Howard, er wollte Miss Trinavants Haus durchsuchen, und ich antwortete, das könne er nicht. Er sagte, Sie würden sich vielleicht darin verstecken, darum fragte ich ihn, ob er mich damit als Lügner bezeichnen wollte.« Matthew hob die Schultern. »Ein Wort ergab das andere, und dann schlug mein Junge nach mir – und dann kam es zu einer Schlägerei.«

Er hob den Kopf. »Er hat mich verprügelt, Mr. Boyd, aber in das Haus sind sie nicht hineingekommen. Ich bin hier hereingelaufen und habe die Flinte da geholt und ihnen gesagt, sie sollten sich zum Teufel scheren.«

Ich sah zu, wie er sich niedergeschlagen auf den Stuhl vor dem Herd sinken ließ, und er tat mir aufrichtig leid. »Sind sie dann gegangen, ohne weitere Schwierigkeiten zu machen?«

Er nickte. »Keine besonderen weiter. Einen Augenblick glaubte ich, daß ich Jimmy niederschießen müßte. Ich hätte auch abgedrückt, und das wußte er.« Er blickte mit tiefbekümmerten Augen auf. »Er ist wirklich schlecht geworden. Ich wußte, daß es so kommen mußte, aber ich habe nie geglaubt, daß der Augenblick einmal käme, in dem ich bereit sein würde, meinen eigenen Sohn zu erschießen.«

»Das tut mir ehrlich leid«, sagte ich. »Hat Howard sich irgendwie eingemischt?«

»Nein«, entgegnete Matthew verächtlich. »Er hat nur daneben gestanden und wie eine Hyäne gelacht, als wir uns schlugen – aber er hörte auf zu lachen, als ich ihm das Gewehr vor den Bauch hielt.«

Das klang ganz nach Howard. Ich nahm meine Traglast ab und ließ sie auf den Boden sinken. »Haben Sie etwas von Cla . . . Miss Trinavant gehört?«

»Ich habe sie seit einer Woche nicht mehr gesehen.«

Ich seufzte und setzte mich. Clare war nicht mehr in ihrem Blockhaus gewesen, seit die ganze Geschichte angefangen hatte, und ich fragte mich besorgt, wo sie sei und was sie tue.

Matthew sah mich beunruhigt an. »Sie sehen erschöpft aus«, sagte er. »Ich habe mich mit meinen eigenen Sorgen beschäftigt, aber Sie haben bestimmt größere.«

»Ich bin seit sechs Tagen auf der Flucht. Die Wälder wimmeln von Kerlen, die auf die Chance hoffen, mir den Schädel einschlagen zu können. Wenn Sie sich tausend Dollar verdienen wollen, Matthew, brauchen Sie mich nur Howard auszuliefern.«

Er knurrte. »Was sollte ich mit tausend Dollar? Haben Sie Hunger?«

Ich lächelte flüchtig. »Ich könnte nicht mehr als drei Elche verschlingen. Mein Appetit fängt an, mich im Stich zu lassen.«

»Ich habe ein Stew, das nur aufgewärmt zu werden braucht. Es dauert nicht länger als fünfzehn Minuten. Warum waschen Sie sich nicht inzwischen?« Er nahm aus einem Kasten einige mit einer Schnur zusammengebundene Schlüssel und warf sie mir zu. »Damit können Sie das große Blockhaus aufschließen. Nehmen Sie ein Bad.«

Ich warf die Schlüssel hoch und fing sie wieder auf. »Howard haben Sie die Schlüssel nicht gegeben.«

»Das war etwas anderes. Er ist kein Freund von Miss Trinavant.«

Ich nahm ein heißes Bad und rasierte mir den eine Woche alten Bart ab und betrachtete mich danach im Spiegel und fühlte mich wieder menschlicher. Als ich in Matthews Hütte zurückkam, hatte er einen Teller mit dampfendem Stew bereit, das ich in Rekordzeit verschlang und dann um mehr bat. Er lächelte und sagte: »Das Leben in der frischen Luft bekommt Ihnen.«

»Diese Art Leben nicht«, entgegnete ich. Ich griff nach meiner Jacke und zog aus der Tasche eine der mit Brennecker geladenen Patronen und legte sie auf den Tisch. »Das ist Munition für die Jagd auf Bären.«

Er nahm die Patrone, und zum ersten und letzten Mal hörte ich ihn hemmungslos fluchen. »Lieber Gott im Himmel, diese gottverfluchten Schweinehunde. Damit würde ich auf kein Reh schießen.« Er blickte auf. »Der alte Bull muß tot sein.«

An diese Möglichkeit hatte ich noch nicht gedacht, und mich überlief ein kalter Schauder. »Hoffentlich nicht«, sagte ich aufrichtig. »Ich hoffe inständig, daß er sich erholt. Er ist der einzige, der mir aus dieser Klemme heraushelfen kann. Er kann sich hinstellen und diesen Holzfällern erklären, daß ich ihn nicht niedergeschlagen habe, daß er einen Herzanfall hatte. Er kann mir Howard vom Hals schaffen.«

»Ist es nicht komisch«, sagte Matthew in einem ganz und gar nicht erheiterten, sondern tief bedrückten Ton, »daß Bull, den ich nie leiden konnte, und ich vieles gemeinsam haben? Unsere beiden Söhne sind schlechte Menschen geworden.«

Dazu schwieg ich; es gab nicht viel, was ich dazu hätte sagen können. Ich aß meinen Teller leer und trank ein paar Schlucke Kaffee, und nach der ersten warmen Mahlzeit seit Tagen fühlte ich mich erheblich wohler.

Matthew sagte: »Ich habe ein Bett für Sie zurechtgemacht. Sie können heute nacht in Ruhe schlafen.« Er stand auf und nahm die Flinte vom Gestell. »Ich werde mich mal umsehen. Sie sollen im Schlaf nicht gestört werden.«

Ich legte mich in ein bequemes Bett und war fast eingeschlafen, noch ehe mein Kopf das Kissen berührte. Ich schlief bis zum Tagesanbruch durch und erwachte erst, als mir die Sonne in die Augen schien. Ich stand auf, zog mich an und ging in den Hauptraum. Von Matthew war nichts zu sehen, aber auf dem Herd dampfte Kaffee, und eine Bratpfanne und Eier und Speck standen schon bereit.

Ich trank eine Tasse Kaffee und schlug ein halbes Dutzend Eier in die Pfanne. Sie waren gerade fertig, als ich draußen jemand laufen hörte. Ich sprang zum Fenster, griff mit einer Hand nach der Flinte und sah Matthew auf seine Hütte zugerannt kommen. Er stieß die Tür auf und sagte atemlos: »Eine Menge Leute ... kommen hierher ... sind keine zehn Minuten ... hinter mir.«

Ich griff nach meiner Jacke, zog sie an und schulterte die Traglast, die mir schwer erschien.

»Ich habe Ihnen Verpflegung hineingepackt«, sagte Matthew. »Tut mir leid, daß ich nicht mehr tun kann.«

Schnell antwortete ich: »Sie könnten noch etwas tun. Fahren Sie nach Fort Farrell. Sehen Sie zu, daß Sie Gibbons zu fassen kriegen, und sagen Sie ihm, was hier vorgeht. Und versuchen Sie, festzustellen, was mit McDougall und Clare ist. Wollen Sie das tun?«

»Ich fahre so schnell los, wie ich kann«, sagte er, »aber Sie verschwinden jetzt besser, diese Leute kamen sehr schnell.«

Ich trat aus der Hütte, suchte den Schutz der Bäume und stieg schräg an dem Hang bergauf zu der Stelle, von der aus ich am vergangenen Abend beobachtet hatte. Als ich sie erreichte, nahm ich das Fernglas und richtete es auf das Blockhaus.

Es waren mindestens sechs Männer, die ich in dem Hin und Her dort unten unterscheiden konnte. Sie gingen in Matthews Hütte hinein und wieder heraus, als ob sie ihnen gehörte, und waren in Clares Blockhaus eingebrochen. Ich vermutete, daß sie das Haus durchsuchten. Ich fragte mich, wie sie erfahren hatten, daß ich dort gewesen war, und kam zu der Schlußfolgerung, daß sie einen Beobachter angesetzt hatten und daß mich das Licht in Clares Blockhaus, als ich badete, verraten hatte.

Ich verfluchte mich wegen dieser Dummheit, aber die Reue kam zu spät. Wenn ein Mann hungrig und erschöpft ist, fängt er an, unachtsam zu werden, dumme kleine Fehler zu machen, die ihm normalerweise nicht unterlaufen. Im allgemeinen wird ein Mann auf der Flucht durch seine Fehlgriffe festgenagelt, und ich nahm mir für die Zukunft vor, besser aufzupassen.

Ich biß mir auf die Lippe, als ich das Fernglas auf einen Mann richtete, der sich über die geöffnete Motorhaube von Matthews kleinem Lastwagen beugte. Er wühlte darin herum und riß eine

Handvoll Spaghetti heraus – den größten Teil der Zündkabel, nach dem zu schließen, was er in der Hand hielt.

Matthews würde so bald nicht fortkommen – weder nach Fort Farrell noch sonst irgendwohin.

11

Das Wetter wurde schlecht. Tiefliegende Wolken hingen am Himmel, es regnete viel, und dann senkten sich die Wolken bis auf den Boden, und ich wanderte im Nebel. Das war gut und schlecht. Die geringe Sicht bedeutete, daß ich nicht so leicht entdeckt werden konnte, und die tiefhängenden Wolken setzten den verdammten Hubschrauber außer Aktion. Zweimal hatte er mich entdeckt und die Meute auf meine Spur gesetzt, aber jetzt war er nutzlos. Andererseits war ich dauernd naß und wagte nicht zu rasten, um ein Feuer zu machen und mich zu trocknen. Von der ständig nassen Kleidung wurde meine Haut ausgebleicht, schrumpfte und wurde an den Stellen wund, wo die Falten meines Hemdes und meiner Hose sie scheuerten. Ich hatte mir auch einen bösen Schnupfen geholt, und es konnte gefährlich werden, wenn ich im falschen Augenblick nieste.

Howards Taktik war besser geworden. Er hatte mich in einem sehr kleinen Gebiet eingeschlossen, nicht größer als drei Quadratmeilen, und es fest abgeriegelt. Jetzt zog er die Schlinge unerbittlich enger. Weiß Gott, wie viele Männer er einsetzte, in jedem Fall waren es für mich zu viele, um mit ihnen fertig werden zu können. Dreimal hatte ich im Schutz des Nebels einen Durchbruch versucht, und dreimal war es mir mißlungen. Die Leute hatten auch keine Hemmungen, ihre Flinten zu benutzen, und ich verdankte es nur dem Zufall, daß ich bei meinem letzten Versuch nicht völlig durchlöchert wurde. Tatsächlich hatte ich die Schrotladungen mir um die Ohren pfeifen hören, und ein Schrotkorn streifte meinen Oberschenkel. Ich machte mich schnell davon und zog mich in einen Schlupfwinkel zurück, wo ich die Schramme verpflasterte. Die Muskeln in meinem Bein waren etwas steif, aber die Verletzung behinderte mich nicht sonderlich.

Ich war naß und fror und fühlte mich elend, gar nicht davon zu reden, daß ich hungrig und müde war, und ich fragte mich schon, ob ich mich dem Ende meiner Kräfte näherte. Es fehlte nicht mehr viel, daß ich mich hinlegte, um auf der Stelle einzuschlafen und mich von ihnen finden zu lassen. Doch ich wußte auch, was mir dann bevorstand, und hatte nicht den Ehrgeiz, als Krüppel weiterzuleben, falls Howard sich damit begnügen sollte. Deshalb erhob ich mich mühsam und schleppte mich weiter, schwankte durch den Nebel, um einen Ausweg aus dem enger werdenden Kreis zu finden.

Ich stolperte beinahe über den Bären. Er brummte und richtete sich auf, war über zweieinhalb Meter hoch, wedelte mit den Vordertatzen mit den grausamen Krallen und zeigte sein Gebiß. Ich zog mich in einen angemessenen Abstand zurück und betrachtete ihn nachdenklich.

Über den Grizzly wird mehr Unsinn geredet als über jedes andere Tier, ausgenommen den Wolf. Erwachsene Männer sehen einem gerade in die Augen und erzählen die haarsträubendsten Erlebnisse, die sie mit Grizzlys gehabt haben wollen; daß ein Grizzly einen Menschen beim ersten Anblick angreift, daß sie schneller laufen als Pferde, daß sie ganze Bäume umreißen und daß sie ohne jeden Anlaß die Hölle loslassen. In Wahrheit verhält sich ein Grizzly wie jedes andere Tier und ist zu vernünftig, sich ohne ausreichenden Grund mit einem Menschen einzulassen. Richtig ist, daß sie im Frühjahr, wenn sie gerade aus dem Winterschlaf kommen, zur Bösartigkeit neigen, aber das gilt auch für viele Menschen, wenn sie gerade aus dem Bett aufgestanden sind.

Und hungrig sind sie im Frühjahr auch. Sie haben ihr Fett verloren, und das Fell hängt lose an ihnen, und sie wollen in Ruhe gelassen werden, um in Frieden zu fressen. Genau wie die meisten von uns auch. Und die Weibchen haben im Frühjahr ihre Jungen und reagieren auf Störungen empfindlich, und das ist meiner Meinung nach ganz berechtigt. Die meisten Legenden über Grizzlys werden an Lagerfeuern gesponnen, um zartbesaitete Gemüter oder Touristen zu beeindrucken, und noch mehr werden bei einer Flasche Whisky ausgeschenkt. Jetzt war Hochsommer – soweit es in Britisch Columbia einen Hochsommer gibt –, und dieser Grizzly war fett und friedfertig. Er ließ sich wieder auf seine vier Tatzen fallen und setzte das fort, was er getan hatte, ehe ich ihn störte – eine saftige Wurzel auszugraben. Er hielt allerdings weiter ein wachsames Auge auf mich und brummte ein- oder zweimal, um zu beweisen, daß er nicht allzuviel Angst vor mir hatte.

Ich trat hinter einen Baum zurück, um ihn nicht zu sehr zu beunruhigen, während ich mir überlegte, was ich seinetwegen unternehmen könne. Selbstverständlich konnte ich einfach das Feld räumen, aber ich hatte einen besseren Einfall, denn mir war der Gedanke gekommen, daß ein achthundert Pfund schwerer Bär ein mächtiger Verbündeter sein konnte, wenn es mir gelang, ihn für mich zu gewinnen. Es gibt wirklich nicht viele, die einem angreifenden Grizzly gegenüber ihre Stellung halten.

Die mir nächsten Leute Mattersons waren von dieser Stelle nicht weiter als eine halbe Meile entfernt, wie ich zu meinem Unbehagen wußte, und kamen langsam näher. Seinem natürlichen Instinkt folgend, würde der Bär sich davonmachen, sobald sie noch dichter heran kamen. Mir war bekannt, daß sie bei ihrem Vormarsch großen Lärm machten, und der Bär mußte sie bald hören. Der einzige Grund, weshalb er mich nicht gehört hatte, war, daß ich die Technik entwickelt hatte, sehr leise durch die Wälder zu geistern – das war eines der Dinge, die man lernt, wenn man sich in einer solchen Situation wie ich befindet; man lernt es oder man kommt um.

Was ich tun mußte, war, den Bär dazu zu bringen, seine natürlichen Neigungen zu ignorieren. Anstatt sich zurückzuziehen, mußte er den näherkommenden Männern entgegenlaufen, aber wie, zum Teufel, konnte ich ihn dazu veranlassen? Man kann einen Grizzly nicht wie eine Kuh davonscheuchen, und ich mußte schnell eine Lösung finden.

Nach kurzem Überlegen zog ich einige der Patronen aus meiner Tasche und fing an, sie mit meinem Jagdmesser auseinanderzunehmen. Die Geschosse warf ich fort und behielt nur die Pulverladung. Bald hatte ich ein Häufchen Pulverkörner in meinem Handschuh gesammelt, um es vor Feuchtigkeit zu bewahren. Ich bückte mich und grub in dem dicken Teppich der Tannennadeln. Tannennadeln wirken genau wie Filz, wenn sie benäßt werden, und stoßen das Wasser wie das Gefieder der Enten ab. Ich brauchte nicht sehr tief zu graben, um trockenes, entzündbares Material zu finden.

Die ganze Zeit über beobachtete ich Bruder Braun, der zufrieden an seiner Wurzel schmatzte, wobei er mich jedoch wachsam im Auge behielt. Er würde mich nicht stören, solange ich ihn in Ruhe ließ – wenigstens hatte ich für mich diese Theorie aufgestellt, obwohl ich mir schon als Rückendeckung für meine Vermutung einen schnell zu erreichenden und leicht zu erkletternden Baum ausgesucht hatte. Aus der Seitentasche meines Rucksacks zog ich die zusammengelegte geologische Karte des Gebiets und ein Notizbuch, die ich dort aufbewahrte. Ich zerriß die Karte in kleine Fetzen, riß die Blätter aus dem Notizbuch und knüllte sie zu kleinen Kugeln zusammen.

Ich bereitete in dem Loch ein kleines Feuer aus Papierfetzen und Kugeln vor, bestreute es reichlich mit Schießpulver und bedeckte das Ganze mit trockenen Tannennadeln. Von dem Feuer weg führte ich eine kurze Pulverspur, um es schnell entzünden zu können, und in seine Mitte packte ich noch drei Patronen.

Nachdem ich einen Augenblick gelauscht und nichts gehört hatte, schlug ich einen Bogen von etwa einem sechstel Kreis um den Bär und bereitete in der gleichen Weise noch ein Feuer vor und ein weiteres auf der anderen Seite des Bären. Er wich brummend zurück, als er sah, daß ich mich bewegte, beruhigte sich aber, als er bemerkte, daß ich ihm nicht näher kam. Jedes Tier hat seinen sorgfältig bemessenen Sicherheitsabstand und wird nur aktiv, wenn es glaubt, daß man in seinen unmittelbaren Bereich vordringt. Seine Reaktion hängt ganz von dem Tier ab: ein Reh flüchtet – ein Grizzly greift an.

Nachdem die Feuer vorbereitet waren, wartete ich auf den nächsten Zug von Mattersons Leuten, und der Bär würde mir ihre Annäherung anzeigen, da er sich zwischen uns befand. Ich blieb mit der Flinte schußbereit im Arm einfach stehen und wartete geduldig, ohne den Grizzly aus den Augen zu lassen.

Ich hörte nichts – wohl aber er. Er wurde unruhig und drehte den Kopf, schwenkte ihn hin und her wie eine Kobra, die im Begriff steht, zuzuschlagen. Er machte schnüffelnde Geräusche, witterte im Wind und knurrte plötzlich leise, wendete sich von mir ab und blickte in die andere Richtung. Ich dankte den Jahren der Erfahrung, die mich gelehrt hatten, wie man Streichhölzer trocken hält, indem man eine volle Schachtel mit geschmolzenem Kerzenwachs füllt, so daß die Hölzchen in einem Block Paraffin eingebettet sind. Ich riß drei Hölzchen von dem Block los und hielt sie bereit, sie anzuzünden.

Der Bär wich langsam auf mich zurück und fort von dem, was da auf ihn zukam. Er warf mir einen unbehaglichen Blick zu, bekam das Gefühl, daß er eingekreist sei, und wenn ein Grizzly dieses Gefühl bekommt, befindet man sich am besten irgendwoanders. Ich bückte mich, riß die Streichhölzer an und ließ sie auf die Pulverspur fallen, die zischend in Flammen aufging. Dann rannte ich zu dem nächsten Feuer und gab dabei einen Schuß in die Luft ab.

Der Bär war zur Aktion übergegangen, als ich meine Deckung aufgab, und kam schnell auf mich zu, doch der Knall des Schusses ließ ihn innehalten und ungewiß, was er tun solle, zu einem Halt schlittern. Aus der Richtung hinter dem Bären hörte ich einen aufgeregten Ausruf. Noch jemand anders hatte also meinen Schuß gehört.

Der Bär drehte unsicher den Kopf und setzte sich wieder in Bewegung, doch eine der Patronen in dem ersten Feuer explodierte gerade in dem Augenblick, als ich das zweite entzündete. Das gefiel ihm ganz und gar nicht, und er wendete sich unaufhörlich brummend ab, während ich zu dem dritten Feuer spurtete und ein brennendes Streichholz darauf fallen ließ.

Meister Petz wußte nicht, was, zum Teufel, er tun sollte. Hier war Gefahr – Gefahr von Menschen –, die von der einen Seite kam, und lauter, enervierender Lärm von der anderen. Hinter dem Bären erklangen weitere laute Rufe, und das brachte ihn beinahe zu einer Entscheidung, doch gerade dann brach die wahre Hölle los. Zwei weitere Patronen explodierten eine nach der anderen, und eine halbe Sekunde später klang es so, als ob Krieg ausgebrochen wäre.

Der Grizzly verlor die Nerven, er machte kehrt und schoß in entgegengesetzter Richtung davon. Ich trug zu dem Spaß noch bei, indem ich ihm eine Ladung Rehposten in das Hinterteil jagte, dann rannte ich ihm nach und blieb ihm dicht auf den Fersen. Wie ein Dämon der Hölle raste er zwischen den Bäumen dahin – annähernd eine halbe Tonne furchteinjagender, überwältigender Wildheit. Tatsächlich war er weniger angsterregend als verängstigt, doch gerade dann ist ein Grizzly am gefährlichsten.

Ich sah drei Männer, die uns auf dem Abhang entgegenblickten, entsetzt über das, was da auf sie zukam. Vermutlich sahen sie nichts als Raubtiergebisse und Krallen in doppelter Lebensgröße – und in einer Bar würde eine weitere Legende verbreitet werden, vorausgesetzt, daß sie überlebten, um sie berichten zu können. Sie sprangen auseinander und zerstreuten sich, aber einer war dabei etwas zu langsam, und der Bär versetzte ihm im Vorbeirasen einen Hieb. Der Mann schrie gellend auf, als er zu Boden geschleudert wurde, doch zu seinem Glück unterbrach der Bär seinen Ansturm nicht, um ihn zu zerfleischen.

Auch ich raste an ihm vorbei, wobei meine Stiefel auf der glatten Decke der Tannennadeln rutschten. Der Bär konnte weit schneller laufen als ich und ließ mich bald hinter sich zurück. Von vorn hörte ich einen weiteren Ruf und zwei Schüsse, und ich umkreiste einen Baum, um auf einen Mann zu stoßen, der mit seiner Flinte hinter dem flüchtenden Bären herfuchtelte. Er drehte sich um, sah mich schnell auf sich zukommen und drückte unvermittelt seine Flinte auf mich ab. Der Hammer seiner Flinte schlug auf einen leeren Lauf, und inzwischen war ich bei ihm. Ich traf ihn mit der Schulter gegen die Brust, und der Anprall riß ihn von den Beinen und warf ihn der Länge nach zu Boden, unterstützt von einem harten Schlag unters Ohr, den ich ihm im Weiterlaufen versetzte. Ich hatte von diesem Bären etwas gelernt.

Für die nächsten fünfzehn Minuten hielt ich nicht an, nicht, ehe ich nicht sicher war, daß mich niemand verfolgte. Ich nahm an, daß sie zu sehr davon in Anspruch genommen wurden, sich um ihre Verletzten zu kümmern – wenn ein Bär einem im Vorbeirennen einen Schlag versetzt, geschieht das mit einer Pranke mit stahlharten Krallen. Ich sah meinen Freund weiter bergab zotteln und bemerkte, daß der Nebel lichter wurde. Er verringerte sein Tempo und kam langsam zu einem Halt. Dann blickte er zurück.

Ich winkte ihm zu und schlug eine andere Richtung ein, denn diesem Bären wollte ich in den nächsten beiden Tagen nicht gern wieder begegnen.

Fast ebenso wie ich über den Bären gestolpert war, stieß ich auf einen Mann, der in den Dunst starrte und sich über diesen unerklärlichen Lärm wunderte. Mir blieb keine Zeit, ihm auszuweichen, darum griff ich ihn geradewegs an und rammte ihm als erstes die Gewehrmündung in den Bauch. Als er sich davon gefaßt hatte, saß ihm mein Jagdmesser an der Kehle.

Er bog den Kopf in einer unnatürlichen Neigung zurück, versuchte der scharfen Spitze zu entgehen, und Speichel rann ihm aus dem Mundwinkel. »Keinen Laut«, warnte ich, »sonst passiert Ihnen was.«

Er wollte nicken, unterließ es aber, weil sich die Messerspitze gegen seinen Adamsapfel bohrte. Sanft fragte ich: »Warum machen Sie Jagd auf mich?«

Er gurgelte, sagte aber kein Wort. Wieder fragte ich: »Warum machen Sie Jagd auf mich? Ich will eine Antwort. Eine ehrliche Antwort.«

Er zwang sie aus sich heraus. »Sie haben den alten Bull Matterson niedergeschlagen. Das war eine niederträchtige Gemeinheit.«

»Wer sagt, daß ich den alten Mann geschlagen habe?«

»Howard war dabei – er sagte es. Und Jimmy Waystrand auch.«

»Was weiß Waystrand davon? Er war nicht dabei.«

»Er meint, er wäre dabei gewesen, und Howard bestreitet es nicht.«

»Sie sind beide Lügner«, entgegnete ich. »Der alte Mann hatte einen Herzanfall. Was sagte er denn darüber?«

»Er sagt gar nichts. Er ist krank – wirklich krank.« Haß starrte mir aus den Augen des Mannes entgegen.

»Im Krankenhaus? Oder zu Hause?«

»Ich hab gehört, daß er zu Hause ist.« Er zwang sich zu einem Grinsen. »Mann, Sie können sich auf was gefaßt machen.«

»Der alte Matterson hatte einen Herzanfall«, erklärte ich geduldig. »Ich habe ihn nicht mit einem Finger angerührt. Sollte die Kleinigkeit von tausend Dollar nicht etwas damit zu tun haben, daß ich hier durch die Wälder gehetzt werde?«

Er sah mich verachtungsvoll an. »Das spielt keine Rolle«, widersprach er. »Wir haben nur nichts für Fremde übrig, die alte Leute niederschlagen.«

Das mochte der Wahrheit entsprechen. Ich bezweifelte, daß diese Holzfäller nur durch einen Kopfpreis zu einer derartigen Menschenjagd aufgehetzt werden konnten. Sie waren keine üblen Burschen, nur Narren, die sich durch Howards Lügen zu einem Blutrausch hatten aufstacheln lassen. Die tausend Dollar waren nicht mehr als nur der Zuckerguß auf dem Kuchen. »Wie heißen Sie?« fragte ich.

»Charlie Blunt.«

»Gut, Charlie«, sagte ich, »ich wünschte, wir könnten uns bei einem Bier darüber unterhalten, aber zu meinem Bedauern ist das unmöglich. Aber passen Sie mal auf. Wenn ich wirklich ein so übler Kerl wäre, wie Howard behauptet, hätte ich euch alle einzeln abknallen können wie die Enten in einer Schießbude. Auf mich ist geschossen worden, aber ich habe nicht zurückgeschossen. Haben Sie dafür eine Erklärung?«

Seine Stirn legte sich in tiefe Falten, und ich sah ihm an, daß er darüber nachdachte. »Nehmen Sie mal Novak und diese anderen Leute – ich hätte ihnen allen ohne weiteres die Gurgel abschneiden können. Was übrigens das angeht, nichts könnte mich davon abhalten, Ihnen auf der Stelle den Hals durchzuschneiden.«

Er erstarrte, und ich piekte ihn mit dem Messer. »Keine Sorge, Charlie. Ich werde es nicht tun. Ich werde Ihnen kein Haar krümmen. Haben Sie auch dafür eine Erklärung?«

Er schluckte schwer und schüttelte hastig den Kopf. »Dann denken Sie mal darüber nach«, sagte ich. »Denken Sie darüber nach und sprechen Sie mit den anderen darüber. Sagen Sie ihnen, ich hätte gesagt, daß der alte Bull einen Herzanfall erlitten hat und daß Howard Matterson und Jimmy Waystrand ihnen ein Märchen aufgebunden haben. Da wir von Jimmy reden. Ich halte nicht viel von einem Mann, der seinen Vater zusammenschlägt. Oder Sie vielleicht?«

Blunts Kopf bewegte sich zur Seite.

»Also das hat er getan, Charlie. Zum Beweis, daß ich die Wahrheit sage, brauchen Sie nur Matthew Waystrand zu fragen. Seine Hütte liegt nicht weit von hier – nicht so weit entfernt, daß einer, der die Wahrheit wissen will, nicht hingehen könnte. Sprechen Sie auch darüber mit den anderen. Entscheiden Sie mit ihnen zusammen, wer hier in diesen abgelegenen Wäldern die Wahrheit sagt.«

Ich zog das Messer zurück. »Ich lasse Sie jetzt in Frieden gehen, Charlie. Ich werde Sie nicht einmal bewußtlos schlagen oder fesseln, um Sie daran zu hindern, die anderen wieder auf meine Spur zu setzen. Ich lasse Sie einfach, wie Sie sind, gehen, und wenn Sie ein lautes Geschrei veranstalten wollen, steht Ihnen das frei. Aber den anderen können Sie folgendes sagen: Sagen Sie ihnen, ich hätte es gehörig satt, davonzulaufen und nicht allzu hart zurückzuschlagen. Sagen Sie ihnen, daß ich langsam in eine mordlüsterne Stimmung komme. Sagen Sie ihnen, daß der nächste, den ich auf meiner Spur sehe, ein toter Mann ist. Ich glaube, Sie haben viel Glück gehabt, Charlie, daß ich mir Sie aussuche, diese Nachricht zu überbringen. Meinen Sie nicht auch?«

Er lag wortlos und ohne sich zu rühren da. Ich richtete mich auf und blickte auf ihn hinab. Ich sagte: »Das Töten fängt bei Ihnen an, Charlie, falls Sie irgend etwas riskieren sollten.«

Ich hob meine Flinte auf und verließ ihn, ohne mich noch einmal nach ihm umzusehen. Ich konnte seinen Blick auf meinem Rücken spüren und hatte dabei ein prickelndes Gefühl, weil ich nicht wußte, was er tun würde. Er konnte gerade in diesem Augenblick mit seinem Gewehr auf meinen Rücken zielen, und es kostete mich meine ganze Willenskraft, nicht unbeherrscht davonzurennen.

Doch man muß manchmal auf die Vernunft seiner Mitmenschen setzen. Ich hatte die Überzeugung gewonnen, daß nackte, brutale Gewalt mich nicht aus dieser Klemme befreien konnte, daß sie nur Gewalt als Antwort auslösen würde. Ich hoffte, daß ich in den Verstand eines meiner Verfolger den Keim des Zweifels gelegt hatte, den »angemessenen Zweifel«, den zu berücksichtigen von jeder Jury verlangt wird.

Ich wanderte bergauf, bis ich außerhalb seiner Schußweite war, und die Spannung fiel plötzlich von mir ab. Endlich drehte ich mich um und blickte zurück. Weit unten am Abhang stand Blunt, eine winzige Gestalt, die zu mir heraufblickte. In seinen Händen war kein Gewehr, und er machte weder eine Bewegung für noch gegen mich. Ich winkte ihm zu, und nach einem langen Zögern winkte er zurück. Ich wanderte weiter, die Anhöhe hinauf und über sie hinüber.

Das Wetter klärte sich wieder auf. Zwar hatte ich Howards magischen Zirkel durchbrochen, doch zweifelte ich nicht, daß sie wieder hinter mir herjagen würden. Zu glauben, daß ein Mann wie Blunt einen anhaltenden Einfluß ausüben könne, hätte bedeutet, daß ich mir selbst etwas weismachte, aber wenigstens hatte ich einen zeitweiligen Aufschub gewonnen. Als ich nach einem ganzen Tag niemand hörte und niemand sah, riskierte ich es, ein Reh zu schießen in der Hoffnung, daß niemand in der Nähe wäre, der den Schuß vernähme.

Ich weidete es aus, und da ich ausgehungert nach Fleisch war, machte ich ein kleines Feuer, um die Leber zu rösten, die am schnellsten gar wird und am leichtesten zu verdauen ist. Dann vierteilte ich das Tier, briet am offenen Feuer schmale Streifen Fleisch und stopfte sie halb roh in meinen Rucksack. Ich blieb nicht lange an dieser Stelle, versteckte den Rest des Kadavers aber und zog weiter in der Befürchtung, daß ich entdeckt worden war. Doch niemand kam mir nach.

Für diese Nacht schlug ich am Ufer eines Baches ein Lager auf, etwas, das ich seit Beginn der Jagd auf mich nie getan hatte. Es war die natürlichste Sache der Welt, aber aus Furcht hatte ich nie etwas Natürliches getan. Jedoch hatte ich es satt, mich unnatürlich zu verhalten, und es war mir langsam verdammt gleichgültig geworden, was geschah. Vermutlich forderte die Anstrengung ihren Preis, und vielleicht stand ich kurz davor, aufzugeben. Alles was ich wollte, war eine Nacht lang ruhigen Schlaf, und dazu war ich entschlossen, auf die Gefahr hin, mitten in der Nacht geweckt zu werden und in die Mündung eines Gewehrs zu blicken.

Ich schnitt Tannenzweige für mein Lager, was ich sonst unterlassen hatte, weil es Anzeichen hinterließ, die die Männer auf meine Spur brachten, und entzündete sogar ein Feuer, gleichgültig gegenüber der Gefahr, daß es bemerkt werden konnte. Ich ging nicht so weit, daß ich mich auszog, ehe ich mich niederlegte, aber ich breitete meine Decken aus, und als ich von Fleisch gesättigt, den Kaffeetopf in Reichweite, vor dem Feuer lag, sah alles so behaglich aus wie während der meisten meiner Lager in besseren Zeiten.

Ich hatte mein Lager frühzeitig aufgeschlagen, da ich vom ständigen Marschieren bis auf das Mark erschöpft war, und bei Einbruch der Dämmerung stand ich kurz vor dem Einschlafen. In meiner Schlaftrunkenheit nahm ich das Dröhnen eines Motors wahr und das Schwirren der Rotorflügel, die über mir die Luft durchschnitten, und stachelte mich selbst auf, bis ich hellwach war. Da war wieder dieser verfluchte Hubschrauber, der nach wie vor Jagd auf mich machte. Sie mußten den Schein des Feuers entdeckt haben. Seine Flammen mußten sich im Dunkel des Waldes wie ein Leuchtturm abheben.

Ich glaube, daß ich vor Verzweiflung stöhnte, aber ich regte meine widerspenstigen Glieder und erhob mich auf die Füße, als der Lärm plötzlich im Norden erstarb. Ich reckte mich und sah mich in meinem Lager um. Es war ein Jammer, daß ich es aufgeben und wieder auf die Flucht gehen sollte, aber allem Anschein nach mußte es sein. Dann überlegte ich es mir noch einmal. Warum mußte ich denn fliehen? Warum sollte ich nicht hier an dieser Stelle bleiben und es auskämpfen?

Das war doch kein Grund, mich wie ein brütender Vogel überraschen zu lassen, deshalb entwickelte ich einen groben Schlachtplan. Ich brauchte nicht lange, um einen Baumstamm zu finden, der annähernd meine Größe hatte, und ihn unter die Decken zu legen, und als ich damit fertig war, ähnelte er stark einem schlafenden Menschen. Um die Illusion zu erhöhen, befestigte ich eine Angelschnur an dem Stamm, so daß ich ihn aus der Ferne bewegen und ihm das Aussehen eines Mannes geben konnte, der sich im Schlaf regt. Ich fand einen geeigneten Platz, wo ich mich hinter einem Stumpf verbergen konnte, und erprobte es. Selbst ich wäre darauf hereingefallen, wenn ich den Trick nicht gekannt hätte.

Wenn in dieser Nacht etwas entschieden werden sollte, dann

brauchte ich reichlich Licht, deshalb schürte ich das Feuer, bis es hoch aufloderte – und beinahe wäre ich dabei überrascht worden. Nur an einem knackenden Zweig in der Ferne erkannte ich, daß ich viel weniger Zeit zur Verfügung hatte, als ich dachte. Ich duckte mich in mein Versteck und überprüfte das Gewehr, sah nach, daß es geladen war und ich Reservepatronen bereit hatte. Ich lag ziemlich dicht bei dem Feuer, darum rieb ich den Lauf mit feuchter Erde ein, damit er nicht im Lichtschein glänzte, legte dann das Gewehr so vor mich hin, daß ich bequem danach greifen konnte.

Die Plötzlichkeit des bevorstehenden Überfalls konnte zweierlei bedeuten. Entweder klärte der Hubschrauber unmittelbar vor der Hauptstreitmacht auf, oder er hatte eine einzige Ladung abgesetzt – und das bedeutete, es waren nicht mehr als vier. Sie hatten bereits erlebt, was passierte, wenn sie eine derartige Dummheit begingen, und ich fragte mich, ob sie es wirklich noch einmal riskieren wollten.

Wieder knackte im Wald ein Zweig, diesmal sehr viel näher, und ich spannte meine Sinne an, spähte nach allen Seiten und versuchte zu erraten, aus welcher Richtung der Angriff erfolgen würde. Nur weil im Westen ein Zweig knackte, war noch nicht bewiesen, daß nicht ein gerissener Bursche von Osten kam – oder vielleicht von Süden. Das Haar im Nacken sträubte sich mir. Ich befand mich im Süden, und womöglich stand jemand unmittelbar hinter mir, bereit, mir das Gehirn auszublasen. Es war nicht besonders gescheit von mir gewesen, mich flach auf den Bauch zu legen – das war eine Stellung, aus der man sich schlecht bewegen konnte, aber es war auch die einzige Position, in der ich nahe bei dem Lager bleiben konnte, ohne wie das schwarze Schaf in der Herde aufzufallen.

Ich wollte gerade einen vorsichtigen Blick hinter mich werfen, als ich aus dem Augenwinkel jemand – oder etwas – wahrnahm, das sich bewegte, und ich erstarrte regungslos. Die Gestalt trat in den Lichtschein, und ich hielt den Atem an, als ich Howard Matterson erkannte. Endlich hatte ich den Fuchs aus dem Bau gelockt.

Er kam näher, als ob er auf Eiern tanzte, und beugte sich über meine Traglast. Es konnte ihm nicht schwerfallen, sie zu identifizieren, denn sie trug auf dem Rücken in großen Druckbuchstaben meinen Namen. Vorsichtig faßte ich nach der losen Angelleine und zog daran. Der Baumstamm rollte etwas, und Howard richtete sich schnell auf.

Im nächsten Augenblick legte er das Gewehr, das er schußbereit in den Händen hielt, an die Schulter, und das Dunkel der Nacht wurde von dem Aufblitzen und Krachen zerrissen, als er vier Ladungen aus seiner Flinte aus einer Entfernung von weniger als drei Metern in die Decke jagte, so schnell wie das Schloß seiner Waffe repetierte.

Ich zuckte zusammen und brach in Schweiß aus. Jetzt hatte ich alle Beweise, die ich brauchte, daß Howard mich auf die denkbar schlimmste Weise beseitigen wollte. Er setzte seinen Fuß auf die Decke, trat darauf und stieß mit der Fußspitze gegen den Baumstamm. Ich brüllte: »Howard, du Schuft. Ich habe dich im Visier. Laß das Gewehr . . .«

Ich kam nicht zu Ende, denn Howard fuhr herum, drückte noch einmal ab, und das grelle Mündungsfeuer vor dem dunklen Hintergrund des Waldes blendete meine Augen. Jemand schrie auf, gurgelte gräßlich, und ein Körper stürzte zu Boden und rollte vor. Ich hatte recht damit gehabt, daß ein gerissener Bursche sich mir von hinten genähert hatte. Jimmy Waystrand konnte keine drei Schritte von mir entfernt gestanden haben, und Howard hatte zu verdammt schnell abgedrückt. Der junge Jimmy hatte eine Ladung in den Bauch bekommen.

Ich sprang auf und feuerte einen Schuß auf Howard ab, doch meine Augen waren von dem Aufblitzen seiner Schüsse noch geblendet, und ich verfehlte ihn. Howard sah ungläubig zu mir herüber und schoß blindlings in meine Richtung, hatte aber vergessen, daß seine automatische Flinte nur fünf Patronen aufnahm, und alles, was erfolgte, war ein trockenes Schnappen des Hammers.

Ich muß sagen, er war schnell. Mit einem Sprung hatte er den Lichtschein des Feuers in einer unerwarteten Richtung verlassen, und ich hörte das Plätschern, als er durch den Bach watete. Ich jagte noch einen Schuß in die Dunkelheit und mußte ihn wieder verfehlt haben, denn ich hörte ihn durch das Unterholz am anderen Ufer brechen, und nach und nach wurden die Geräusche leiser.

Ich kniete neben Jimmy nieder. Er war so tot, wie ein Mann nur sein konnte, und ich habe einige Tote gesehen. Howards Gewehr mußte mit diesen verfluchten Brennecker-Geschossen geladen sein, und Jimmy hatte eines mitten in den Leib bekommen. Es hatte seinen Körper glatt durchschlagen und ihm hinten die Wirbelsäule fortgerissen, und der Boden war von seinen Eingeweiden bespritzt.

Schwankend erhob ich mich, ging zwei Schritte fort und übergab mich. All das gute Fleisch, das ich gegessen hatte, kam wieder hoch und beschmutzte genau wie Jimmy Waystrands Gedärm den Waldboden. Ich zitterte und bebte fünf Minuten wie ein Mann mit Schüttelfrost und gewann schließlich meine Fassung wieder. Ich nahm die Flinte und lud sie bedachtsam mit Brennecker-Patronen nach, denn Howard verdiente nur das Beste. Dann nahm ich seine Spur auf.

Es fiel mir nicht schwer, ihm zu folgen. Ein kurzes An- und Ausschalten der Taschenlampe zeigte schlammige Fußspuren und niedergetretenes Gras, aber das machte mich nachdenklich. Er besaß noch seine Waffe und hatte sie vermutlich mit fünf Patronen neu geladen. Wenn ich ihm nur mit Hilfe der Taschenlampe folgen konnte, stand ich im Begriff, mir den Kopf abreißen zu lassen. Dabei spielte es keine Rolle, wieviel besser ich mich in einer dunklen Nacht wie dieser in den Wäldern zurechtfand. Wenn ich ein Licht benutzte, brauchte er sich nur zu verbergen und sich ruhig zu verhalten, bis ich ihm sein Ziel bequem beleuchtete. Das war der sichere Tod.

Ich blieb stehen und überlegte wieder. Ich hatte nicht richtig nachgedacht, seit Howard seine vier Schüsse in den Baumstamm gejagt hatte. Es war alles so schnell gegangen. Ich schaltete mein Gehirn auf den langsamen Gang um und ließ es wieder arbeiten. Außer Howard konnte niemand weiter da sein, sonst wäre ich bei meinem Lager festgenagelt worden, während ich mich über die Leiche von Jimmy Waystrand gebeugt und nachher zitternd herumgestanden hatte. Die beiden mußten allein mit dem Hubschrauber gekommen sein, und die Maschine mußte in nicht allzu weiter Entfernung warten.

Ich hatte das Dröhnen des Flugzeugs im Norden ganz plötzlich verklingen hören, und dort mußte es folglich gelandet sein. Nicht sehr weit nördlich befand sich eine Stelle, wo der Boden sehr dünn war, nicht mehr als eine Haut auf gewachsenem Fels. Dort wuchsen keine Bäume, und dort war für den Schwirrvogel reichlich Platz zum Landen vorhanden. Howard war in westlicher Richtung geflüchtet, und ich vermutete, daß er kein besonders guter Waldläufer war. Damit bestand für mich die Chance, daß ich den Hubschrauber als erster erreichen konnte.

Ich ließ von seiner Fährte ab und kam unbehindert durch die Traglast schnell vorwärts. Annähernd vierzehn Tage lang hatte ich diese Last unaufhörlich Meile für Meile mitgeschleppt, und als sie jetzt fehlte, empfand ich ein Gefühl der Freiheit und Leichtigkeit. Damit, daß ich sie zurückließ, ging ich ein Risiko ein, denn wenn ich sie verlor, war es um mich geschehen – für mich bestand keine Hoffnung, ohne meine Ausrüstung in den Wäldern zu überleben. Aber ich hatte das verwegene Gefühl, daß jetzt der Zeitpunkt gekommen war, bei dem es auf Biegen oder Brechen ging: entweder ging ich aus dieser Nacht siegreich hervor, oder ich wurde von Howard geschlagen – und Niederlage bedeutete ein Geschoß ins Gedärm genau wie Jimmy Waystrand, denn das war die einzige Möglichkeit, durch die er mich aufhalten konnte.

Ich bewegte mich schnell und leise vorwärts, hielt hin und wieder an, um zu lauschen. Von Howard vernahm ich nichts, aber ziemlich bald hörte ich das Zischen, mit dem die Rotorflügel die Luft durchschnitten, und erkannte daran, daß der Hubschrauber sich nicht nur an der Stelle befand, an der ich ihn vermutete, sondern auch, daß der Pilot nervös und zu einem schnellen Start bereit war. Ich nahm an, daß er den Motor angelassen hatte, als er die Schüsse bei meinem Lager hörte.

Gesunden Prinzipien folgend beschrieb ich einen Kreis, um mich dem Hubschrauber von der entgegengesetzten Seite zu nähern, ehe ich offenes Gelände betrat, und als ich meine Deckung verließ, ging ich geduckt vor. Das Geräusch war laut genug, daß ich mich unhörbar nähern konnte, und ich kam von hinten an den Piloten heran, der aufrecht stand, nach Süden blickte und darauf wartete, daß etwas geschah.

Es geschah etwas. Ich drückte ihm die Mündung der Flinte gegen die Rippen, und er sprang einen Fuß hoch. »Immer mit der Ruhe«, warnte ich. »Hier ist Boyd. Sie wissen doch, wer ich bin?«

»Ja«, antwortete er nervös.

»Ganz richtig«, bestätigte ich. »Wir haben uns schon kennengelernt – vor annähernd zwei Jahren. Beim letzten Flug brachten Sie mich aus dem Kinoxi Valley nach Fort Farrell zurück. Und das werden Sie jetzt wieder tun.«

Ich bohrte ihm das Gewehr mit kräftigerem Druck gegen die Rippen. »Jetzt gehen Sie sechs Schritte vor und drehen sich nicht um, ehe ich es Ihnen sage. Sie sind ja wohl gescheit genug, keine Dummheiten zu riskieren.«

Ich beobachtete ihn, wie er vorging und dann stehenblieb. Er hätte mir leicht entkommen können, denn er war nichts als ein dunklerer Schatten in der Dunkelheit dieser mondlosen, wolkigen Nacht, aber er mußte zuviel Angst gehabt haben. Ich glaube, daß mein Ruf sich herumgesprochen hatte. Ich kletterte in den Passagiersitz und befahl dann: »Los, steigen Sie ein.«

Er kletterte herauf und setzte sich steif auf den Pilotensitz. In beiläufigem Ton sagte ich: »Und jetzt: ich kann dieses Ding nicht fliegen, aber Sie können es. Sie werden nach Fort Farrell zurückfliegen, und Sie werden es sauber und ordentlich tun, ohne einen Trick zu versuchen.« Ich zog mein Jagdmesser und hob es hoch, so daß die Klinge im gedämpften Lichtschein vom Instrumentenbrett schimmerte. »Sie werden das auf dem ganzen Weg in den Rippen haben, wenn Sie also auf den Gedanken kommen, eine Bruchlandung zu machen, dann vergessen Sie nicht, daß Sie dann ebenso tot sein werden wie ich. Sie können ferner in Rechnung stellen, daß es mir im Augenblick nicht besonders wichtig ist, ob ich weiterlebe oder sterbe – doch Sie mögen in diesem Punkt anders denken als ich. Haben Sie verstanden?«

Er nickte. »Ja, ich habe verstanden. Ich werde keinen Trick versuchen, Boyd.«

Bösartig sagte ich: »Für Sie: Mr. Boyd. Und jetzt steigen Sie auf. Und sorgen Sie dafür, daß Sie in der richtigen Richtung fliegen.«

Er stellte an Hebeln und knipste an Schaltern, und der Ton des Motors wurde tiefer, und die Flügel rotierten schneller. Am Rand der Lichtung zuckte ein Blitz auf, und eine Plexiglasscheibe der Kabine zerbarst. Ich schrie: »Beeilen Sie sich, verdammt nochmal, ehe Howard Matterson Ihnen den Kopf abreißt.«

Der Hubschrauber fuhr plötzlich hoch wie ein erschreckter Grashüpfer. Howard feuerte einen weiteren Schuß ab, und irgendwo hinter mir gab es einen dumpfen Einschlag. Der Hubschrauber schwankte in der Luft, und dann schwirrten wir davon, mit dem dunklen Wogen der Tannenwipfel unmittelbar unter uns. Ich bemerkte, daß der Pilot tief Luft holte und sich auf seinem Sitz entspannte. Ich selbst fühlte mich noch etwas mehr erleichtert, als wir an Höhe gewannen und stetig nach Süden strebten.

Fliegen ist wundervoll. Ich hatte Fort Farrell zu Fuß verlassen, war davongerannt und beinahe zwei Wochen lang durch das Kinoxi Valley gehetzt worden, und in dieser wunderbaren Maschine flogen wir gerade durch das Tal hinab und befanden uns nach genau fünfzehn Minuten über dem Damm, von wo wir noch weitere vierzig Meilen – also etwa eine halbe Stunde – vor uns hatten. Ich spürte, wie die Spannung von mir wich, erhielt sie dann aber bewußt aufrecht, für den Fall, daß der verängstigte Mann neben mir doch genügend Nerven aufbringen sollte, um eigenwillig zu werden.

Bald schon sah ich die Lichter von Fort Farrell vor uns. »Bull Matterson müßte bei seinem Haus einen Landeplatz haben – stimmt das?« fragte ich.

»Ja. Unmittelbar neben dem Haus.«

»Dort landen Sie«, befahl ich.

Wir überflogen Fort Farrell und das Wohngebiet Lakeside der Oberschicht von Fort Farrell, und plötzlich befanden wir uns über der dunklen Masse von Mattersons phantastischem Château und setzten neben ihr auf. Als der Hubschrauber stand, sagte ich: »Stellen Sie den Motor ab.«

Die Stille war eindrucksvoll, nachdem der Rotor zum Stillstand gekommen war. »Kommt im allgemeinen jemand heraus, um Sie zu empfangen?« fragte ich.

»Nachts nicht.«

Das war mir recht. »Sie bleiben hier und warten«, befahl ich. »Sollten Sie nicht mehr hier sein, wenn ich zurückkomme, dann werde ich eines Tages nach Ihnen suchen – und Sie werden wissen, weshalb, oder nicht?«

Die Stimme des Piloten zitterte. »Ich warte hier, Mr. Boyd.« Als Mann taugte er nicht viel.

Ich sprang auf den Boden, steckte das Messer fort und ergriff die Flinte. Dann ging ich auf das Haus zu, das dunkel vor dem Himmel aufragte. Ein paar Lichter waren zu sehen, aber nicht viele, und ich vermutete, daß die meisten der Bewohner schliefen. Ich wußte nicht, wieviel Personal benötigt wurde, um das Haus in Ordnung zu halten, glaubte aber, daß zu dieser Nachtstunde nicht sehr viele wach sein würden.

Ich beabsichtigte, durch die Vordertür hineinzugehen, weil das der einzige Weg war, den ich kannte, und schlich mich auf sie zu, als sie aufging und ein Lichtschein auf die Stufen vor dem Haus fiel. Ich suchte Deckung in einem Gebäude, das sich als Garage erwies, und lauschte gespannt auf das, was vorging.

Ein Mann sagte: »Vergessen Sie nicht, daß er unbedingt Ruhe haben muß.«

»Ja, Doktor«, antwortete eine Frau.

»Falls sich sein Befinden verschlechtert, rufen Sie mich sofort an.« Eine Wagentür schlug zu. »Ich bin die ganze Nacht zu Hause.« Ein Motor sprang an, und Scheinwerfer leuchteten auf. Der Wagen beschrieb einen Bogen, und für einen Augenblick beleuchteten seine Lichtkegel das Innere der Garage, dann fuhr er über die Auffahrt davon. Die Vordertür des Hauses wurde leise geschlossen, und danach war alles wieder still und dunkel.

Ich wartete eine Weile, um die Frau zur Ruhe kommen zu lassen, und benutzte die Zeit, um die Garage zu erforschen. Bei dem kurzen Aufleuchten meiner Taschenlampe erwiesen sich die Mattersons dem Anschein nach als eine Familie mit zehn Wagen. Da waren Mrs. Athertons großer Continental, Bull Mattersons Bentley, einige handelsübliche Pontiacs und ein schnittiger Aston Martin Sportwagen. Ich ließ den Lichtstrahl weiter nach hinten in die Garage fallen und hielt ihn auf einen Chevy gerichtet – es war McDougalls abgeklapperter Wagen. Und daneben stand Clares Kombi!

Ich schluckte plötzlich und fragte mich: Wo ist Clare – und der alte Mac.

Hier vergeudete ich Zeit. Deshalb verließ ich die Garage, ging kühn auf die Haustür zu und stieß sie auf. Die große Halle war schwach beleuchtet, und auf Fußspitzen schlich ich die breite geschwungene Treppe hinauf zum Arbeitszimmer des alten Mannes. Ich fand, ich sollte dort ruhig anfangen – es war der einzige Raum im Haus, den ich kannte.

Jemand hielt sich darin auf. Die Tür war angelehnt, und Licht strömte auf den schwach beleuchteten Korridor hinaus. Ich spähte hinein und sah Lucy Atherton, die in den Schubladen von Bull Mattersons Schreibtisch wühlte. Sie warf achtlos Papiere um sich, die sich auf dem Boden schon wie eine Schneewehe angehäuft hatten. Für den Anfang war sie eine sehr geeignete Person, darum drückte ich die Tür auf und hatte den Raum durchquert, noch ehe sie mich bemerkte.

Ich kam um den Schreibtisch herum, packte sie von hinten, legte ihr den Arm mit der Ellenbogenbeuge um den Hals und drückte ihr die Luft ab. »Keinen Ton«, warnte ich leise und ließ die Flinte auf den weichen Teppich fallen. Sie gurgelte, als sie die spitze Klinge meines Messers vor Augen sah. »Wo ist der alte Mann?«

Ich lockerte meinen Griff etwas, damit sie genug Luft zum Sprechen hatte, und sie flüsterte durch ihre schmerzende Kehle: »Er ist . . . krank.«

Ich brachte die Spitze des Messers näher an ihr rechtes Auge – nicht weiter als ein Zoll von ihrem Augapfel entfernt. »Ich frage nicht noch einmal.«

»Im . . . Schlafzimmer.«

»Wo ist das? Egal. Zeigen Sie mir den Weg.« Ich steckte das Messer in die Scheide zurück, zerrte sie mit mir nach unten, als ich mich bückte, um die Flinte aufzuheben. »Ich bringe Sie um, wenn Sie nur einen Laut von sich geben, Lucy«, warnte ich. »Ich habe von Ihrer verfluchten Familie genug ausgehalten. Wo ist das Schlafzimmer?«

Ich hielt sie nach wie vor in dem Würgegriff und spürte das Zittern ihres mageren Körpers an meinem, während ich sie vor mir her aus dem Arbeitszimmer schob. Sie wedelte mit einem Arm wild in Richtung auf eine Tür, darum sagte ich: »Sehr schön. Legen Sie jetzt Ihre Hand auf die Klinke und öffnen Sie.«

Sobald ich sah, daß sie die Klinke heruntergedrückt hatte, trat ich sie mit dem Fuß auf und stieß Lucy hindurch. Sie fiel auf die Knie und stürzte dann der Länge nach auf den dicken Teppich. Ich folgte ihr schnell, schloß die Tür hinter mir und hob das Gewehr schußbereit, auf alles gefaßt.

Alles erwies sich als eine Nachtschwester in einem ordentlichen weißen Kittel, die mich aus aufgerissenen Augen anstarrte. Ich beachtete sie nicht weiter und sah mich in dem Zimmer um. Es war groß und düster, hatte dunkle Portieren, und im tiefen Schatten stand ein Bett. Der Himmel helfe mir, es war ein Himmelbett mit vier gedrechselten Pfosten und Portieren in der gleichen Farbe wie die an den Fenstern, aber sie waren aufgezogen.

Die Krankenschwester zitterte, aber sie war tapfer. Sie richtete sich auf und fragte streng: »Wer sind Sie?«

»Wo ist Bull Matterson?« entgegnete ich.

Lucy Atherton erhob sich auf die Knie, deshalb setzte ich ihr einen Fuß auf den Rumpf und stieß sie wieder zurück. Die Pflegerin zitterte stärker. »Sie dürfen Mr. Matterson nicht stören. Er ist sehr krank.« Sie senkte die Stimme. »Er . . . liegt im Sterben.«

Eine krächzende Stimme fragte vom Bett her: »Wer stirbt? Ich habe das gehört, junge Frau, aber Sie reden Unsinn.«

Die Pflegerin wendete sich von mir halb ab und dem Bett zu. »Sie müssen sich ruhig verhalten, Mr. Matterson.« Sie drehte den Kopf wieder, und ihre Augen flehten mich an. »Gehen Sie, bitte.«

Matterson fragte: »Sind Sie das, Boyd?«

»Ich bin hier.«

Seine Stimme nahm einen sardonischen Ton an. »Ich dachte mir schon, daß Sie kommen würden. Was hat Sie aufgehalten?« Ich wollte es ihm erklären, als er gereizt sagte: »Warum werde ich im Dunkeln gehalten? Schalten Sie hier das Licht ein, junge Frau.«

»Aber Mr. Matterson. Der Arzt . . .«

»Verdammt, tun Sie, was ich sage. Sie wissen genau, was passiert, wenn Sie mich aufregen. Machen Sie Licht.«

Die Pflegerin trat neben das Bett und drehte einen Schalter. Eine Nachttischlampe beleuchtete die ausgemergelte Gestalt in dem großen Bett. Matterson sagte: »Kommen Sie näher, Boyd.«

Ich riß Lucy vom Boden hoch und schob sie vor mir her. Matterson lachte verhalten. »Sieh da, sieh da. Das ist doch Lucy. Kommst du auch endlich deinen Vater besuchen? Und nun, Boyd? Was haben Sie zu sagen? Für eine Erpressung ist es wohl reichlich spät.«

Ich sagte zu der Pflegerin: »Passen Sie mal auf: Machen Sie keine Bewegung, um das Zimmer zu verlassen – und verhalten Sie sich mäuschenstill.«

»Ich lasse meinen Patienten nicht im Stich«, erklärte sie mit steifer Würde.

Ich lächelte ihr zu. »Dann ist es gut.«

»Was soll all dieses Flüstern?« fragte Matterson ungehalten.

Ich trat neben das Bett, ohne meinen harten Griff an Lucys Arm zu lockern. »Howard ist oben im Kinoxi Valley vollständig verrückt geworden«, sagte ich. »Er hat Ihre Holzfäller zu einer Lynch-Party aufgehetzt – hat sie mit dem Märchen aus dem Häuschen gebracht, daß ich Sie niedergeschlagen hätte. Fast zwei Wochen lang haben sie mich durch die Wälder gejagt. Und das ist noch nicht alles. Howard hat einen Menschen getötet. Er ist reif für den Galgen.«

Matterson sah mich ausdruckslos an. Er war in zwei Wochen um zehn Jahre gealtert, seine Wangen waren eingefallen, und sein Schädel wurde von der straff gespannten, wächsernen Haut scharf umrissen. Seine Lippen schimmerten bläulich, und die Haut um seinen Hals bildete Falten. Aber in seinen Augen lebte noch die gleiche scharfe Intelligenz. Tonlos fragte er: »Wen hat er getötet?«

»Einen Mann namens Jimmy Waystrand. Er hatte nicht die Absicht gehabt, Waystrand zu töten – er glaubte, er würde auf mich schießen.«

»Ist das der Mann, den ich oben am Damm gesehen habe?«

»Das ist er.« Ich ließ eine der Patronen auf Mattersons Brust fallen. »Mit einer von dieser Sorte hat er geschossen.«

Matterson griff mit seiner ausgedörrten Hand nach der Patrone, und ich schob sie ihm zwischen die Finger.

Er hob sie vor seine Augen und sagte: »Ja, ein sehr wirksames Mittel, um zu töten.« Die Patrone fiel ihm aus der Hand. »Ich kannte seinen Vater. Matthew ist ein guter Mann – ich habe ihn jahrelang nicht mehr gesehen.« Er schloß die Augen, und ich sah, wie eine Trane zwischen seinen Lidern hervorquoll und auf seine Wange rann. »Dann hat Howard es also wieder getan. Aah, ich hätte wissen müssen, daß es wieder geschehen würde.«

»Wieder?« fragte ich eindringlich. »Mr. Matterson, hat Howard John Trinavant und seine Familie ermordet?«

Er öffnete die Augen und blickte mich an. »Wer sind Sie, mein Sohn? Sind Sie Grant – oder sind Sie John Trinavants Junge? Ich muß es erfahren.«

Ich schüttelte nüchtern den Kopf. »Ich weiß es nicht, Mr. Matterson. Ich weiß es wirklich nicht. Ich habe mein Gedächtnis bei dem Unfall verloren.«

Er nickte schwach. »Ich dachte, daß Sie wiederkommen würden.« Er schwieg, und sein Atem ging röchelnd durch seine Kehle. »Sie waren so verbrannt ... verkohlte Haut und rohes Fleisch ... ich wußte es nicht. Gott helfe mir!« Seine Augen starrten in die weite Ferne der Vergangenheit und auf die Schrecken des Unfalls an der Straße nach Edmonton. »Ich ging bei der Identifizierung der Toten ein Risiko ein ... es geschah nur zum Besten«, sagte er tonlos.

Zu wessen Bestem? dachte ich erbittert, ließ aber keine Bitterkeit in meiner Stimme mitklingen, als ich gefaßt fragte: »Wer hat John Trinavant getötet, Mr. Matterson?«

Langsam hob er seine ausgezehrte Hand und deutete mit zitterndem Finger auf Lucy Atherton. »Sie – sie und ihr satanischer Bruder.«

12

Lucy entwand ihren Arm meinem Griff und rannte durch das Zimmer zur Tür. So krank er auch war, der alte Bull legte seine ganze Energie in einen Befehl, der scharf wie ein Peitschenschlag knallte: »Lucy!«

Mitten im Zimmer blieb sie wie angewurzelt stehen. Matterson fragte eisig: »Was haben Sie in dem Gewehr geladen?«

»Brennecker«, antwortete ich.

Seine Stimme wurde noch kälter. »Sie haben meine Erlaubnis, ein Geschoß durch sie hindurchzujagen, wenn sie auch nur noch einen Schritt macht. Hast du gehört, Lucy? Ich hätte es selbst vor zwölf Jahren tun sollen.«

»Ich fand sie in Ihrem Arbeitszimmer, wie sie in Ihrem Schreibtisch wühlte. Wahrscheinlich suchte sie nach Ihrem Testament.«

»Es ist schon so«, sagte der alte Mann sardonisch. »Ich habe eine Teufelsbrut gezeugt.« Er hob die Hand. »Junge Frau, schließen Sie das Telefon hier an diese Dose an.«

Die Pflegerin fuhr erschrocken zusammen, als sie sich unmittelbar angesprochen hörte. Alles das, was vorgegangen war, ging über ihren Horizont. Ich drängte: »Tun Sie, was Ihnen gesagt wird – und machen Sie schnell.« Sie brachte das Telefon herüber und stöpselte es neben dem Bett ein. Als sie zurückging, fragte ich sie im Vorbeigehen: »Haben Sie etwas zum Schreiben bei sich?«

»Eine Feder? Ja, ich habe eine.«

»Dann notieren Sie sich besser alles, was gesagt wird. Es könnte sein, daß Sie es vor Gericht wiederholen müssen.«

Matterson kam mit dem Telefon nicht zurecht und gab es auf. Er sagte: »Verbinden Sie mich mit Gibbons in der Polizeistation.« Er nannte mir die Nummer, und ich wählte und hielt ihm dann den Hörer ans Ohr. Es folgte eine Pause, ehe er sagte: »Gibbons, hier ist Matterson . . . Meine Gesundheit geht Sie überhaupt nichts an. Passen Sie auf: kommen Sie sofort in mein Haus . . . es geht um einen Mord.« Sein Kopf sank wieder in die Kissen, und ich legte den Hörer zurück.

Ich hielt das Gewehr auf Lucys Genick gerichtet. Mit weißem Gesicht und unnatürlich ruhig stand sie mit schlaff herunterhängenden Armen da. Alle paar Sekunden zuckte auf ihrer rechten Wange ein Tick. Schließlich begann Matterson mit sehr leiser Stimme zu sprechen, und ich winkte der Pflegerin, näherzukommen, damit sie verstand, was er sagte. Sie hatte eine Füllfeder und ein Notizbuch und schrieb in Langschrift mit, doch da Bull nicht sehr schnell sprach, hatte sie genügend Zeit, alles zu notieren.

»Howard war neidisch auf Frank«, sagte der alte Mann leise. »Der junge Frank war ein guter Junge und besaß alles – Verstand, Kraft, Beliebtheit – alles, was Howard fehlte. Er bekam auf dem College gute Noten, während Howard seine Prüfungen verpatzte. Er fand Anschluß bei all den Mädchen, die für Howard nicht einen Blick übrig hatten, und es sah so aus, als ob er der Mann sein würde, der das Geschäft übernähme, wenn der alte John und ich nicht mehr im Rennen waren, während Howard wußte, daß er nicht einmal in Erwägung gezogen werden würde – daß John Trinavant seinen Sohn gegenüber Howard bevorzugen würde, denn es ging darum, daß der Beste den Posten bekam. Und Howard wußte, daß auch ich, falls mir die Entscheidung überlassen werden sollte, Frank Trinavant wählen würde.«

Er seufzte. »Deshalb ermordete Howard Frank – und nicht nur Frank. Er ermordete John und seine Frau auch. Er war erst dreiundzwanzig und war schon ein dreifacher Mörder.« Matterson machte eine vage Geste. »Ich glaube nicht, daß die Idee von ihm stammte. Ich glaube, sie kam von ihr. Howard hätte nie den Mumm besessen, etwas Derartiges von sich aus zu unternehmen. Ich nehme an, daß Lucy ihn dazu aufgestachelt hatte.« Er drehte den Kopf und blickte sie an. »Howard ähnelte mir etwas – nicht sehr viel, aber etwas doch. Sie schlug ihrer Mutter nach.«

Er wandte sich wieder zu mir. »Wußten Sie, daß meine Frau in einem Irrenhaus Selbstmord begangen hat?«

Ich schüttelte den Kopf und empfand Mitgefühl für ihn. Er sprach von seinem Sohn und seiner Tochter in der Vergangenheitsform, als ob sie bereits tot wären.

»Ja«, sagte er mit einem schweren Seufzer, »ich halte Lucy für wahnsinnig – für so völlig wahnsinnig, wie ihre Mutter bei ihrem Ende gewesen ist. Sie erkannte, daß Howard vor einem Problem stand, und sie löste es für ihn auf ihre Weise – die wahnsinnige Weise. Der junge Frank war für Howard ein Hindernis. Was war einfacher, als ihn zu beseitigen? Die Tatsache, daß der alte John und seine Frau dabei getötet wurden, war ein zufälliges Nebenergebnis, eine Geringfügigkeit ohne besondere Bedeutung. John war nicht das Ziel – das war Frank!«

Ich empfand einen Schauder in dem großen warmen, zentralgeheizten Raum – den Schauder des Entsetzens, als ich zu Lucy Atherton hinübersah, die mit leerem Gesicht dastand, als wäre sie von dem, worüber gesprochen wurde, nicht im geringsten betroffen. Es mußte auch »eine Geringfügigkeit ohne besondere Bedeutung« gewesen sein, daß sich ein Anhalter namens Grant gleichfalls in dem Wagen befunden hatte.

Matterson seufzte. »Lucy überredete Howard also dazu, und vermutlich ist ihr das nicht sehr schwergefallen. Selbst als Junge war er schon schwach und hinterhältig. Sie liehen sich meinen Buick und folgten den Trinavants auf der Straße nach Edmonton und drängten sie vorsätzlich und mit kaltem Blut über jene Klippe ab. Ich wage zu behaupten, sie haben sich die Tatsache zunutze gemacht, daß John Trinavant meinen Wagen und die beiden kannte.«

Mit steifen Lippen fragte ich: »Wer hat den Wagen gesteuert?«

»Ich weiß es nicht. Keiner von beiden wollte es je verraten. Der Buick bekam auch einiges ab, und das konnten sie nicht vor mir verborgen halten. Ich zählte zwei und zwei zusammen, trieb Howard in die Enge und preßte es aus ihm heraus. Er fiel in sich zusammen wie ein nasser Sack.«

Für längere Zeit schwieg er, dann sagte er: »Was sollte ich tun? Sie waren meine Kinder!« In seiner Stimme lag ein Flehen um Verständnis. »Kann ein Mensch die eigenen Kinder des Mordes beschuldigen? Ich konnte es nicht. Dadurch wurde ich ihr Helfershelfer.« Jetzt lag eine tiefe Selbstverachtung in seinem Ton. »Ich deckte sie, Gott helfe mir, ich baute mit meinem Geld eine schützende Mauer um sie.«

»Haben Sie dem Krankenhaus das Geld für die Behandlung von Grant geschickt?« fragte ich leise.

»Ich wurde hin- und hergerissen – buchstäblich mittendurch«, antwortete er, »ich wollte keinen weiteren Toten auf mein Gewissen laden. Ja, ich habe das Geld geschickt, das war das wenigste, was ich tun konnte. Und ich wollte Sie im Auge behalten. Ich wußte, daß Sie Ihr Gedächtnis verloren hatten, und wurde von Todesängsten geplagt, daß Sie es wiedergewinnen könnten. Ich ließ Sie durch einen Privatdetektiv beobachten, aber irgendwie verlor er Ihre Spur. Das muß zu der Zeit gewesen sein, als Sie Ihren Namen änderten.« Seine Hände krallten sich Halt suchend in die Decke, als er in die düstere Vergangenheit blickte. »Und ich befürchtete, Sie würden in der Vergangenheit nachforschen, um sich dadurch selbst wiederzufinden. Dagegen mußte ich etwas unternehmen, und darum tat ich, was ich konnte. Ich mußte den Namen Trinavant auslöschen – er ist ein ausgefallener Name und bleibt einem im Gedächtnis haften. John und seine Familie waren die einzigen Trinavants, die in Kanada übriggeblieben waren – abgesehen von Clare –, und ich wußte, wenn Sie auf den Namen stießen, würden Sie neugierig werden, deshalb versuchte ich ihn auszulöschen. Was hat Sie darauf gebracht?«

»Der Trinavant Square«, antwortete ich.

»Ah ja.« Er lachte grimmig. »Das wollte ich auch ändern, aber ich konnte mich nicht gegen diese alte Hexe Davenant durchsetzen. Sie ist etwa der einzige Mensch in Fort Farrell, dem ich keine Angst einjagen konnte. Sie besitzt eigenes Vermögen«, erklärte er. »Jedenfalls baute ich das Unternehmen weiter aus. Gott allein weiß, wozu, aber damals erschien es mir sehr wichtig. Ohne John fühlte ich mich verloren – er war immer das Gehirn des Unternehmens –, doch dann bekam ich Donner zu fassen, und danach kamen wir sehr gut weiter.«

Er empfand kein Bedauern über die Art und Weise, wie er das getan hatte, sondern war nach wie vor ein harter, rücksichtsloser

Egoist, wenn auch ein ehrlicher Mensch, nach seinen Maßstäben, so unzureichend sie auch waren. Ich hörte ein Geräusch von draußen, das Geräusch eines schnell vorfahrenden Wagens, der auf Kies scharf bremst. Ich sah die Pflegerin an. »Haben Sie das alles mitbekommen?«

Sie blickte mit erschüttertem Gesicht zu mir auf. »Ja«, antwortete sie tonlos, »und ich wünschte, ich hätte nichts davon gehört.«

»Geradeso wie ich, Kind«, sagte Matterson. »Ich hätte die beiden schon vor zwölf Jahren mit meinen eigenen Händen umbringen sollen.« Er streckte eine Hand aus und zupfte mich am Ärmel. »Sie müssen Howard unschädlich machen. Ich kenne ihn. Er wird weitermorden, bis er vernichtet ist. Er verliert schnell den Kopf und begeht schreckliche Fehler. Er wird töten und töten, weil er glaubt, er könne einen Ausweg finden, und er wird nicht erkennen, daß er sich nur tiefer hineinbringt.«

»Ich meine, das sollte man Gibbons überlassen; er ist der dazu Berufene«, antwortete ich. Ich nickte der Pflegerin zu, als ein gedämpftes Klopfen durch das Haus hallte. »Lassen Sie ihn ein. Ich darf diese Frau nicht allein lassen.«

Ich beobachtete Lucy nach wie vor scharf, auf deren Gesicht es unentwegt krampfhaft zuckte. Als die Pflegerin gegangen war, sagte ich: »Los jetzt, Lucy, wo sind sie. Wo sind Clare Trinavant und McDougall?«

Eine kalte Furcht hatte mich gepackt. Ich hatte Angst um sie, befürchtete, daß diese wahnsinnige Frau sie umgebracht haben könnte. Matterson fragte finster: »Mein Gott, war das noch nicht alles?«

Ich gab ihm keine Antwort. »Lucy, wo sind sie?« Ich konnte kein Mitleid mit ihr empfinden und hatte keine Hemmungen, jedes Mittel anzuwenden, um sie zur Antwort zu zwingen. Ich zog das Jagdmesser. »Wenn Sie mir nicht antworten, Lucy, schlitze ich Ihnen den Leib auf wie einem Tier, das man ausweidet – aber Sie werden jeden Schnitt spüren.«

Der alte Mann sagte nichts, sondern atmete nur mühsamer. Lucy sah mich ausdruckslos an.

»Also gut, Lucy, Sie wollen es so.« Ich mußte es schnell hinter mich bringen, ehe Gibbons heraufkam. Er würde nicht zulassen, was ich beabsichtigte.

Lucy kicherte. Es war ein leises, idiotisches Kichern, das ihren ganzen Körper schüttelte und zu einem wahnwitzigen Meckern ausartete. »Ja, ja«, schrie sie mir entgegen. »Wir haben dieses scharfe Biest in den Keller gesperrt und den alten Narren dazu. Ich wollte beide umbringen, aber Howard ließ mich nicht, der verdammte Idiot.«

Gibbons hörte das. Er hatte die Tür geöffnet, als Lucy zu lachen begann, und sein Gesicht war bleich. Ich spürte, wie eine Welle der Erleichterung mich überflutete, und nickte Gibbons scharf zu.

»Hat die Pflegerin schon etwas gesagt?«

»Viel noch nicht.« Er schüttelte den Kopf. »Ich kann es nicht glauben.«

»Sie haben aber gehört, was sie hier eben gesagt hat. Sie hat Clare Trinavant und den alten McDougall in ein Verlies in diesem Mausoleum gesperrt. Legen Sie ihr lieber Handschellen an, aber seien Sie vorsichtig dabei – diese Frau ist zu einem Mord fähig.«

Ich wendete das Gewehr nicht von ihr ab, bis Gibbons sie sicher gefesselt hatte. Dann warf ich ihm die Waffe zu. »Die Pflegerin wird Ihnen alles erklären! Ich muß erst Clare und Mac finden.« Ich blickte auf den alten Matterson hinab. Er hatte die Augen geschlossen und schlief anscheinend friedlich. Ich sah die Pflegerin an. »Sie sollten sich um Ihren Patienten kümmern. Ich möchte nicht, daß ihm jetzt noch etwas widerfährt.«

Ich eilte hinaus und rannte die Treppe hinunter. In der Halle fand ich einen verstört aussehenden Mann in einem Morgenmantel. Er kam mit schlurfenden Schritten auf mich zu und fragte mit einem englischen Akzent: »Was soll all der Lärm? Warum ist die Polizei hier?«

»Wer sind Sie?« entgegnete ich.

Er richtete sich auf. »Ich bin Mr. Mattersons Butler.«

»Dann los, Jeeves, wo sind die Reserveschlüssel für den Keller?«

»Ich weiß nicht, wer Sie sind, Sir, und ich . . .«

»Es geht um ein Verbrechen«, unterbrach ich ungeduldig. »Die Schlüssel!«

»Ich habe in der Pantry einen vollständigen Satz aller Schlüssel des Hauses.«

»Dann holen Sie ihn – aber machen Sie schnell.«

Ich folgte ihm, und er nahm ein Bund Schlüssel aus einem Schrank, der eine Sammlung enthielt, die genügt hätte, einen Schlüsselladen auszustatten. Dann zog ich ihn im Laufschritt mit in den Keller, der in allem dem übrigen Haus entsprach – er war zu groß und überwiegend unbenutzt. Laut rufend lief ich darin herum, bis ich schließlich durch einen schwachen Schrei Antwort bekam. »Hier ist es«, drängte ich. »Schließen Sie schnell auf.«

Er kontrollierte die auf die Tür gemalte Nummer und suchte gemessen den passenden Schlüssel heraus, während ich vor Ungeduld zitterte. Die Tür ging knarrend auf, und dann lag Clare in meinen Armen. Erst als wir uns voneinander lösten, sah ich, daß sie völlig verdreckt war, wenn auch wohl kaum mehr als ich. Ihr Gesicht war grau von Schmutz und zeigte helle Streifen, wo ihr die Tränen über die Wangen gelaufen waren. »Gott sei Dank«, stieß ich erleichtert aus. »Gott sei gedankt, daß du lebst.«

Sie schrie leise auf und drehte sich um. »Um Mac steht es schlecht. Sie haben uns nichts zu essen gegeben. Howard ist manchmal heruntergekommen, aber wir haben ihn seit fünf Tagen nicht mehr gesehen.«

Ich wendete mich an den Butler, der mit offenem Mund hinter uns stand. »Schicken Sie nach einem Arzt und einem Krankenwagen. Und beeilen Sie sich, verdammt noch mal.«

Er trottete im Laufschritt davon, und ich trat in den Keller, um nach Mac zu sehen. Selbstverständlich hatte es gar nicht anders sein können. Die wahnsinnige Lucy machte sich nicht die Mühe, Leute zu ernähren, die sie bereits als tot ansah.

»Fünf Tage lang haben wir weder zu essen noch zu trinken bekommen«, sagte Clare.

»Dafür wird sofort gesorgt«, versprach ich und beugte mich über Mac. Sein Atem ging schnell und flach, und sein Puls war schwach. Ich nahm ihn in die Arme, und er schien mir nicht mehr als ein Baby zu wiegen, als ich ihn die Treppe hinauftrug. Clare kam hinter mir her. In der Halle trafen wir den Butler.

»Wo ist ein Schlafzimmer?« herrschte ich ihn an. »Und besorgen Sie zu essen für sechs Personen – eine sehr große Kanne Kaffee und eine ganze Gallone Wasser.«

»Wasser, Sir?«

»Wiederholen Sie doch nicht immer, was ich sage! Ja – frisches Wasser.«

Wir brachten Mac zu Bett, und inzwischen hatte der Butler das Haus geweckt. Ich mußte Clare warnen, das Wasser nicht zu schnell und nicht zu viel davon zu trinken, und sie fiel über kaltes Fleisch her, als ob sie fünf Wochen und nicht nur fünf Tage lang nichts gegessen hätte. Mir ging dabei der Gedanke durch den Kopf, daß ich im Kinoxi Valley schließlich doch nicht so schlecht gelebt hatte.

Wir überließen Mac der Obhut eines Arztes und suchten nach Gibbons. Wir fanden ihn am Telefon, wie er versuchte, jemand das Unglaubwürdige glaubwürdig zu machen. »Ja«, sagte er. »Er irrt im Kinoxi Valley herum und hat eine Flinte bei sich, die mit Brennecker geladen ist. Ja, ich habe gesagt, daß es Howard Matterson ist. Richtig, der Sohn von Bull Matterson. Selbstverständlich bin ich dessen sicher. Ich habe es von Bull selbst gehört.«

Er sah zu mir auf und sagte dann: »Ich habe hier einen Mann, auf den Howard Matterson geschossen hat.« Er seufzte und seine Spannung ließ nach, weil der Mann am anderen Ende der Leitung endlich begriffen hatte. »Ich fahre sofort selbst ins Kinoxi Valley hinauf, aber es ist unwahrscheinlich, daß ich ihn finden werde – er kann sich irgendwo versteckt haben. Ich brauche Unterstützung, vielleicht müssen wir ein größeres Gebiet abriegeln.«

Ich sah Clare mit einem traurigen Lächeln an. Das war meine Ausgangssituation gewesen, doch diesmal befand ich mich auf der anderen Seite bei der Menschenjagd – nicht auf der bedrohten. Gibbons sagte noch ein paar Worte ins Telefon und schloß: »Ich rufe noch einmal an, ehe ich losfahre, und gebe dann alles durch, was ich noch erfahren kann.« Er legte den Hörer auf die Gabel.

»Das ist wirklich völlig unglaublich.«

»Das brauchen Sie mir nicht zu sagen«, entgegnete ich erschöpft und setzte mich. »Haben Sie wirklich mit dem alten Bull gesprochen?«

Gibbons nickte, und sein Gesicht zeigte ein beinahe fassungsloses Entsetzen. »Er hat mir ganz bestimmte Anweisungen gegeben«, sagte er. »Ich soll Howard wie einen tollwütigen Hund niederschießen, sobald ich ihn zu Gesicht bekomme.«

»Damit hat Bull gar nicht so unrecht«, entgegnete ich düster. »Sie haben ja Lucy gesehen – sie ist doch wohl völlig wahnsinnig, oder meinen Sie nicht?«

Gibbons überlief ein leichtes Schaudern, dann faßte er sich. »Wir tun so etwas aber nicht«, erwiderte er nachdrücklich. »Ich werde ihn lebendig fassen.«

»Spielen Sie sich nur nicht als Held auf«, warnte ich. »Er hat ein Gewehr – eine automatische, fünfschüssige Flinte, die mit Brennecker geladen ist. Er hat Jimmy Waystrand mit einem einzigen Schuß fast in zwei Stücke gerissen.« Ich hob die Schultern. »Aber Sie sind schließlich Fachmann dafür. Sie werden wohl wissen, was Sie tun.«

Gibbons blätterte in einigen Notizzetteln. »Ist das hier alles wahr? Was hier darüber steht, wie die beiden vor Jahren die Trinavants ermordet haben?«

»Es ist die wörtliche Niederschrift von dem, was der alte Matterson gesagt hat. Das kann ich bezeugen.«

»Nun gut. Ich habe hier eine Karte. Zeigen Sie mir, wo Sie Howard zuletzt gesehen haben.«

Ich neigte mich vor, als er die Karte entfaltete. »Genau hier«, sagte ich. »Er gab zwei Schüsse auf den Hubschrauber ab, als wir aufstiegen. Wenn Sie schnell ins Kinoxi Valley hinauf wollen, können Sie den Hubschrauber nehmen. Er steht neben dem Haus und der Pilot müßte auch da sein. Wenn er Einwendungen macht, ins Kinoxi Valley zurückzufliegen, sagen Sie ihm, ich hätte es befohlen.«

Gibbons sah mich prüfend an. »Die Pflegerin hat mir eine reichlich wilde Geschichte erzählt. Danach haben Sie sich anscheinend drei Wochen lang vor Howard und einer Bande Holzfäller ständig auf der Flucht befunden.«

»Das ist übertrieben«, entgegnete ich. »Es waren keine vierzehn Tage.«

»Und warum, zum Teufel, sind Sie nicht zu mir gekommen?« fragte Gibbons schroff.

Über diese Frage mußte ich unwillkürlich lachen. Ich brach in ein Gelächter aus, daß mir die Tränen in die Augen traten und die Seiten schmerzten. Ich lachte mich in einen Anfall von Hysterie hinein, bis schließlich der Arzt geholt werden mußte, um mich zu beruhigen. Ich lachte immer noch verhalten vor mich hin, als man mich ins Bett brachte und ich einschlief.

Fünfzehn Stunden später wachte ich auf und fand Clare neben meinem Bett sitzen. Ich sah ihr Gesicht im Profil, und nie habe ich etwas Schöneres gesehen. Sie bemerkte, daß ich wach war, und drehte sich um.

»Hallo, Boyd«, sagte sie.

»Hallo, Trinavant.« Ich reckte mich genießerisch. »Wieviel Uhr ist es?«

»Gerade Mittag vorbei.« Sie musterte mich kritisch. »Du könntest ein Bad vertragen. Hast du dich in letzter Zeit einmal im Spiegel gesehen?«

Ich strich mir über das Kinn. Es juckte nicht mehr, weil die Haare dazu schon zu lang geworden waren. »Vielleicht lasse ich mir einen Bart stehen«, meinte ich.

»Das wage nur.« Sie deutete auf eine Tür. »Da ist das Badezimmer, und ich habe dir Rasierzeug besorgt.«

»Ich hoffe zuversichtlich, daß ich deine mädchenhafte Tugend nicht verletze«, scherzte ich, als ich die Bettdecke zurückwarf und die Beine herausschwang. Ich ging in das Bad. Das Gesicht, das mir aus dem großen Spiegel entgegensah, war das eines Fremden – hager und verwildert. »Mein Gott«, sagte ich. »Kein Wunder, daß der Pilot sich die Hose naß gemacht hat. Ich wette, wenn mich eine Kuh so sieht, trocknet ihr die Milch ein.«

»Das läßt sich mit ausreichend Wasser und Seife schnell beheben«, erwiderte Clare.

Ich füllte die Badewanne und plätscherte eine halbe Stunde lang genußvoll im warmen Wasser. Danach rasierte ich mich und zog mich an. Es waren sogar meine eigenen Sachen. »Wie sind die hergekommen?«

»Ich habe sie aus Macs Blockhaus holen lassen«, antwortete Clare.

Plötzlich erinnerte ich mich an Mac. »Wie geht es ihm?«

»Er wird sich erholen. Er ist ebenso zäh wie Bull. Auch er scheint unter Belastung kräftiger zu werden.«

»Ich will ihn vor Gericht bringen, damit er da die Geschichte noch einmal erzählt«, sagte ich grimmig. »Danach kann er von mir aus auf der Stelle tot umfallen.«

»Urteile nicht zu hart über ihn, Bob«, sagte Clare ernst. »Er hatte eine schwere Entscheidung zu treffen.«

Darauf erwiderte ich nichts. »Bist du inzwischen über alle Einzelheiten des Anschlags unterrichtet worden?«

»Zum größten Teil, nehme ich an. Außer dem, was du mir noch zu sagen hast. Aber das kann warten, Lieber. Wir haben ja reichlich Zeit.« Sie sah mich fest an. »Hast du dich entschieden, wer du bist?«

Ich hob die Schultern. »Spielt das eine Rolle? Nein, Clare, ich bin der Lösung nicht nähergekommen, obwohl ich darüber nachgedacht habe. Neben der Familie Matterson ist ein Bursche wie dieser Grant, dieser Rauschgiftschieber, ein ziemlich kleiner Fisch. Was ist ein Rauschgifthändler schon im Vergleich mit einem Paar mehrfacher Mörder? Vielleicht war Grant letzten Endes gar kein so übler Kerl. Jedenfalls – ich kann nur wiederholen – spielt es denn wirklich eine Rolle? Soweit ich betroffen bin, bin ich einfach Bob Boyd.«

»Oh, Lieber, das habe ich doch immer gesagt«, antwortete Clare. Darauf folgten einige sehr leidenschaftliche Minuten, und nachdem ich mich aus der Umarmung gelöst und den Lippenstift abgewischt hatte, sagte ich: »Ich habe gerade an etwas Komisches gedacht. Ich hatte immer schlechte Träume gehabt – richtig gespenstig waren sie –, und ich erwachte daraus schweißgebadet und schreiend. Und soll ich dir etwas sagen? Als ich im Kinoxi Valley wirklich unter schwerem Druck stand, als alle diese Kerle hinter mir her waren, die es auf mein Blut abgesehen hatten, und Howard mit seinem scharfgeladenen Gewehr, da habe ich nicht viel Schlaf gefunden. Doch wenn ich schlief, habe ich überhaupt nicht geträumt. Ich finde das merkwürdig.«

»Vielleicht hat die Tatsache, daß du dich in wirklicher Gefahr befandest, die eingebildete Gefahr des Traums zerstört«, meinte sie. »Aber, was vergangen ist, ist vergangen, Bob. Ein Traum kann dir ernstlich nichts anhaben. Hoffentlich kommt er nicht wieder.«

Ich grinste. »Jeder Alptraum, den ich in Zukunft haben werde, wird vermutlich von Howards Repetiergewehr handeln. Davor habe ich tatsächlich echte Angst gehabt.«

Wir gingen zu McDougall. Er stand noch unter dem Einfluß eines Schlafmittels, aber der Arzt sagte, er werde sich erholen. Außerdem war eine hübsche Pflegerin bei ihm, die ihn versorgte. Er war so weit bei Bewußtsein, daß er uns zublinzelte und mit schläfriger Stimme sagte: »Da unten in dem Keller, da habe ich eine Minute lang mal geglaubt, Sie würden mich im Stich lassen, Junge.«

Bull Matterson sah ich nicht, weil der Arzt bei ihm war, aber ich sprach die Nachtschwester. »Es tut mir leid, daß ich Sie in dieser Weise überfallen habe, Miss ... äh ...«

»Smithson«, ergänzte sie. Sie lächelte. »Das macht nichts, Mr. Boyd.«

»Und ich bin froh, daß Sie Ihren klaren Kopf behielten«, sagte ich. »Eine kreischende Frau, die das Haus alarmierte, hätte mir meine Partie verderben können.«

»Oh, ich hätte unter keinen Umständen Lärm geschlagen«, entgegnete Miss Smithson geziert. »Es hätte einen ungünstigen Einfluß auf Mr. Mattersons Gesundheit gehabt.«

Ohne eine Miene zu verziehen, sah ich Clare an, die geneigt war, in ein unbeherrschtes Gekicher auszubrechen, und wir kehrten Mattersons Residenz den Rücken. Als wir in Clares Kombiwagen davonfuhren, betrachtete ich im Rückspiegel die überladene Pracht dieses Talmi-Châteaus und wünschte mir von Herzen, daß ich es nie wiedersehen würde.

Clare fragte in nachdenklichem Ton: »Weißt du, wie alt Lucy war, als sie mit Howard Onkel John, Tante Anne und Frank ermordete?«

»Nein.«

»Sie war achtzehn – gerade achtzehn Jahre alt. Wie kann nur jemand mit achtzehn Jahren so etwas tun?«

Ich konnte es nicht erklären, darum gab ich keine Antwort, und wir fuhren schweigend durch Fort Farrell und auf die Straße, die zu Macs Blockhaus führte. Kurz bevor wir die Abzweigung erreichten, schlug ich mit der Faust aufs Lenkrad. »Mein Gott, ich muß den Verstand verloren haben! Ich habe niemand etwas von dem Triebton gesagt. Ich habe es rein vergessen.«

Wahrscheinlich war es nicht überraschend, daß ich es vergessen hatte. Ich mußte mich mit anderen Dingen herumschlagen – etwa, zu verhindern, daß ich umgebracht wurde –, und Bull Mattersons Enthüllungen hatten dazu beigetragen, dieses Problem aus meinen Gedanken zu verdrängen. Ich bremste scharf, um anzuhalten, und wollte schon wenden, als mir ein anderer Gedanke kam. »Am besten fahre ich gleich zu dem Damm hinauf. Die Polizei muß dort einen Posten aufgestellt haben, um zu verhindern, daß irgend jemand ins Kinoxi Valley fährt.«

»Glaubst du, daß sie Howard schon gefaßt haben?«

»Ausgeschlossen. Er wird in der Lage sein, ihnen auszuweichen, für einige Zeit jedenfalls.« Ich schaltete den Gang ein. »Ich setze dich bei dem Blockhaus ab.«

»Nein, das wirst du nicht«, entgegnete Clare. »Ich komme mit zum Damm.«

Ich warf ihr einen Blick zu und seufzte. Sie war bereit, augenblicklich ihr eigensinniges Gesicht aufzusetzen, und ich hatte keine Zeit für eine Auseinandersetzung. »Also gut«, fügte ich mich. »Aber halte dich aus der Gefahrenzone.«

Wir kamen auf der Kinoxi-Straße gut vorwärts – es waren keine Lastwagen unterwegs, die uns behinderten –, wurden aber eine halbe Meile von dem Turbinenhaus entfernt von einem Polizisten aufgehalten.

Er gab uns ein Zeichen zu stoppen und kam zu unserem Wagen. »Weiter können Sie nicht«, sagte er. »Niemand darf über diesen Punkt hinaus. Wir wünschen kein Publikum.«

»Was geht dort oben vor?«

»Nichts, was Sie interessieren könnte«, antwortete er geduldig. »Wenden Sie also, und fahren Sie zurück.«

»Mein Name ist Boyd«, sagte ich. »Dies hier ist Miss Trinavant. Ich wünsche Ihren Chef zu sprechen.«

Er starrte mich neugierig an. »Sie sind der Boyd, der diesen ganzen Krawall angezettelt hat?«

»Ich?« entgegnete ich empört. »Und was hat Howard Matterson getan?«

»Sie darf ich wohl durchlassen«, sagte er nachdenklich. »Fragen Sie nach Captain Crupper – er ist oben beim Damm. Wenn er nicht da sein sollte, warten Sie dort auf ihn. Wir wollen nicht, daß im Kinoxi Valley irgend etwas passiert.«

»Dann haben Sie ihn also noch nicht gefaßt?« fragte Clare.

»Soviel ich weiß, nicht«, antwortete der Polizist. Er trat zurück und winkte uns zu, weiterzufahren.

Die Arbeit beim Turbinenhaus war noch im Gange, und ich konnte oben auf der nackten Betonwand des Dammes einige winzige Gestalten erkennen. Am Fuß des Steilhangs dehnte sich immer noch ein Schlammsee aus, eine glitschige, schleimige, von den Rädern der Lastwagen aufgewühlte Brühe. Für einige Lastwagen war es zuviel gewesen; sie waren bis über die Achsen darin eingesunken. Eine Gruppe schwitzender Männer hatte auf festem Grund eine Motorwinde verankert und hievte gerade einen der Wagen aus dem Morast heraus.

Ich hielt neben einem großen Wagen an und sah mich Donner gegenüber, der mir mit ausdruckslosem Gesicht entgegenblickte und dann ausstieg. Ich ging, von Clare dicht gefolgt, auf ihn zu. »Donner, Sie stecken tief in der Klemme.« Ich deutete auf das Turbinenhaus und zu dem Damm hinauf.

»In der Klemme?« entgegnete er erbittert. »Halten Sie das nur für eine Klemme?« Für einen Mann, der im Ruf stand, blutlos zu sein und keine Nerven zu haben, zeigte er höllisch starke Emotionen. »Diese gottverdammten, verrückten Mattersons«, brach es aus ihm heraus. »Sie haben mich in eine teuflische Situation gebracht.«

Ich wußte, was sein Mangel war. Er war einer der Leute, die die Kugeln machen, mit denen andere schießen, die aber nie das Risiko eingehen, einmal selbst abzudrücken. Für Matterson der vollkommene Vollstrecker seines Willens, aber ohne Mattersons Energie. Jetzt fand er sich in der Position des Regenten im Matterson-Imperium, wenn auch nur vorübergehend, und schon zeigten sich die Spuren der Überforderung. Insbesondere, da das ganze Reich zusammenzubrechen drohte. Durch nichts konnte verhindert werden, daß die ganze Geschichte an den Tag kam, schon gar nicht die Durchstechereien mit dem Trinavant-Vermögen, und es war leicht zu erkennen, daß Donner begierig nach Wegen suchte, die Schuld auf einen anderen abzuwälzen.

Das konnte ihm nicht sehr schwerfallen – Bull Matterson war zu krank, um sich wehren zu können, und Howard, der Mörder, war der perfekte Sündenbock. Trotzdem war es für Donner eine schwierige Situation. Aber seine Schwierigkeiten interessierten mich angesichts der bevorstehenden viel größeren Gefahr nicht.

»Die Lage ist viel bedrohlicher, als Sie denken. Haben Sie meinen Bericht über die geologische Struktur des Kinoxi Valley gelesen?«

»Das war Howards Angelegenheit«, erwiderte Donner. »Ich bin nur ein Buchhalter. Ich habe den Bericht nicht gesehen, und ich hätte ihn nicht verstanden, wenn ich ihn gelesen hätte.«

Er war bereits dabei, sich aus der Schlinge zu winden, sah Gefahr auf sich zukommen, und schon entzog er sich der Verantwortung. Wenn man genau nachforschte, mochte sich ergeben, daß er den Bericht wirklich nicht gelesen hatte, doch das spielte jetzt keine Rolle. Wichtig allein war, alle so schnell wie möglich von der Baustelle fortzubringen.

Ich deutete auf den Steilhang. »Es besteht die Gefahr, daß dieser Berg zusammenbricht, Donner. Das kann jeden Augenblick eintreten. Sie müssen Ihre Leute von hier fortschaffen.«

Er sah mich ungläubig an. »Sind Sie verrückt? Wir haben so schon genug Zeit verloren, weil dieser dumme Schuft Howard Männer abgezogen hat, um nach Ihnen zu suchen. Jeder Tag Verzögerung kostet uns Tausende von Dollar. Außerdem haben wir durch den Schlamm hier viel Zeit verloren.«

»Donner, bekommen Sie es in Ihren dicken Schädel, daß Sie sich in Gefahr befinden. Ich meine wirklich, was ich sage. Dieser verdammte Abhang da wird auf Sie herabstürzen.«

Er riß den Kopf herum und starrte zu dem soliden Boden des

Steilhangs hinüber. Dann warf er mir einen unsicheren Blick zu.

»Wovon reden Sie nur? Wie kann ein Berg zusammenbrechen?«

»Sie hätten meinen Bericht lesen sollen«, erwiderte ich eindringlich. »Ich habe in dem Tal Ablagerungen von Triebton gefunden. Um Himmels willen, haben Sie denn den Boden unter den Fundamenten des Dammes nicht geologisch untersuchen lassen?«

»Das war Howards Angelegenheit – er kümmerte sich um die technischen Belange. Was ist denn das: Triebton?«

»Eine scheinbar feste Substanz, die sich verflüssigt, wenn sie plötzlich erschüttert wird – und dazu ist kein besonders fester Schlag erforderlich. Soweit ich es beurteilen kann, verläuft ein Lager unmittelbar unter dem Damm.« Ich grinste ihn humorlos an. »Sehen wir es mal von der günstigsten Seite an. Wenn der Hang abrutscht, wird Ihr Turbinenhaus von ein paar Millionen Tonnen Muttererde bedeckt werden, weil der Ton flüssig geworden ist und die Muttererde mit sich fortschwemmt. Das ist das geringste, was passieren kann.«

Clare berührte mich am Ellbogen. »Und das schlimmste?«

Ich nickte zu dem Damm hinauf. »Dann könnten die Fundamente unter diesem Betonklotz fortgerissen werden. Wenn das eintritt, wird alles Wasser hinter dem Damm das Gelände, auf dem wir uns jetzt befinden, überfluten. Wieviel Wasser ist inzwischen aufgestaut, Donner?«

Er beantwortete meine Frage nicht. Stattdessen lächelte er dünn. »Sie erzählen eine schöne Geschichte, Boyd. Sie gefällt mir sehr gut, aber ich falle nicht darauf herein. Sie haben eine blühende Phantasie – ein Erdbeben auf Bestellung verrät wirklich schöpferisches Denken.« Er kratzte sich am Kinn. »Das einzige, was ich nicht durchschaue, ist, was Sie zu gewinnen hoffen, wenn die Bauarbeiten jetzt eingestellt werden. Ich begreife einfach nicht, welchen Vorteil Sie davon haben.«

Ich starrte ihn fassungslos an. McDougall hatte recht. Dieser Mann bewertete jedes Motiv für eine Handlung in Dollar und Cents. Ich atmete tief ein. »Sie dämlicher, unwissender Einfaltspinsel. Sie blinder, alberner Narr!« Angewidert wendete ich mich von ihm ab. »Wo ist der Captain, der angeblich hier sein soll?«

»Dort kommt er«, antwortete Donner. »Er kommt aus dem Tal zurück.«

Ich blickte zu der Straße hinauf, die oberhalb des Damms den Berg entlangführte. Der Wagen kam über sie herunter und zog eine Staubfahne hinter sich her. »Captain Crupper hat keine Vollmacht, die Arbeiten einstellen zu lassen«, sagte Donner. »Ich wüßte wirklich zu gern, was Sie im Schilde führen, Boyd. Warum sagen Sie mir nicht offen, worauf Sie hinauswollen?«

Clare fuhr ihn hitzig an: »Etwas, das Sie nicht verstehen, Donner.

Er will einfach Ihr Leben retten, obwohl ich wirklich nicht weiß, warum. Er will auch das Leben all dieser Männer retten, die erst kürzlich noch Jagd auf ihn gemacht haben.«

Donner lächelte und hob die Schultern »Sparen Sie sich diese Reden für Dummköpfe, Miss Trinavant.«

»Donner«, begann ich wieder, »Sie sind bereits in Gefahr – wenn auch in keiner besonders großen. Das schlimmste, was Ihnen passieren kann, ist Gefängnis. Aber ich will Ihnen noch etwas sagen: wenn irgend jemand hier ums Leben kommt, weil Sie meine Warnung ignorieren, bekommen Sie einen lynchwütigen Mob auf den Hals und brauchen verdammt viel Glück, um nicht am nächsten Baum aufgehängt zu werden.«

Der Polizeiwagen kam dicht in unserer Nähe zum Halten, und Captain Crupper stieg aus und trat zu uns. »Mr. Donner, ich habe Sie gebeten, mich hier zu treffen, aber dem Anschein nach ist es inzwischen nicht mehr notwendig.«

Donner sagte: »Captain Crupper, dies sind Mr. Boyd und Miss Trinavant.«

Crupper richtete seine harten Augen auf mich. »Aha. Sie haben hier einiges aufgerührt, Boyd. Ich bedaure, was Ihnen widerfahren ist, und Ihnen, Miss Trinavant.« Er sah Donner an. »Eine Überprüfung der Matterson Corporation scheint dringend angebracht zu sein. Die Durchführung einer privaten Menschenjagd gehört nicht zu normalen geschäftlichen Unternehmungen.«

»Das war Howard Mattersons Angelegenheit«, versicherte Donner hastig. »Ich wußte nichts davon.«

»Um ihn brauchen Sie sich keine Sorgen mehr zu machen«, sagte Crupper knapp. »Wir haben ihn.«

»Sie haben ihn schnell gefunden«, sagte ich. »Ich hatte erwartet, daß es länger dauern würde.«

Mit grimmigem Humor antwortete Crupper: »Anscheinend findet er sich in den Wäldern nicht so gut zurecht wie Sie.« Er preßte die Lippen zusammen. »Es hat uns einen guten Mann gekostet.«

»Das bedaure ich aufrichtig.«

Er schlug sich mit den Handschuhen gegen die Oberschenkel. »Gibbons bekam einen Schuß ins Knie. Heute morgen wurde sein Bein amputiert.«

Gibbons hatte also doch den Helden spielen müssen. »Ich habe ihn gewarnt, sich mit Howard auf irgend etwas Ungewisses einzulassen«, sagte ich. »und Bull Matterson warnte ihn auch.«

»Ich weiß«, antwortete Crupper müde. »Wir versuchen es zuerst aber immer auf friedliche Weise. Nur, weil jemand so sagt, können wir nicht schon beim ersten Anblick schießen. In unserem Land herrschen Recht und Gesetz, Boyd.«

Davon hatte ich in den letzten zwei Wochen im Kinoxi Valley

nichts bemerkt, ging jedoch nicht darauf ein. »Wir werden aber noch eine Menge weiterer guter Leute verlieren, wenn Donner sie nicht von diesem Gelände abzieht.«

Crupper reagierte schnell. Er riß den Kopf herum, um zu dem Turbinenhaus hinüberzusehen, und durchbohrte mich dann mit einem kalten Blick. »Was wollen Sie damit sagen?«

»Mr. Boyd hat ein unmittelbares Erdbeben vorausgesagt«, warf Donner glattzüngig ein. »Er versucht mir einzureden, daß dieser Berghang einstürzen wird.«

»Ich bin Geologe«, sagte ich mit Nachdruck. »Sagen Sie mir eins, Captain. Wie ist die Straße oben im Kinoxi Valley? Naß oder trocken?«

Er sah mich an, als ob ich den Verstand verloren hätte. »Ziemlich trocken.«

»Ich wußte es«, sagte ich. »Sie haben eine beachtliche Staubwolke aufgewirbelt, als Sie heruntergefahren kamen. Aber jetzt sagen Sie mir etwas anderes, Captain. Was glauben Sie, woher, zum Teufel, der ganze Schlamm hier stammt?« Ich deutete auf die klebrige Schmiere rings um das ganze Turbinenhaus.«

Crupper sah auf den Schlamm, dann blickte er mich nachdenklich an. »Also gut. Erklären Sie es mir.«

Ich legte es also noch einmal dar und sagte schließlich: »Clare, schildere dem Captain meine Demonstration, wie ich dir die Kerne aus Triebton zeigte. Verzichte auf jede Ausschmückung – schildere nur, wie es war.«

Sie zögerte. »Nun ja, Bob hatte ein paar Bodenproben – er hatte sie hier entnommen, ehe Howard ihn von hier vertrieb. Er nahm ein Stück und demonstrierte, daß es ein großes Gewicht tragen konnte. Dann nahm er ein anderes und rührte es in einem Topf um. Es verwandelte sich zu einer dünnflüssigen Brühe. Das war eigentlich alles.«

»Klingt wie ein Taschenspielertrick«, sagte der Captain. Er seufzte. »Jetzt wird mir auch noch so eine Sache aufgehalst. Mr. Donner, wollen Sie nicht Ihre Leute abziehen, bis das Gelände von Fachleuten untersucht worden ist?«

»Also hören Sie, Crupper«, protestierte Donner. »Wir haben schon genug Verzögerungen gehabt. Ich werde nicht einfach auf das Wort von Boyd hin Tausende von Dollar vergeuden. Schon immer hat er versucht, dieses Projekt zu verhindern und aufzuhalten. Ich habe nicht die Absicht, noch mehr von ihm hinzunehmen.«

Crupper war unentschlossen. »Anscheinend kann ich für Sie nichts unternehmen, Mr. Boyd. Wenn ich die Arbeit an dem Damm einstellen lasse, und es erweist sich, daß alles in Ordnung ist, riskiere ich meinen Hals.«

»Damit haben Sie verdammt recht«, bestätigte Donner giftig.

Crupper sah ihn voll Widerwillen an. »Wenn ich es jedoch im Interesse der Öffentlichkeit für notwendig halte, kann ich die Arbeiten auf der Stelle einstellen lassen«, erklärte er fest.

»Sie brauchen sich nicht auf mein Wort zu verlassen«, sagte ich. »Rufen Sie die geologische Fakultät irgendeiner Universität an. Versuchen Sie einen Spezialisten für Bodenmechanik zu erreichen, aber auch jeder befähigte Geologe wird in der Lage sein, mein Urteil zu bestätigen.«

Crupper fragte entschlossen: »Wo ist Ihr Telefon, Mr. Donner?«

»Also einen Augenblick mal«, schrie Donner. »Sie wollen sich doch nicht zum Sachwalter dieses Mannes machen, Crupper?«

Clare fragte überraschend: »Wissen Sie eigentlich, warum Bull Matterson einen Herzanfall bekam, Donner?«

Er zuckte mit den Schultern. »Da war die Rede davon, daß Boyd Frank Trinavant sein solle. Eine schöne Räuberpistole.«

»Und wenn es wahr ist?« fragte sie leise. »Das würde bedeuten, daß Boyd in Zukunft der Chef der Matterson Corporation sein wird. Dann ist er auch Ihr Chef! Das würde ich an Ihrer Stelle bedenken, Donner.«

Donner warf ihr einen erschrockenen Blick zu, dann sah er mich an.

Ich lächelte Clare zu und sagte: »Stimmt.« Sie bluffte selbstverständlich, aber da es die Aussicht bot, Donner gefügig zu machen, griff ich diesen Hinweis schnell auf. »Ziehen Sie die Leute jetzt von der Baustelle ab oder nicht?«

Donner war ratlos. Für ihn ging das alles zu schnell. »Nein!« murmelte er. »Das ist unmöglich. Solche Dinge gibt es nicht.« Er war ein Mensch, der in zu großer Distanz von der Natur lebte, seine Kassenbücher nach exerzierten Formeln manipulierte und, ohne es zu wissen, in einer künstlichen Umwelt lebte. Er konnte sich keine Situation vorstellen, die er nicht zu beherrschen in der Lage war.

Crupper sagte schroff: »Widersprechen Sie, oder halten Sie den Mund. Wo ist Ihr Baustellenleiter?«

»Drüben im Turbinenhaus«, antwortete Donner kraftlos.

»Gehen wir dorthin.« Crupper stampfte durch den Schlamm davon.

»Nimm den Wagen und fahre zurück«, sagte ich zu Clare.

»Ich gehe, wenn du gehst«, erwiderte sie fest und folgte mir zu dem Turbinenhaus. Dagegen konnte ich nicht viel unternehmen, außer ihr den Hintern versohlen, darum ließ ich es zu. Unterwegs griff ich in den Schlamm und rieb die Probe zwischen Daumen und Zeigefinger. Er fühlte sich unverändert glatt und seifig an und bestärkte mich in dem Gefühl der drohenden Katastrophe.

Ich holte Crupper ein. »Sie sollten sich auf das Schlimmste gefaßt machen, Captain. Wir müssen voraussetzen, daß der Damm bricht und der See ausfließt. Die Flutwelle wird weitgehend dem Lauf des Kinoxi River folgen. Das ganze Gebiet sollte evakuiert werden.«

»Gott sei Dank ist das Land hier sehr dünn besiedelt«, sagte er. »Wahrscheinlich sind es nur zwei Familien, die gefährdet würden.« Er schnippte mit den Fingern. »Und ein neues Holzfällerlager, das gerade eingerichtet wird. Wo ist das verdammte Telefon?«

Donner kam zurück, als Crupper seine Telefongespräche gerade beendet hatte. Hinter ihm folgte ein großer, kräftiger Mann, den ich das letztemal von nahem gesehen hatte, als ich ihm einen Gewehrkolben gegen den Kiefer schmetterte.

Es war Novak.

Er richtete sich steif auf, als er mich erblickte, und seine Hände ballten sich zu Fäusten. Er stieß Donner mit der Schulter beiseite, schritt auf mich zu, und instinktiv bereitete ich mich darauf vor, seinen Angriff abzuwehren, hoffte aber, daß Crupper einer Schlägerei schnell ein Ende machen würde. Ohne ihn aus den Augen zu lassen, sagte ich zu Clare: »Geh von mir fort – schnell!«

Novak stand vor mir, mit einem Gesicht, das kein Lächeln zeigte. »Boyd, Sie Halunke«, flüsterte er. Er hob langsam seinen Arm, und zu meinem Erstaunen nahm ich wahr, nicht mit geballter Faust, sondern mit einer offen in Freundschaft entgegengestreckten Hand. »Tut mir leid, was vorige Woche passiert ist«, sagte er, »aber Howard Matterson hat uns alle aufgehetzt.«

Als ich seine Hand ergriff, grinste er und rieb sich das Gesicht. »Wissen Sie, daß Sie mir beinahe den Kiefer gebrochen haben?«

»Ich habe es nicht in böser Absicht getan«, sagte ich. »Deswegen keine Feindschaft.«

»Deswegen keine Feindschaft«, bestätigte er und lachte. »Aber ich würde gern mal in aller Freundschaft einen Gang mit Ihnen machen, um festzustellen, ob ich mit Ihnen fertig werden könnte.«

»Schon gut«, sagte Crupper bissig, »aber hier ist kein Kameradschaftstreffen.« Er wandte sich an Donner. »Sagen Sie ihm Bescheid, oder muß ich das tun?«

Donner sank in sich zusammen und wirkte plötzlich viel kleiner, als er tatsächlich war. Er zögerte, ehe er mit leiser Stimme zu Novak sagte: »Ziehen Sie die Leute von der Baustelle zurück.«

Novak sah ihn verständnislos an. »Was?«

»Sie haben es doch gehört«, sagte Crupper schroff. »Rufen Sie Ihre Leute von der Arbeit zurück.«

»Ja, ich habe es gehört«, bestätigte Novak, »aber was, zum Teufel, hat es zu bedeuten?« Er stupfte Donner gegen die Brust. »Sie haben dauernd gedrängt, daß wir mit der Arbeit fertig werden, und jetzt sollen wir aufhören? Stimmt das?«

»So ist es«, antwortete Donner mürrisch.

»Na schön.« Novak zuckte mit den Schultern. »Ich wollte es nur genau wissen. Ich will später keine Vorwürfe hören.«

»Einen Augenblick noch«, mischte ich mich ein. »Wir sollten korrekt vorgehen. Kommen Sie mit mir, Novak.« Wir verließen das Turbinenhaus und blickten zu dem Damm hinauf. »Wie viele Leute haben Sie hier insgesamt?«

»An die sechzig.«

»Wo sind sie?«

Novak machte eine weite Handbewegung. »Etwa die Hälfte ist hier unten beim Turbinenhaus, ein Teil ist oben auf dem Damm, und vielleicht ein Dutzend sind, ich weiß nicht wo überall, verstreut. Die Baustelle ist zu groß, um alle ständig im Auge zu behalten. Was, zum Teufel, ist denn überhaupt los?«

Ich deutete auf den Steilhang und zum Damm hinauf. »Sehen Sie diesen Abhang? Ich will nicht, daß irgend jemand ihn betritt. Die Leute oben auf dem Damm müssen sich auf das hohe Gelände zu beiden Seiten zurückziehen. Sprechen Sie mit Captain Crupper darüber, wie Sie die Leute bei dem Turbinenhaus wegschaffen. Vergessen Sie eins aber nicht – niemand darf den Abhang betreten.«

»Sie werden ja wohl wissen, was Sie tun«, antwortete Novak. »Solange Donner damit einverstanden ist, soll mir alles recht sein. Die Leute von dem Damm wegzuholen, ist leicht. Wir haben eine Telefonverbindung nach da oben.«

»Noch etwas. Lassen Sie von jemand die Schleusen öffnen, ehe sie gehen.« Das war lediglich eine Geste. – Es würde lange dauern, bis der neue Lake Matterson leergelaufen war, aber ob der Berg abrutschte oder nicht, einmal mußte es doch geschehen, und dann konnte man ja so bald wie möglich damit anfangen.

Novak ging in das Turbinenhaus zurück. Ich wartete eine Weile, vielleicht zehn Minuten, dann sah ich die kleinen Gestalten der Männer den Damm verlassen und sich aus der Gefahrenzone zurückziehen. Zufrieden ging ich wieder hinein und fand Crupper dabei, die Evakuierung des Turbinenhauses zu organisieren. »Gehen Sie einfach von hier fort, und suchen Sie hochgelegenes Gelände auf«, ordnete er gerade an. »Halten Sie sich von der Straße nach Fort Farrell und dem Fluß fern – von der ganzen Talsohle überhaupt.«

Jemand rief: »Wenn Sie glauben, daß der Damm bricht, sind Sie verrückt!«

»Ich weiß, daß der Damm gut ist«, sagte Crupper, »aber es hat sich etwas ergeben, und wir ergreifen nur Vorsichtsmaßnahmen. Los jetzt, Leute, Sie verlieren dabei nichts, denn Sie erhalten weiter volle Bezahlung.«

Er grinste Donner spöttisch an und wandte sich dann an mich. »Das gilt auch für uns. Jeder verschwindet von hier.«

Mir war leichter zumute. »Gewiß. Komm, Clare, diesmal gehst du, und ich komme mit.«

Donner fragte mit hoher Stimme: »Und wenn alle fort sind – was geschieht dann?«

»Dann werde ich die Situation genauer prüfen. Ich kenne die Gefahr und werde den Abhang betreten, als ob ich auf Eiern ginge«, sagte ich.

»Aber was kann man denn unternehmen?«

»Der Boden kann befestigt werden«, antwortete ich. »Davon verstehen andere mehr als ich. Doch nach meiner Meinung besteht die einzige Möglichkeit darin, den See abzulassen und die Stelle, an der der Triebton an die Oberfläche tritt, zu versiegeln. Wir können nur hoffen, daß der Hang nicht vorher abrutscht.«

Novak begriff plötzlich. Er fragte: »Triebton?«

»Ganz richtig. Was wissen Sie denn davon?«

»Ich habe mein ganzes Leben beim Bau gearbeitet«, sagte er, »und bin schließlich nicht ganz dämlich.«

Jemand schrie durch den Raum: »Novak, wir können Skinner und Burke nicht finden.«

»Was machen sie denn?«

»Roden Stümpfe unter dem Damm.«

Novak bellte: »Johnson! Wo, zum Teufel, ist Johnson?« Ein untersetzter Mann löste sich aus der Gruppe und kam auf ihn zu. »Haben Sie Skinner und Burke zum Stümpferoden unter den Damm geschickt?«

Johnson antwortete: »Ja. Sind sie denn nicht da oben?«

»Wie nehmen Sie denn die Stümpfe heraus?« fragte Novak.

»Die meisten haben sie schon geschafft«, antwortete Johnson. »Aber da sind drei, das sind richtige Knochenbrecher. Skinner hat eine Sprenglizenz. Deshalb habe ich ihm ein paar Sprengpatronen gegeben.«

Novak wurde sehr still und sah mich an.

»Mein Gott«, stöhnte ich. »Sie müssen zurückgeholt werden.« Ich konnte mir die Wirkung eines scharfen Schlags auf die Kartenhausstruktur des Triebtons deutlich vorstellen. Plötzlich würde sie zusammenbrechen, erst an einer Stelle, dann aber in einer Kettenreaktion auf dem ganzen Abhang, gerade wie ein Dominostein den nächsten anstößt, der wieder den nächsten, und so weiter bis zum Ende der Reihe. Fester Ton würde augenblicklich in eine Schlammbrühe verwandelt werden und der gesamte Berghang abrutschen.

Ich fuhr herum. »Clare, sofort von hier weg.« Sie sah meinen Gesichtsausdruck und gehorchte sofort. »Crupper, schaffen Sie alle schnell fort.« Novak raste an mir vorbei zur Tür. »Ich weiß, wo sie sind«, rief er.

Ich folgte ihm. Draußen blieben wir stehen und starrten zum Damm hinauf, während die Leute aus dem Turbinenhaus herausquirlten wie Ameisen aus einem Ameisenhaufen, in dem man mit einem Stock wühlt.

Auf dem Steilhang war keine Bewegung wahrzunehmen – überhaupt nichts, nur ein Schattengewirr von der tiefstehenden Sonne, die auf Felsen und Bäume schien.

Heiser sagte Novak: »Ich glaube, sie sind da oben, auf der rechten Seite, dicht bei dem Damm.«

»Kommen Sie«, schrie ich und begann zu laufen.

Es war ein weiter Weg bis zu dem Damm, und es ging bergauf, und wir stampften über diesen verdammten Steilhang. Ich packte Novaks Arm. »Langsam – wir könnten den Erdrutsch selbst auslösen.«

Wenn die reine Tragfähigkeit meinen Schätzungen entsprechend gesunken war, bedurfte es keiner großen Erschütterung, um die Kettenreaktion auszulösen. Die reine Tragfähigkeit lag wahrscheinlich inzwischen unter fünfhundert Pfund je Quadratfuß – weniger als der Druck, den Novaks Fuß bei seinem wilden Rennen ausübte.

Behutsam und so schnell, wie wir konnten, bewegten wir uns den Abhang hinauf und brauchten annähernd fünfzehn Minuten, um diese Viertelmeile zurückzulegen. Novak hob seine Stimme und schrie: »Skinner! Burke!« Das Echo hallte von der nackten Betonwand des Damms zurück, der über uns aufragte.

Jemand antwortete ganz in der Nähe: »Ja, was ist denn los?«

Ich sah mich um. Ein Mann kauerte mit dem Rücken gegen einen Felsblock gelehnt und blickte uns neugierig entgegen.

»Burke!« fuhr Novak auf ihn los. »Wo ist Skinner?«

Burke winkte mit der Hand. »Drüben hinter diesem Felsen.«

»Was macht er?«

»Wir bereiten die Sprengung dieses Baumstumpfes vor – den da drüben.«

Es war ein großer Stumpf, der Überrest eines hohen Baums, und ich konnte den dünnen Draht der Sprengleitung erkennen, die von ihm fortführte.

»Es wird nicht gesprengt«, sagte Novak und ging schnell auf den Baumstumpf zu.

»Heh«, rief Burke alarmiert. »Bleiben Sie davon weg. Er kann jeden Augenblick hochgehen.«

Es war eine der tapfersten Taten, die ich je gesehen habe. Novak beugte sich ruhig über den Baumstumpf, packte den Draht und riß den elektrischen Zünder heraus. Er warf ihn zu Boden und kam zurück. »Hier wird nicht gesprengt, habe ich gesagt«, erklärte er. »Und jetzt verschwinden Sie von hier, Burke.« Er deutete zu der Straße hinauf, die oberhalb des Damms am Berg entlangführte. »Gehen Sie dort hin – nicht hinunter zum Turbinenhaus.«

Burke hob die Schultern. »Mir soll's recht sein. Sie sind der Chef.« Er drehte sich um und ging davon. Dann blieb er stehen. »Wenn Sie die Sprengung aufhalten wollen, müssen Sie sich beeilen. Skinner sprengt drei Stümpfe auf einmal. Der da ist nur einer davon.«

»Mein Gott«, stöhnte ich, und Novak und ich rannten auf das Felsgewirr zu, in dem sich Skinner befand. Aber es war zu spät. Es erfolgte ein scharfer Knall in der Ferne, nicht sehr laut, und in der Nähe ein Knistern, als der Zünder, den Novak herausgerissen hatte, wirkungslos verpuffte. Zwei Wolken aus Staub und Rauch schossen in etwa fünfzig Meter Entfernung auf, blieben einen Augenblick lang in der Luft stehen, ehe die Brise sie verwehte.

Ich hielt den Atem an und ließ die Luft dann langsam mit einem Seufzer aus. Novak grinste. »Sieht aus, als ob wir diesmal noch davongekommen sind«, sagte er. Er legte sich die Hand an die Stirn und betrachtete dann die Feuchtigkeit auf seinen Fingerspitzen. »Das kann einen schon in Schweiß bringen.«

»Wir sollten Skinner lieber von da fortholen«, sagte ich. Während ich das aussprach, vernahm ich ein schwaches, weit entferntes Geräusch, wie fernes Donnern – etwas, das man eher im Kopf spürt, als mit den Ohren hört – und unter meinen Füßen erfolgte ein fast unwahrnehmbares Beben.

Novak hielt mitten im Schritt inne. »Was war das?« Er blickte sich unsicher nach allen Seiten um.

Der Laut – falls es ein Laut war – kam wieder, und das Beben der Erde war stärker. »Sehen Sie da!« rief ich und deutete auf einen hohen dürren Baum. Sein Wipfel schwankte wie ein Grashalm, und während wir hinblickten, senkte sich der Baum zur Seite und fiel zur Erde.

»Der Erdrutsch!« schrie ich. »Jetzt kommt er!«

Eine Gestalt tauchte auf dem Abhang auf. »Skinner«, schrie Novak. »Machen Sie, daß Sie fortkommen!«

Der Boden dröhnte unter meinen Sohlen, und die Landschaft schien sich vor meinen Augen zu verwandeln. Es war nichts, was man hätte genau bestimmen können. Es trat keine plötzliche Änderung ein – nur eine kurze, flimmernde Wandlung. Skinner kam zu uns herübergerannt, aber er hatte noch nicht die Hälfte der Entfernung zurückgelegt, als die Verwandlung katastrophale Ausmaße annahm.

Er verschwand. Wo er gewesen war, befand sich ein Gewirr rollender Felsblöcke, die wie Korken auf einem Bach emporgeschleudert wurden, als der gesamte Abhang in Fluß geriet. Die ganze Landschaft schien glatt zur Seite fortzugleiten, und es erfolgte ein betäubender Lärm, wie ich ihn nie zuvor gehört hatte. Es war wie Donnern; es war wie der Lärm eines Düsenbombers aus nächster Nähe; es war wie die tausendfach verstärkten Paukenwirbel in einem Orchester – und dennoch ließ es sich mit nichts davon vergleichen. Und dieser Lärm wurde von einem anderen Geräusch unterlegt, einem klebrigen, saugenden Schmatzen, wie man es vielleicht hervorruft, wenn man im Schlamm watet und einen Fuß hebt – doch dieser Laut stammte von den Stiefeln eines Riesen.

Novak und ich blieben für einen Augenblick wie angewurzelt stehen und starrten hilflos auf den Fleck, an dem Skinner verschwunden war. Doch man konnte ihn nicht länger zutreffend als einen Fleck bezeichnen, weil der seiner Natur nach ein bestimmter Ort, ein fester Punkt ist. Auf diesem Steilhang war nichts mehr fest, und die Stelle, an der Skinner zwischen Felsblöcken zermalmt worden war, befand sich bereits hundert Meter tiefer und strömte schnell weiter.

Ich glaube nicht, daß wir länger als zwei oder drei Sekunden stehen blieben, obwohl es mir wie eine Ewigkeit erschien. Ich riß mich aus dieser schockierten Trance und schrie durch den Lärm Novak zu: »Rennen Sie um Ihr Leben! Es kommt in unsere Richtung!«

Wir machten kehrt und rannten quer über den Abhang auf die Straße zu, die Sicherheit bot und Rettung verhieß. Doch die Kettenreaktion unter unseren Füßen, die sich dreißig Fuß unter der Oberfläche blitzschnell durch die zerfallende Tonschicht ausbreitete, bewegte sich schneller als wir, und der scheinbar feste Boden bebte und rutschte unter uns, schwankte und wogte wie ein Ozean. Wir rannten durch ein Gehölz dunkler Bäume, die sich nach allen Richtungen bogen und wiegten, und einer stürzte unmittelbar vor uns, reckte seine aus dem bebenden Erdreich losgerissenen Wurzeln in die Luft. Ich sprang über den Stamm hinweg und rannte weiter, wurde aber sofort von einem Laut, halb Schrei, halb Grunzen, hinter mir aufgehalten. Ich drehte mich um und sah Novak auf dem Boden ausgestreckt liegen, wo ihn ein Ast eines anderen gestürzten Baumes festhielt.

Ich beugte mich zu ihm hinunter. Er schien benommen und halb betäubt, und ich bemühte mich verzweifelt, ihn zu befreien. Zum Glück war es ein noch junges Bäumchen, aber ich brauchte meine ganze Kraft, um es zur Seite zu zerren. Von dem ständigen Schwanken des Bodens unter mir war mir schwindlig, und alle Kraft schien aus meinen Muskeln zu weichen. Durch den ungeheuren Lärm fiel es mir sehr schwer, folgerichtig zu denken – es war, als befände ich mich in einer gewaltigen Trommel, die von einem Riesen geschlagen wurde.

Aber ich bekam ihn frei, und gerade noch rechtzeitig. Ein großer Felsblock schoß vorbei, tanzte wie ein Kork auf einem Wildwasser genau über die Stelle hinweg, an der Novak festgehalten worden war. Seine Augen standen offen, waren aber glasig, und er sah aus wie verblödet. Ich schlug ihm fest ins Gesicht, und ein Schimmer von Intelligenz zeigte sich in seinen Augen. »Rennen Sie!« schrie ich. »Verdammt, rennen Sie!«

Und wir rannten weiter, wobei Novak sich schwer auf meinen Arm stützte, und ich versuchte, uns auf einem geraden Kurs in die Sicherheit zu steuern, etwas, das nahezu unmöglich erschien, weil es dem Überqueren eines schnellfließenden Stroms gleichkam, von dem wir flußabwärts mitgerissen wurden. Vor uns sprühte plötzlich eine Fontäne schlammiges Wasser fünf Meter hoch auf und durchnäßte uns. Ich wußte, was das bedeutete – das Wasser wurde aus dem Triebton herausgepreßt, Millionen über Millionen Liter. Schon war der Boden unter unseren Füßen von Schlamm schlüpfrig, und wir glitten und schlitterten hilflos weiter, als diese zusätzliche Behinderung zu den heftigen Schwankungen der Erde hinzukam.

Aber wir schafften es. Je näher wir dem Rand des Erdrutsches kamen, desto geringer wurden die Schwankungen, und schließlich konnte ich Novak auf festen Boden gleiten lassen und schluchzend um Atem ringen. Nicht weit von uns entfernt lag Burke ausgestreckt da, die Finger in das Erdreich gekrallt, als ob er den ganzen Planeten an sich klammern wollte. Er schrie gellend in höchster Lautstärke.

Seit dem Augenblick, als der erste Baum umstürzte, bis zu dem Augenblick, als ich Novak auf sicheren Boden gleiten ließ, konnte nicht mehr als eine Minute vergangen sein, eine lange Minute, in der wir ganze fünfzig Meter zurückgelegt hatten. Das war keine Rekordzeit, aber ich glaube nicht, daß ein Meistersprinter sie hätte verbessern können.

Ich wollte Novak und Burke helfen, aber etwas anderes, nennen wir es einmal berufliches Interesse, lenkte meine Aufmerksamkeit auf diese Riesenkatastrophe. Das gesamte Land bewegte sich mit steigender Geschwindigkeit bergab. Die Front des Erdrutschs befand sich kurz vor dem Turbinenhaus, und ganze Bäume wurden wie Späne in die Luft geschleudert, und Felsblöcke mahlten und prallten mit einem donnerähnlichen Krachen gegeneinander. Die Front der Flutwelle erreichte das Bauwerk, drückte dessen Wände ein, und das Turbinenhaus fiel in sich zusammen und verschwand unter einem Strom fließender Erde.

Der Mutterboden polterte weiter nach Süden, und ich glaubte, er würde nie zum Halten kommen. Aus dem Ton gepreßtes Wasser spritzte überall in Fontänen auf, und durch meine Stiefelsohlen spürte ich das Vibrieren von Millionen Tonnen sich bewegender Erde.

Doch schließlich hörte es auf, und von einem gelegentlichen Grollen hier und da, wenn der Druck nachließ und die Belastungen sich ausglichen, abgesehen, lag alles wieder ruhig. Nicht mehr als zwei Minuten waren seit dem Sprengen der Baumstümpfe vergangen. Der Erdrutsch war ganze siebenhundert Meter lang und erstreckte sich über eine Breite von hundertsiebzig Metern von Berghang zu Berghang. Überall standen Tümpel mit schlammigem Wasser. Der Ton hatte bei dieser grausigen Sintflut seine gesamte Flüssigkeit abgegeben, und die Gefahr eines weiteren Erdrutschs war gering.

Ich blickte zu der Stelle, an der das Turbinenhaus gestanden hatte, und sah nichts als eine Wüstenei von aufgewühltem Erdreich. Der Erdrutsch hatte das Turbinenhaus weggerasiert, war weitergeströmt und hatte die Straße nach Fort Farrell abgeschnitten. Die kleine Gruppe Wagen, die auf der Straße geparkt hatte, war verschwunden, und von der Spitze des Erdrutschs ergoß sich ein Sturzbach aus schlammigem Wasser, das sich in der losen Erde ein Bett auf seinem Weg zum Kinoxi River fraß. Sonst war dort unten keine Bewegung wahrzunehmen, und mir kam schmerzlich zum Bewußtsein, daß Clare wahrscheinlich tot wäre.

Novak erhob sich angeschlagen auf die Beine und schüttelte heftig den Kopf, als ob er sein Gehirn wieder an den richtigen Platz rütteln wollte. Als er sprach, brüllte er. »Wie, zum Teufel . . .« Er blickte erstaunt zu mir herüber und setzte etwas ruhiger von neuem an. »Wie, zum Teufel, sind wir da herausgekommen?«

»Reines Glück und kräftige Beine«, antwortete ich.

Burke klammerte sich nach wie vor an den Boden, und seine Schreie hatten nicht nachgelassen. Novak fuhr zu ihm herum. »Um Gottes Willen, halt's Maul!« brüllte er. »Du bist noch am Leben.« Aber Burke beachtete ihn nicht.

Oben auf der Straße wurde eine Wagentür zugeschlagen, und ich blickte auf. Ich sah einen Polizisten, der zu uns herunterstarrte, als ob er seinen Augen nicht glauben könne. »Was ist passiert?« rief er.

»Wir haben ein bißchen zuviel Sprengstoff benutzt«, rief Novak sarkastisch zurück. Er ging zu Burke hinüber und versetzte ihm einen Stoß gegen den Kopf. Burkes Schreie brachen plötzlich ab, statt dessen schluchzte er keuchend.

Der Polizist kam zu uns heruntergeklettert. »Woher kommen Sie?« fragte ich ihn.

»Oben aus dem Kinoxi Valley. Ich bringe einen Häftling nach

Fort Farrell.« Er schnalzte mit der Zunge, als er die blockierte Straße bemerkte. »Sieht so aus, als ob ich mir einen anderen Weg dorthin suchen müßte.«

»Ist es Howard Matterson, den Sie da oben haben?« Als er nickte, warnte ich: »Passen Sie auf diesen Schuft scharf auf. Aber fahren Sie schnell weiter – Sie werden vielleicht Captain Crupper finden, falls er noch am Leben ist.« Ich sah einen weiteren Polizisten oben auf der Straße. »Zu wie vielen sind Sie im Wagen?«

»Vier von uns, und dazu Matterson.«

»Sie werden bei den Rettungsarbeiten gebraucht werden. Fahren Sie nur weiter.«

Er blickte zu Novak hinüber, der Burke in den Armen hielt. »Kommen Sie hier zurecht?«

Ich war versucht, mit ihm nach unten zu fahren, aber Burke war nicht in der Lage, allein zu gehen, und Novak konnte ihn ohne Hilfe nicht tragen. »Wir werden schon fertig werden«, antwortete ich.

Der Polizist drehte sich um, um wieder zur Straße hinaufzuklettern, und in diesem Augenblick erfolgte ein großes Stöhnen wie von einem ungeheuren Schmerz. Zuerst glaubte ich, es käme von Burke, doch gleich darauf erfolgte der Laut wieder und war viel lauter und dröhnte durch das ganze Tal.

Der Damm ächzte unter dem Druck des aufgestauten Wassers, und ich wußte, was das bedeutete. »Mein Gott!« flüsterte ich.

Novak riß Burke an sich und begann mit ihm den Abhang hinaufzustolpern. Der Polizist kletterte mit einem Tempo, als ob ihm der Teufel auf den Fersen wäre. Ich rannte zu Novak hinüber, um ihm zu helfen. »Seien Sie kein verdammter Narr«, keuchte er. »Sie können mir nicht helfen.«

Das war richtig. Zwei konnten Burke nicht schneller den Abhang hinaufschaffen als einer allein, aber ich blieb in Novaks Nähe für den Fall, daß er ausrutschte.

Weitere Geräusche drangen von der hohen Betonmauer des Damms herüber, seltsames Knarren und plötzliche Explosionen. Ich blickte über die Schulter zurück und sah etwas Unglaubliches: mit ungeheurem Druck wurde Wasser unter dem Damm hindurchgepreßt und schoß über dreißig Meter hoch in einer Fontäne auf. Eine Flutwelle Gischt sprühte mir ins Gesicht.

»Der Damm bricht!« schrie ich auf, schlang einen Arm um einen Baum und packte mit meiner freien Hand Novaks Ledergürtel.

Es folgte ein lautes Krachen, und ein Riß erschien in der Betonwand, verlief im Zickzack von oben nach unten. Der Triebton unter der Oberfläche war abgeflossen, und das Wasser des Lake Matterson schwemmte den Boden unter dem Damm fort, und nichts blieb zurück, was sein enormes Gewicht tragen konnte.

Ein weiterer Spalt erschien auf der Vorderseite des Damms, und dann wurde der Druck des Wassers dahinter zu stark: Das gesamte massive Bauwerk wurde von einer soliden Wasserwand unwiderstehlich beiseite gestoßen. Ein riesiger Brocken armierter Beton wurde aus dem Gefüge herausgerissen. Er mußte mindestens fünfhundert Tonnen wiegen, aber er wurde emporgeschleudert, wirbelte auf einer gekrümmten Flugbahn durch die Luft, bis er mit einem ungeheuren Klatschen in das Schlammeer unten einschlug. In der nächsten Sekunde wurde er von dem vorbeischießenden Wasser des Sees erreicht und überflutet.

Und das geschah auch uns.

Es war uns einfach nicht gelungen, die wenigen erforderlichen Meter den Abhang weiter hinaufzugelangen, und die erste Flutwelle schwemmte gerade noch über uns hinweg. Ich besaß genug Geistesgegenwart, vorauszusehen, was kam, und meine Lungen voll Luft zu pumpen, ehe das Wasser uns erreichte. Zwar fürchtete ich nicht zu ertrinken, aber als die reißende Flut Novak erfaßte und von den Beinen warf, glaubte ich, ich würde in Stücke gerissen.

Mit der einen Hand an seinem Gürtel hielt ich das Gewicht von zwei großen Männern, und ich glaubte, mein Arm würde aus dem Gelenk herausgedreht. Die Muskeln meines anderen Arms, mit dem ich mich verzweifelt an den Baum klammerte, knirschten, und meine Lungen drohten zu bersten, als ich schließlich wieder Luft schnappen konnte.

Die erste große Flutwelle währte nicht lange, doch sie füllte das Tal von Flanke zu Flanke und erreichte bei ihrem ersten ungestümen Ansturm nach Süden eine Höhe von dreißig Metern. Aber sie sank schnell, und ich war dankbar, daß die Last von mir genommen wurde, als ein Polizist Novak packte.

Novak schüttelte keuchend den Kopf. »Ich konnte es nicht verhindern«, schrie er verzweifelt. »Ich konnte ihn nicht halten.«

Burke war verschwunden.

Unter uns strömte ein neuer Fluß, wenn auch nur vorübergehend, der sich zu einem stetigen, unbarmherzigen Strom vieler Millionen Liter Wasser beruhigt hatte und Stunde um Stunde verebben würde, bis es keinen Lake Matterson mehr gab, sondern nur einen kleinen Fluß, der Kinoxi River genannt wurde und der seit mindestens fünfzehntausend Jahren durch dieses Tal geflossen war. Noch war er ein tosendes Wildwasser, hundert Meter breit und fünfzehn Meter tief, als ich mich taumelnd aufrichtete und meine Füße auf diese wunderbare, feste Straße setzte.

Heftig zitternd stützte ich mich an der Seite des Polizeiwagens, als mir bewußt wurde, daß mich jemand beobachtete. Hinten in dem Wagen, eingezwängt zwischen zwei Polizeibeamte, saß Howard Matterson, der seine Zähne in einem wölfischem Grinsen bleckte. Er sah aus, als wäre er unheilbar wahnsinnig.

Jemand klopfte mir auf die Schulter. »Steigen Sie ein – wir nehmen Sie mit nach unten.«

Ich schüttelte den Kopf. »Wenn ich mit diesem Mann da zusammen fahre, könnte mich niemand daran hindern, ihn umzubringen.«

Der Polizeibeamte sah mich mit einem befremdeten Blick an und sagte: »Ganz wie Sie wollen.«

Ich wanderte langsam über die Straße zum Fuß des Berges hinab und fragte mich verzweifelt, ob ich Clare wiederfinden würde. Ich war froh, daß ich einige Überlebende erblickte. Sie tasteten sich behutsam bergab und gingen wie Schlafwandler. Ich begegnete Donner. Er war von Kopf bis Fuß von schmierigem Schlamm bedeckt und starrte auf die vorbeiströmende Flut. Als ich an ihm vorbeikam, hörte ich ihn vor sich hinmurmeln: »Millionen von Dollar.« Ständig wiederholte er eintönig: »Millionen und Millionen von Dollar – alles dahin! Millionen und Millionen!«

»Bob, o Bob!«

Ich fuhr herum und hielt im nächsten Augenblick Clare in den Armen, die gleichzeitig schluchzte und lachte. »Ich glaubte, du wärest tot«, preßte sie heraus, »o Liebling, ich glaubte, du wärest tot.«

Mir gelang ein Grinsen. »Die Mattersons versuchten es mit einem letzten Schlag, aber ich bin durchgekommen.«

»Heh, Boyd!« Das war Crupper, nicht mehr schneidig und sauber in seiner Uniform, sondern verwahrlost wie ein Landstreicher. Jeder seiner Leute hätte ihn bedenkenlos eingesperrt, wenn er ihnen in diesem Zustand begegnet wäre. Er streckte die Hand aus. »Ich hatte nicht erwartet, Sie je wiederzusehen.«

»Ich kann von Ihnen nur das gleiche sagen«, erwiderte ich. »Wie viele sind umgekommen?«

»Von fünf weiß ich es sicher«, sagte er ernst. »Wir haben die Nachprüfung noch nicht abgeschlossen – und Gott allein weiß, was in der Stadt passiert ist. Die Leute konnten nicht frühzeitig gewarnt werden.«

»Dann steht es von sieben fest. Skinner und Burke hat es beide erwischt. Novak ist durchgekommen.«

»Es ist sehr viel zu tun«, sagte Crupper. »Ich muß mich dranhalten.«

Ich meldete mich zu nichts freiwillig. Ich hatte reichlich genug mitgemacht, und alles, was ich mir wünschte, war, irgendwohin fortzugehen und viel Ruhe zu finden. Clare nahm meinen Arm. »Komm«, sagte sie. »Laß uns von hier fortgehen. Wenn wir bergaufsteigen, finden wir vielleicht einen Weg, der um die Flut herumführt.«

Wir suchten uns also langsam einen Weg bergauf, und auf der Anhöhe ruhten wir uns eine Weile aus und blickten nach Norden über das Kinoxi Valley. Der Spiegel des Lake Matterson würde schnell fallen und die knorrigen Stümpfe auf dem geschändeten Land enthüllen. Doch im Norden standen die Bäume noch – der Wald, in dem ich wie ein Tier gejagt worden war. Ich haßte den Wald nicht, weil ich überzeugt war, daß er mir auf seine Weise das Leben gerettet hatte.

In der Ferne glaubte ich das Grün der Bäume zu erkennen. Clare und ich hatten zusammen vier Millionen Dollar eingebüßt, denn die Forstverwaltung würde jetzt niemals einem Kahlschlag zustimmen. Aber das bereitete uns keinen Kummer. Die Bäume würden bleiben und wachsen, und sie würden gefällt werden, wenn ihre Zeit gekommen war. Und die Rehe würden in ihrem Schatten äsen – und vielleicht würde ich die Zeit finden, mit Meister Petz Freundschaft zu schließen, nachdem ich ihn für die Schrecken, die ich ihm einjagen mußte, entschädigt hatte.

Clare nahm meine Hand, und wir wanderten langsam auf dem Kamm des Höhenzugs weiter. Vor uns lag ein weiter Weg nach Hause, aber wir würden hingelangen.

Fischer
Taschenbuch
Verlag

Unterhaltung

M. Y. Ben-gavriêl
Frieden und Krieg des Bürgers
Mahaschavi. Alte und neue
Abenteuer
Roman
Band 1113

Patrick Skene Catling
Das Experiment
Roman
Band 1161

Max Catto
Mister Moses
Roman
Band 1172

Draginja Dorpat
Ellenbogenspiele
Roman
Band 1131

Joseph Heller
Catch 22
Roman
Band 1112

Die Herznaht und andere
Arztgeschichten
Vorwort von Walter Vogt
Band 1070

James Jones
Kraftproben
Roman
Band 1188

Rachel Maddux
Die Frau des anderen
Roman
Band 1009

Roger Peyrefitte

Diplomaten
Roman
Band 1132

Die Natur des Prinzen
Roman
Band 1150

Die Schlüssel von Sankt Peter
Roman
Band 1091

Klaus Rifbjerg
Unschuld
Roman
Band 1141

Michael Rumaker
Gringos
Erzählungen
Band 1101

Fischer
Taschenbuch
Verlag

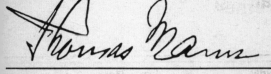

**Bekenntnisse des Hoch-
staplers Felix Krull**
Der Memoiren erster Teil
Bd. 639

**Der Tod in Venedig
und andere Erzählungen**
Bd. 54

Buddenbrooks
Verfall einer Familie
Roman
Bd. 661

Joseph und seine Brüder
Roman Tetralogie
Bd. 1183/1184/1185

Herr und Hund
Ein Idyll
Bd. 85

Der Zauberberg 1 und 2
Roman
Bd. 800/1 u. 800/2

Königliche Hoheit
Roman
Bd. 2

Lotte in Weimar
Roman
Bd. 300

Das erzählerische Werk in zwölf Bänden
Reihe »Moderne Klassiker«
MK 100

Fischer Taschenbuch Verlag

Jules Verne

Der Fischer Taschenbuch Verlag präsentiert seinen Lesern die erste Taschenbuchausgabe der Werke von Jules Verne. Junge Schriftsteller haben das Werk dieses Autors, das am Beginn der modernen Tatsachenliteratur steht, für den Leser unserer Zeit neu übersetzt und eingerichtet.

Reise zum Mittelpunkt der Erde (JV 1)

Fünf Wochen im Ballon (JV 2)

Die Kinder des Kapitäns Grant (JV 3)

Von der Erde zum Mond (JV 4)

Reise um den Mond (JV 5)

20 000 Meilen unter den Meeren (JV 6)

Reise um die Erde in 80 Tagen (JV 7)

Die geheimnisvolle Insel (JV 8)

Der Kurier des Zaren (JV 9)

Die 500 Millionen der Begum (JV 10)

Der Schuß am Kilimandscharo (JV 11)

Der Stahlelefant (JV 12)

Keraban der Starrkopf (JV 13)

Das Karpatenschloß/ Katastrophe im Atlantik (JV 14)

Meister Antifers wunderbare Abenteuer (JV 15)

Zwei Jahre Ferien (JV 16)

Die Jagd nach dem Meteor (JV 17)

Die Propellerinsel (JV 18)

Reise durch das Sonnensystem (JV 19)

Die Eissphinx (JV 20)

Fischer
Taschenbuch
Verlag

Heiteres

John Herzog von Bedford
Traktat über die feine britische Art
Das Buch der Snobs
Zeichnungen von H. E. Köhler
Band 1109

Gabriel Chevallier
Clochemerle
Roman
Band 1190

Clochemerle — Babylon
Roman
Band 1206

Hunter Davis
. . . sitzen unterm Holderbusch
Roman
Band 1089

Ruth Dickson
Vergnügen machts mit Ehemännern
Goldene Regeln für den Umgang
mit Männern
Band 1189

11 mal politischer Karneval
Weltgeschichte aus der Bütt
Geschichte der demokratischen
Narrentradition vom Rhein
von Dr. Anton M. Keim
Band 960

Werner Finck
Finckenschläge
Gefaßte Prosa und zerstreute Verse
Ausgabe letzter Hand
Band 1032

Gerard Hoffnung
Hoffnungs großes Orchester
Cartoons
Band 1144

Siegfried Lenz
So zärtlich war Suleyken
Masurische Geschichten
Band 312

Limericks, Limericks
Herausgegeben von Jürgen Dahl
Band 809

Mein Weib ist pfutsch
Wiener Couplets
Herausgeber: Fritz Nötzold
Band 1059

Roda Roda
Schummler, Bummler,
Rossetummler
Erzählungen
Band 1143

Russische Käuze
Herausgegeben und übersetzt von
Johannes von Guenther
Band 869

Friedrich Torberg
Parodien und Post Scripta
Band 998

Wo waren wir stehengeblieben. . .?
Schulgeschichten
Herausgegeben von
Martin Gregor-Dellin
Band 1039

Carl Zuckmayer
Der Seelenbräu
Erzählung
Zeichnungen von Gunter Böhmer
Band 140

Fischer Taschenbuch Verlag

Spannung

Borges, J. L./A. Bloy Casares
Sechs Aufgaben für Don
Isidro Parodi. Kriminalgeschichten aus Buenos Aires.
[1202]

Conrad, Joseph
Der Geheimagent
Roman. [1216]

Collins, Wilkie
Lucilla. Roman. [1201]

Einige Morde
Mordgeschichten. [1067]

**Englische Gespenster-
geschichten** [666]

Faulkner, William
Der Springer greift an
Kriminalgeschichten. [1056]

Haining, Peter (Hrsg.)
Die Damen des Bösen.
[1166]

Hayes, Joseph
Der dritte Tag. Roman.
[1071]
Sonntag bis Mittwoch
Roman. [1142]

**Russische Gespenster-
geschichten**
Hrsgg. u. übers. v. Johannes
von Guenther. [426]

**Russische Kriminal-
geschichten**
Hrsgg. u. übers. v. Johannes
von Guenther. [493]

Sayers, Dorothy
Die geheimnisvolle
Entführung. [1093]
Kriminalgeschichten. [739]
Lord Peters Hochzeitsfahrt
Roman. [1159]
Mein Hobby: Mord. Roman.
[897]
Die neun Schneider
Roman. [641]
Rendez-vous zum Mord.
[1077]

Reihe Fischer

1 Daniil Charms: *Fälle*. Prosa, Szenen, Dialoge.
Aus dem Russischen; mit einem Nachwort von Peter Urban.

2 Sven Holm: *Termush, Atlantikküste*. Roman.
Aus dem Dänischen von Hanns Grössel.

3 Hermann Jandl: *Leute Leute*. Lyrik.

4 Ivan Sviták: *Hajaja-Philosoph*. Parabeln.
Aus dem Tschechischen von Paul Kruntorad.

5 Jürgen Alberts: *Aufstand des Eingemachten*. Prosa.

6 *Beethoven '70*. Aufsätze. Mit Beiträgen von Adorno, Kagel,
Metzger, Schnebel, Pauli, Wildberger.

7 Max Horkheimer: *Vernunft und Selbsterhaltung*. Essay.

8 Dieter Schlesak: *Visa. Ost-West-Lektionen*. Essays.

9 Burt Blechman: *Achtung 901*. Prosa.
Aus dem Amerikanischen von Traut Felgentreff.

10 Karl-Hermann Flach: *Noch eine Chance für die Liberalen.*
Oder: Die Zukunft der Freiheit. Eine Streitschrift.

11 Peter Henisch: *Hamlet bleibt*. Prosa. Ein Zyklus.

12 Ireneusz Iredyński: *Versteckt in der Sonne*. Roman.
Aus dem Polnischen von Janusz von Pilecki.

13 Lutz Lehmann: *Klagen über Lehrer F.* und andere
Schul-Beispiele von autoritärer Tradition.

14 Eugen Mahler: *Psychische Konflikte und Hochschulstruktur.*
Gruppenprotokolle.

15 Hermann Jandl: *Vom frommen Ende*. Prosa.

16 Hansjörg Pauli: *Für wen komponieren Sie eigentlich?*
Interviews mit Ferrari, Henze, Kagel, Nono, Schnebel,
Wildberger.

17 Charlotte Rothweiler: *Ein sozialer Rechtsstaat?*

18 Alfred Schmidt: *Bester jagt Spengler*. Prosa.

19 *Wallfahrtsstätten der Nation*. Nationaldenkmäler.

20 O. K. Werckmeister: *Ende der Ästhetik*. Essays.

21 Antonio Gramsci: *Briefe aus dem Kerker*. Hrsg. und aus
dem Italienischen übertragen von Gerhard Roth.

22 Kurt Jürgen Huch: *Einübung in die Klassengesellschaft.*

23 Jakov Lind: *Israel. Rückkehr für 28 Tage*.
Aus dem Englischen von E. Tranger.

24 Dragoslav Mihailović: *Als die Kürbisse blühten*. Erzählung.
Aus dem Serbischen von Peter Urban.

25 Tomaž Šalamun: *Ein Stengel Petersilie im Smoking*.
Gedichte. Aus dem Slovenischen von Peter Urban.

26 Gerhard Zwerenz: *Der plebejische Intellektuelle*. Essays.

Paul R. Ehrlich/Anne H. Ehrlich

Bevölkerungs- wachstum und Umweltkrise

Die Ökologie des Menschen

Aus dem Amerikanischen von Jochen Schatte
42 Abbildungen, zahlreiche Tabellen, Anhänge, kommentierte Bibliographien,
Namen- und Sachregister, Notiz über die Autoren
548 Seiten, kartoniert mit Schutzumschlag
Nach den aufrüttelnden, apokalyptischen Mahnungen G. R. Taylors
(»Das Selbstmordprogramm«) und Don Wideners (»Kein Platz für
Menschen«) das umfassende Faktenbuch, der detaillierte
Hintergrundbericht: nüchtern, gründlich – trotzdem leicht und
spannend lesbar. Die Ehrlichs verzichten auf spekulative Horroreffekte
und lassen den Leser mit unwiderlegbaren Zahlen, bestechenden
Analysen um so bestürzter zurück.
Schockierend und hochpolitisch. <u>Das</u> große Werk über die Umweltkrise.

**»Es kann gegenwärtig
kein wichtigeres
Buch geben.«
This World**

Conditio
humana

S.FISCHER